C·H·Beck
PAPERBACK

C.H.BECK GESCHICHTE DER ANTIKE

ELKE STEIN-HÖLKESKAMP
Das archaische Griechenland
Die Stadt und das Meer

SEBASTIAN SCHMIDT-HOFNER
Das klassische Griechenland
Der Krieg und die Freiheit

PETER SCHOLZ
Der Hellenismus
Der Hof und die Welt

WOLFGANG BLÖSEL
Die römische Republik
Forum und Expansion

ARMIN EICH
Die römische Kaiserzeit
Die Legionen und das Imperium

RENE PFEILSCHIFTER
Die Spätantike
Der eine Gott und die vielen Herrscher

Sebastian Schmidt-Hofner

DAS KLASSISCHE GRIECHENLAND

Der Krieg und die Freiheit

C.H.Beck Geschichte der Antike

Vielen Kollegen sei an dieser Stelle gedankt, die mir durch Gespräche und Hinweise bei der Arbeit an diesem Buch geholfen haben. Besonderer Dank gilt Mischa Meier, Sarah Bühler und John Weisweiler, die frühere Versionen des Manuskripts kritisch gelesen haben. Dem Verlag, namentlich Stefan von der Lahr und Andrea Morgan, danke ich für vielfaches Entgegenkommen und gute Zusammenarbeit.

Mit 12 Abbildungen und 7 Karten

Originalausgabe

Satz: C.H.Beck, Nördlingen
Druck und Bindung: Pustet, Regensburg
Umschlagentwurf: Kunst oder Reklame, München
Umschlagabbildung: Auszug des Kriegers, Vasenmalerei, rotfigurig, Nikoxenos-Maler, um 500 v. Chr., Musée du Louvre, Paris; © akg-images/Erich Lessing
Gedruckt auf säurefreiem, alterungsbeständigem Papier
(hergestellt aus chlorfrei gebleichtem Zellstoff)
Printed in Germany
ISBN 978 3 406 67915 5
www.chbeck.de

INHALT

Die Zeittafel findet sich auf der hinteren Umschlaginnenseite.

Nachweis der Abbildungen und Karten

Abb. 1: Mit freundlicher Genehmigung von Ursula Seidl, Zeichnung: Cornelie Wolff | Abb. 2 © akg-images/De Agostini Picture Library/N. Cirani | Abb. 3: © 1988 Paul Lipke/Trireme Trust | Abb. 4: Antikenmuseum Basel und Sammlung Ludwig/Andreas F. Voegelin/Inv.-Nr. BS 480 | Abb. 5: Boston, Museum of Fine Arts, Inv.-Nr. 13 196. © Museum of Fine Arts, Boston, Massachusetts/Francis Bartlett Donation/Bridgeman Images | Abb. 6: © Museum für Kunst und Gewerbe, Hamburg, Inv.-Nr. 1981.173 | Abb. 7: Zeichnung Manolis Korres | Abb. 8: Rom, Museo dei Gessi dell'Università, Inv.-Nr. 161 | Abb. 9: Palermo, Museo Nazionale, Inv.-Nr. 2365. © akg-images/Nimatallah | Abb. 10: British Museum Coins Sicily, Syrakus Nr. 200; © Hirmer Verlag, München | Abb. 11: Athen, Agora-Museum Inv.-Nr. I 6524; © akg-images/John Hios | Abb. 12: British Museum Coins Sicily, Syrakus Nr. 265; © Hirmer Verlag, München

Karten: © Peter Palm Berlin

EINLEITUNG

An einem Vormittag Ende der 390er Jahre[1] versammelte sich die Einwohnerschaft des Stadtstaates Athēnai[2] – Bürger und Nichtbürger, Männer, Frauen und Kinder –, um den Gefallenen eines Krieges die letzte Ehre zu geben, den Athen in diesen Jahren im Bund mit Kórinthos, Thēbai (Theben) und anderen Gemeinwesen gegen Spárta führte. Die Gefallenen hatte man drei Tage lang in der Stadt aufgebahrt; jetzt geleitete sie die Trauergemeinde in feierlicher Prozession in ein von hohen Zedern und Pinien überschattetes Parkgelände vor den Toren der Stadt an der westlichen Ausfallstraße, wo neben vielen privaten auch die öffentlichen Grabmonumente standen. Dort, im Kerameikós, der «schönsten Vorstadt», wie ein Zeitgenosse schreibt, wurden die Leichname der Gefallenen in einem Staatsgrab beigesetzt, über dem man große Marmorstelen errichtet und diese mit den Namen der Toten versehen hatte. Im Anschluß an die Totenklage und die Bestattung richtete ein von der Stadt bestellter Redner das Wort an die versammelten Athener. Die Grabrede (griechisch *epitáphios lógos*) in diesem Jahr hatte der bekannte athenische Redenschreiber Lysías verfaßt. Ob er sie selbst gehalten hat, ist umstritten, da Lysias zwar lange schon in Athen ansässig war, aber kein Bürgerrecht besaß – die ehrenvolle Aufgabe des Grabredners wahrzunehmen war wohl Bürgern vorbehalten. Vielleicht ist die Rede, wie sie auf uns gekommen ist, sogar nur eine Musterrede für einen entsprechenden Anlaß. Doch wie auch immer: Sie bietet jedenfalls ein typisches Beispiel für diese Gattung von Staatsreden. Trost zu spenden und der Trauer der Hinterbliebenen gerecht zu

1 Alle Jahreszahlen in diesem Buch verstehen sich, wenn nicht anders angegeben, vor Christi Geburt.

2 Personen- und Ortsnamen werden bei ihrer ersten Nennung in ihrer griechischen Form mit Angabe der Betonung gegeben. Ē steht dabei für Eta, im klassischen Griechisch gesprochen wie Ä, ō für das Omega, ein langes, offenes O.

werden spielten in ihnen nur eine untergeordnete Rolle. Ihr eigentlicher Zweck war es, die Gefallenen als vorbildliche Bürger zu rühmen, die sich kämpfend für ihre *pólis*, ihr Gemeinwesen, geopfert hatten, und die versammelten Athener auf dieses Vorbild zu verpflichten. Zu diesem Zweck rief man mit solchen Reden der Trauergemeinde all das in Erinnerung, was die gemeinsame Identität und den Stolz der Polis ausmachte: Athens führende Stellung in der griechischen Welt, seine freiheitlich-egalitäre innere Ordnung, seine Wehrhaftigkeit. Und fast immer taten die Redner dies, indem sie die glanzvollen Taten Athens seit der mythischen Vorzeit rühmten; die Kriegstaten der jetzt Betrauerten verschwammen so mit denen ihrer Vorväter in einem überzeitlichen heroischen Kontinuum, das auch die am Grab versammelten Athener einschloß und ihnen ein zur Nachahmung verpflichtendes Exempel vor Augen stellte.

Auch Lysias' Grabrede ging so vor. Sie rief den versammelten Athenern zunächst den Sieg ihrer Vorfahren über die sagenhaften Amazonen in Erinnerung, ihren Kampf für das Bestattungsrecht der Sieben, die gegen Theben gezogen waren, und die Verteidigung der schutzsuchenden Kinder des Heraklḗs gegen ihren Verfolger Eurystheús – alles Begebenheiten einer zwar sagenhaften, von den Zeitgenossen aber historisch gedachten Vergangenheit, die zum kanonischen Wissen der Athener um ihre älteste Geschichte gehörten. Den Höhepunkt dieser heroischen Tatenfolge bildete eine lange, ein Drittel der Rede umfassende Schilderung der athenischen Leistungen in den Perserkriegen zu Beginn des 5. Jahrhunderts: Als das Heer des Perserkönigs im Jahr 490 in Márathon in Attika landete, da, so erzählte der Redner, «erwogen unsere Vorfahren die Gefahren des Krieges nicht lange; ... sie fürchteten nicht die Menge der Gegner, sondern vertrauten ihrer eigenen Tapferkeit» und «errichteten so ein Siegesmal über die Barbaren zur Ehre von Hellás» (§ 21–6). Einige Jahre später (481), so die Rede weiter, griff der Großkönig selbst mit noch größerer Heeresmacht an. Doch wieder stellten sich die Athener «den Massen aus Asien» und erfochten in mehreren Schlachten den Sieg. Es folgten Taten aus dem innergriechischen Krieg um die Mitte des 5. Jahrhunderts, den wir den Ersten Peloponnesischen Krieg nennen, sowie ein Preis der segensreichen Hegemonialherrschaft der Athener im Attischen Seebund. Die Beschwörung der großen Vergangenheit endete damit, daß die Athener ihre Tüchtigkeit auch in der bitteren Niederlage am Ende des Peloponnesischen Krieges nicht verlassen habe, wie die jüngst wieder erworbene Freiheit von fremder – spartanischer – Bedrükkung zeige. In diesem Geiste seien auch jene gefallen, die man soeben begraben habe: «Ich jedenfalls preise sie glücklich und beneide sie», schließt die Rede.

Die Geschichte der Polis Athen, die Lysias' Rede erzählte, war eine Geschichte von Kriegen. Natürlich hatte das mit dem Anlaß der Rede zu tun, doch waren es auch anderswo Kriege – und zwar besonders der Perser- und der Peloponnesische Krieg –, die den Blick der Polis Athen auf ihre Vergangenheit strukturierten. Dies hängt nicht nur damit zusammen, daß beide Kriege tiefgreifende politische, soziale und kulturelle Folgen für die Polis zeitigten. Gerade der Perserkrieg bildete darüber hinaus, wie wir sehen werden, in mehr als einer Hinsicht einen zentralen Bezugspunkt für das Bild, das sich die Stadt von sich selbst und von ihrer Geschichte machte. In dieser Hinsicht war Athen kein Sonderfall. Gerade die Perserkriege formten und veränderten in grundlegender Weise Lebenswelt und Geschichtsbild fast aller Griechen. Sie markierten daher eine Zäsur in ihrer Wahrnehmung der Vergangenheit, die bis heute als Epochengrenze der klassischen Zeit fortwirkt – daher beginnt auch dieses Buch mit den Perserkriegen. Ähnlich prägende Wirkung hatte der ebenfalls als Zäsur wahrgenommene Peloponnesische Krieg. Bezeichnenderweise waren es diese beiden großen Kriege des 5. Jahrhunderts, die maßgebliche Anstöße für die Entstehung einer neuen Form der gedanklichen Durchdringung und Speicherung des Wissens um die Vergangenheit gaben: die kritisch-analytische Geschichtsschreibung, wie sie modellbildend Hēródotos aus Halikarnassós und Thukydídēs aus Athen entwickelten. Ähnliche Bedeutung konnten für einzelne griechische Gemeinwesen aber auch andere Kriege gewinnen: Prägend für das Geschichtsbild der sizilischen Griechen zum Beispiel sollte der Karthagerkrieg zu Beginn des 5. Jahrhunderts werden; für jenes des im 4. Jahrhundert entstehenden unabhängigen messenischen Staates der sogenannte Große Helotenaufstand der 460er Jahre. Kriege strukturierten maßgeblich das Wissen der Griechen um ihre Vergangenheit.

Die genannten Beispiele von Kriegen in klassischer Zeit waren Ausnahmen, hinsichtlich ihrer Größe ebenso wie mit Blick auf ihre politischen, sozialen und kulturellen Wirkungen. Kriege waren in der klassischen griechischen Geschichte aber allgegenwärtig: Die Klassik, die wir in erster Linie mit geistigem Aufbruch, kultureller Blüte und revolutionären politischen Ideen verbinden, war nicht zuletzt eine Zeit permanenter Kriege. Schon im 5. Jahrhundert verging kaum ein Jahr ohne gewaltsame Auseinandersetzung in irgendeinem Teil der griechischen Welt – gegen nichtgriechische Mächte wie die Perser, vor allem aber untereinander. Und die griechische Geschichte des 4. Jahrhunderts stellt sich über weite Strecken als eine verwirrende Folge endloser Kriege zwischen beständig wechselnden innergriechischen Koalitionen dar. Diese Kriege waren keine Kabinettskriege; sie wurden zu einem erheblichen Teil von Bürgersoldaten ausgefochten, sie forderten einen hohen Blutzoll auch unter Nichtkombattanten, sie führten immer wieder zu Gewaltexzessen und Massenversklavungen, und sie zogen die Entwurzelung Tausender nach sich. Es ist ein Signum gerade der klassischen Zeit, daß neue Kriegstechniken wie der professionalisierte Seekrieg oder großangelegte Städtebelagerungen sowie eine bislang ungekannte Länge und Weiträumigkeit der Kriege die gesamte Bevölkerung in hohem Maße involvierten. Bürgerkriege (*stáseis*) innerhalb der Poleis, auch sie ein Signum dieser Epoche, trugen ein Übriges zur Allgegenwart von Krieg und Gewalt bei. Sie spiegelt sich auch in der künstlerischen und intellektuellen Produktion der Zeit: In der Bildkunst waren Gewaltdarstellungen omnipräsent; die Dichter der attischen Tragödie oder der Geschichtsschreiber Thukydides konfrontierten ihr Publikum mit intensiven Reflexionen über das Leid, die sozialen Folgen, ethischen Dilemmata und anthropologischen Grundlagen des Krieges; und für Politiktheoretiker wie Plátōn, Isokrátēs oder Aristotélēs war die Suche nach Auswegen aus der endlosen Spirale des (Bürger-)Krieges ein wichtiger Antrieb ihres Denkens.

Als allgegenwärtiger Bestandteil menschlichen Daseins war der

Krieg auch ein zentrales Identitätsmerkmal der Griechen und ihrer Gemeinwesen. Ihr Selbstbild und Wertekanon waren maßgeblich durch das Kriegertum geprägt: Was Lysias' Grabrede für Athen bezeugt, galt für andere Poleis genauso, für manche wie Sparta in noch gesteigerter Weise. Für griechische Männer wenigstens der besitzenden Schichten war Krieger-Sein selbstverständlich, auf die Bewährung im Kampf gründeten sie wesentlich ihre Ehre. Und wenigstens der Ideologie nach war das Kriegertum Bedingung für die Teilhabe an der kollektiven politischen Machtausübung, wie sie in der Klassik in der einen oder anderen Form in den meisten Gemeinwesen praktiziert und mancherorts erheblich ausgeweitet wurde. Auch in dieser Hinsicht war der Krieg demnach ein konstitutiver Faktor der griechischen Geschichte in klassischer Zeit. Er bildet daher eines der Leitmotive dieses Buches.

Ein weiteres zentrales Motiv in Lysias' Grabrede ist das der Freiheit. Der Sieg der Griechen über die Perser in der Seeschlacht bei Salamis habe allen Menschen gezeigt, «daß es besser ist, mit wenigen für die Freiheit zu kämpfen als mit vielen Untertanen eines Herrschers für die eigene Knechtschaft» (§ 41), und die Passage über die Schlacht von Plataiaí schließt mit den Worten, so sei für «Europa die Freiheit gesichert worden» (47). Durch seinen Seebund befreite Athen nach Lysias die Griechen von Tyrannen und dem Druck der Barbaren (55/57), mit seinem Ende wurde «die Freiheit zu Grabe getragen» (60), und die jetzt betrauerten Gefallenen starben ebenfalls «für die Freiheit» (68). Auch dieses Motiv verweist auf ein zentrales Identitätsmerkmal und wichtiges Element im Geschichtsbild der Griechen in klassischer Zeit. In den Perserkriegen wurde die «Freiheit» von der Bedrückung durch den persischen Aggressor zum Schlachtruf der abwehrwilligen Griechen und trug zur Entstehung eines Geschichtsbildes bei, das die Kämpfe als Freiheitskrieg der Griechen deutete. Durch den Erfolg in diesem Krieg konnte sich *eleuthería*, später auch *autonomía*, zu einem zentralen politischen Wertbegriff entwickeln, der das Ideal der Unabhängigkeit eines Gemeinwesens von äußeren Mächten beschrieb und sich dabei mit einer weiteren Bedeutung im Sinne von Freiheit von innerer Bedrückung verband, etwa durch einen Tyrannen. So wurde das Freiheitsideal ein Faktor in der Dynamik der außenpolitischen Beziehungen zwischen den griechischen Gemeinwesen und ‹Freiheit› zu einem Schlagwort, das – nicht zuletzt als Propagandawaffe – gerade im 4. Jahrhundert hohe Konjunktur hatte (und den unruhigen, kriegerischen Verlauf dieser Jahrzehnte nicht unwesentlich beförderte). Zugleich wurde dieses Ideal Motor und Schlagwort der Entwicklung freiheitlicher innerer Ordnungen auf Basis von Gleichheit und breitem Mitspracherecht, ein herausragendes Merkmal der klassischen Epoche. ‹Freiheit› konnte in den Polisgesellschaften, die diese Entwicklung durchliefen, ein gänzlich neues Lebensgefühl beschreiben, das sich von überkommenen Ordnungen und Eingrenzungen emanzipierte. Damit steht ‹Freiheit› nicht zuletzt auch für ein weiteres Signum der klassischen Epoche, den geistigen Aufbruch und die Experimentierfreudigkeit, die in der Entstehung eines neuen Denkens in vielen Wissensgebieten, neuer Sichtweisen auf die Welt und überhaupt der Erschließung neuer Gegenstände und Methoden der Erkenntnis Ausdruck fand. Diese Entwicklungen werden uns im Folgenden noch näher beschäftigen. Wie ‹Krieg› so beschreibt auch ‹Freiheit› mithin ein zentrales Charakteristikum der Epoche und ist daher diesem Buch als zweites Leitmotiv vorangestellt.

Lysias' Geschichtserzählung verweist noch auf ein Drittes: Geschichte ist, und war auch in der klassischen Zeit, immer Argument; sie wurde von Poleis und von Einzelpersonen zu ihren Zwecken instrumentalisiert, und sie war deswegen immer umstritten. In Lysias' Rede begegnet das auf Schritt und Tritt. Die Seeschlacht am Kap Artemísion im Jahr 480 wird in Kapitel 31 dieser Rede, unter erheblicher Beschönigung der Tatsachen, als athenischer Sieg gerühmt, diejenige bei den Thermopylen, das Ruhmesblatt Spartas, der Konkurrentin Athens, dagegen als – immerhin ehrenvolle – Schlappe. Bei Salamís «erbrachten die Athener den größten und schönsten Beitrag für die Freiheit Griechenlands. – Wer hätte es auch von den anderen Griechen an Gesinnung, Menge und Tapferkeit mit ihnen aufnehmen können?» (42). Während Athen auf den Entscheidungskampf in Plataiai drängt, will Sparta sich feige verschanzen (44 f.). Worauf all dies hinausläuft, erfährt man in Kapitel 47: «So wurden sie von allen ... für würdig befunden, in Griechenland die Führungsmacht zu werden». Die Geschichte sollte also Athens Anspruch auf Vorrang und Hegemonie begründen, und zwar gerade gegenüber Sparta, mit dem es Ende der 390er Jahre, als die Rede entstand, im Krieg lag.

Solche Strategien, Geschichte als Argument einzusetzen, kannte man freilich nicht nur in Athen; sie lassen sich, gerade was die Perserkriegserinnerung betrifft, für zahlreiche Poleis nachweisen, sind an sich bereits ein interessantes historisches Phänomen und spielten in den innergriechischen Konflikten der Zeit, wie wir gerade am Beispiel der Freiheitsrhetorik mehrfach sehen werden, keine geringe Rolle. Dieses Phänomen erinnert uns überdies an das ebenso simple wie bedeutende Faktum, daß es über ein und denselben historischen Sachverhalt sehr unterschiedliche, oft konkurrierende Geschichtserzählungen geben kann und daß Geschichte notwendigerweise immer «intentional» ist, wie man formuliert hat: Bewußt oder unbewußt, implizit oder explizit ist jede Geschichtserzählung von bestimmten politischen Agenden, soziokulturellen Deutungsmustern oder Weltanschauungen geprägt. In einer vergleichsweise quellenarmen Zeit wie der klassischen Epoche der griechischen Geschichte, in der wir selbst für so zentrale Begebenheiten wie die Perserkriege oder den Peloponnesischen Krieg häufig von einer einzigen Hauptquelle abhängig sind, müssen wir daher um so mehr über die Geschichtsbilder unserer Gewährsleute reflektieren. Wir werden dies mehrmals thematisieren – und dabei auch moderne Geschichtserzählungen über diese Zeit auf die in ihnen wirksamen Geschichtsbilder hin prüfen müssen.

Was die Klassische Zeit betrifft, so wird diese Problematik dadurch noch verschärft, daß die Schriftquellen – Geschichtsschreibung, Literatur, politische Theorie, Inschriften – zum weit überwiegenden Teil athenischer Provenienz sind. Dies hängt zum Teil mit der kulturellen Führungsrolle Athens in der Epoche zusammen, zum Teil mit späteren, schon in der Antike einsetzenden Überlieferungs- und Selektionsprozessen. Im Ergebnis folgt daraus, daß wir selbst in so bedeutende Poleis wie Sparta, Theben, Korinth, Syrákusai, Árgos, Sámos oder Chíos oft nur punktuelle Einblicke haben, und dies meist aus athenischer Perspektive. Über manche Gebiete und Gemeinwesen – etwa diejenigen auf Kreta – liegen überhaupt nur ganz wenige Informationen vor, so daß sich über deren Geschichte für längere Zeiträume der klassischen Zeit allenfalls sehr allgemeine Aussagen treffen lassen. Angesichts der Polyzentrik der griechischen Welt mit ihren Hunderten wenigstens nominell eigenständiger Gemeinwesen, deren Geschichte keineswegs immer entlang der uns geläufigen großen Linien und Zäsuren verlief, erzeugt diese Quellenlage ein sehr selektives, in mancher Hinsicht zweifellos verfälschendes Bild. Sie vergrößert zudem ein Problem, das sich jeder chronologisch fortlaufenden Erzählung der Geschichte des Klassischen Griechenland stellt, wie sie dieses Buch bieten will: Eine solche Erzählung muß notwendigerweise bis zu einem gewissen Grad die großen politisch-militärischen Akteure privilegieren, um wesentliche Entwicklungslinien herauszuarbeiten, verständlich und anschaulich zu machen. Sparta und Athen, Syrakus, Theben, Korinth und, am Ende, die Makedonen werden daher häufiger auftauchen als andere – notgedrungen und, im Falle Athens, auch deswegen, weil die gute Quellenlage dort detailliertere Einblicke in politische, soziale und kulturelle Zusammenhänge erlaubt, die für die Epoche als Ganzes signifikant sind. Dennoch wird dieses Buch innerhalb der Möglichkeiten, die sein Format bietet, immer wieder versuchen, exemplarische Einblicke in die Geschichte und Geschichtsbilder der unzähligen verschiedenen Gemeinwesen zu geben, die das klassische Hellas bildeten – in die Welt «jenseits von Athen und Sparta».

I. DIE PERSERKRIEGE

Im Frühjahr 513 griff das persische Großreich zum ersten Mal auf das europäische Festland aus. Der Großkönig Dārayavauš, griechisch Dareíos, setzte höchstselbst mit einem großen Heer über den Bosporus und führte es, die Fürstentümer Thrakiens unterwerfend, bis zur Donau. Dort traf der Eroberungszug plangemäß auf die von griechischen Untertanenstädten des Königs in Kleinasien gestellte Flotte, die über das Donaudelta flußaufwärts gefahren war. Ihr befahl der König, eine Schiffsbrücke zu bilden, über die sein Heer in das Land der Skythen nördlich des Flusses eindringen konnte, um durch diese Machtdemonstration im Vorland die neu erworbenen Gebiete in Thrakien zu sichern. In diesem Zusammenhang soll sich eine Episode zugetragen haben, die später in der griechischen Welt kursierte und von dem Geschichtsschreiber Herodot festgehalten wurde: Als König und Heer nach der vereinbarten Zeit von sechzig Tagen nicht zurückgekehrt waren, statt dessen aber ein skythischer Haufe auftauchte und die Schiffsbrücke bedrohte, hätten sich die griechischen Flottenkommandanten versammelt und beraten, ob sie die Brücke abbrechen und davonsegeln sollten. Der Athener Miltiádēs, Herrscher über mehrere Städte am Hellespont (den Dardanellen) und neuerdings Vasall des Großkönigs, habe den Vorschlag gemacht, Dareios im Stich zu lassen, weil mit seinem Tod die persische Herrschaft zusammenbrechen und die Griechen Kleinasiens die Freiheit erlangen könnten. Histiaíos aber, von des Königs Gnaden Tyrann über die Stadt Míletos in Ionien, habe widersprochen: Sie alle, die hier versammelt seien, verdankten ihre Stellung nur der Gunst und Macht des Königs; breche dessen Herrschaft zusammen, würden auch sie gestürzt werden, da die Städte «die Demokratie der Tyrannis vorziehen würden» (Herodot 4.136). Davon überzeugt blieben die Griechenführer, die Skythen wurden mit einer List weggelockt, und Dareios kam heil davon.

Die Geschichte weist zahlreiche Anachronismen auf und hat sich sicherlich nicht so zugetragen; sie dürfte in der Absicht ersonnen worden sein, Miltiades vom Makel der Kollaboration mit dem Großkönig reinzuwaschen – daran hatte er selbst ein Interesse, als er sich in den 490er Jahren, mittlerweile von den Persern seiner Herrschaft am Hellespont beraubt, in Athen als antipersischer Wortführer profilierte, und ebenso seine Nachkommen, die sich als Politiker mit dem Ruhm des späteren Persersiegers von Marathon schmückten. Von Belang ist in diesem Zusammenhang aber nicht die Geschichtlichkeit der Episode, sondern daß die Erzählung von der Konfrontation zwischen Miltiades und Histiaios für die Griechen, die sie erfanden, hörten und weitererzählten, Sinn ergab. Denn sie veranschaulichte eine Situation, die jedem Griechen in den Jahren und Jahrzehnten um 500 wohlvertraut war: den Zwang sich entscheiden zu müssen, wie er oder sein Gemeinwesen sich zu der neuen Weltordnung verhalten sollte, die die Entstehung des persischen Großreiches heraufgeführt hatte. Zuerst wurden die in Kleinasien lebenden Griechen von dieser epochalen Umwälzung im eurasischen Raum erfaßt, zu Beginn des 5. Jahrhunderts auch die in Europa; entziehen konnte sich der Frage keiner. Die meisten entschieden sich wie Histiaios und suchten ihren Vorteil innerhalb des neuen Systems, viele von ihnen sehr erfolgreich. Ein Teil aber fürchtete zu verlieren oder hatte andere Gründe, den Widerstand zu wählen. So kam es seit dem späteren 6. Jahrhundert zu einer Reihe von Auseinandersetzungen griechischer Gemeinwesen mit dem persischen Reich, deren größte im früheren 5. Jahrhundert wir, indem wir uns die griechische Perspektive zu eigen machen, die Perserkriege nennen. Sie sollten Geschichte und Kultur Griechenlands nachhaltig prägen. Die griechische Geschichte in klassischer Zeit ist daher ohne das persische Reich nicht zu denken, und so beginnt mit ihm dieses Buch.

1. Das Perserreich

Gegen Ende des 6. Jahrhunderts war das persische Weltreich noch eine sehr junge politische Formation. Eine Generation zuvor, zu Beginn der 550er Jahre, als der Reichsgründer Kuruš II., Kyros der

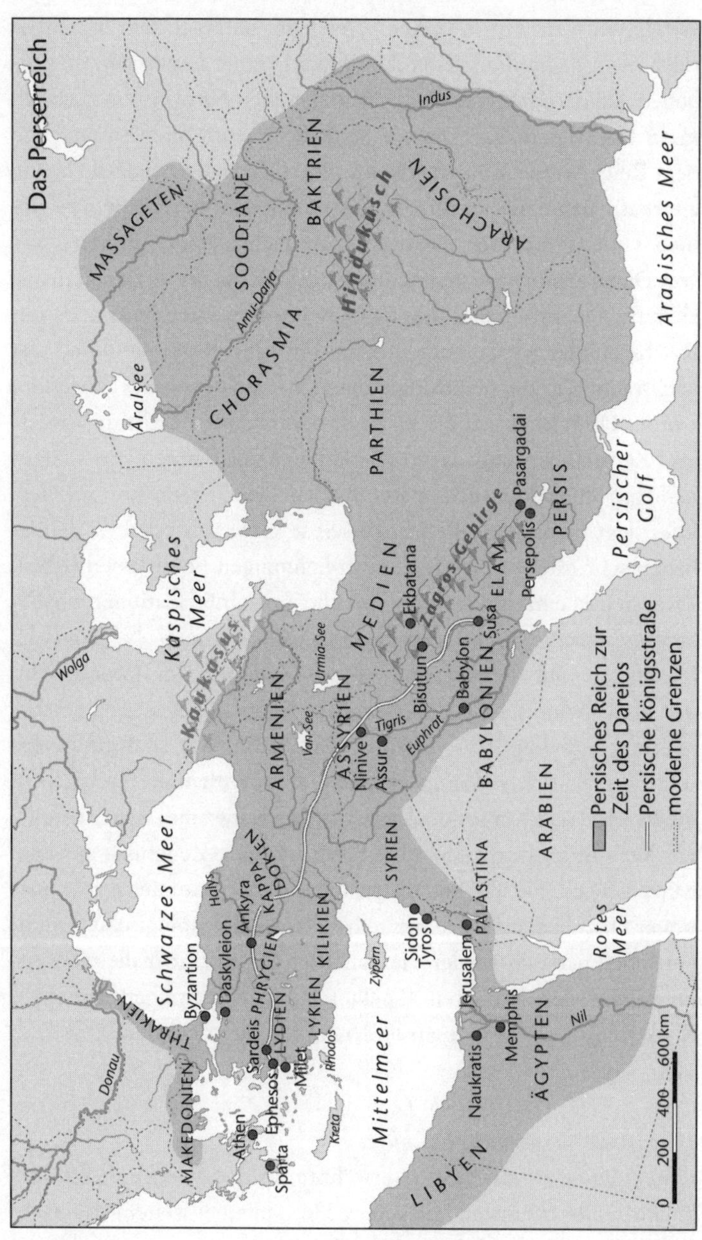

Das Perserreich
MASSAGETEN
SOGDIANE
BAKTRIEN
Hindukusch
ARACHOSIEN
Indus
Amu-Darja
CHORASMIA
Aralsee
PARTHIEN
Kaspisches Meer
Wolga
Kaukasus
ARMENIEN
Van-See
Urmia-See
ASSYRIEN
MEDIEN
Ekbatana
Zagros-Gebirge
Pasargadai
Persepolis
PERSIS
ELAM
Susa
Bisutun
Babylon
BABYLONIEN
Ninive
Assur
Tigris
Euphrat
Persischer Golf
Arabisches Meer
ARABIEN
SYRIEN
PALÄSTINA
Sidon
Tyros
Jerusalem
Schwarzes Meer
Halys
Byzantion
Daskyleion
Ankyra
KAPPADOKIEN
PHRYGIEN
LYDIEN
Sardeis
Ephesos
Milet
LYKIEN
KILIKIEN
Zypern
Rhodos
Kreta
THRAKIEN
MAKEDONIEN
Donau
Athen
Sparta
Mittelmeer
Naukratis
Memphis
Nil
ÄGYPTEN
LIBYEN
Rotes Meer
Persisches Reich zur Zeit des Dareios
Persische Königsstraße
moderne Grenzen
0 200 400 600 km

Große, auf den Thron seiner Väter kam, umfasste sein Machtbereich nicht mehr als ein Kleinkönigtum in einer Landschaft im südlichen Zagros-Gebirge, die im Altpersischen *Pārsa*, auf Griechisch *Persís* hieß (heute Fars um die Stadt Schiras im Südwestiran) und dem Reich seinen Namen geben sollte. Der in der Moderne häufig alternativ benutzte Begriff ‹Achämenidenreich› bezieht seinen Namen von Achaiménēs (persisch Haxāmaniš), dem Ahnherrn der von Dareios I. bis 331 herrschenden Dynastie; dieser Terminus ist aber für die Frühphase des Reiches insofern irreführend, als der Reichsgründer Kyros einer anderen Dynastie entstammte und erst nachträglich in die Genealogie des Achämenidenhauses eingereiht wurde. Obwohl es seit etwa 540 die dominante Macht in Vorder- und Zentralasien war, liegen die Anfänge des Perserreichs weitgehend im dunkeln. Auch später fließen die Quellen nur spärlich. Dies liegt daran, daß die Perser selbst keine uns erhalten gebliebenen schriftlichen Geschichtsaufzeichnungen hinterlassen haben. Zwar liefern einzelne mesopotamische Texte Informationen zur Ereignisgeschichte und Herrschaftspraxis – darunter babylonische Chroniken und der berühmte Kyros-Zylinder, ein Tatenbericht, den die babylonische Priesterschaft in Kyros' Namen nach der Eroberung Babylons 539 verfaßte. Darüber hinaus sind einige Inschriften persischer Könige erhalten, die vor allem im Hinblick auf die Reichs- und Königsideologie aussagekräftig sind; ferner kennen wir Verwaltungstexte sowie weitere verstreute Zeugnisse aus dem ganzen Reich. Sie alle liefern freilich nur sehr punktuelle Informationen. Das bedeutet, daß wir selbst für das chronologische Grundgerüst der persisch-vorderorientalischen Geschichte in diesem Zeitraum, von vielen anderen Aspekten ganz zu schweigen, auf einen Blick von außen angewiesen sind, nämlich auf griechische Quellen.

Herodot und die persische Geschichte

Unter diesen ist das bereits erwähnte, in der zweiten Hälfte des 5. Jahrhunderts entstandene Werk Herodots bei weitem das wichtigste. Das Thema seiner «Forschung» (griech. *historíē*), wie er selbst es genrebildend nannte, sind seinem knappen Einleitungssatz zufolge die «großen und staunenswerten Werke von Griechen und Barbaren» und «vor allem, aus welchem Grund sie gegeneinander Krieg führten». Diesem Programm folgend bietet Herodot eine lange Vorgeschichte der Konfrontation von Ost und West, die in den griechischen Perserkriegen des frühen 5. Jahrhunderts kulminiert. Seine Erzählung beginnt – die Mythhistorie einschließlich des Trojanischen Krieges wird nur kurz gestreift – mit dem phrygischen und lydischen Reich in Kleinasien und knüpft daran die Erzählung vom Aufstieg der Perser, in die ethnographisch-historische Exkurse zu Ägypten, Babylonien, den Assyrern, Medern und anderen von den Persern eroberten Ländern und Völkern eingeflochten sind. Erst etwa um die Mitte des Werkes beginnt die eigentliche Darstellung der griechischen Perserkriege. Dieser Ansatz bringt es mit sich, daß Herodot eine Universalgeschichte des östlichen Mittelmeerraums und des Alten Vorderen Orients bietet, die die gut 200 Jahre vor 500 umfaßt und auch die der Perser einschließt. Spätere griechische Quellen können dem nur wenig hinzufügen. Ob die fragmentarisch überlieferte *Persische Geschichte* des Ktēsías – eines Griechen aus der Stadt Knídos in Kleinasien, der um 400 am persischen Hof zum Leibarzt des Großkönigs aufgestiegen war – bis einschließlich der Perserkriege mehr als Legendäres liefert, ist umstritten. Die Schriften des Atheners Xenophōn, der das persische Reich als Söldnerführer zu Beginn des 4. Jahrhunderts kennengelernt hatte, enthalten zwar wertvolle Informationen über das Perserreich seiner Gegenwart; für seine *Erziehung des Kyros*, in der er am Beispiel des persischen Reichsgründers ein Bild idealen Herrschertums entwickelt, gilt jedoch Ähnliches wie für die Ausführungen des Ktesias.

Wir sind für die griechisch-persische Geschichte bis einschließlich der Perserkriege demnach im Wesentlichen auf Herodot angewiesen. Seiner Herkunft nach war er als Gewährsmann für den Orient bestens geeignet. Er wurde in den 480er Jahren in der Stadt Halikarnassos in Karien geboren, einer kleinasiatischen Landschaft, in der Griechen und die nichtgriechischen Karer in enger Symbiose und kultureller Durchmischung lebten. Dort wuchs er, anfänglich noch als Untertan des Perserkönigs, in einer griechisch-karischen

Familie der Oberschicht auf, die sich mit der persischen Herrschaft offenbar gut arrangiert hatte. Nach eigenen Angaben unternahm er Reisen in zumindest einen Teil der von ihm beschriebenen Länder Vorderasiens. Er bereiste aber auch die griechische Welt, nicht zuletzt Athen, das damals zu einem ihrer Zentren wurde, und verkehrte dort in den maßgeblichen Intellektuellenkreisen. Wohl in den späten 420er Jahren vollendete er sein Geschichtswerk, an dem er über Jahrzehnte gearbeitet hatte. Im historischen Denken der Antike stellte es einen Quantensprung dar. Mythen (die durchaus als Teil der Geschichte begriffen wurden) und Legenden um Kulte und Heiligtümer, Gründungs- und Wanderungssagen griechischer Gemeinwesen, zumal der Kolonien, Genealogien und Taten großer Männer und dergleichen Erinnerungen an die Vergangenheit wurden im griechischen Raum – von den altorientalischen Kulturen ganz zu schweigen – seit Jahrhunderten mündlich überliefert und bisweilen auch schriftlich aufgezeichnet; dies belegen die Epen Homers und andere archaische Dichtungen. Seit dem späteren 6. Jahrhundert kamen erdkundliche Aufzeichnungen in Form von Karten und (See-)Wegbeschreibungen hinzu. Der Milesier Hekataíos verfaßte, daran anknüpfend, um 500 eine *Periḗgēsis gēs* (‹Herumführung›, Erklärung der Erde), die auch Völkerschaften, Siedlungen und Landschaftsmerkmale näher beschrieb. Außerdem legte er eine kritisch-rationalistische Prosadarstellung der heroisch-mythischen Vergangenheit der Griechen unter dem Titel *Genealogíai* vor. Mit beiden Werken kann Hekataios als wichtiges Vorbild der ethnographisch-historischen Forschungen Herodots gelten. Um die Zeit Herodots sind dann mehrere Namen (und nur wenige Textfragmente) von Prosaautoren überliefert, die Lokal- oder Universalgeschichten verfaßten; ihr Verhältnis zu Herodots Werk und Überlegungen, wie maßgeblich ihr Anteil – und im Vergleich dazu derjenige Herodots – an der Entwicklung der Geschichtsschreibung als Gattung war, sind umstritten und weitgehend spekulativ.

Herodots Werk zeichnet sich durch eine Reihe von Merkmalen aus, die für die Gattung konstitutiv werden sollten, und haben ihm deswegen nach einem Diktum Ciceros den Ehrentitel des *pater historiae* (‹Vater der Geschichtsschreibung›) eingebracht. So interessieren ihn nicht Göttermythen, sondern, wie er in seinem Vorwort sagt, die Werke und Taten der Menschen. Zwar bildeten Taten großer Männer der Vergangenheit bereits den Stoff Homers, doch in der programmatischen Beschränkung auf das Menschliche und dessen Phänomene ist Herodot nachhaltig beeinflußt von intellektuellen Strömungen seiner Zeit. Eine hatte ihre Wurzeln in Herodots Heimat, im Ionien des 6. Jahrhunderts, wo Denker wie Anaxímandros, Anaximénēs und Thalḗs von Milet, Xenophánēs aus Kolophón, Herákleitos (Heraklit) aus Éphesos, der bereits erwähnte Hekataios oder später Anaxagóras aus Klazomenaí Naturphänomene und physikalische Gesetze erforschten, die materiellen und immateriellen Prinzipien der Welt ergründeten und dazu nach Antworten jenseits altüberkommener, mythischer Erklärungen suchten. Anregungen empfing Herodot auch von der in seiner Lebenszeit blühenden Sophistik – einer sehr vielgestaltigen intellektuellen Bewegung (wir werden auf sie zurückkommen), die aber das philosophische Interesse am Menschen in seinen sozialen und politischen Bezügen und an der Rhetorik, der Kunst der Rede, einte.

Der Einfluß dieser intellektuellen Strömungen äußert sich nicht nur in Einzelinteressen Herodots wie dem an der Ethnographie, an Naturphänomenen, an der beginnenden Politiktheorie oder an der Redekunst. In ihrer Tradition steht er auch, wenn er zum einen nach den Gründen des Konflikts zwischen Griechen und Persern fragt, wie er es in seinem Vorwort formuliert, und zum anderen das Wissen über die Vergangenheit, das er aufzeichnet, kritisch hinterfragt. So weist er wiederholt darauf hin, daß er die eine oder andere Erzählung für unrichtig halte. Seinen Bericht über die Anfänge der persischen Reichsgründung unter Kyros etwa leitet er mit der Bemerkung ein, er könne noch drei weitere Erzählungen bieten, wolle sich aber auf das beschränken, was er für «die Realität» halte (1.95). Bisweilen läßt er auch konkurrierende Geschichtserzählungen nebeneinander stehen; so referiert er an einer Stelle verschiedene Erzählungen über die angebliche Kollaboration der Argeier mit Persien und hält dann programmatisch fest: «Meine Pflicht ist es, alles wiederzugeben, was erzählt wird. Doch muß ich nicht alles glauben. Dies gilt im Übrigen für mein ganzes Werk» (7.152). In diesem

Sinne war Herodots Darstellung ‹Forschung› (*historíē*), nicht nur Sammlung. Zwar kennt auch Herodot das Schicksal als wirkende Kraft oder den Neid der Gottheit auf zu großes Glück – ja letzteres ist eines der zentralen Leitmotive seines Werkes. Es wird aber nie ganz deutlich, wieviel davon personal gedachtes Einwirken transzendentaler Kräfte, wieviel nur Metapher für ein von ihm beobachtetes ‹Naturgesetz› vom notwendigen Auf und Nieder der Mächte ist, das er gleich zu Beginn formuliert (1.5.4). Mit letzterem liegt er ganz auf der Linie seiner rationalistischen Zeitgenossen.

So zentral das Werk Herodots als Quelle für die altorientalische Geschichte ist, so viele Probleme wirft es auf. Eines tritt hervor, wenn man fragt, woher er sein Wissen bezog und ob dieses Wissen verläßlich ist. Selbst für die Kenntnis der griechischen Geschichte konnte er, von Mythhistorie abgesehen, nur auf wenige schriftliche historische Darstellungen zurückgreifen. Das meiste Wissen dürfte er aus mündlicher Überlieferung bezogen haben, aus Volkerzählungen und den von aristokratischen Familien oder in Priesterschaften gepflegten Erinnerungen. Bisweilen verweist er auch darauf, Inschriften oder Bauwerke selbst gesehen zu haben. Das Problem verschärft sich bei seiner Darstellung der Geschichte und Kultur fremder Völker. Auch dabei beruft Herodot sich immer wieder auf Erzählungen, die er auf seinen Reisen gehört haben will. Manches davon ist durchaus glaubwürdig; gerade in jüngerer Zeit hat man nachgewiesen, dass sein Bild stärker als häufig angenommen mit dem übereinstimmt, was orientalische Quellen überliefern. Manche Erzählungen gerade über den Orient tragen hingegen phantastische Züge und sind aus einer sensationalistischen Fabulierlust heraus entstanden, womit der Autor nicht zuletzt auch sein Publikum unterhalten wollte. Dazu kommen unvermeidliche Fehlinformationen und Mißverständnisse in der Wahrnehmung fremder Kulturen. Schwierigkeiten bereitet aber vor allem, daß seine Erzählung von den Sinnmustern, Interessen und Erzählkonventionen seines eigenen kulturellen Hintergrunds und dem seines Publikums geprägt ist.

Wie sich das auswirkt, zeigt Herodots Erzählung über Frühgeschichte und Aufstieg der Perser (1.95 ff.). Deren Geschichte beginnt für ihn mit jener der Meder: Nachdem Asien über 500 Jahre lang von den Assyrern beherrscht worden sei, hätten die Meder und andere Völkerschaften sich aufgelehnt und das Assyrerreich zu Fall gebracht. Dann habe ein Mann namens Dēiókēs die Meder mit Hilfe seiner Autorität als Richter erstmals unter eine Königsherrschaft zusammengefaßt, eine prachtvolle Hauptstadt, Ekbátana, und einen gewaltigen Palast errichtet, ein den König «einem anderen Wesen gleich» machendes Hofzeremoniell eingeführt, ein streng formalisiertes Rechtswesen geschaffen und durch «Späher und Spitzel» sein Reich gelenkt. Sohn und Enkel des Deiokes hätten dann durch weitere Eroberungen fast ganz Asien unterworfen und so, nach den Assyrern, das zweite Großreich der Menschheitsgeschichte geschaffen. Dessen letztem Herrscher Astyágēs sei in Träumen vorhergesagt worden, sein Enkel aus der Ehe seiner Tochter mit einem Perser werde eines Tages ganz Asien beherrschen; aus Angst um seinen Thron habe Astyages daraufhin das Kind – es hieß Kyros – aussetzen lassen. Damit entspinnt sich ein regelrechter Kyros-Roman: Mitleidige Hirten ziehen den Knaben an Kindes Statt auf; seine wahre Herkunft wird offenbar, und nach mancherlei Fährnissen kommt es dazu, daß er sich an die Spitze eines Aufstands der Perser gegen die Meder setzt. Astyages wird geschlagen, Kyros erobert Medien und legt so den Grundstein für das dritte, persische Weltreich der Geschichte.

Zu dieser – mit Varianten auch in späteren griechischen Quellen zu findenden – Erzählung paßt, daß medische Traditionen im persischen Reich durchaus eine Rolle spielten. Ekbatana etwa blieb eine wichtige Residenz der Perserkönige. Medische Große erhielten, anders als die Eliten vieler anderer unterworfener Völker, hohe militärische Kommandos und andere verantwortliche Vertrauensstellungen; Dátis, der persische Kommandeur bei Marathon, war Meder. In offiziellen persischen Texten firmierte Medien neben Persien als Kernland des Reiches, die Griechen benutzten den Begriff «Meder» als Synonym für Perser; so wurde Kollaboration mit dem persischen Feind beispielsweise als *mēdismós* bezeichnet. Auch läßt sich Herodots Erzählung teilweise durch altorientalische Überlieferungen bestätigen. Nach babylonischen Quellen waren Meder gemeinsam mit den Babyloniern maßgeblich an der Vernichtung des neuassyrischen Reichs Ende des 7. Jahrhunderts beteiligt. Auch die von Herodot genannten medischen Königsnamen lassen sich dort wiederfinden – selbst die Auseinandersetzung zwischen Kyros und Astyages. Merkwürdig unsichtbar bleibt indes in der altorientalischen Überlieferung Herodots Medisches Großreich. Mesopotamische Quellen kennen lediglich eine Fülle verschiedener medischer Herrschaften.

Damit stellt sich die Frage nach der Glaubwürdigkeit von Herodots Erzählung über die Geschichte der Meder. Immer schon hat man gesehen, daß gerade die Erzählungen über Kyros' Kindheit alle Züge mündlich überlieferter Heldensagen tragen, wie sie auch die Griechen kennen; das Aussetzungsmotiv etwa ist ein in vielen antiken Kulturen verbreitetes Wandermotiv, das wir ebenso in Erzählungen über Moses, Ödipus oder Romulus und Remus finden. Deiokes' Aufstieg vom rechtschaffenen Richter zum Alleinherrscher, bei dem ihm nicht zuletzt eine List half, birgt ebenfalls Elemente solcher Sagen. Zugleich entspricht das Motiv der Richterrolle griechischen Vorstellungen und Erfahrungen von vorpolitischen Gesellschaften. Solche griechischen Sinnmuster durchziehen die Erzählung auch sonst. So hat Deiokes' neues Reich alle Ingredienzen einer orientalischen Monarchie, wie die Griechen des 5. Jahrhunderts sie sich vorstellten: einen unzugänglichen, hinter aufwendiger Hofhaltung und Zeremoniell entrückten Herrscher; eine beeindruckende Bürokratie und enge Kontrolle über das ganze Reich; eine nach modellartigen Vorstellungen orientalischer Städte entworfene, prachtvolle Megalopolis als Hauptstadt. Vieles davon wirkt wie eine Rückspiegelung der aus dem Achämenidenreich bekannten Fakten. Überdies versinkt Herodots Mederreich nach einer kurzen Blüte in Dekadenz, die in seinem letzten König Astyages volle Ausprägung erfährt: Herodot versieht ihn mit allen Klischees des grausamen und zugleich pathologisch ängstlichen orientalischen Despoten, der einen vermeintlich treulosen Diener seinen eigenen Sohn zu verspeisen zwingt und dafür am Ende sein Reich verliert. Orientalischer Despotismus und Dekadenz sind freilich typische Motive des griechischen Bildes vom Perserreich und seiner

Geschichte, wie es sich nach der persischen Niederlage in Hellas 479 entwickelte. Ein weiteres Sinnmuster, das Herodots Meder-Erzählung prägt, ist die erwähnte Überzeugung von der unvermeidlichen Wandelbarkeit menschlichen Glücks und menschlicher Macht. Ihr entspricht das Schema der auf- und wieder absteigenden Weltreiche, indem dem Aufstieg der Perser der Abstieg eines medischen Großreiches vorangehen muß. Und nicht zuletzt sind Herodots Erzählungen über Deiokes, Astyages und Kyros' Anfänge durchwoben von einem Thema, das Herodots Zeitgenossen im Griechenland des späteren 5. Jahrhunderts in hohem Maße faszinierte und das dort intensiv debattiert wurde: Es ist das Phänomen der Macht, ihrer Entstehung, praktischen Handhabung und ihres Mißbrauchs in der Tyrannis, wie an Deiokes und Astyages exemplifiziert. Auch wenn Herodot authentische Traditionen über eine wie auch immer geartete Auseinandersetzung zwischen Persern und Medern bewahrt haben mag, war seine Erzählung doch von Sinnmustern, Diskursen und Geschichtsbildern seiner Zeit überformt – ja, wurde von Herodot möglicherweise sogar bewußt zu einer exemplarischen Erzählung in deren Sinne gestaltet. Damit sind wir auf ein grundlegendes Problem aufmerksam geworden, das, wie wir noch sehen werden, ebenso seine Darstellung der griechischen Geschichte und der Perserkriege betrifft.

Das persische Weltreich bis Dareios I.

Für unser Bild von der Frühgeschichte der Perser folgt daraus, daß das Medische Großreich als historische Größe wohl aufzugeben ist und auch andere Elemente der Erzählung Herodots kritisch zu hinterfragen sind. In der Tat zeichnet sich in altorientalischen Quellen eine andere Geschichte ab. Auf dem erwähnten Kyros-Zylinder aus Babylon bezeichnet Kyros sich und seine königlichen Vorfahren als «Könige von Anshan», einem alten Fürstensitz in der Persis unter der Oberhoheit des Reiches von Elam, das im 2. Jahrtausend von seinem Zentrum Susa am westlichen Fuß des Zagros-Gebirges aus eine bedeutende überregionale Machtstellung aufgebaut hatte. Gerade in der neueren Forschung wird dieser elamische Kontext stark betont. In der Tat war das Elamische noch im persischen Großreich das Idiom der Hofverwaltung; Inschriften persischer Großkönige waren meist auch auf Elamisch verfaßt; die elamische Hauptstadt Susa blieb eine der wichtigsten Residenzen des Perserkönigs, persische und elamische Namen tauchen an seinem Hof Seite an Seite auf. Möglicherweise ist Persisches und Elamisches in der Frühzeit der Perser demnach kaum zu trennen.

Der Aufstieg der persisch-elamischen Könige von Anshan dürfte begonnen haben, als die Großmachtstellung Elams unter dem Angriff des neuassyrischen Reiches Ende der 640er Jahre zusammenbrach. Ob sie später unter irgendeiner Form medischer Vorherrschaft standen, muß nach dem oben Ausgeführten als sehr fraglich erscheinen. Im Jahr 559 – das Datum ist nach babylonischen Texten relativ sicher – gelangte Kyros II. auf den Thron und konnte nach dem Tatenbericht auf dem Kyros-Zylinder bald danach das alte Elam mit Susa unter seine Kontrolle bringen. Um 550 kam es zu einem Krieg mit dem medischen König Astyages, von dem babylonische Quellen ebenfalls berichten, infolgedessen sich Kyros Astyages' Herrschaftsgebietes bemächtigen konnte – was auch immer es genau umfaßte. Ende der 540er Jahre hören wir dann von Kyros in Ostanatolien, wo er im Krieg mit einer anderen expansiven Großmacht lag, dem lydischen Reich, das unter seinem König Kroísos im Zenit seiner Macht stand und das gesamte westliche Anatolien einschließlich der griechischen Städte beherrschte. Nach Herodot gelang es Kyros durch einen erfolgreichen Überraschungsangriff auf Kroisos' Hauptstadt Sárdeis, dessen Reich zu vernichten und die Hegemonie über ganz Anatolien bis zur kleinasiatischen Küste zu gewinnen; so kamen um 540 zum ersten Mal auch Griechen, persisch *Yaunā* (Ionier), unter persische Oberhoheit. Um dieselbe Zeit kam es zur Konfrontation mit der einzigen verbliebenen Großmacht in Vorderasien, dem neubabylonischen Reich. Einzelheiten darüber sind kaum bekannt; 539 zog Kyros jedenfalls siegreich in Babylon ein. Auf dem Kyros-Zylinder wird er als ein vom babylonischen Hauptgott Marduk gesandter Befreier und Wiederhersteller von Kulten gefeiert, die der letzte babylonische König Nabonid vernachlässigt habe. Darin mag persische Propaganda zum

Ausdruck kommen oder der Versuch babylonischer Eliten, die Geschehnisse im nachhinein zu erklären und in ihrem Sinne umzudeuten. Möglicherweise spielten Kyros aber auch tatsächlich Spannungen zwischen König Nabonid und der Priesterschaft des Marduk in die Hände. Wie dem auch sei: Kyros konnte sich die Unterstützung der babylonischen Eliten sichern, indem er sich derselben Quelle zufolge ganz die Rolle des Königs von Babylon zu eigen machte und dessen Pflichten gegenüber Marduk und dessen Priesterschaft bestätigte. Darin lassen sich zum ersten Mal typische Instrumente persischer Herrschaftspraxis greifen, auf die noch zurückzukommen sein wird. Mit der Eroberung des neubabylonischen Reiches war Kyros zum Herrn über den gesamten fruchtbaren Halbmond und Anatolien geworden. Zu einem uns unbekannten Zeitpunkt hatte Kyros überdies mit der – kaum dokumentierten – Eroberung des iranischen Hochplateaus bis zu den zentralasiatischen Landschaften Baktrien und Sogdien im heutigen Afghanistan, Pakistan und Turkmenistan begonnen, was ihn über mehrere Jahre in Anspruch genommen haben dürfte; auf einem dieser Feldzüge starb er 530.

Kyros' Eroberungswerk wurde von seinem Sohn Kambuǰiya (griechisch Kambýses), König 530 bis 522, fortgesetzt, der Mitte der 520er Jahre Ägypten erobern konnte. Auch die griechischen Städte in ägyptischem Einflußgebiet, darunter die bedeutende Stadt Kyrḗnē, unterwarfen sich. Bei Herodot ist Kambyses der erste Despot auf dem persischen Thron, ein Prototyp des Tyrannen, der die ägyptischen Unterworfenen entehrenden Grausamkeiten aussetzt und die religiösen Traditionen des Landes mit Füßen tritt. Auch gegen den persischen Adel und seine eigene Familie wütet er. Ägyptische Quellen legen allerdings nahe, daß auch Kambyses, wie sein Vater in Babylon, auf Integration setzte; er nahm den Pharaonentitel an, heiratete eine Prinzessin des ägyptischen Herrscherhauses, zog Angehörige der äygptischen Elite an seinen Hof und brachte den ägyptischen Göttern ostentativen Respekt entgegen. Die Geschichten um Spannungen mit der persischen Elite scheinen dagegen nicht aus der Luft gegriffen zu sein. Denn noch in Ägypten erreichte Kambyses die Nachricht von der Usurpation seines Bruders

Bardiya (bei Herodot Smérdis, in anderen griechischen Quellen anders genannt); auf dem Weg nach Mesopotamien, den Herausforderer zu stellen, starb er 522. Über die Revolte erzählt Herodot, der Usurpator sei gar nicht der Königsbruder gewesen, sondern ein Angehöriger der persisch-medischen Priesterkaste, der sich als Bardiya ausgegeben habe, bis persische Große ihn durchschaut und beseitigt hätten, um dann den Achämeniden Dareios I. zum König zu küren. Die Erzählung gibt im wesentlichen Dareios' Version der Ereignisse wieder, wie er sie auf einer großen Inschrift am Berg Bisutun an der Reichsstraße von Babylonien nach Ekbatana und in Abschriften, die offenbar ins gesamte Reich versandt wurden, verbreitete. Tatsächlich töteten Dareios und seine Mitverschwörer wahrscheinlich nicht einen falschen, sondern den echten Bruder des Kambyses und – nach dessen Tod – legitimen König; die Geschichte vom ‹falschen Bardiya› erfanden sie, um den Königsmord zu legitimieren. Die doppelte Usurpation bezeugt eine existenzbedrohende Krise des jungen Reiches: Offenbar stand ein Teil der persischen Elite in Opposition zu Kambyses und ermöglichte deswegen die Machtergreifung des Bardiya, während ein anderer Teil – zumindest von einem gewissen Zeitpunkt an – einen anderen Usurpator, eben Dareios, unterstützte. Und damit nicht genug: In Persien erhob sich ein weiterer Thronprätendent, und zahlreiche Provinzen, darunter auch Medien und Babylon, suchten jetzt das persische Joch abzuschütteln.

Dareios' große Aufgabe, nachdem er die Aufstände niedergeschlagen hatte, war deshalb die innere Konsolidierung des Reiches. Neben organisatorischen Maßnahmen bemühte sich Dareios insbesondere um die ideologische Fundierung des Reiches; er ließ die Residenzen Susa und Persépolis zu prachtvollen imperialen Zentren ausbauen sowie programmatische Bildwerke und Inschriften errichten, die in wuchtiger Sprache Herrschaftsanspruch und Selbstverständnis von Reich und Königtum verkündeten und zugleich Dareios' persönliche Machtstellung stabilisieren sollten; wir werden gleich darauf zurückkommen. Dareios setzte aber auch die Expansion fort: in Indien, an der Nordgrenze des Reiches und im Westen, wo nach der Ermordung des Tyrannen Polykrátēs von

Samos diese und andere ägäische Inseln annektiert wurden. 513 griff Dareios, wie eingangs berichtet, erstmals auf Europa über und unterwarf Teile Thrakiens; seine Feldherren setzten die Eroberung des Westens an der thrakischen Küste entlang bis Makedonien fort, dessen König sich widerstandslos persischer Suprematie unterstellte. Einzelne Gemeinwesen Griechenlands anerkannten in den Folgejahren im Zuge diplomatischer Kontakte freiwillig die Oberherrschaft des Großkönigs. Das Reich der Perser hatte damit seine maximale Ausdehnung erreicht; Versuche, weiter nach Westen in den Mittelmeerraum zu expandieren, sollten unter König Xšayaršā, griechisch Xérxēs, in Griechenland scheitern.

Die beispiellose Expansion der Perser hatte innerhalb weniger Jahrzehnte den gesamten vorder- und zentralasiatischen Raum fundamental verändert und eine politische Formation entstehen lassen, die trotz riesiger Entfernungen und hoher kultureller Diversität über 200 Jahre Bestand haben und ihre hegemoniale Machtstellung in Eurasien behaupten konnte, bis das Reich nach dem Tod seines letzten Herrschers, des Makedonen Aléxandros (Alexander der Große), zerbrach. Ihren Machtanspruch gründeten die Perserkönige auf ein Selbstverständnis, wie es exemplarisch in den Inschriften und im Bildschmuck der Grabanlage des Dareios bei Persepolis hervortritt. Deren zentrale, auf Altpersisch und Elamisch abgefaßte Inschrift beginnt mit der Anrufung des «großen Gottes Ahuramazda, der diese Erde erschaffen hat, der jenen Himmel erschaffen hat, der den Menschen erschaffen hat, der das Glück erschaffen hat für den Menschen, der Dareios (zum) König gemacht hat, den einen zum König über viele.» (§ 1) Dann spricht der König über sich selbst (§ 2): «Ich bin Dareios der große König, König der Könige, König der Länder mit allen Stämmen, König auf dieser großen Erde weithin. … Es kündet Dareios der König: Nach dem Willen Ahuramazdas – dies sind die Länder, die ich in Besitz genommen habe außerhalb von Persien; ich habe über sie geherrscht, mir brachten sie Tribut, was ihnen von mir gesagt worden ist, das taten sie, das Gesetz, das mein ist, band sie: Medien, Elam» und an die 30 weitere Länder und Völker, darunter die «filzhuttragenden Ionier» (alles § 3). Und weiter (§ 4–6): «Es kündet Dareios der König: Als

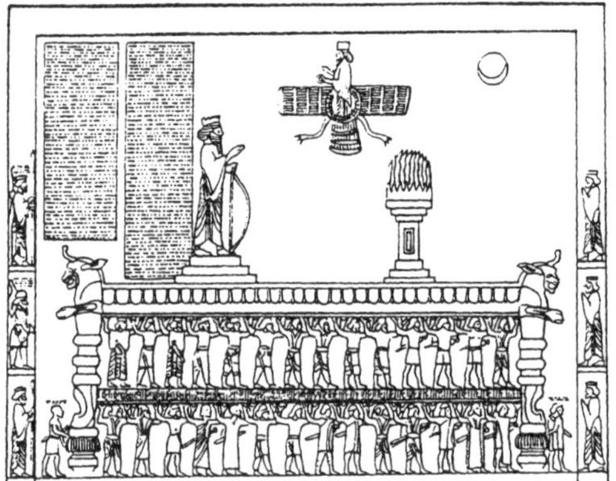

Abb. 1: Fassade des Felsengrabs Dareios' I. in Naqš-e Rostam bei Persepolis (Zeichnung)

Ahuramazda diese Erde in Aufruhr geraten sah, da hat er mir sie verliehen ... Nach dem Willen Ahuramazdas habe ich sie (die Erde) wieder an den rechten Platz gesetzt. ... Mann! Das Gebot Ahuramazdas erscheine Dir nicht übel! Den rechten Weg verlasse nicht! Widersetze Dich nicht!»

Die Inschrift enthält in nuce die gesamte Reichs- und Königsideologie der Perser: Der Perserkönig ist vom Schöpfergott eingesetzt, die Welt in dessen Sinne zu ordnen, zu befrieden und unter seiner glücksbringenden Herrschaft zu einen. Ein begleitendes Relief visualisiert dieses Selbstverständnis, indem es den König zeigt, wie er, auf einem von Untertanenvölkern getragenen Podest stehend, eine geflügelte Figur grüßt und von ihr ebenfalls gegrüßt wird – vielleicht Ahuramazda selbst, jedenfalls ein Sinnbild dafür, dass der König göttlicher Gnade teilhaftig ist. Widerstand gegen jene gottgewollte Herrschaft war folglich Frevel gegen den «rechten Weg», eine «Lüge», wie es in der erwähnten Inschrift am Berg Bisutun heißt. Dort rechtfertigt Dareios seine Machtergreifung im Jahr 522 mit dem Willen Ahuramazdas, Wohlergehen und Ordnung der Völker wiederherzustellen; derselbe Gott war es auch, nach dessen Willen und mit dessen Beistand der König die Aufstände zwischen 522 und 520 niederschlug. Das zugehörige Relief zeigt den König, wieder im Grußgestus dem Gott zugewandt, wie er seinen zu Boden geworfenen Widersacher mit Füßen tritt und ihm die gefesselten Rebellen vorgeführt werden: Wer sich gegen den König auflehnte, so verkünden diese Bilder, fehlte gegen die göttlich sanktionierte Weltordnung.

Als Abbild und Vollzug der göttlichen Schöpfungsordnung war die Herrschaft des «Königs der Könige» notwendigerweise universal, weltumspannend. Eindrücklich wurde dieser Anspruch auf einem monumentalen Reliefzyklus an der Treppenanlage zum Thronsaal des Palastes in Persepolis formuliert, den jeder sehen mußte, der zur Audienz beim König vorgelassen wurde. Dort sind lange Reihen von Untertanenvölkern dargestellt, erkennbar an ihrer jeweiligen Tracht, die dem König Gaben darbringen und so seine Herrschaft anerkennen, darunter auch die Griechen. Den Universalherrschaftsanspruch versinnbildlichten auch die Palastanlagen der persischen Könige. Bereits Kyros' Palast in Pasargádai nahm gezielt persische, mesopotamische und westliche (lydische und griechische) Stilelemente auf. Eine Bauinschrift, die Dareios in verschiedenen Versionen in seinem Palast in Susa aufzeichnen ließ, verkündete, daß Ahuramazda Dareios «zum König auf dieser Erde» gemacht habe, und berichtet dann, daß alle Völker zum Bau des Palastes beitrugen: Die Babylonier buken Ziegel, Zedernholz aus dem Libanon brachten Syrer, Ionier und Karer, Gold die Lyder, Silber und Ebenholz die Ägypter, Elfenbein die Inder und so weiter. Ähnliche Bedeutung hatte die Prachtentfaltung des Hoflebens und des Hofzeremoniells, das die Griechen gleichermaßen faszinierte wie abstieß: Auf diese Weise inszenierte man Reichtum,

Abb. 2: Ausschnitt der Reliefs am Aufgang zum Thronsaal (*apadāna*) in Persepolis mit Gaben bringenden Untertanenvölkern. Rechts unten die Ionier

Macht und Großzügigkeit des Herrschers und symbolisierte zugleich die weltumspannende, Glück und Wohlstand garantierende imperiale Ordnung. Im nämlichen Sinne dürften die mit persischen Königspalästen häufig verbundenen aufwendigen Parkanlagen (griechisch *parádeisoi*, ‹Paradiese›), die mit Pflanzen und Tieren aus aller Welt bestückt waren und für ihre Schönheit gerühmt wurden, als Abbilder der glücksbringenden persischen Weltordnung zu deuten sein.

Für das Verständnis der persisch-griechischen Auseinandersetzungen ist die skizzierte Reichs- und Königsideologie von hoher Bedeutung. Denn der Auftrag, die ganze Welt im Sinne einer gottgewollten Ordnung unter der Pax Persica zu einen, diente nicht nur der Rechtfertigung des persischen Expansionismus, sondern muß als eine seiner zentralen Motivationen ernst genommen werden und dürfte eine tragende Rolle gespielt haben, als die Perser Ende des 6. Jahrhunderts auch nach Griechenland ausgriffen (was andere Beweggründe wie Beutegewinn, die Erschließung neuer Tributquellen oder geostrategische Erwägungen natürlich nicht ausschließt). Denn der Großkönig stand aufgrund dieser Ideologie unter erheblichem Druck, seine göttliche Begnadigung und Befähigung zum Herrscheramt durch die beständige Mehrung des Reiches unter Beweis zu stellen. Herodot illustriert dies treffend in einer ‹Eheszene› zwischen Dareios und seiner Königin Atóssa, der Tochter des großen Eroberers Kyros (3.134): «König», so soll sie ihn eines Tages unter vier Augen im Ehebett ermahnt haben, «du sitzt untätig da, ohne noch ein Volk oder eine Macht für die Perser hinzuzugewinnen. Ein so junger Mann und so reicher Herrscher muß sich durch Taten hervortun; ... die Perser sollen merken, daß ein starker Mann sie führt, ... damit sie keine Zeit haben, Ränke gegen dich zu schmieden.» Auf diese Ermahnung hin habe Dareios den Plan zum Skythenzug gefasst. Auch Xerxes läßt Herodot (7.8) später den Angriff auf Hellas damit begründen, er wolle so die Taten seiner Vorfahren auf dem Thron aufwiegen und «den Himmel des Zeus zur Grenze des Perserlandes machen. Denn die Sonne wird kein Land mehr bescheinen, das an das unsere grenzt.»

In praktischer Hinsicht beruhten Dynamik und Erfolg der persischen Großreichsbildung zum einen auf einer hochentwickelten Verwaltung, einem Erbe der altorientalischen Reiche. Eine Vorstellung von ihrer Komplexität und Reichweite geben Tausende von Tontäfelchen des sogenannten *Persepolis Fortification Archive* und anderer Archive aus Persepolis, die Verwaltungsvorgänge in der Hofintendantur rund um Produktion, Transport und Ausgabe von Nahrungsmitteln an königliche Bedienstete, Würdenträger oder Reisende dokumentieren. Punktuelle Evidenz aus anderen Reichsteilen bezeugt eine ähnlich entwickelte Verwaltung auch in regionalen persischen Herrschaftszentren. Das Reich war in Provinzen unter je einem königlichen Statthalter aufgeteilt, dessen Amtstitel die Griechen als *satrápēs* wiedergaben; er verantwortete insbesondere die militärische Kontrolle seines Sprengels, die Heeresaushebung und die Eintreibung der Abgaben. In Kleinasien waren dies der Satrap für Lydien und die ionische Küste, der in der ehemaligen Königsstadt Sardeis residierte, daneben gab es – in unklarem und vielleicht variierendem Hierarchieverhältnis – Satrapen für Karien und für Hellespont-Phrygien. Ein Netz gut ausgebauter, königlich überwachter und durch Abgaben und Frondienste unterhaltener

Straßen erlaubte mit Hilfe eines berittenen Botenwesens schnelle Kommunikation zwischen den Reichsteilen, ermöglichte den raschen Transport von Menschen und Gütern und erleichterte Truppenbewegungen; zu diesem Zweck unterhielt man Reittiere, Personal und Poststationen, an denen autorisierte Reisende Nahrung und Transportmittel erhielten. Dieser gewaltige Machtapparat erlaubte, Kontrolle und Kommunikation über weite Distanzen zu gewährleisten, beträchtliche Ressourcen zu akkumulieren und Menschen zu organisieren. Ohne all dies wären die großen Eroberungszüge der Perserkönige, die ja nicht zuletzt eine große logistische Leistung darstellten, nicht möglich gewesen. Die Griechen waren vom Organisationsgrad des persischen Reiches, der denjenigen ihrer Poleis weit überstieg, nachhaltig beeindruckt: Herodot beschreibt voller Bewunderung die Königsstraße von Sardeis nach Susa (5.52–4) oder das Nachrichtenwesen (es gebe «nichts Schnelleres auf Erden»: 8.98), und er flicht in seine Erzählung lange Listen der Tributeinnahmen des Reiches (3.90–97) oder der Völkerschaften und Truppenkontingente im Heer des Xerxes (7.61–98) ein. Diese Listen stehen in literarischen Traditionen, und wie authentisch die darin gegebenen Informationen sind, ist sehr umstritten; auf jeden Fall bezeugen sie eindrucksvoll, welche ungeheuren Machtmittel das persische Reich aus Sicht der Griechen zu mobilisieren imstande war.

Die zweite Voraussetzung für den Erfolg der persischen Herrschaft war ihre Akzeptanz bei den Eliten der unterworfenen Gebiete. Unterhalb der Satrapen setzten die Perser auf Kooperation mit den existierenden lokalen Herrschaften und beließen in der Regel die politischen Gegebenheiten so, wie sie sie vorfanden, sofern die Untertanen ihren Verpflichtungen nachkamen, die Tributforderungen erfüllten und Soldaten stellten. Dabei konnte es sich um hochentwickelte staatliche Strukturen wie in Babylonien, um lokale Dynasten wie in vielen Gegenden Kleinasiens, um die Priesterschaft eines Tempelstaates oder, im Westen, auch um aristokratische Oligarchien oder Stadtherren in phönizischen oder griechischen Stadtstaaten handeln. Das Überleben jener subsidiären Herrschaften hing von der Zufriedenheit der Perser ab, so daß sie alles daran setzten, mit Hilfe ihrer Kenntnis der örtlichen Gegebenheiten die persischen Forderungen zu erfüllen. Umgekehrt waren gerade kleinere Herrschaften gegen Angriffe von außen und Druck von unten durch das Drohpotential der Perser geschützt; der Gewinn lag also auf beiden Seiten. Um die provinzialen Eliten einzubinden, respektierten die Perser lokale Gebräuche und Kulte – ja, sie traten häufig als deren Förderer auf, wie wir im Falle Babylons oder Ägyptens bereits gesehen haben. Sicherlich betonten die Könige in ihren inschriftlichen Proklamationen und durch andere Medien den persischen Charakter des Reiches, und sie bestanden auf dem Unterschied zwischen Persern und unterworfenen Völkern. Auch blieben die meisten Satrapenstellen und hohen militärischen Kommandos Persern vorbehalten. Andererseits umgab sich der König mit Beratern und Höflingen aus dem ganzen Reich, unter ihnen etwa dem erwähnten Milesier Histiaios. Bei Hof konnten Fremde wie der königliche Leibarzt Dēmokḗdēs aus der griechischen Stadt Krótōn in Unteritalien oder der Eunuch und Prinzenerzieher Hermótimos aus Pḗdasa in Karien in höchste Vertrauensstellungen gelangen und große Reichtümer erwerben. Die Großzügigkeit des Königs galt Persern und anderen gleichermaßen, deren Loyalität er gewinnen wollte: Dem exilierten, an seinen Hof geflohenen spartanischen König Damáratos überließ Dareios große Güter in Mysien; selbst der Athener Themistoklḗs, der Sieger von Salamis, wurde nach seiner Verbannung aus Athen von Xerxes mit einer Herrschaft im Mäandertal in Kleinasien versehen. Auch scheint die Frage, wer sich als Perser bezeichnen durfte, undogmatisch gehandhabt worden zu sein. Als Mētíochos, der Sohn des Marathonsiegers und abtrünnigen persischen Vasallen Miltiades als Kriegsgefangener an Dareios' Hof kam, ehrte ihn dieser mit dem Geschenk eines Hauses und einer persischen Frau und gewährte ihm die Gunst, daß die Kinder dieser Ehe als Perser galten. Auch sonst gibt es gerade auf lokaler Ebene zahlreiche Belege für gelungene Kohabitation, familiäre Verflechtungen und Kooperation zwischen persischen und indigenen Eliten. Insgesamt scheint diese Politik mittelfristig überwiegend dazu geführt zu haben, daß die Eliten der Untertanengebiete in der Kooperation mit der Eroberermacht ihren Vorteil sahen und sich in das imperiale System integrierten. Allerdings funktionierte das nicht überall: Ägypten etwa blieb stets eine unruhige Provinz, mehrmals kam es zu Aufständen. Und auch in den griechischen Gebieten Kleinasiens kam es, trotz wenigstens zeitweise gelungener Integration und Kooperation, gegen Ende des 6. Jahrhunderts zu Spannungen. Sie sollten 499 im Ionischen Aufstand aufbrechen.

2. Perser und Griechen in Kleinasien

Eine griechisch sprechende Bevölkerung ist an der kleinasiatischen Westküste seit der frühen Archaik bezeugt; sie setzte sich aus anatolischen, westkleinasiatischen und griechischen Elementen zusammen und hatte aus diesen Einflüssen ein eigenes, freilich griechisch dominiertes kulturelles Profil entwickelt. Ihre kollektive Bezeichnung als «Ionier» in persischen und griechischen Quellen verdankt sich dem Dialekt, den man im zentralen Küstenstrich in den Städten zwischen Phṓkaia und Milet und auf den vorgelagerten Inseln wie Samos und Chios sprach. Die Küstenstädte Kleinasiens kamen im Laufe der Archaik zu Wohlstand, vor allem durch Handel, was sich aus ihrer günstigen Lage an den großen Verkehrswegen zwischen dem Schwarzmeergebiet und der südlichen Ägäis, Ägypten und der Levante einerseits und denen des Ost-West-Handels ins Innere Asiens andererseits ergab. Kleinasiatische griechische Händler waren im gesamten Mittelmeerraum tätig; Städte wie Milet, Samos und Phokaia gründeten zahlreiche Kolonien im Schwarzmeergebiet und im Westmittelmeerraum. Zu einer gemeinsamen politischen Organisation haben die Griechen Kleinasiens aber nie gefunden. Der sogenannte Ionische Bund war vor allem ein Kultverband der ionischen Städte, die dem Gott Poseidṓn im Paniónion, einem Heiligtum auf dem Vorgebirge Mykále bei Priḗnē, opferten. Einen ähnlichen Kultverband besaßen die dorischen Städte Kariens um das Heiligtum des Apóllōn Triópios.

Seit dem 7. Jahrhundert gerieten die kleinasiatischen Griechenstädte unter den Einfluß von Reichsbildungen im Landesinneren,

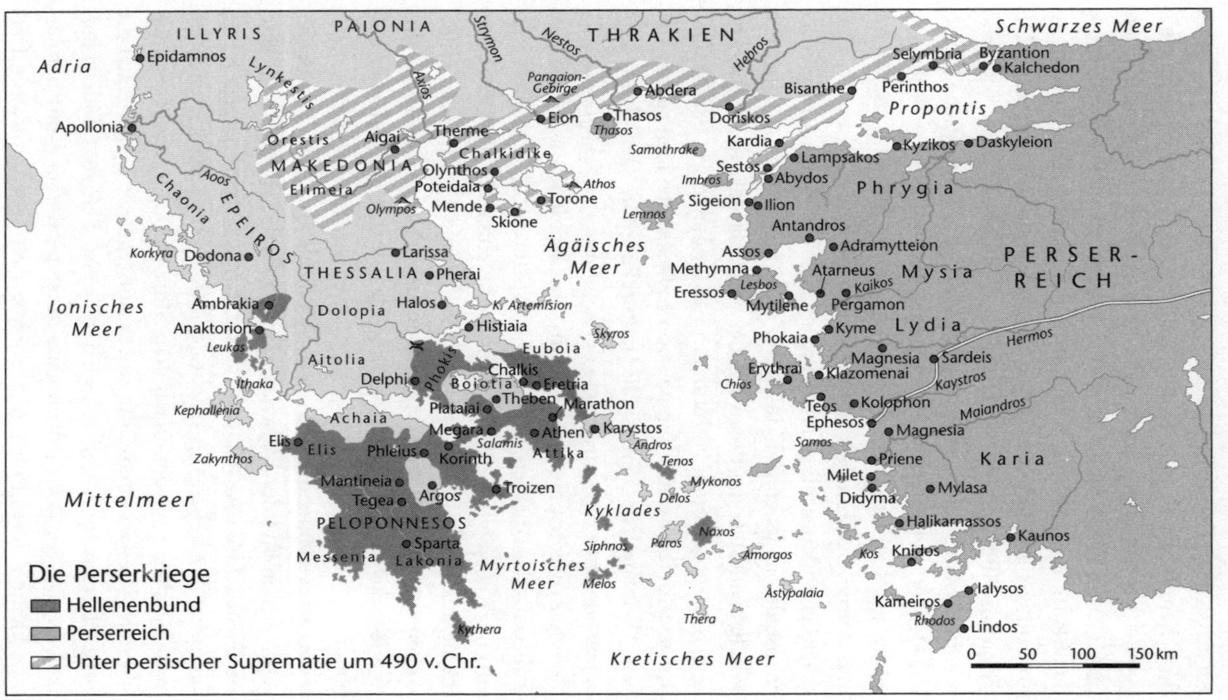
Die Perserkriege
Hellenenbund
Perserreich
Unter persischer Suprematie um 490 v. Chr.
Schwarzes Meer
Propontis
Ägäisches Meer
Ionisches Meer
Mittelmeer
Myrtoisches Meer
Kretisches Meer
Adria
PERSER-REICH
THRAKIEN
PAIONIA
ILLYRIS
MAKEDONIA
EPEIROS
THESSALIA
PELOPONNESOS
Phrygia
Mysia
Lydia
Karia
Kyklades
Byzantion
Kalchedon
Selymbria
Perinthos
Bisanthe
Daskyleion
Kyzikos
Lampsakos
Abydos
Sestos
Kardia
Doriskos
Abdera
Thasos
Eion
Pangaion-Gebirge
Nestos
Strymon
Hebros
Axios
Samothrake
Imbros
Lemnos
Sigeion
Ilion
Antandros
Adramytteion
Assos
Atarneus
Kaikos
Pergamon
Methymna
Lesbos
Mytilene
Eressos
Kyme
Phokaia
Magnesia
Sardeis
Hermos
Klazomenai
Erythrai
Chios
Teos
Kolophon
Ephesos
Kaystros
Maiandros
Samos
Priene
Milet
Didyma
Mylasa
Halikarnassos
Kos
Knidos
Kaunos
Ialysos
Kameiros
Lindos
Rhodos
Naxos
Paros
Delos
Mykonos
Tenos
Andros
Amorgos
Astypalaia
Thera
Siphnos
Melos
Skyros
Euboia
Karystos
Marathon
Eretria
Chalkis
Theben
Boiotia
Plataiai
Athen
Attika
Salamis
Megara
Korinth
Troizen
Argos
Sparta
Lakonia
Kythera
Tegea
Mantineia
Phleius
Elis
Messenia
Achaia
Delphi
Phokis
Aitolia
Dolopia
Halos
Pherai
Larissa
Olympos
Histiaia
K. Artemision
Chalkidike
Olynthos
Poteidaia
Mende
Skione
Torone
Athos
Therme
Aigai
Elimeia
Orestis
Lynkestis
Epidamnos
Apollonia
Aoos
Chaonia
Dodona
Ambrakia
Anaktorion
Leukas
Ithaka
Kephallenia
Zakynthos
Korkyra
0 50 100 150 km

zunächst des phrygischen, dann des lydischen Reiches, das unter dem bereits erwähnten König Kroisos im 6. Jahrhundert seine größte Ausdehnung erlebte. Allerdings scheint die lydische Oberherrschaft auf Akzeptanz gestoßen zu sein; in innere Verhältnisse der Städte mischte sich Kroisos offenbar kaum ein, trat aber als großzügiger Förderer auf, etwa für das Apollon-Heiligtum in Dídyma bei Milet und das der Ártemis in Ephesos. Kroisos' sagenhaft reicher Hof in Sardeis wirkte wie ein Magnet auf griechische Künstler, Denker und Literaten und strahlte kulturell auf die Griechenstädte aus. Ionische Aristokraten kleideten sich nach lydischer Art und waren berühmt für ihren ‹orientalischen› Luxus. In wirtschaftlicher Hinsicht standen die meisten kleinasiatischen Griechenstädte in jener Zeit in Blüte, viele waren damals erheblich wohlhabender als die Poleis auf der anderen Seite der Ägäis. Das zeigen unter anderem ambitionierte Bauprojekte wie der Neubau des gewaltigen Artemis-Tempels von Ephesos, den man zu den Sieben Weltwundern zählte. Die kulturelle Blüte der Region im 6. Jahrhundert zeigt sich auch in der Literatur, in der kleinasiatische Griechen wie Sapphṓ und Alkaíos aus Mytilḗnē auf Lesbos im früheren oder Anakréōn aus Téōs im späteren 6. Jahrhundert hervorragten. Dieselben ionischen Städte brachten die oben erwähnte intellektuelle Revolution hervor, an die Herodot und seine Zeitgenossen anknüpfen sollten. Man hat angesichts all dessen das 6. Jahrhundert das Goldene Zeitalter der kleinasiatischen Griechen genannt.

Es ist bezeichnend für das gute Verhältnis zwischen den griechischen Eliten und der lydischen Herrschaft, daß die meisten kleinasiatischen Griechenstädte loyal auf Kroisos' Seite gegen Kyros kämpften. Lediglich das mächtige Milet schlug frühzeitig einen propersischen Kurs ein. Nach dem Sturz des Lyderreiches schlossen sich viele Griechenstädte einem Aufstand der Lyder gegen die neue Herrschaft an und leisteten teilweise heftigen Widerstand. Bald stand Kleinasien jedoch ganz unter persischer Kontrolle, einige kleinere Insel-Poleis unterstellten sich dem Großkönig freiwillig. Auch die dem Festland vorgelagerten großen Inseln Samos, Chios und Lesbos blieben vorerst frei, da das persische Reich vor

Kambyses' Angriff auf Ägypten 522 keine Flotte besaß. Der Tyrann Polykrates von Samos konnte im Bündnis mit dem Pharao sogar für einige Jahre eine eigene Machtstellung in der Ägäis aufbauen, die er durch aufwendige Hofhaltung und spektakuläre Bauten wie einem riesenhaften Neubau des Hēra-Tempels, einer künstlichen Hafenmole und einer unterirdischen Wasserleitung demonstrierte. Doch selbst sein Seitenwechsel ins persische Lager konnte nicht verhindern, daß er um 520 von den Persern gestürzt wurde und Samos bald darauf persisch wurde. Auch Chios, Lesbos und Milet kamen noch im Laufe des 6. Jahrhunderts unter die Oberhoheit der Perser.

Soweit die eher spärliche Überlieferung erkennen läßt, arrangierten sich die griechischen Eliten Kleinasiens schnell mit der persischen Herrschaft. Wie anderswo übertrugen die Perser kooperationswilligen Elitenangehörigen die Herrschaft über ihre Poleis. Andere machten Karriere in persischen Diensten: Der Architekt Mandroklḗs von Samos plante Dareios' Schiffsbrücke über den Bosporus 513 und wurde dafür reich belohnt, der Seefahrer Skýlax aus dem karischen Karýanda erkundete für Dareios den Seeweg von Indien nach Ägypten, und in den Persepolis-Täfelchen tauchen Ionier in leitenden Funktionen und als Handwerker am Perserhof auf. Beste Beziehungen unterhielten die Perser zu den Priesterschaften wichtiger Heiligtümer wie dem des Apoll in Didyma bei Milet. Einmal intervenierte König Dareios selbst mit einem inschriftlich erhaltenen Brief gegen einen Untergebenen namens Gadátas, der «in Verkennung der von meinen Vorfahren dem Gott entgegengebrachten Gesinnung» vom Personal eines Apollo-Tempels im Gebiet von Magnēsía am Mäander Abgaben und Dienste eingefordert hatte. Zwar sollen sich Kalchēdṓn und Byzántion (heute Teile von Istanbul) am Bosporus nach Ktesias während Dareios' Skythenzug erhoben und die dortige Schiffsbrücke zu zerstören versucht haben; vielleicht ist das aber nur eine Variante der einleitend erzählten Geschichte bei Herodot. Sonst jedenfalls hören wir kaum etwas von Spannungen zwischen Griechen und Persern.

Der Ionische Aufstand

Trotzdem kam es etwa 40 Jahre nach der persischen Eroberung in Kleinasien zu einer Revolte gegen die persische Herrschaft, zum sogenannten Ionischen Aufstand. Wie ist das zu erklären? Herodots Erzählung beginnt auf Náxos, der Hauptinsel der Kykladen in der Zentralägäis, die im 6. Jahrhundert zu beträchtlichem Wohlstand gekommen war und die umliegenden Inseln beherrschte. Dort brach nach dem Sturz des Tyrannen Lýgdamis Ende der 520er Jahre ein Machtkampf zwischen den «Fetten», wie Herodot sie nennt – offenbar der reichen Oberschicht –, und dem «Volk» aus, worunter wohl am ehesten die besitzende Mittelschicht in der Bürgerschaft unter Führung aristokratischer Konkurrenten der «Fetten» zu verstehen sein dürfte. Als einige jener «Fetten» verbannt worden waren, wandten sie sich nach Milet um Hilfe, wo ein Mann namens Aristagóras für den am persischen Hof weilenden Tyrannen Histiaios, seinen Schwiegervater, die Macht ausübte. Aristagoras sah die Chance, mit Hilfe der vertriebenen Naxier den Einfluß Milets und seiner Familie in der Ägäis weiter auszubauen; Milet unterstanden bereits mehrere Inseln, und Histiaios war nicht lange zuvor vom Großkönig ein Gebiet an der thrakischen Küste überlassen worden. So warb Aristagoras in Sardeis um militärischen Beistand der Perser, und bald darauf stach eine persisch-ionische Flotte gegen Naxos in See. Doch kam es dann, wie Herodot erzählt, zu Spannungen zwischen dem persischen Feldherrn Baga-pāta/Megabátēs und Aristagoras wegen Verfehlungen eines mit letzterem befreundeten griechischen Schiffskommandanten. Sie seien soweit eskaliert, daß Megabates, um Aristagoras zu schaden, die Naxier warnte, so daß diese sich hinter ihren Mauern verschanzen konnten und die Belagerung nach vier Monaten ergebnislos aufgegeben werden mußte. Aristagoras mußte jetzt befürchten, daß der Mißerfolg ihm angelastet und er in Ungnade fallen werde. So suchte er sein Heil in der Rebellion, bestärkt angeblich durch einen Boten des Histiaios. Er gewann Mitverschwörer unter den milesischen Aristokraten, die gegen Naxos zusammengezogene Flotte wurde gegen ihre von den Persern eingesetzten Kommandanten aufgewiegelt. Aristagoras selbst legte seine Stadtherrschaft in Milet zugunsten einer breiteren

Mitbestimmung in einem von Herodot als *isonomíē* bezeichneten System – dazu unten mehr – nieder und sorgte so dafür, daß auch in vielen anderen Städten die persisch gestützten Tyrannen vertrieben wurden. Es war klar, daß dies über kurz oder lang Persiens Heeresmacht gegen die Rebellen auf den Plan rufen mußte. Der Ionische Aufstand war ausgebrochen.

Es ist offenkundig, daß Herodots Erzählung den Aufstand nicht hinreichend erklärt. Es ist nicht vorstellbar, daß ein persischer Feldherr wegen Streitigkeiten mit einem Unterfeldherrn Naxos zu seinem eigenen Nachteil vorwarnte. Vor allem aber bleibt die Erzählung eine Erklärung schuldig, warum so viele Städte Aristagoras nach dem Scheitern in seinen persönlichen Nöten unterstützten und dabei ihre Existenz aufs Spiel setzten. Dagegen weist die Aristagoras-Erzählung viele Motive einer Geschichte auf, wie sie im Volksmund oder auch in adligen Kreisen über ein prominentes Mitglied der Aristokratie kursieren mochten. Dazu gehören die Fokussierung des Geschehens auf einen einzelnen Helden sowie Charaktere, Situationen und Motive, die dem Publikum wohlvertraut waren: Die Figur des Aristagoras entspricht ganz der antik-griechischen Faszination für gewitzte, aber moralisch ambivalente Charaktere; und sein Ehrgeiz und die Konkurrenz unter Aristokraten mußten in der durch und durch agonalen, vom Wettkampfgedanken getragenen Kultur der Griechen sofort einleuchten. So war die Aristagoras-Erzählung spannend und erbaulich zugleich, und nicht zuletzt gewann man einen Sündenbock für ein furchtbar gescheitertes Unternehmen (das Herodot selbst, wie er mehrfach bekennt, als großes Unglück empfand). Die Geschichte mußte Herodot und seinem Publikum so in mehrfacher Hinsicht sinnhaft erscheinen, und daher griff er sie auf.

Damit stellt sich die Frage nach den eigentlichen Gründen des Aufstandes. Gegen die persische Herrschaft als solche, mit der man sich wie gesagt offenbar arrangiert hatte, richtete er sich wohl nicht. Bezeichnenderweise verhielten sich manche Poleis weiterhin loyal zu Persien, darunter so bedeutende wie Ephesos. Wenn Aristagoras, als er in Sparta Bundesgenossen wirbt, das Leid der «verknechteten» Ionier beklagt und die Spartaner wegen ihrer gemeinsamen griechischen Herkunft zu ihrer «Befreiung» aufruft (5.49), dann verweist Herodot damit auf die nach 479 – also nach dem Sieg über Persien – entstandene Deutung des Gesamtgeschehens als eines gemeingriechischen Verteidigungs- und Freiheitskriegs. Zu deren erstem Akt wurde der Ionische Aufstand aber erst im nachhinein stilisiert. Man hat daher nach alternativen Erklärungen gesucht. Eine sieht ökonomische Gründe, weil die Handelsaktivitäten der kleinasiatischen Griechenpoleis durch die Umwälzungen der persischen Reichsbildung unter Druck geraten seien. Dafür gibt es jedoch keine belastbaren Belege; die archäologische Evidenz zu Handelsbeziehungen und -volumina ist äußerst umstritten, manches – etwa die intensive Münzprägung ionischer Städte in dieser Zeit oder die anhaltende Bautätigkeit in den Heiligtümern – spricht gegen einen ökonomischen Niedergang und könnte im Gegenteil als Hinweis darauf gewertet werden, daß die Städte von der wirtschaftlichen Einbindung in den imperialen Großraum des Perserreiches profitierten. Überdies kann Herodot sagen, Milet, das Zentrum des Aufstandes, habe damals «in Blüte gestanden wie niemals zuvor oder hernach, die Zierde Ioniens» (5.28).

Eine andere Erklärung sieht Steuerdruck als Ursache und verweist darauf, daß eine der persischen Reaktionen auf den Aufstand eine Reform der Tributordnung war. Nach Herodot lief sie aber auf dieselbe Gesamtforderung wie zuvor hinaus. Das spricht dafür, daß die Neuordnung sich auf Probleme mit der polisinternen Umlage der Tributforderung bezog. Damit stoßen wir auf Spannungen, die weniger mit der persischen Herrschaft als solcher als mit den internen Verhältnissen der Griechenstädte zu tun haben. Und dort scheint es tatsächlich Gärung gegeben zu haben, nämlich verbreitete Unzufriedenheit mit den durch die Perser zementierten Herrschaftsverhältnissen. In der Debatte an der Donaubrücke läßt Herodot Histiaios die versammelten ionischen Tyrannen warnen, daß ihre Macht in den Poleis zerbrechen werde, wenn der Großkönig untergehe. Aristagoras verzichtete, als er den Aufstand vom Zaun brach, auf seine Machtstellung und rief in Milet und anderen Poleis *isonomíē* (‹gleiches Recht›), aus, «um sich beliebt zu machen» (Hdt. 5.37). Als Histiaios auf dem Höhepunkt des Ionischen Aufstandes vom Hof des Großkönigs nach Westen entsandt wurde, um die Unruhen zu beenden, verweigerten ihm die Bürger seiner Stadt Milet die Aufnahme, «weil sie Geschmack an der Freiheit gefunden hatten» (6.5). Und eine Reaktion der Perser auf den Aufstand war, zur Stabilisierung ihrer Macht in vielen (nicht allen) Städten fortan nicht mehr auf Tyrannen zu setzen, sondern *dēmokratíai* (‹Volksherrschaften›) einzurichten, wie Herodot sagt (6.43.3). Der Begriff ‹Demokratie› ist (anders als *isonomíē*) zweifellos anachronistisch, aber er zeigt, wo 499 das Konfliktpotential lag: In den Poleis verlangten breitere Kreise nach Mitsprache in politischen Fragen. Diese Forderungen lagen in der Luft. Im 6. Jahrhundert intensivierte sich in den griechischen Poleis generell das Ringen um breitere politische Mitbestimmung, was vielerorts zum Sturz von Königen oder Tyrannen und zu gewaltsamen, bürgerkriegsartigen Machtkämpfen führte und langfristig Verfahren und Institutionen entstehen ließ, die zumindest wohlhabenderen Schichten politische Mitsprache sicherten. Diese Tendenz ist auch in Ionien und seinem Umfeld belegt: Auf Chios war schon im früheren 6. Jahrhundert ein Gesetz inschriftlich aufgezeichnet worden, das Verantwortlichkeiten von Magistraten gegenüber Volk und Rat festlegt. Nach dem Sturz des Polykrates von Samos um 520 versuchte sein Nachfolger Maiándrios Akzeptanz für seine Herrschaft zu gewinnen, indem er zum Schein auf seine Machtfülle verzichtete und *isonomíē* proklamierte. Auf Kōs, in Chalkís auf Eúboia und auf Naxos wurden Tyrannen gestürzt, was dort wie erwähnt zu einem Machtkampf der Bürgerschaft mit einer Gruppe von Aristokraten führte. Auseiandersetzungen zwischen Volk und Aristokraten sind zur selben Zeit auch aus Mégara am Saronischen Golf bekannt. Auch in Athen war 511 der Tyrann Hippías von aristokratischen Konkurrenten gestürzt worden; in den darauf folgenden Machtkämpfen aristokratischer Gruppierungen hatte ein Parteiführer namens Kleisthénēs 508/7 ein politisches System eingeführt, das breite Beteiligung der Bürger an der politischen Entscheidungsfindung sicherstellte.

Der Ionische Aufstand dürfte seine Wurzeln demnach vor allem in der Unzufriedenheit mit den durch die Perser gestützten politischen Verhältnissen in den kleinasiatischen Griechenstädten gehabt haben, nämlich mit der Herrschaft eines Tyrannen und/oder einer kleineren Clique von Oligarchen. Auf Samos, Naxos oder in Athen, wo wir nähere Umstände kennen, beruhte die Dynamik jener Auseinandersetzungen auf Machtkämpfen innerhalb der Oberschicht, in denen eine Seite breitere Bürgerkreise für ihre Sache einspannen konnte. Damit stellt sich der Ionische Aufstand insgesamt als ein Aufbegehren von Elitenangehörigen gegen die Dominanz eines einzelnen oder einer konkurrierenden Gruppe dar, die sich mit Hilfe persischer Unterstützung eine beherrschende Machtstellung aufgebaut hatten. Wenn die Parole der ‹Freiheit›, die in Herodots Bericht wiederholt auftaucht, tatsächlich damals schon aufkam, dann ist sie in erster Linie als ein Ruf nach Freiheit von innerer Bedrückung zu verstehen. Sie richtete sich nur insofern gegen die persische Herrschaft, als diese die Machtverhältnisse stützte, gegen die man aufbegehrte. Erst später wurde sie zum Schlachtruf gegen die Perser an sich. Daß ein Feldzug, in dem eine Gruppe auf Persien gestützter Aspiranten auf die Macht in Naxos ihren Konkurrenten dort unterlag, ein Fanal war, der den Anlaß für ein generelles Aufbegehren gegen diese Verhältnisse gab, ist in dem geschilderten politischen Umfeld durchaus glaubwürdig. Und auch daß Aristagoras in der gegebenen Situation sein Heil im Schulterschluß mit den Unzufriedenen suchte, leuchtet ein. Herodot stellt die wesentlichen Sachverhalte insofern richtig dar, auch wenn er aus oben genannten Gründen auf die Person des Aristagoras fokussiert.

Der nächste Schritt der Aufständischen bestand darin, Bundesgenossen zu werben. Erste Anlaufstelle war Sparta, die stärkste Militärmacht in Hellas um 500. Sparta hatte sich, ausgehend von seiner Kernherrschaft in den Landschaften Lakonien und Messenien auf der südlichen Peloponnes, im 6. Jahrhundert eine Hegemonialstellung über die Halbinsel und angrenzende Gebiete erworben. Sie beruhte auf bilateralen, mal freiwilligen, mal erzwungenen Abkommen, durch die Sparta zahlreiche Gemeinwesen der Region als *sýmmachoi*, ‹Kampfgenossen›, zur Heeresfolge verpflichtete. Durch dieses Bündnissystem – für das der Begriff des ‹Peloponnesischen Bundes› üblich ist, obwohl es so etwas wie Bundesorgane nicht gab – konnte Sparta eine stärkere Heeresmacht mobilisieren als jede andere Polis und war so zur dominanten Macht in Süd- und Mittelgriechenland geworden. Allerdings lehnte Sparta das Hilfegesuch ab. Ein Eingreifen wäre riskant gewesen und hätte Kräfte gebunden, die Sparta auf der Peloponnes brauchte, wo ein Dauerkonflikt mit Spartas alter Konkurrentin Argos schwelte. Außerdem hatte die spartanische Führungsschicht zu dieser Zeit allenfalls punktuelle Interessen in der Ägäis und keinerlei Grund, sich mit dem Weltreich zu verfeinden. Zwar erzählt Herodot, Sparta habe, als Kyros Kroisos' Reich eroberte, dem Perserkönig mit Eingreifen gedroht, falls er griechische Städte angreife. Wahrscheinlich entstand die Erzählung aber viel später, als sich Sparta eine seit alters bestehende Führungsrolle im Widerstand gegen Persien zuschreiben wollte. Kyros soll sich jedenfalls unbeeindruckt gezeigt haben.

Auch die anderen großen Gemeinwesen der europäischen Griechen unterstützten den Ionischen Aufstand nicht. Die reichen Handelsstädte Korinth und Aígina im Saronischen Golf, die beide über große Flotten verfügten, dürften die Gegnerschaft Persiens gescheut haben und waren außerdem Konkurrenten der Ionier. Argos war durch den schwelenden Konflikt mit Sparta bedroht und durch innere Machtkämpfe geschwächt. Die Polis Theben war im späteren 6. Jahrhundert zur Vormacht in der zentralgriechischen Landschaft Boiotien geworden und konzentrierte sich darauf, seine Suprematie über widerständige boiotische Poleis und Nachbarn wie Athen auszudehnen; für ein Eingreifen in Kleinasien fehlten ihr die Motivation ebenso wie, als Landmacht, wohl die Mittel. Lediglich die Poleis Erétria auf Euboia und Athen solidarisierten sich mit den Aufständischen in Kleinasien. Beutehoffnung mag dabei, wie Herodot sagt, eine Rolle gespielt haben. Anders als in den genannten Poleis gab es dort aber auch handfeste Interessen an einer Aktion gegen Persien. Athen mußte sich durch das persische Ausgreifen nach Naxos und auf die Kykladeninseln unmittelbar gefährdet sehen, zumal Athen diesen Raum seit dem späteren 6. Jahrhundert als sein Einflußgebiet betrachtete. Aber nicht nur das. Führende Familien Athens waren seit Jahrzehnten in der Nordägäis stark engagiert. Die Familie des Miltiades zum Beispiel hatte sich wie eingangs erwähnt eine Herrschaft auf der thrakischen Chersónesos (heute die Halbinsel Gallipoli) auf der europäischen Seite des Hellespont aufgebaut. Dasselbe tat die Familie des athenischen Tyrannen Peisístratos an der gegenüberliegenden Seite in Sígeion. Diese Herrschaften verschafften ihnen eine persönliche Machtbasis und große Ressourcen, außerdem Zugriff auf den im späten 6. Jahrhundert aufblühenden Seehandel ins Schwarze Meer, an dem athenische Händler beteiligt waren. Zur Sicherung der Seewege hatte besagter Miltiades auch die Inseln Lḗmnos und Ímbros an der Zufahrt zum Hellespont erobert, auf denen athenische Kolonien, sogenannte Kleruchien, eingerichtet wurden. Andere, darunter die Peisistratiden, hatten Besitzungen rund um die Edelmetallvorkommen des Pangaíon-Gebirges im westlichen Thrakien, manche waren mit thrakischen Fürstenhäusern verschwägert. Mit dem Beginn der persischen Expansion in Europa um 513 gerieten alle diese Interessen in Gefahr. So hatte man in Athen Grund, die persische Herrschaft in Kleinasien zu schwächen, und führte einen Volksbeschluß herbei, den Aufstand mit immerhin 20 Schiffen zu unterstützen.

Ähnliche Motive wie die athenische Elite mag auch die der Polis Eretria geleitet haben, fünf Kriegschiffe beizusteuern. Dort gab es ebenfalls Interessen im Nordhandel, und der persische Angriff auf Naxos richtete sich auch gegen Eretrias Einflußgebiet. Vielleicht war Eretrias Rolle in dem Aufstand überhaupt größer, als Herodots Bericht erkennen läßt, denn eine späte, wenn auch in ihrer Authentizität umstrittene Quelle weiß von einem Seegefecht zwischen eretrischen und persisch-zyprischen Schiffen im Jahr 498. Herodot (5.97) kommentiert die Hilfe Eretrias und Athens mit der berühmten Sentenz, die nach Kleinasien gesandten Schiffe seien der Anfang großen Übels für Hellas gewesen – sie steht exemplarisch für ein Geschichtsbild, das den Aufstand ionischer Aristokraten gegen die persischen Machthaber in ihren Städten im nachhinein zum ersten Akt im großen Drama der griechischen Freiheitskriege gegen Persien machte.

Mit der Verstärkung aus Athen und Eretria gingen die Aufständischen im Jahr 498 in die Offensive und unternahmen einen Überraschungsangriff auf die Stadt Sardeis, Sitz des Satrapen, die geplündert und in Brand gesetzt wurde. Zwar konnten die Griechen die Festung der Stadt nicht erobern und mußten sich unter schweren Verlusten an die Küste zurückziehen. (Der athenische Verband flüchtete daraufhin, die Stadt verweigerte den Aufständischen fortan jede Hilfe.) Doch wirkte der Coup als Fanal, so daß sich nun zahlreiche weitere Poleis in Karien, auf Zypern und an den Meerengen dem Aufstand anschlossen und ihn für Persien bedrohlich machten. Die persische Gegenoffensive begann ein Jahr später in Zypern, das für Persien als Flottenbasis strategisch am wichtigsten war; die Perser konnten die Insel wiedergewinnen. Ein Feldzug in Kleinasien stockte nach Anfangserfolgen jedoch. Die griechische Flottenmacht erzwang schließlich eine Entscheidung zu See; sie fiel im Herbst 494 in einer Seeschlacht bei der Insel Ládē vor Milet, in der die persische Flotte siegte, als auf der Gegenseite die großen Kontingente aus Samos und Lesbos die Flucht ergriffen. Schon vorher hatte es Dissens unter den Aufständischen gegeben. Auch hatten die Griechen nie zu einer stabilen Verteidigungsorganisation und Kommandostruktur gefunden. Aristagoras hatte die Aufständischen schon vorher verlassen und suchte die Herrschaft seiner Familie in Thrakien zu sichern, wo er fiel. So brach mit der Niederlage bei Lade jeder Widerstand zusammen: Eine Stadt nach der anderen wurde von den Persern zurückerobert, manche zerstört; Herodot berichtet von Massentötungen -und versklavungen, Menschenjagden und anderen Grausamkeiten.

Zugleich ergriffen die Perser aber Maßnahmen zur Neuordnung und zum Wiederaufbau ihrer Herrschaft, unter anderem indem sie, wie erwähnt, auf die Unzufriedenheit mit dem Abgabenwesen und der Herrschaftsordnung in den Poleis reagierten. Auch sind Ausmaß und Folgen der Zerstörungen wohl zu relativieren. Schon in der Seeschlacht bei Salamis (480) sollten die kleinasiatischen Griechen wieder ein beträchtliches Kontingent in der persischen Flotte stellen. Auch ging die Münzprägung aufständischer Städte weiter, und obwohl gerade Milet starke Zerstörungen erlebte, belegt eine Liste der dortigen Priester des Apollon Delphínios, des Schutzgottes der Polis, die Fortdauer dieses Amtes. Ja die Namen legen sogar nahe, dass die Amtsträger aus denselben Aristokratenfamilien stammten wie während und vor dem Aufstand. Apokalyptische Szenarien vom ‹Untergang Ioniens›, wie sie bisweilen entworfen wurden, gehen daher wohl zu weit.

3. Kampf um Hellas

Naxos – Eretria – Marathon
Die persische Neuordnung fand ihren Abschluss 492 in einem Zug des persischen Feldherrn Marduniya/Mardónios entlang der Nordägäisküste, der dort die persische Autorität wiederherstellte und unter anderem die reiche Inselpolis Thásos mit ihren Edelmetallbergwerken dem Großkönig unterstellte. Bei Herodot (6.43–5) bildet dieser Zug bereits den ersten Versuch eines persischen Generalangriffs auf Zentral- und Südgriechenland, ein Auftakt, der ominös scheiterte, als die Flotte in einem Seesturm am Berg Athos unterging. Auch dies ist ein nachträgliches Konstrukt, das die Ereignisse der 490er Jahre an den Krieg von 480/79 anbinden soll. Gleichwohl konnte damals, nachdem die Störung an der Peripherie des Reiches beendet war, die der Ionische Aufstand aus der Perspektive von Persepolis darstellte, die seit Dareios' Thrakienzug 513 begonnene Expansion des Weltreiches in Europa wiederaufgenommen werden. Zwei Jahre nach der Sicherung der Nordägäis durch Mardonios sandte Dareios Herolde mit der Forderung durch Griechenland, dem König als symbolischen Akt der Unterwerfung Erde und Wasser zu überbringen. Viele griechische Städte sollen dem nachgekommen sein. Im Sommer 490 drang außerdem, wie bereits zehn Jahre zuvor, eine Flotte unter dem Kommandaten Datis in die südliche Ägäis vor. Das erste Ziel war die Hauptinsel der Kykladen, das widerständige Naxos, das diesmal dem Erdboden gleichgemacht wurde. Dann wurden Dēlos und andere Inseln erobert, schließlich Euboia, wo zuerst Kárystos, dann Eretria nach heftigem Widerstand durch Verrat fielen. Die überlebende Einwohnerschaft wurde versklavt und nach Mesopotamien deportiert. Zuletzt, wohl Anfang

September, landete das persische Expeditionsheer in Attika, in der östlichen Küstenebene von Marathon, um von dort aus Athen anzugreifen. Bei den Invasionstruppen befand sich auch Hippias, der 511/0 gestürzte Tyrann, der aus seinem Exil in Sigeion seit Jahren darauf hingearbeitet hatte, nach dem Sieg als persischer Vasall wieder Herrscher über Athen zu werden.

Daß Athen Widerstand leisten würde, war keineswegs so klar, wie es heroisierende Erzählungen über die Schlacht bei Marathon im nachhinein insinuieren. In Athen scheint seit dem Rückzug aus dem Ionischen Aufstand heftig über die Politik gegenüber Persien gestritten worden zu sein. Die Verweigerung jeglicher weiterer Hilfe für den Aufstand, die Wahl eines Verwandten des von den Persern gestützten ehemaligen Tyrannen Hippias zum höchsten Magistraten, vielleicht sogar die Geldstrafe für den Dichter Phrýnichos, der mit einer Tragödie über den Untergang Milets die Athener zu Tränen gerührt hatte, könnten auf eine einflußreiche Gruppierung hinweisen, die den Ausgleich mit Persien suchte. Auch verweigerte Athen, wie eine rechtfertigende Erzählung bei Herodot zeigt, Eretria beim Angriff der Perser jede Hilfe, und später hielt man die Geschichte für glaubhaft, Verräter in der eigenen Aristokratie hätten dem persischen Heer nach der Schlacht den Weg nach Athen weisen wollen. Unter den Agitatoren für Widerstand ragt eine Figur hervor, die wir schon kennen: Miltiades, ehemals Herrscher über die hellespontische Chersones, der sich gegenüber seinen persischen Herren im Ionischen Aufstand offenbar so kompromittiert hatte, daß er nach der Seeschlacht von Lade 494 nach Athen geflohen war. Für ihn hätte es unter Hippias und den Persern in Athen keine Zukunft gegeben, er kämpfte daher um sein Überleben. Miltiades und seinen Parteigängern gelang es, Rat und Volk von Athen zum Widerstand zu bewegen. Angst vor der Rache für Sardeis mochte für das Volk bei dieser Entscheidung eine Rolle gespielt haben, wahrscheinlich aber auch ein gesteigertes Selbstbewußtsein der Bürgerschaft, die seit mehr als 15 Jahren, seit den Reformen des Kleisthenes, in bislang ungekanntem Maße in die politische Willensbildung einbezogen war und daher mehr als zuvor das Interesse der Aristokraten geteilt haben mag, die Rückkehr des

Tyrannen Hippias zu verhindern. Zudem hatte die neuformierte Bürgerschaft ihre kriegerische Schlagkraft erst einige Jahre zuvor in einer ähnlich bedrohlichen Situation bewiesen. Im Jahr 506 hatte König Kleoménēs von Sparta den Versuch unternommen, seinen Gastfreund Isagóras, den Rivalen des Kleisthenes, den er schon 508/7 durch eine gescheiterte Intervention in Athen an die Macht hatte bringen wollen, als spartafreundlichen Tyrannen über die Stadt einzusetzen; dazu verabredete er einen Zangenangriff auf Athen mit Theben und Chalkis auf Euboia, die Gebietsgewinne und Beute in Attika lockten. Doch das peloponnesische Invasionsheer, das schon in Nordattika stand, zog unverrichteter Dinge wieder ab, weil Dissens in der Führung ausbrach und Kleomenes die Gefolgschaft verweigert wurde. Dies nutzten die Athener zu einem schnellen Schlag gegen die heranziehenden Boioter, besiegten diese und setzten angeblich noch am selben Tag nach Euboia über, wo die Chalkidier vernichtend geschlagen, ihre Oberschicht enteignet und riesige Ländereien an Athener vergeben wurden. Aus der existentiellen Bedrohung war so ein gewaltiger Sieg geworden, den Athen unter anderem mit einem prächtigen Weihgeschenk im Heiligtum von Delphoí feierte. Wie 506 drohten auch 490 sowohl ein äußerer Aggressor als auch die Rückkehr der Tyrannenherrschaft; nach dem Erfolg von 506 konnte die selbstbewußt gewordene Bürgerschaft dies nicht mehr einfach hinnehmen und optierte für den Widerstand.

So rückte das athenische Heer aus, als die Nachricht von der Landung der persischen Flotte in der Ebene von Marathon kam, bald darauf trafen Kontingente aus der Nachbarstadt Plataiai ein. Ein Hilfsgesuch an Sparta wurde dort dilatorisch behandelt: Wenn die Geschichte keine spätere athenische Erfindung ist, um Sparta zu desavouieren, so war in Sparta vielleicht umstritten, ob man sich um Athens willen jede Chance auf Ausgleich mit dem Großkönig verbauen solle. Die Heere lagen sich dann mehrere Tage untätig gegenüber. Die Athener mochten auf Sparta gewartet haben oder waren uneinig; aber warum die Perser über mehrere Tage nicht angriffen und wie die Schlacht, als sie dann endlich begann, verlief, wird seit langem ergebnislos diskutiert, da keine Quelle einen in sich schlüssigen Bericht gibt. Wie dem auch sei, die Entscheidung scheint gekommen zu sein, als den Athenern nach mehreren Stunden des Kampfes ein Durchbruch zu den persischen Schiffen gelang, von denen sieben erobert wurden, während die Perser die übrigen bemannen konnten und gen Athen in See stachen. Die athenischen Feldherren führten das Heer jedoch in Gewaltmärschen rechtzeitig nach Athen zurück, so daß den Persern eine Landung zu riskant erschien und sie Richtung Ägäis abzogen. Athen war gerettet. Erst dann sollen schließlich doch noch 2000 Spartaner eingetroffen sein, konnten aber nur noch das Schlachtfeld inspizieren. Angeblich fielen 192 (von 9–10000) Athener und 6400 (von 15–30000) Perser.

Für die Athener war dieser ungeahnte Sieg überwältigend. Aus dem von Interessen gewisser Elitenkreise getriebenen, zögerlichen Widerstand wurde daher schnell ein zentraler Bezugspunkt in dem Geschichtsbild, auf das die Athener in ihrer Gesamtheit ihre Identität als Gemeinwesen bauten. Als heroische Tat wurde Marathon in Monumenten, darunter dem noch heute sichtbaren riesigen Grabhügel für die gefallenen Athener auf dem Schlachtfeld, in Dichtungen, Reden, Denkmälern in Athen und Delphi und kommemorativen Festen erinnert und im Lauf der Zeit in immer schrilleren triumphalistischen Tönen beschworen, bis die Athener (in der in der Einleitung besprochenen Lysias-Rede) allein – ohne die Plataier – «gegen 500000 (!) Barbaren» siegten und dabei ganz Hellas – nicht nur Athen – retteten. Dasselbe athenische Geschichtsbild wollte den Datis-Zug ganz von der «Rache» des Großkönigs für Athens – in der Realität ziemlich kurzatmige – Unterstützung des Ionischen Aufstandes getrieben sehen. Das Motiv taucht bei Herodot wiederholt auf, zum Beispiel in der zweimal erwähnten Geschichte, ein Diener habe dem Dareios seit dem Brand von Sardeis 498 jedesmal beim Mahle zurufen müssen: «Herr, gedenke der Athener!» (5.105 und 6.94). Zweifellos wollte der Großkönig Sardeis nicht ungesühnt lassen, und es entsprach vollauf seinem Selbstverständnis, Aufwiegler gegen die gottgewollte persische Herrschaftsordnung zu strafen. Zudem hatte Athen in der Bedrohung durch Sparta nach 508/7 beim persischen Satrapen in Sardeis um ein Bündnis nachgesucht und sich dafür formell dem Großkönig unterworfen, auch wenn man in Athen davon später nichts mehr wissen wollte. Doch das eigentliche Movens des Datis-Zuges war, wie schon zehn Jahre zuvor beim gescheiterten Angriff auf Naxos, die Absicht, die zentralägäische Inselwelt persischer Herrschaft zu unterstellen und damit den Weg nach Südgriechenland zu ebnen. Die Vernichtung der Seemacht Eretrias, die für Persiens Kontrolle über die Ägäis gefährlich war, dürfte dabei genauso wichtig gewesen sein wie die Athens, dessen Kriegsflotte damals wohl noch nicht viel größer war als die anderer Poleis. Der Athenozentrismus des Rachemotivs bei Herodot hat daher andere, athenische Wurzeln: Die aufstrebende Hegemonialmacht Athen hatte nach dem Sieg über Persien 479 ein Interesse, ihren Anspruch auf die Rolle als Vorkämpferin der Griechen gegen die Perser möglichst weit zurückzudatieren. So mußte Athen schon 499 eine Führungsrolle haben und der Großkönig seither auf Rache sinnen. Und aus demselben Grund wurde aus der Verteidigung Attikas bei Marathon im Laufe der Zeit ein Verdienst um ganz Hellas – der zweite Akt im panhellenischen Freiheitskampf.

Ganz anders dürfte dagegen die persische Sicht auf die Ereignisse des Jahres 490 gewesen sein: Die Schlacht bei Marathon war zwar eine ärgerliche Schlappe, sie stellte den Erfolg des Datis-Zuges aber nicht in Frage. Denn mit den Kykladen war nun fast die ganze Ägäis unter persischer Kontrolle; die Scharte von Naxos war ausgebügelt und Eretria vernichtet. Insofern schien es Datis klüger, das Erreichte zu sichern, als spät in der Feldzugssaison mit der Belagerung Athens Zeit zu verlieren. Die Eroberung des Westens war auch so ein gutes Stück vorangekommen.

Der Zug des Xerxes

Die Fortsetzung des Unternehmens wurde dann allerdings über mehrere Jahre verzögert, weil die persischen Kräfte zunächst durch einen Aufstand in Ägypten gebunden waren; dann löste der Tod des Dareios im Jahr 486 Nachfolgestreitigkeiten im Herrscherhaus aus. Dareios' Sohn Xerxes, der sich schließlich durchsetzen konnte, nahm die Eroberungspläne im Westen wieder auf. Vergeltung für

Marathon, wie Herodot den König in einem persischen Kronrat (7.8–19), der seine Erzählung des Krieges von 480/79 eröffnet, vorbringen läßt, war sicher nur in den Augen Athens das Hauptmotiv des Xerxes. Wichtiger dürfte für ihn gewesen sein, es Vater und Großvater, dem großen Kyros, gleichzutun und seine Befähigung zum Herrscheramt zu beweisen, indem er Dareios' Eroberung Europas fortsetzte. Entsprechend wurde der Eroberungszug von persischer Seite inszeniert. Die Kampagne kommandierte Xerxes selbst; in seiner Begleitung waren als Zeugen des Geschehens die «edelsten und besten» Perser. Die Streitmacht, die Xerxes aus dem ganzen Reich zusammenzog, war gewaltig, auch wenn griechische Zahlenangaben grotesk übertrieben sind: Herodot etwa spricht von 1,7 Millionen Soldaten im Landheer und über einer halben Million in der Flotte, dazu Kombattanten und griechische Verbündete – ein Heer, das der Historiker ganze Flüsse leer trinken und wie Heuschrecken Städte und Landschaften kahlfressen läßt. Andere griechische Zahlen sind noch maßloser; ihren Erfindern geht es darum, den Abwehrkampf der Griechen heroisierend als einen Kampf Davids gegen Goliath darzustellen. Gleichwohl ist davon auszugehen, daß die persische Streitmacht den griechischen Verbündeten wenigstens bis zur Schlacht bei Salamis weit überlegen war. Am Hellespont inszenierte man eine Flottenparade, in Doriskos in Thrakien eine Heerschau der Landstreitkräfte, die den Gegnern ebenso wie den im Heer versammelten Untertanen die Macht des neuen Großkönigs vor Augen führten. Wie Dareios ließ Xerxes eine große Schiffsbrücke über den Hellespont für das Heer schlagen, außerdem einen Kanal durch den Athos graben, damit die Flotte das Vorgebirge nicht umsegeln mußte, wo sie bei der Expedition des Mardonios 492 Verluste erlitten hatte. Schon Herodot merkt dazu an, daß es sich bei diesem Unternehmen ebenso wie am Hellespont eher um eine Machtdemonstration denn um eine Notwendigkeit gehandelt habe, denn man hätte die Schiffe genauso über den Athos-Isthmos ziehen lassen können. Ein weiterer symbolischer Akt war die berühmte Auspeitschung des Hellespont, ein Ritual, mit dem der Großkönig seinen Herrschaftsanspruch über die ganze Schöpfung, auch über die See, versinnbildlichen wollte.

Die Griechen deuteten diese Inszenierungen nach 479 als Akte der Hybris, wie Xerxes in der griechischen Erinnerung überhaupt zum Inbegriff des verblendeten, von den Göttern gestraften Despoten wurde. Bereits in Aischýlos' Tragödie *Die Perser* aus den späten 470er Jahren schlägt Xerxes in jugendlichem Übermut und allzu großem Streben nach dem Ruhm der Ahnen die Warnungen der Götter und seines Vaters in den Wind und stürzt, zu spät zur Einsicht gekommen, durch sein Scheitern das Perserreich ins Unglück. Auch Herodots Erzählung ist von dieser Deutung durchzogen, besonders in der Schilderung der Kriegsvorbereitungen und des Heereszuges, die er zu einem eindrucksvollen Spektakel des persischen Königtums macht – wie es die siegreichen Griechen sahen. So entfaltet er in der erwähnten Kronratsszene die gesamte persische Königsideologie, den Universalherrschaftsanspruch und den göttlichen Auftrag zur propagatio imperii – und schildert zugleich den qualvollen Entscheidungsprozeß eines ängstlichen und wankelmütigen Königs, der von Traumgesichtern geplagt, von Warnern verunsichert und von den Großen seines Reichs unter Erwartungsdruck gesetzt wird. In den Heereszug eingestreute Episoden wie Xerxes' Ehrung eines loyalen Lyders illustrieren den Großmut des Großkönigs – der jedoch unverzüglich in kalte, hochfahrende Grausamkeit umschlägt, als derselbe Lyder sich erlaubt, um Befreiung vom Kriegsdienst für nur einen seiner fünf Söhne zu bitten. Die Heerschau in Doriskos gibt Herodot Gelegenheit, in einem homerisch anmutenden Katalog der Völkerschaften in Xerxes' Heer die weltumspannende Macht des Perserreiches zu veranschaulichen. Doch ist all dies von schlimmen Omina, Mahnungen und Warnungen vor dem Neid der Götter oder dem unbändigen Freiheitswillen der Griechen durchsetzt. So vermittelt Herodot dem Leser ein Geschichtsbild, das im Moment der höchsten Machtentfaltung des Perserreiches zugleich die Peripetie, den Beginn seines Niedergangs aufscheinen läßt und die Notwendigkeit des Scheiterns suggeriert.

Von den Erwartungen der Beteiligten im Frühjahr 480, als Xerxes den Hellespont überschritt, könnte jedoch nichts weiter entfernt gewesen sein – auf beiden Seiten. Die europäischen Griechen traf der persische Angriff nicht unerwartet, aber weitgehend unvorbereitet. Zwar stand seit 490 außer Zweifel, daß über kurz oder lang mit weiterem persischen Ausgreifen zu rechnen war. Auch waren die Rüstungen, die Xerxes, unter Beteiligung auch seiner griechischen Untertanen, betrieb, kaum zu übersehen und sollten auch gar nicht übersehen werden. Gleichwohl scheint man konkrete Verteidigungsmaßnahmen tatsächlich erst in Angriff genommen zu haben, als Xerxes im Herbst 481 die Unterwerfungsforderung seines Vaters erneuerte. In dieser Situation trafen sich die Vertreter einiger widerstandswilliger Poleis – darunter Sparta und sein Bund, Athen, die Poleis der mittelgriechischen Landschaften Phōkís sowie einzelne Städte Boiotiens und des unter Athens Einfluß stehenden Teils von Euboia – in Sparta, um ein Verteidigungsbündnis zu schließen. Dort soll man an einem symbolträchtigen Ort namens Hellánion getagt haben, wo der Sage nach einst der Trojanische Krieg beschlossen worden war. Später trat man im Poseidonheiligtum am Isthmos von Korinth zusammen, einem verkehrsgünstig gelegenen Ort panhellenischer Spiele. Der panhellenischen Programmatik dieser Tagungsorte entsprach, daß die Verbündeten sich offenbar als ‹Hellenen› bezeichneten – dem seit dem 7. Jahrhundert gebräuchlichen Sammelbegriff für die Griechen – und ganz Hellas zum Beitritt aufforderten. Ein allgemeiner Landfrieden wurde verkündet; den Oberbefehl über die Operationen erhielt Sparta, die stärkste Kriegsmacht.

Sicherlich spielt Herodot die griechischen Kriegsvorbereitungen herunter, um den David-gegen-Goliath-Sieg noch fulminanter erscheinen zu lassen. Doch daß die Griechen erst 481 zu konkreten Verteidigungsmaßnahmen fanden, ist wohl keine bloße Fiktion, sondern hatte Gründe. In Sparta tobte in den 490er und 480er Jahren ein in vielem sehr unklarer, aber heftiger Machtkampf in der Führungsschicht, in dem es offenbar auch um die Persienpolitik ging. 491 eskalierte ein schon länger schwelender Konflikt der beiden *basileís*, ‹Könige› (in Sparta zu dieser Zeit ein zwar erbliches und lebenslanges, aber in seinen Kompetenzen zunehmend eingeschränktes Führungsamt neben anderen Magistraturen). Der infolgedessen mit einer Intrige aus dem Amt getriebene König Damaratos wurde als Exilant vom Perserkönig mit hohen Ehren aufgenommen. Außerdem sandte Sparta in den 480er Jahren eine Gesandtschaft nach Susa, die von Xerxes sehr wohlwollend empfangen worden sein soll; offiziell sollte sie Abbitte leisten für die angebliche, aber nicht glaubhafte Ermordung persischer Gesandter, die 491 die Unterwerfungsforderung überbracht hatten. All dies bleibt sehr undurchsichtig, doch deuten diese Hinweise darauf hin, daß in Sparta lange keineswegs unumstritten war, ob man sich gegen Persien stellen sollte.

In Athen wurden zwar in den 480er Jahren mehrere Aristokraten perserfreundlicher Umtriebe bezichtigt – wohl vor allem ein innenpolitisches Kampfmittel. Konkrete Vorbereitungen gegen einen erneuten persischen Angriff sind jedoch nicht bekannt, und vorerst scheint es andere Prioritäten gegeben zu haben. So entbrannte jetzt der seit Jahrzehnten schwelende Konflikt mit der wohlhabenden Handelsstadt Aigina wieder, Athens Nachbarin und Rivalin im Saronischen Golf. Der verlustreiche, aber ergebnislose Krieg wurde erst durch den Landfrieden von 481 beendet. An diesen Krieg knüpft sich die bekannte Erzählung, ein Mann namens Themistokles habe 483/2 in der athenischen Volksversammlung den Antrag durchgebracht, die Pachteinnahmen aus den poliseigenen Silberminen von Laúreion in Südattika auf den Bau einer Streitmacht von Kriegsschiffen neuen Typs für den Krieg gegen Aigina zu verwenden, sogenannte Trieren, ‹Dreiruderer›, d.h. Schiffe mit drei übereinanderliegenden Rudererreihen. Diese leichten, wendigen und mit ihren 170 Ruderern besonders schnellen Kriegsschiffe waren im späteren 6. Jahrhundert in den phönizischen Seefahrerstädten für eine Kampfesweise entwickelt worden, in der es darum ging, feindliche Schiffe durch die schnelle Attacke mit einem Rammsporn zu versenken. Im Krieg gegen die Perser sollten diese Kampftechnik und die athenischen Schiffe eine entscheidende Rolle spielen, und so entstand in Athen später die Erzählung, Themistokles, der Held des Seesiegs bei Salamis, habe mit dem Flottenbauprogramm in Wirklichkeit vorausschauende Rüstung gegen den absehbaren Angriff Persiens betrieben. Professionalität, Größe und Erfolg der Flotte gegen die Perser 480 schließen allerdings aus, daß man erst

Abb. 3: Moderner Nachbau einer Triere des 5. Jahrhunderts. Athen, Paleo Faliro

so kurz zuvor mit Bau und Training begonnen hatte. Allenfalls beschlossen die Athener 483, noch weitere Trieren zu bauen. Tatsächlich dürfte Athen schon früher seine Kriegsflotte mit Trieren aufzurüsten begonnen haben; so taten es jedenfalls nachweislich viele griechische Poleis seit dem späten 6. Jahrhundert, um militärisch mithalten zu können. Grund dafür dürften die Expansionsbestrebungen der athenischen Elite in der Ägäis gewesen sein. Daß Athen 480 eine der größten Flottenmächte in Hellas war und so den Verlauf der Perserkriege erheblich beeinflussen sollte, war also nicht der klugen Voraussicht des Perserkriegshelden geschuldet, sondern der Machtpolitik der athenischen Oberschicht. Herodot war das wohl bewußt; er ignoriert die Erzählung von Themistokles' Voraussicht und kommentiert den Flottenbau mit dem sarkastischen Aperçu, der Krieg gegen Aigina habe «ganz Griechenland ‹gerettet›, denn er zwang die Athener, ein Seevolk zu werden» (7.144.2).

Ein weiterer Grund für die lange Untätigkeit der Griechen lag darin, daß viele Gemeinwesen Griechenlands Widerstand gegen die Persermacht von vornherein für zwecklos hielten, abwarten wollten oder sogar in der Kooperation mit Persien ihren Vorteil sahen. Argos etwa, das 494 im Kampf gegen Sparta, seine alte Rivalin auf der Peloponnes, nach einer lange währenden Auseinandersetzung eine vernichtende Niederlage hatte hinnehmen müssen, hatte keinen Grund, auf Spartas Seite zu treten, und mochte in der Tat Hoffnungen auf Persien gesetzt haben; ein in Hellas umlaufendes Gerücht wollte sogar von einer Übereinkunft mit Persien wissen. Ebenfalls wohl aus Gegnerschaft zu Sparta unterstützten auch andere peloponnesische Gemeinwesen den Hellenenbund nicht. Kérkyra (Korfu) mit seiner starken Flotte sagte erst Hilfe zu, zog es aber dann vor abzuwarten. Auch die kretischen Poleis hielten sich zurück, und ebensowenig fühlte sich der einflußreichste Machthaber auf Sizilien, der Tyrann Gélōn von Syrakus, panhellenischen Appellen verpflichtet. Andere griechische Gemeinwesen standen offen auf persischer Seite. Die makedonischen Könige waren schon länger Vasallen des Großkönigs. Bereits vor der Unterwerfungsforderung hatte das mächtige Geschlecht der Aleuádai aus Lárissa in Thessalien den Persern Kooperation angeboten, weil sie mit deren Macht im Rücken ihre aristokratischen Konkurrenten im Lande dauerhaft niederzuhalten hofften. Vielleicht hofften die Thessaler auch, mit Hilfe der Perser Rache an den verfeindeten Phokern nehmen zu können, gegen die man erst kurz zuvor eine empfindliche Niederlage hatte einstecken müssen. Viele der kleinen mittelgriechischen Gemeinwesen zwischen Thessalien und Boiotien (bis auf die Phoker) entboten dem Großkönig ebenfalls Erde und Wasser, das Symbol der Unterwerfung. In Boiotien traten die Städte Plataiai und Thespiaí dem Hellenenbund bei, nicht zuletzt wohl aus Gegnerschaft zu Theben. Die Thebaner selbst hatten dem Großkönig ebenfalls Erde und Wasser entboten, vielleicht aus dem Kalkül, nach Ausschaltung Athens und Spartas Herren über Südgriechenland von Persiens Gnaden zu werden. Doch scheint der Kurs umstritten gewesen zu sein; zur Verteidigung der Thermopýlai war jedenfalls noch ein thebanisches Kontingent entsandt worden. Ein Doppelspiel scheint das Heiligtum von Delphi gespielt zu haben; die Priesterschaft trat nicht offen auf persische Seite, erging sich in Erwartung eines persischen Sieges aber in düsteren, vieldeutigen Orakeln, die sicher nicht zur Stärkung des Abwehrwillens beitrugen.

Der Hellenenbund war also weit davon entfernt, ein gesamtgriechisches Verteidigungsbündnis zu sein, wie dies seine Vertreter mit ihrer panhellenischen Symbolpolitik bei dessen Gründung beanspruchten. Es handelte sich vielmehr um ein Zweckbündnis süd- und mittelgriechischer Poleis, für die die ‹persische Option› nicht in Frage kam: für Sparta nicht, weil sich dort bis 481 offenbar die Überzeugung durchgesetzt hatte, daß unter persischer Suprematie seine Machtstellung auf der Peloponnes bedroht war; für die Athener nicht, weil sie nach Marathon wenig Gutes von Xerxes zu erwarten hatten. Andere Poleis hatten Bündnispflichten gegenüber Sparta oder verfolgten, wie erwähnt, andere politische Ziele. Zum panhellenischen Abwehrkampf, an dem alle Griechen teilhaben wollten, wurde der Perserkrieg von 480/79 erst im nachhinein. Selbst in Athen war im übrigen lange umstritten gewesen, ob man Widerstand leisten solle; manche Athener wollten Stadt und Land vor dem anrückenden Xerxes ganz aufgeben und eine neue Heimat in Übersee suchen. So empfahl es auch eines jener düsteren Orakel aus Delphi. Doch scheint dies in Athen nicht mehrheitsfähig gewesen zu sein, und ein zweiter, milderer Spruch der Pythia warnte zwar vor einer Verteidigung Attikas, deutete aber an, daß Athens Hoffnung in «Mauern aus Holz» liege (Hdt. 7.141). Dieses Orakel spielte einer Partei in die Hände (und war vielleicht von dieser bestellt worden), die auf Widerstand mit Athens großer Flotte, den «hölzernen Mauern», setzte. Dasselbe Orakel soll sogar schon den Sieg bei Salamis vorausgesagt haben, was Themistokles richtig ausgedeutet habe; dies ist aber wohl eine spätere Erfindung, denn im vorhinein konnte niemand wissen, daß es bei Salamis zu einer Seeschlacht kommen würde. Wie dem auch sei, die Athener entschieden sich am Ende für den Widerstand zur See und stellten fortan das Gros der Flotte des Hellenenbundes.

Die ersten Aktionen des Hellenenbundes waren Mißerfolge. Auf Drängen thessalischer Gegner der propersischen Aleuaden wurde im Sommer 480 ein großes Heer entsandt, um die von Norden, von wo das Perserheer anrückte, nach Thessalien führenden Pässe am Berg Ólympos zu sperren. Die Stellung wurde jedoch schon nach wenigen Tagen aufgegeben, weil den griechischen Feldherrn klar wurde, daß die Perser notfalls über andere, westlicher gelegene Pässe nach Thessalien gelangen konnten, und weil man das Ausmaß der propersischen Gesinnung in Thessalien unterschätzt hatte.

Nach längerer Diskussion einigte sich der Hellenenbund dann darauf, den Persern am Einfallstor nach Mittelgriechenland entgegenzutreten: Das Landheer sollte die Thermopylen besetzen, eine Engstelle der am Malischen Golf entlangführenden Straße Richtung Boiotien, an der das Gebirge steil ins Meer abfiel und beim damaligen Küstenverlauf einen teilweise nur wenige Meter breiten Weg ließ. Auf etwa derselben Höhe lagerte an der Nordspitze Euboias, am Kap Artemísion, die griechische Flotte. Sie sollte der persischen den Weg verlegen, die parallel mit Xerxes' Landheer an der Küste vorrückte. Was dann an den Thermopylen im Hochsommer 480 geschah, verbirgt ein Dickicht an Legenden. Nach der geläufigen, unter anderem bei Herodot überlieferten Erzählung konnte das griechische Landheer über Tage mit wenigen tausend Kämpfern dem Ansturm der zahlenmäßig weit überlegenen Angreifer standhalten und ihnen den Durchbruch durch die Engstelle verwehren. Doch dann verrieten griechische Überläufer einen Umgehungspfad durch das Gebirge, und einem persischen Kommando gelang es, die zur Bewachung des Pfades abgestellten Phoker zu überrumpeln und in die Flucht zu schlagen. Als die Griechen merkten, daß sie umgangen worden waren, zogen die meisten Kontingente ab. Nur die 300 Spartiaten unter dem Oberkommandierenden, König Leōnídas, und einige hundert Thespier und Thebaner blieben und fanden – bis auf die Thebaner, die sich rechtzeitig ergaben – im Kampf bis auf den letzten Mann den Tod.

So gut wie alles an dieser Geschichte wirft allerdings bei näherer Betrachtung Fragen auf: Warum sandten die Griechen nur wenige tausend Kämpfer, viel weniger als zuvor nach Thessalien? Wenn es sich bei der Streitmacht nur um eine Vorhut handelte, wie eine Tradition will, warum kam das Hauptheer nie an? Was bezweckte die Thermopylen-Stellung und war sie überhaupt sinnvoll, da das persische Heer auch andere Wege nach Mittelgriechenland wie den weiter westlich gelegenen Dhema-Pass hätte nutzen können (was dann auch geschah)? Warum konnten tausend Phoker, die den Umgehungspfad bewachten, ohne weiteres überrumpelt werden und kämpften nicht einmal? Und vor allem: Warum gab Leonidas das Leben vieler hundert Griechen für einen aussichtslosen Kampf preis? Nach der spartanischen Erzählung des Geschehens, die die Erinnerung daran bis heute dominiert, wollte Leonidas den Rückzug der Griechen decken; außerdem «zieme es Spartiaten nicht, die Stellung zu verlassen, zu deren Verteidigung sie entsandt worden waren», wie Herodot (7.220) Leonidas sagen läßt. Eines von mehreren spartanischen Gedenkepigrammen, die später am Ort der Schlacht in Stein gemeißelt wurden, verkündete: «Wanderer, kommst du nach Sparta, verkündige dorten, du habest/uns hier liegen gesehn, wie das Gesetz es befahl» (Hdt. 7.228 in der Übertragung Schillers). Allerdings sind weder «Gesetze» oder «Befehle» noch ein ungeschriebener Ehrenkodex aus Sparta bezeugt oder auch nur anzunehmen, die einen taktischen Rückzug in aussichtsloser Lage verboten hätten; Beispiele für spartanische Rückzüge gibt es genug, auch aus diesem Krieg. Die Erzählung sollte wohl vielmehr eine Niederlage zu einem Exempel spartanischer Gesinnung und zu einem heroischen Opfergang der Spartiaten verklären (die 700 gefallenen Thespier überging man dabei). Und zudem sollte die Heroisierung vielleicht anderes kaschieren: So ist es durchaus denkbar, daß es Zwist im griechischen Lager über den Sinn der Thermopylen-Stellung gab und daß ein Teil der Alliierten, vielleicht sogar Parteien in Sparta selbst, schon damals eine Verteidigungsstellung am Isthmos von Korinth favorisierte. Vielleicht kam deswegen nie die ganze Streitmacht des Hellenenbundes an, und vielleicht zogen deswegen die meisten Kontingente auch schnell wieder ab. Warum Leonidas aber seine Männer in den Tod führte, bleibt letzlich unklar. Die rationalste Erklärung wäre, daß er in der Tat den Rückzug des Heeres und vielleicht auch der Flotte decken wollte. Ob er sich und seine Leute dafür bewußt opferte oder einfach nicht mehr rechtzeitig aus der Falle herauskam, wird nie zu entscheiden sein. Herodot selbst nennt außerdem ein Motiv, das polemischen Ursprungs sein mag, aber in der agonalen Kultur der Griechen nicht ausgeschlossen werden darf: die Ruhmsucht des Leonidas. Sie mag ihn verleitet haben, die Stellung zu halten, bis es zu spät war.

Wie dem auch sei, die Wirkungsgeschichte der Thermopylen-Schlacht – die bis zu Görings Durchhalteappellen nach Stalingrad immer wieder als Exempel aufopfernder Pflichterfüllung herhalten mußte – war jedenfalls weit bedeutender als ihr Einfluß auf den Kriegsverlauf im Jahr 480. Die Flotte des Hellenenbundes am Kap Artemision hatte sich zwar in zwei Seegefechten gegen persische Schiffe erfolgreich geschlagen, aber hohe Verluste erlitten und keine Entscheidung herbeiführen können. Als sie von der Niederlage des Landheeres erfuhr, war ein Rückzug unausweichlich. Die Flotte zog ab und sammelte sich bei der Insel Salamis vor Attika. Damit war die erste Verteidigungslinie der Griechen gefallen. Mittelgriechenland und Attika lagen ungeschützt vor dem persischen Heer, da sich das Heer des Hellenenbundes auf dem Isthmos von Korinth verschanzte, wo eine zweite, befestigte Verteidigungslinie über die Landenge hinweg errichtet wurde. Die Perser rückten nun in Mittelgriechenland ein, verwüsteten feindliche Städte und plünderten die Heiligtümer. Delphi wurde verschont, angeblich weil seine Götter und Heroen selbst die Feinde vertrieben; tatsächlich dürfte sich die Priesterschaft mit Xerxes ins Benehmen gesetzt haben. Auch die meisten boiotischen Poleis hatten rechtzeitig die Seiten gewechselt. Wenige Tage später, wohl Ende September 480, stand das um die neuen nord- und mittelgriechischen Untertanen verstärkte persische Heer in Attika. Stadt und Akropolis von Athen gingen in Flammen auf. Die Bevölkerung Attikas hatte sich zuvor nach Salamis und in Orte auf der anderen Seite des Saronischen Golfes gerettet. Wenig später lief die persische Flotte in Athens Hafen Phálēron ein.

Im Hauptquartier der Hellenenbundsflotte auf Salamis gab es nach der Erzählung Herodots unterdessen heftige Auseinandersetzungen, ob man die Seeschlacht bei Salamis wagen oder sich an den Isthmos von Korinth in die Nähe der Verteidigungslinie zu Lande verlagern solle. Athenern sowie Aigineten und Megarern, Poleis in unmittelbarer Nachbarschaft des jetzt von den Persern besetzten Attika, mußte an einer schnellen Entscheidung gelegen sein. Insbesondere die peloponnesischen Kontingente dagegen fürchteten offenbar, im Falle einer Niederlage auf Salamis eingeschlossen zu werden und ihren Städten auf der Peloponnes nicht mehr zu Hilfe eilen zu können. Viele wollten daher abziehen. Um in dieser brenzligen Situation, in der die Koalition auseinanderzubrechen drohte, schnell einen Kampf herbeizuführen, soll, so will es die athenische Überlieferung, Themistokles einen ergebenen Diener ins persische Hauptquartier gesandt haben. Er überbrachte die Botschaft, Themistokles stehe auf persischer Seite und wolle den König warnen, daß die Griechen flöhen und der König den Zeitpunkt zur allentscheidenden Schlacht zu verpassen drohe. Daraufhin habe Xerxes den Befehl zum Angriff noch in derselben Nacht gegeben. Die Geschichte klingt nach einer späteren Legende, weil sie Athens und Themistokles' Verdienst um den Sieg herausstreicht und weil sie allzusehr der bereits oben thematisierten Begeisterung der Griechen für die Figur des listigen Helden entspricht, die auch viele Legenden um Themistokles kennzeichnet. Und einmal abgesehen von der Frage, ob die persische Führung auf ein so simples Manöver hereinfiel, hatte Xerxes auch ohne die List allen Grund, schnell einen definitiven Sieg herbeiführen zu wollen. Hätte sich die Hellenenbundsflotte zerstreut, wäre der Seekrieg langwierig geworden. Zudem nahte der Herbst, dessen Stürme Flottenoperationen zunehmend einschränkten und den Nachschub für Zehntausende und die Kommunikation ins Reich gefährdeten. Auch wären zerstreute Kontingente der Hellenenbundsflotte, darunter fast 200 Schiffe der Athener, zu einer dauernden Bedrohung persischer Basen und Nachschubwege geworden. Und nicht zuletzt brauchte Xerxes endlich einen großen Sieg. Auch ohne jenen Winkelzug, von dem Herodot erzählt, dürfte die persische Führung mithin beschlossen haben, griechischen Alliierten baldmöglichst zum Kampf zu zwingen. Dennoch mag es die Botschaft gegeben haben – nicht zuletzt vielleicht deshalb, weil sich Themistokles, der angesichts der Uneinigkeit der Alliierten eine Niederlage befürchten mochte, eine Hintertür bei Xerxes offenhalten wollte. Im Falle des Sieges ließ sie sich, wie dann geschehen, leicht umdeuten.

Der Ablauf der Schlacht ist aus den Quellen nur ansatzweise zu rekonstruieren. Offenbar war der Plan der persischen Führung, durch eine heimliche nächtliche Annäherung die Hellenenbundsflotte in der Meerenge von Salamis einzuschließen und sie unvorbereitet zum Kampf zu zwingen oder auf der Flucht abzufangen. Aber die Griechen waren gewarnt worden und gefechtsbereit; vielleicht griffen sie am frühen Morgen sogar zuerst an. Offenbar gelang es ihnen dann, die Schiffe der persischen Flotte in der Meerenge zusammen oder gegen das attische Festland zu drängen und so in ihrer Manövrierfähigkeit zu behindern. So konnten die persischen Schiffe ihre numerische Überlegenheit nicht ausspielen und von den griechischen gerammt oder gekapert werden. Zudem waren die persischen Ruderer vielleicht, nachdem sie schon in der Nacht aufgebrochen waren, früher erschöpft als ihre Gegner. Bemerkenswert ist, daß die maßgeblichen Quellen, von einzelnen Überläufern abgesehen, nichts von einem Verrat der kleinasiatischen Griechen berichten, die neben den Phöniziern und Zyprioten das Gros der persischen Flotte stellten. Sie standen (und starben) offenbar loyal zu ihrem König. Wie auch immer dem Hellenenbund der Sieg gelang – die dezimierte persische Flotte wandte sich am Abend zur Flucht in den Phaleron. Der Sieg war allerdings keineswegs vernichtend, auf griechischer Seite rechnete man vielmehr damit, in den nächsten Tagen erneut kämpfen zu müssen. Doch in einer der Folgenächte verließ die persische Flotte den Phaleron und nahm Kurs auf die Ägäis. Die Hellenenbundsflotte nahm die Verfolgung auf, bis klar war, daß die persische Flotte sich nicht in der Nähe des Festlandes sammeln würde.

Salamis sollte sich im nachhinein als Wendepunkt des Krieges herausstellen und wurde gerade in der athenischen Erinnerung schon früh dazu stilisiert. Bereits in Aischylos' *Persern* wenige Jahre nach dem Ereignis markiert die Schlacht das Ende des Krieges, und in den kommenden Generationen wurde dieser Sieg für die Athener neben Marathon zentraler Bezugspunkt ihres Selbstbildes in Denkmälern, Staatsreden und in immer neuen Legenden, die die Erinnerung daran ausschmückten. Daß Salamis mehr als ein Etappensieg werden sollte, war im Herbst 480 allerdings noch keineswegs klar. Die persische Flotte war zwar erheblich dezimiert worden, aber immer noch stark, das gewaltige Landheer völlig intakt. Zunächst beschloß die persische Führung nur, die Feldzugssaison angesichts der vorgerückten Jahreszeit – es ging auf Ende September zu – zu beenden und das Landheer Winterquartiere in den neuen Untertanengebieten in Thessalien beziehen zu lassen. Daher war auch die Flotte bis zum nächsten Frühjahr in ihre leichter zu versorgenden und schützenden Basen in der östlichen Ägäis, auf Zypern und in Phönizien entlassen worden. Auch Xerxes verließ den Kriegsschauplatz, überließ das Oberkommando und einen Teil des Landheeres seinem Feldherrn Mardonios und schlug seine Residenz in Sardeis in Kleinasien auf. Die griechische Erinnerung malte dies im nachhinein zur dramatischen Flucht eines von Panik ergriffenen Königs aus; tatsächlich dürfte Xerxes niemals geplant haben, den Winter im Feldlager zu verbringen, wo die Kommunikation in die Kernländer des Reiches erheblich erschwert war. Und seine Eroberungspläne waren keineswegs aufgegeben. Im Gegenteil hatte man mit der Zerstörung Athens einen Propagandaerfolg errungen und Teile Griechenlands unterwerfen können.

Dennoch hatte Salamis die Lage verändert. Dies zeigte sich im Frühjahr 479. Denn die persische Flotte erschien wider Erwarten nicht in Südgriechenland, sondern hielt sich in ihren Basen in der östlichen Ägäis bereit, wohl um mögliche Angriffe der griechischen Flotte auf die ägäischen Besitzungen Persiens abzuwehren. Xerxes setzte jetzt auf das Landheer, das neben persischen und anderen asiatischen Kontingenten nun zu einem beträchtlichen Teil aus neuen griechischen Untertanen bestand. Seinem Kommandanten Mardonios – Xerxes selbst kam nicht mehr auf den Kriegsschauplatz – schien es aber geraten, Athen mit seiner großen Flotte – etwa der Hälfte der Gesamtflotte des Hellenenbundes – auf seine Seite zu ziehen. Ein Gesandter bot den Athenern, die nach Abzug der persischen Truppen in die Winterquartiere wieder in ihre zerstörte Stadt zurückgekehrt waren, den Wiederaufbau mit persischen Mitteln, innere Autonomie und die Herrschaft über andere Gebiete Südgriechenlands an. Nach dem Erfolg bei Salamis fand dies in der Volksversammlung aber keine Mehrheit mehr. So ging Mardonios im Frühsommer 479 in die Offensive. Wieder gab es Spannungen unter den Griechen: Viele Peloponnesier setzten auf die inzwischen fertiggestellte Isthmosmauer und wollten Mardonios nicht in Mittelgriechenland entgegentreten. Athen hingegen lag schutzlos da, mußte erneut evakuiert werden und wurde wieder von den Persern besetzt. Die Athener protestierten in Sparta, und zugleich erhielten sie erneut ein Bündnisangebot des Mardonios. Weil Sparta nun einen Seitenwechsel Athens fürchtete, rückte sein Heer schließlich unter dem Oberbefehlshaber Pausanías doch aus und vereinigte sich mit Korinthern, Athenern und anderen Alliierten. Mardonios zog sich, als die Alliierten herannahten, ins verbündete Boiotien zurück. Die Heere lagen sich dann mehrere Tage lang im südlichen Boiotien untätig lauernd gegenüber, die alliierten Griechen aus Angst, Mardonios, weil er auf eine Auflösung der Allianz hoffte. Zur Schlacht kam es, für alle überraschend, als die Griechen einen nächtlichen Stellungswechsel in die Nähe der Stadt Plataiai vollzogen und persische Reiter sie dabei attackierten. Sie scheint lange unentschieden geblieben zu sein, bis Mardonios, der selbst in das Schlachtgeschehen eingriff, fiel. Mit Mardonios' Tod verlor das persische Heer die Ordnung. Seine Linien brachen ein, das Lager wurde erstürmt; zudem kam ein großes persisches Kontingent unter Mardonios' Konkurrenten Rta-vazdah/Artábazos gar nicht zum Einsatz, ja vielleicht verließ es das Schlachtfeld zu früh. Wer von den nichteuropäischen Kontingenten des Mardonios das Gemetzel überlebte, floh Richtung Hellespont, die griechischen zerstreuten sich in ihre Poleis. Der Sieg war vollständig.

Etwa zur selben Zeit, im Sommer 479, hatte die Flotte des Hellenenbundes, die seit dem Frühjahr auf der Kykladeninsel Delos lagerte, um ihrerseits einem persischen Flottenangriff zu begegnen, eine Gruppe von Aristokraten aus Samos erreicht. Sie sahen jetzt die Chance, ihren Konkurrenten um die Macht auf Samos, den dortigen Tyrannen von persischen Gnaden, zu stürzen, und behaupteten daher, Ionien sei zum Abfall von Persien bereit, wenn nur die Griechenflotte auftauche. Dazu kam vielleicht die Nachricht, daß die phönizischen Kontingente der Perser entlassen worden waren. Jedenfalls fuhr die Flotte des Hellenenbundes jetzt aus und traf vor Samos auf den Gegner. Das persische Kommando wagte keine Seeschlacht, sondern verschanzte sich an der gegenüberliegenden Küste am Vorgebirge Mykale. Doch wurde ihr Flottenlager von den Griechen überrannt, unterstützt von kleinasiatischen Kontingenten der persischen Flotte, die eilig die Seiten wechselten. Am Ende des Tages war die persische Ägäisflotte vernichtet.

4. Die Erfindung von Hellas

Damit war geschehen, was im Jahr 481 kaum einer ernsthaft hatte erwarten dürfen: Die weitere Expansion des übermächtigen persischen Weltreichs in Europa war vollständig gescheitert. Das Reich geriet nun sogar im eigenen Land in die Defensive, weil sich angesichts der Ereignisse in vielen kleinasiatischen Griechenstädten mit Hilfe der alliierten Flotte die Gegner der persischen Ordnung erhoben und neue Regimes installierten, die sich dauerhaft vom Reich lösten und in den Schutz der werdenden neuen Großmacht in der Ägäis, Athen, begaben. Persische Rückeroberungsversuche blieben über mehrere Jahrzehnte wirkungslos; um die Mitte des 5. Jahrhunderts – dazu das nächste Kapitel – mußte das Reich in einer Vereinbarung mit Athen auf fast alle seine Besitzungen an der Küste zwischen Bosporus im Norden und Lykien im Süden verzichten. Erst dann war im übrigen ein formelles Ende der Perserkriege erreicht. Gleichwohl darf dies nicht darüber hinwegtäuschen, daß die Niederlage an der Peripherie im fernen Westen aus der Perspektive von Persepolis eine Episode blieb. Und drei Generationen später, zu Beginn des 4. Jahrhunderts, unterstanden die kleinasiatischen Griechenstädte bereits wieder dem Reich; schon seit dem ausgehenden 5. Jahrhundert war Persien erneut ein dominanter Faktor in der griechischen Welt auch jenseits der Ägäis und konnte selbst Staaten wie Athen und Sparta beeinflussen.

Für die griechische Geschichte hingegen hatten die Perserkriege zweifelsohne epochale gesellschaftliche, politische und kulturelle Folgen, von denen im Folgenden und im nächsten Kapitel die Rede sein wird. Ja, man hat den Perserkriegen eine weit über die griechische Geschichte der klassischen Zeit hinausreichende, welthistorische Bedeutung zugemessen. In einer der bis heute meistgelesenen Darstellungen der griechischen Geschichte aus der Mitte des 20. Jahrhunderts n. Chr. heißt es etwa: «Erst durch den siegreichen

Freiheitskampf der Griechen ist Europa als Idee und Wirklichkeit geboren worden. Die Güter, für die die Griechen ihr Leben einsetzten, sind auch heute noch die höchsten Werte im Leben der abendländischen Menschheit. … Die unerreichten, klassischen Vorbilder in bildender Kunst, im Drama, in der Philosophie und in der Geschichtsschreibung … verdankt Europa den Kämpfern von Salamis und Platäa. … Nicht nur die politische Freiheit, auch die geistige Unabhängigkeit des abendländischen Menschen haben die Griechen verteidigt, und wenn wir uns heute als denkende, freie Menschen fühlen, so haben jene die Voraussetzungen dafür geschaffen.» Äußerungen dieser Art finden sich zuhauf; sie haben eine ehrwürdige Ahnenreihe: Schon für Hegel handelte es sich «um welthistorische Siege», denn sie hätten «die Bildung und geistige Macht gerettet und dem asiatischen Prinzipe alle Kraft entzogen»; für den britischen Liberalen John Stuart Mill legte Marathon den Grundstock für die europäische Zivilisation und war daher auch für die englische Geschichte wichtiger als die Schlacht von Hastings 1066 n. Chr. Die Perserkriege wurden so zum Urspungsmythos Europas und des Westens. Noch in jüngster Zeit schreiben ihn Titel wie *Marathon: How one battle changed western civilization* oder *The battle of Salamis: the naval encounter that saved Greece – and western civilization* fort.

In der Forschung werden solche welthistorischen Betrachtungen heute allerdings zu Recht überwiegend mit Skepsis betrachtet. Nicht nur sitzen sie, wie wir sehen werden, nachträglichen griechischen Deutungen des Geschehens und Bildern eines despotischen Orients auf, die durch die Perserkriege überhaupt erst entstanden. Sie widersprechen überdies dem Befund: Der Beginn der griechischen Kulturblüte und des geistigen Aufbruchs der Zeit fand im 6. Jahrhundert maßgeblich in kleinasiatischen Städten statt, die unter persischer Oberherrschaft standen. Schon lange hat man zudem erkannt, in welch hohem Maße Kunst und Denken der Griechen durch Einflüsse aus dem persisch beherrschten Orient angeregt wurden. Auch der Drang zu politischer Freiheit und Teilhabe, der in Athen und anderswo die Demokratie entstehen lassen sollte, wurde von den Persern keineswegs unterdrückt; im Gegenteil war eine der Reaktionen der Perser auf den Ionischen Aufstand, daß sie, wie beschrieben, fortan auf Regimes mit breiterer politischer Teilhabe setzten, die Herodot mit dem Begriff der *dēmokratía* beschreiben kann. Umgekehrt bedeutete der Sieg des Hellenenbundes für viele griechische Städte alles andere als Freiheit: Die Herren waren nun lediglich andere Griechen, allen voran die demokratischen Athener, die die Freiheit der neuen Untertanen teilweise massiv beschnitten. Damit sei nicht in Abrede gestellt, daß zum Beispiel die Erfahrung der erfolgreich verteidigten Freiheit nach außen die Dynamik des Freiheitsdrangs auch im Inneren und überhaupt die Konjunktur der Freiheitsidee in allen Lebensbereichen beförderte; oder daß die Ausformung der klassischen Demokratie und die Kulturblüte in Athen von den Machtverschiebungen in Griechenland infolge der Perserkriege, von denen das folgende Kapitel erzählt, nicht profitiert hätten. Doch daß eine möglicherweise relativ lockere persische Oberherrschaft über Hellas die genannten gesellschaftlichen und kulturellen Entwicklungen grundsätzlich verhindert haben soll und Europa ohne die Perserkiege nicht das geworden wäre, was es ist, bleibt ein fragwürdiges Postulat.

Trotzdem gibt es ein Gebiet, auf dem die Perserkriege unzweifelhaft epochale Bedeutung für die Kulturgeschichte der klassischen Zeit hatten, ja welthistorische Folgen erlangten: Es sind die Geschichts- und Weltbilder, die sie formten und die teilweise bis heute wirken. Für die Griechen war der unverhoffte Sieg gegen den übermächtigen Feind eine überwältigende Erfahrung, die ihr kulturelles Gedächtnis nachhaltig prägen sollte. In Erzählungen der Teilnehmer, beim Symposion oder im Zuge kommemorativer Feste entstanden immer neue Legenden von göttlichem Eingreifen, Omina und Heldentaten, die das Geschehen ins Mythisch-Heroische übersteigerten. Tragödien wie Aischylos' *Perser* und andere Dichtungen besangen den Krieg in episch-heroischem Duktus; gegen Ende des 5. Jahrhunderts verfaßte der Dichter Choirílos von Samos ein (nur in wenigen Fragmenten überliefertes) Epos über die Perserkriege im Stil Homers. Anspielungen auf Homer durchziehen auch das Werk Herodots, etwa in der erwähnten Aufzählung der am Krieg beteiligten Völkerschaften des Xerxes, die an den Schiffskatalog der *Ilias* erinnert. Dazu kamen Denkmäler: Aus der reichen Beute des persischen Lagers vor Plataiai stiftete der Hellenenbund Weihgeschenke in die panhellenischen Heiligtümer von Delphi, Olympía und Korinth; in ersteres ging ein mehr als drei Mann hoher Dreifuß mit einer Schlangensäule, auf der die im Hellenenbund vereinigten Städte eingraviert waren, angeführt von Sparta, Athen und Korinth. Hinzu kamen unzählige Denkmäler einzelner Poleis: Korinth etwa errichtete auf Salamis ein Grabmal für seine Gefallenen mit einem Epigramm, das sie als «Retter des heiligen Hellas» feierte; ähnliche Inschriften-Denkmäler sind, neben den Thermopylen, vom Isthmos, aus Athen, Megara, Naxos oder dem Artemis-Heiligtum am Kap Artemision bekannt. In Sparta errichtete man zum Gedenken im Zentrum der Stadt eine große Säulenhalle, die Perserhalle, in Plataiai einen prachtvollen Tempel der Athḗna Áreia (‹als Kriegsgöttin›), in Athen in den 460er Jahren an der Agorá, dem Hauptplatz, die sogenannte ‹Bunte Halle› mit einem Gemälde der Schlacht von Marathon und etwas später eine kolossale Bronzestatue der Göttin Athena als Prómachos (‹Vorkämpferin›) auf der Akrópolis, die so groß war, daß ihre Speerspitze noch vom Saronischen Golf aus sichtbar war. Viele Großbauten Athens aus der zweiten Hälfte des 5. Jahrhunderts wie der Hḗphaistos-Tempel an der Agora, der Parthenṓn oder der Níkē-Tempel auf der Akropolis zeigten in ihrem Bildschmuck mythische Szenen wie Kentauren- oder Amazonenkämpfe, die sich als Allegorie der Perserkriege lesen ließen; die Kavalkade von 192 Reitern auf dem Fries des Parthenon könnte an die 192 Gefallenen von Marathon gemahnen. In welchem Maße diese intensive Erinnerung die Identität vieler Poleis prägte, wird an Athen besonders deutlich: Neben den Denkmälern – denen sich noch viele weitere hinzufügen ließen – zeigt eine reiche Überlieferung literarischer Quellen, daß die Perserkriege dort bis zum Ende der klassischen Zeit (und darüber hinaus) zentraler Bezugspunkt im Selbstbild der Polis blieben.

Die Denkmäler in Athen und anderswo hatten freilich nicht nur kommemorative Funktion, sie stellten zugleich die Verdienste der jeweiligen Polis heraus, um darauf politische Ansprüche zu gründen. Diese politische Instrumentalisierung klingt schon in einem der frühesten längeren Zeugnisse der Perserkriegserinnerung an –

einer fragmentarisch überlieferten Elegie auf die Schlacht von Plataiai, die der gefeierte Dichter Simōnídes von Kéōs in den 470er Jahren wahrscheinlich als Auftragswerk für eine spartanische Gedenkfeier verfaßte. Dort stehen Sparta und sein Feldherr Pausanias als Führer der Griechen im Zentrum; der erhaltene Teil erzählt in epischem Duktus vom Auszug des Heeres aus Sparta gen Plataiai, geleitet von «den rossebändigenden Söhnen des Zeus, den Tyndariden-Helden (den Dioskuren – Kástōr und Polydeúkēs), und dem weithin herrschenden Menélaos», wie es in einer von vielen Reminiszenzen auf Spartas Mythenwelt heißt. Die übrigen Alliierten tauchen, soweit die Fragmente ein Urteil zulassen, nur sehr summarisch auf. Umgekehrt verhält es sich mit den in etwa gleichzeitig entstandenen *Persern* des Aischylos: Darin sind es die Athener und die Schlacht von Salamis, die alles entscheiden, Plataiai und der «dorische Speer» kommen nur ganz am Rande vor. Diese Tendenz zur Vereinnahmung der Perserkriegsleistungen verschärfte sich in den kommenden Jahrzehnten. Wir haben bereits gesehen, wie aus Marathon im 5. Jahrhundert eine Schlacht für die Freiheit von ganz Hellas wurde, auf die Athen, das «Bollwerk von Hellas», wie es der gefeierte Dichter Píndaros sagte (Frg. 76 Snell), seinen Vormachtanspruch gründete. Thukydides kennzeichnet diese ‹Politik der Erinnerung›, wenn er die Athener vor Ausbruch des Peloponnesischen Krieges (431–404) gegenüber Sparta ihr Hegemonialreich mit Marathon und Salamis rechtfertigen läßt. Im *Panēgyrikós*, einer Schrift, in der Isokrates, ein athenischer Publizist, in den 380er Jahren typische Argumente für Athens Führungsanspruch vor Sparta präsentiert, retten die Athener – ganz allein, wohlgemerkt – Hellas in der Schlacht bei Marathon; sie schlagen alleine die – siegreiche – Seeschlacht am Kap Artemision, während die Spartaner bei den Thermopylen zwar Mut beweisen, aber leider unterliegen. Die Athener zeichnen sich dann bei Salamis vor allen anderen Griechen aus, Plataiai wird hingegen überhaupt nicht erwähnt. Ganz ähnlich ist es in Lysias' Grabrede, mit der dieses Buch begann. Die Perserkriegserinnerung wurde so zum Kampfmittel im Streit um den Vorrang zwischen den Poleis.

Dieser ‹Kampf um die Erinnerung› setzte sich innerhalb der Poleis fort. Pausanias, nicht selbst König, sondern nur Regent für seinen unmündigen Vetter, unterstrich seinen Geltungsanspruch in Sparta, indem er auf dem delphischen Plataiai-Denkmal die Inschrift anbringen ließ: «Als er als Führer der Griechen das medische Heer vernichtet, weihte Pausanias Apollon dies Mahnmal» (Thukydides 1.132.2 f.). In Sparta reagierte man auf diese Vereinnahmung des Sieges empört, die Inschrift wurde entfernt. Themistokles, der bald nach Salamis in Athen an Einfluß verlor und schweren Angriffen ausgesetzt war, errichtete als Denkmal seiner Verdienste einen privaten Tempel der Artemis ‹vom guten Rat›, während die Familie des Miltiades ihren Führungsanspruch in der Polis demonstrierte, indem sie die Bunte Halle auf der Agora stiftete und ihren Ahnen auf dem dortigen Marathon-Gemälde ganz ins Zentrum des Geschehens stellte. Noch unerhörter war ein Denkmal in Delphi, das Miltiades mit Apoll und Athena Seite an Seite mit offiziellen Marathon-Weihgeschenken der Polis Athen zeigte.

Die politische Vereinnahmung trug einmal mehr dazu bei, daß die Perserkriegserinnerung im Leben der Griechen allpräsent war. Dies hatte Folgen: Sie ließ bei den Griechen ein ganz neues Bild ihrer Geschichte entstehen. In dem Maße, in dem sich die Perserkriege in den geschilderten Kontexten zum herausragenden Bezugspunkt in den Erzählungen über die jüngere Vergangenheit entwickelten, wurden sie zur Zäsur in der Erinnerung, zu einer Epochengrenze, die sie bis heute geblieben sind. Anschaulich zeigen dies die auf ein breites Publikum zielenden panegyrischen Staatsreden aus Athen: In Lysias' Grabrede etwa folgt auf die Erzählung der Taten der Vorfahren in mythischer Vorzeit – der Amazonenschlacht und dergleichen – übergangslos die ihrer Nachkommen in den Perserkriegen. Die Perserkriege vollendeten so die heroischen Taten der Alten und bildeten zugleich den Übergang zur Zeitgeschichte, indem sie in die Erzählung der jüngsten Vergangenheit bis in die Gegenwart der Rede überleiteten. Auch Herodots Werk steht für dieses Geschichtsbild: Seine Geschichte des Konflikts, der zur Konfrontation von Griechen und Persern führt, beginnt in heroischer Vorzeit, beim Raub der Iṓ, Eurṓpē, Mḗdeia und Hélēna, welch letztere den Trojanischen Krieg auslöste, und endet im Sommer 479 bei der Schlacht am Vorgebirge Mykale. Was danach kam – auch die, wie gesagt, keineswegs abgeschlossene Konfrontation von Griechen und Persern, die er als Halikarnassier selbst unmittelbar erlebt hat –, taucht bei ihm zwar in vorwegnehmenden Andeutungen auf, gehört aber in eine andere, neue Epoche. Die Perserkriege stehen damit auch bei ihm auf einer Scheide zwischen den Zeiten.

Ein weiterer wichtiger Aspekt des neuen Geschichtsbildes war, daß es fortan einen gemeingriechischen historischen Bezugspunkt in der jüngeren Vergangenheit gab – die gemeinsame Abwehr der Persergefahr. Vorbereitet worden war dies durch die Rhetorik des Hellenenbundes, der den Widerstand gegen die Perser durch seine Symbolpolitik zu einer Sache aller Griechen machte, um Zögernde zu gewinnen und Kollaborateure mit den Persern zu desavouieren. Im nachhinein erleichterte diese panhellenische Rhetorik allen Griechen – auch denen, die nicht dem Hellenenbund angehört hatten –, sich mit den Perserkriegen zu identifizieren und sie in ihr kulturelles Gedächtnis zu inkorporieren. Manche kolportierten daher, sie seien gen Plataiai geeilt, aber leider zu spät eingetroffen; von anderen unbeteiligten Poleis hielt man für glaubhaft, sie hätten zum Schein bei Plataiai Grabhügel aufgeschüttet, und die makedonischen Könige setzten später in Umlauf, daß ihr Ahn Alexandros I., ein treuer Vasall des Perserkönigs, den Griechen bei jeder Gelegenheit heimlich geholfen habe. Der Widerstand gegen Persien, an dem bald alle beteiligt gewesen sein wollten, wurde so zum Bezugspunkt einer gemeinsamen griechischen Identität, wie ihn bis dahin vor allem verbreitete Mythen wie die Sagenkreise um den Trojanischen Krieg oder die großen Heroen und gemeinsame Kultorte wie Delphi, Olympia oder regionale Heiligtümer geboten hatten. Die Perserkriegserinnerung trug auf diese Weise erheblich zur Entstehung eines gemeingriechischen Geschichtsbildes und damit zur weiteren Ausprägung eines Zusammengehörigkeitsgefühls der vielen hundert Gemeinwesen bei, deren Angehörige sich als *Héllēnes* verstanden. Sie beförderte, in diesem Sinne, die Erfindung von Hellas.

In diesem Prozeß der gesamtgriechischen Identitätsbildung

durch die Perserkriegserinnerung spielte eine Erzählung eine besondere Rolle: die Deutung des Krieges als Verteidigung griechischer Freiheit gegen persischen Despotismus. «Ich werde mein Leben nicht höher schätzen als die Freiheit», sollen die Alliierten vor der Schlacht von Plataiai geschworen haben, und nach dem Sieg brachte ihr Oberbefehlshaber Pausanias Zeus Eleuthérios (dem ‹Befreier›) ein Dankopfer dar; er stiftete damit einen Kult, den in der Folgezeit viele Städte übernahmen. Ein wahrscheinlich schon kurz nach 480/79 errichtetes Denkmal auf der athenischen Agora rühmt die Gefallenen, weil sie starben, damit Hellas nicht «den Tag der Knechtschaft» sehe – eine homerische Wendung, die sich auch in Simonides' Plataiai-Elegie findet. Und nicht viel später dichtete Pindar ein Preisgedicht auf die Schlacht vom Kap Artemision, «wo die Söhne der Athener den strahlenden Grundstein der Freiheit legten» (Frg. 77 Snell). Schon wenige Jahre nach Salamis und Plataiai war die Deutung des Geschehens als Freiheitskampf demnach ein Leitmotiv der Perserkriegserinnerung; die frühen Zeugnisse legen nahe, daß sie bereits in den Perserkriegen selbst entstand.

«Freiheit» meinte dabei schon zu diesem Zeitpunkt mehr als nur die Unversehrtheit von Leib, Leben, Besitz und Familie. In Aischylos' *Persern* heißt es von den siegreichen Athenern, sie seien «keines Mannes Knechte, keinem Menschen untertan» (v. 242); Xerxes dagegen, dessen Herrschaft das freie Wort nicht kennt und seinen Völkern verhaßt ist, kommt, «Hellas das Joch der Knechtschaft aufzulegen» (v. 50). Die Parole der ‹Freiheit› hatte also auch eine politische Dimension, sie richtete sich gegen die Unterdrückung durch einen Tyrannen – im Inneren ebenso wie von außen. Die Wurzeln dieses Konnexes dürften im Ionischen Aufstand liegen, wo sich, wie wir sahen, die um 500 in der Luft liegende Forderung nach breiterer politischer Mitsprache und Gleichberechtigung mit einem Aufbegehren gegen die persische Herrschaft verband, die die Machthaber in den griechischen Poleis stützte. In Griechenland selbst, wo nicht nur in Athen kurz zuvor die Mitsprache ausgeweitet worden war, dürfte die Parole vom Freiheitskampf dann 490, als in Athen zudem die Wiedereinsetzung des Tyrannen Hippias durch die Perser drohte, und 481 auf fruchtbaren Boden gefallen sein. Im Verlauf des 5. Jahrhunderts gewann diese Deutung der Perserkriege weiter an Bedeutung, als die Freiheit, wie wir sehen werden, zum Kampfbegriff in den Auseinandersetzungen der Poleis untereinander wurde und die Idee breiter politischer Mitbestimmung im Inneren immer mehr an Boden gewann. Bei Herodot ist sie dann voll entfaltet: Xerxes erscheint dort, wie erwähnt, als Urbild eines Tyrannen, der treue Diener für kleine Fehltritte grausam straft, Warnungen in den Wind schlägt, aber nach Salamis feige die Flucht ergreift; die Griechen hingegen, in diesem Falle die Athener, «verlangen nach Freiheit und werden sie verteidigen, wie sie nur können», wie sie Mardonios' Gesandtem 479 entgegenschleudern (Hdt. 9.143). Durch diese Deutung wurde aus der Auflehnung ionischer Aristokraten gegen die Machtverhältnisse in ihren Städten um 500, aus der Selbstverteidigung Eretrias und Athens 490, aus Spartas Kampf um seinen Machtbereich und anderen Interessenlagen 481 eine zusammenhängende Geschichte, ‹die Perserkriege›: Die Verteidigung der Freiheit gegen den Despoten aus dem Osten stellte eine Erzählung bereit, die Ereignisse aus einem Zeitraum von über 20 Jahren miteinander verband, die alle Griechen anging und die so ein Bezugspunkt identitätsstiftender Erinnerung werden konnte.

Der Gegensatz zwischen freiheitsliebenden Griechen und persischem Despotismus blieb kein politischer. Er verband sich bald mit der Vorstellung eines wesensmäßigen Gegensatzes von Griechen und Persern bzw. ‹Orientalen› (die Abgrenzung war nie scharf), die im Gefühl des Triumphes entstand und ein neues, von chauvinistischem Überlegenheitsgefühl und abwertenden Zuschreibungen geprägtes Bild des ‹Orients› heraufführte. Der Zeit vor den Perserkriegen war Vergleichbares weitgehend fremd. Perser auf attischen Vasenbildern zum Beispiel waren als tapfer kämpfende Krieger dargestellt, als Teil derselben aristokratischen Elite wie ihre Gegner. Ab den 460er Jahren ändert sich das: Verbreitet sind jetzt Bilder von Persern, die verängstigt fliehen wie in Abbildung 4 oder, zu keinem Widerstand mehr fähig, zu Boden gehen; sie tragen nicht mehr wie die Griechen Lanze und Schild, sondern den Bogen, der, weil eine Fernwaffe, als Ausweis von Feigheit galt. Die Griechen hingegen

Abb. 4: Fliehender Perser: Attischer rotfiguriger *kratḗr* (Mischkrug), um 460. Basel, Antikenmuseum

Abb. 5: Grieche sticht Perser nieder: Attische rotfigurige *oinochóē* (Weinkanne), um 460. Boston, Museum of Fine Arts

treten jetzt in heroischer Nacktheit auf wie in Abbildung 5, auf der ein muskulöser Grieche einen zurückweichenden Perser von schmächtigem Körperbau mit seiner Lanze niedersticht. Die Vasenbilder haben ihre Entsprechung in literarischen Erzeugnissen; Timótheos von Milet zum Beispiel weidet sich in einem Gesang auf die Salamis-Schlacht aus dem späten 5. Jahrhundert geradezu am Anblick eines vergeblich gegen das Ertrinken kämpfenden Persers, eines um Gnade winselnden Phrygers oder angstvoller Höflinge des lamentierenden Xerxes. Der abfällige Überlegenheitsgestus, der in solchen Szenen zum Ausdruck kommt, erreicht einen Höhepunkt auf einem Vasenbild (Abbildung 6), auf dem ein Grieche im Begriff ist, einen Perser zu vergewaltigen. Dem Perser widerfährt in griechischen Augen damit eine Entehrung, wie sie namentlich Sklaven erdulden mußten – und zwar von einem Griechen, der durch Barttracht und Mantelform als gesellschaftlich niedrigstehend ausgewiesen ist. Die Demütigung war vollkommen: Perser sind nicht nur schwach, feige und weibisch, nein, sie entsprechen sogar Sklaven. Die Beischrift «Ich bin Eurymédōn, ich bücke mich» bezieht das Bild auf die Schlacht, in der der erste große Rückeroberungsversuch

Abb. 6: Grieche attackiert Perser: Attische rotfigurige *oinochóē*, um 460. Hamburg, Museum für Kunst und Gewerbe

der Perser Mitte der 460er Jahre in einer vernichtenden Niederlage gegen Athen endete.

Solche kruden Siegerphantasien (die der Künstler der Eurymedon-Vase möglicherweise selbst karikieren wollte) verschwanden wieder. Sie bildeten jedoch eine Saat, die bleibende Frucht tragen sollte: nämlich die Vorstellung einer prinzipiellen, wesensmäßigen Unterlegenheit der Orientalen, die sich mit der Antithese von freiheitsliebenden Griechen und persischem Despotismus verband. «Wer so aufwächst wie die Perser und so regiert wird», schreibt Isokrates Ende der 380er Jahre in dem bereits erwähnten *Panēgyrikós*, «kann weder Tugend besitzen noch in den Schlachten ein Siegeszeichen über die Feinde errichten. ... Der größte Teil von ihnen ist ja eine unförmige Masse, ... ohne Kraft für den Krieg, zur Knechtschaft besser erzogen als die Sklaven bei uns.» Denn «ein Leben lang verwöhnen sie wegen ihres Reichtums ihren Körper mit Luxus, in ihrer Seele aber sind sie aufgrund der Monarchie unterwürfig und überaus furchtsam; finden sie sich beim Königspalast ein, werfen sie sich zu Boden und zeigen in jeder Weise ihren Kleinmut» (150f.). Dagegen ist «in Griechenland die Armut seit jeher zu

Hause», wie Herodot den spartanischen Exilanten Damaratos vor Xerxes sagen läßt (7.102), aber dafür auch Mannestugend, die bis zuletzt ihre Freiheit gegen die Verknechtung verteidigen werde. Die Differenz zwischen freien Griechen und sklavischen Orientalen war nach dieser (auch anderswo gut greifbaren) Auffassung also kulturell vorgegeben. Noch weiter ging die sogenannte ‹Klimatheorie›. In einer dem Arzt und Naturforscher Hippokrátēs zugeschriebenen Schrift des späteren 5. Jahrhunderts heißt es, aufgrund seines immer milden, ertragreichen Klimas sei Asien von Natur aus wohlhabender, kultivierter, gesitteter; «Tapferkeit aber, Abhärtung und Mut kann in solcher Natur nicht entstehen», denn der immer gleiche milde Zustand erzeuge Schlaffheit; im klimatisch rauheren, herausfordernden Europa dagegen erzeuge Mühsal und Arbeit Tapferkeit, und darum seien seine Bewohner von Natur aus kriegerischer. Aristoteles wandte diese Theorie dann explizit auf Griechen und Orientalen an: Im klimatisch warmen Asien gediehen zwar Intelligenz und Kunstfertigkeit, nicht aber Mut, weswegen die Bewohner Asiens immer beherrscht und verknechtet seien. Das Volk der Griechen aber, das im gemäßigten Idealklima lebe, vereine in sich die Intelligenz der Orientalen mit dem Mut der Nordvölker; «deswegen lebt es immer in Freiheit, erfreut sich der besten politischen Verhältnisse und ist fähig, über alle zu herrschen» (*Politik* 7.1327b19–36). Die naturgegebene Überlegenheit der Griechen über die Orientalen, die hier postuliert wurde, hat man nicht zu Unrecht als proto-rassistisch bezeichnet.

Dabei büßte der Orient als Sehnsuchtsort, der unendlichen Reichtum, raffinierten Luxus und üppiges Wohlleben verhieß und den man für sein altes Wissen bewunderte, nichts von seiner Faszination ein, die er für die Griechen seit der Archaik stets besessen hatte. Athen etwa erlebte in den Jahrzehnten nach den Perserkriegen eine regelrechte ‹Persermode›: Man importierte oder imitierte orientalische Kleidung; man renommierte mit Pfauenvögeln und anderen Luxusgütern aus dem Orient; man schaffte sich Hausgerät an, das mit Bildern prachtvoller persischer Jagden oder Gelage geschmückt war; Frauen der Oberschicht legten sich persische Sonnenschirme und große Fächer samt den dafür notwendigen Trägern zu, und ein Aristokrat wie Alkibiádēs aus Athen trat in Olympia mit einem riesigen persischen Prunkzelt auf. Manches davon wird dem Reiz des Exotischen geschuldet gewesen sein, manches aber wohl auch echter Faszination oder Bewunderung. Immerhin begegnen auch ganz andere Perserbilder; Xenophon etwa konnte wie erwähnt den persischen Reichsgründer Kyros II. zum Exempel idealen Herrschertums machen oder im *Oikonomikós* das Regiment des Usurpators Kyros des Jüngeren griechischen Aristokraten als Vorbild für die Führung ihres Haushalts empfehlen. Die Perser- und Orientbilder der griechischen Klassik lassen sich also nicht über einen Kamm scheren, und keineswegs alle Griechen teilten die abschätzigen, chauvinistischen Phantasien mancher ihrer Zeitgenossen. Dennoch war mit den Bildern eines dekadent-verweichlichten, knechtischen und zugleich despotisch-grausamen Orient eine Idee in die Welt gekommen, die Folgen hatte. Nicht nur trug die Abgrenzung von Persern bzw. Orientalen ebenfalls zur Ausformung einer gemeinsamen Identität aller Griechen, zur ‹Erfindung von Hellas› bei. Vor allem aber bildeten die im Zuge der Perserkriegserinnerung aufkommenden Orientbilder eine der Grundlagen für ein Weltbild, das, wie gezeigt, noch heute bedient wird: die Idee eines wesensmäßigen Gegensatzes zwischen Europa und Asien, Orient und Okzident. Und zugleich steht dieses Orientbild mit seiner Ambivalenz von Faszination und Abwertung am Anfang dessen, was wir heute ‹Orientalismus› nennen. Wenn der gescheiterte persische Expansionsversuch auf der südlichen Balkanhalbinsel eine welthistorische Bedeutung besaß, dann diese.

Kehren wir vor diesem Hintergrund noch einmal zu Herodot zurück. Sein Werk ist voll von Erzählungen über den despotisch-grausamen Xerxes, seine kriecherischen Höflinge, die kein freies Wort wagen, den verderblichen Überfluß des Orients, die daraus resultierende Dekadenz des Perserreiches – und die Freiheitsliebe der Griechen. Dennoch schreibt Herodot das Bild von der Antithese von Griechen und Orientalen, die er ja seit ihren Anfängen in den Frauenraubgeschichten der Vorzeit verfolgt, nicht einfach unhinterfragt fort. Schon das Vorwort des Werkes macht seine distanzierte Sicht deutlich: Er tritt an, um «große und wunderbare

Taten» dem Gedächtnis zu bewahren, «die sowohl bei Griechen als auch bei den Barbaren» vollbracht worden waren. Im folgenden legt er nicht nur eine über weite Strecken von Bewunderung und Sympathie getragene Darstellung der Völker des Orients vor. Immer wieder bricht seine Erzählung darüber hinaus mit den griechischen Orientbildern, und das auch bei der Beschreibung der eigentlichen Perserkriege: In Plataiai zum Beispiel kämpfen die Perser tapfer bis in den Tod, ihre Anführer wie Mardonios gewinnen homerisches Format, während der Wankelmut vieler Griechen oft genug betont wird. Selbst das Bild des Despoten Xerxes erfährt Brüche, wenn er etwa das freie Wort eines Damaratos oder der halikarnassischen Fürstin Artemisía im Kriegsrat vor Salamis ausdrücklich wertschätzt oder spartanische Gesandte, die sich ihm als Buße für die Tötung persischer Herolde in Sparta anbieten, großmütig verschont. Wie anstößig diese Infragestellung griechischer Orientbilder war, zeigt ein antiker Kritiker, der Herodot als «Barbarenfreund» schmähte. Herodot mutete seinen Lesern (bzw. Hörern) also zu, die ihnen allzu vertrauten Stereotypen beständig zu hinterfragen. Besonders anschaulich wird diese Technik in der erwähnten Szene, in der der aufständische Aristagoras von Milet in Sparta um Bundesgenossen wirbt und dabei die Heeresmacht der Perser kleinredet, die «keinen Mannesmut» besitze, mit mangelhafter Rüstung und in lächerlicher Gewandung (nämlich Hosen) zu Felde ziehe; mit ihr könne man leicht fertigwerden (5.49). Dies sind die geläufigen Ingredienzen der Orientdiskurse nach 479. Aus dem Mund eines vormaligen Günstlings der Perser mit zwielichtigen Motiven klingen sie freilich nicht sehr glaubwürdig. Und Herodots Publikum wußte zudem, wie katastrophal der Aufstand scheitern würde. Genau diese Irritationen jedoch dürfte Herodot beabsichtigt haben; sie zwangen zur kritischen Reflexion über ein allzu vertrautes Weltbild.

Ähnlich geht Herodot mit anderen Elementen der griechischen Perserkriegserinnerung um. Wenn Aristagoras, wie erwähnt, die Spartaner als blutsverwandte Griechen zur Befreiung der «verknechteten» Ionier aufruft, so mußte dies aus dem Mund dieses Charakters wie ein billiger Slogan klingen. Die Erzählung vom panhellenischen Freiheitskampf brach Herodot, indem er immer wieder Geschichten, ja ganze Listen von Gemeinwesen einbaute, die keinen Widerstand leisteten, oder indem er vor Plataiai und besonders vor Salamis den Wankelmut und den Zwist unter den Griechen herausstellte. In vergleichbarer Weise sperrte er sich gegen die Vereinnahmung der Perserkriegserinnerung durch einzelne Poleis. Einen ironischen Kommentar dazu bietet etwa eine Szene nach Salamis, in der sich jeder Feldherr in geheimer Abstimmung selbst den Ehrenpreis für den höchsten Verdienst am Sieg zuspricht. Und obwohl man Herodots Werk seit der Antike eine athenisch-propagandistische Tendenz unterstellt hat und er in der Tat Athens Anteil am Sieg immer wieder herausstreicht, problematisiert Herodot gerade Athens Perserkriegserinnerung und seine politische Instrumentalisierung beständig. Ja, er karikiert panegyrische Erzählungen, die darauf Athens Vorranganspruche gründeten, wenn er sich die Athener in einem Rangstreit brüsten läßt, sie hätten bei Marathon 46 Nationen bezwungen. In seiner Darstellung der Schlacht von Salamis stellt Herodot Erzählungen athenischer Großtaten denen der Aigineten gegenüber, einem Erzfeind Athens, und spricht am Ende diesen den Tapferkeitspreis zu. Und nicht zuletzt flicht der in den 430er und 420er Jahren schreibende Herodot immer wieder Szenen ein, die darauf verweisen, was die ‹Befreiung› von den Persern für viele Griechen bedeutete: die Herrschaft Athens. So läßt er Themistokles nach Salamis von Ándros und anderen Inseln Kontributionen erpressen, die Athens Ausbeutungspraktiken als ägäische Großmacht präfigurieren. Und wenn Athen schließlich 479 das persische Bündnisangebot mit den Worten ablehnt, es werde niemals «mit den Persern Hellas verknechten», so mußte sein Publikum zwangsläufig Athens kommende Herrschaft mithören.

Zu den vielen Seiten, die wir im Verlauf dieses Kapitels am Gründungsdokument der europäischen Geschichtsschreibung kennengelernt haben, gehört damit auch die Paradoxie, daß Herodot die Geschichtsbilder seiner Zeit zwar in vielerlei Hinsicht fortschreibt, sie aber zugleich bricht. Seine Historien sind ein Werk, das nicht nur erzählte, wie es gewesen ist, sondern seinen Leser zugleich beständig dazu zwang, Wesen und Zweck von Geschichtsbildern zu reflektieren. Es ist vor dem Hintergrund der in diesem Abschnitt geschilderten, intensiven Erinnerungskultur nicht erstaunlich, daß es die Perserkriege waren, die diese neue Form anregten, über Vergangenheit nachzudenken.

5. Der Perserkrieg auf Sizilien

Wie nachhaltig und schnell die geschilderten Elemente der Perserkriegserinnerung die Geschichtsbilder aller Griechen prägen sollten, zeigt die Geschichte eines Teils der griechischen Welt, der von den berichteten Geschehnissen rund um die Ägäis in keiner Weise tangiert war: die der Sikelioten, der Griechen Siziliens (griechisch Sikelía). Griechische Kolonien waren auf Sizilien seit dem späteren 8. Jahrhundert gegründet worden: zuerst Naxos (bei Taormina) von Siedlern aus Chalkis, bald darauf Syrakus, eine korinthische Kolonie, und Mégara Hyblaía, eine megarische Niederlassung etwas nördlich von Syrakus; von ihnen gingen weitere Ansiedlungen im Osten der Insel aus. Um 680 wurde Géla an der Südküste durch Rhodier und Kreter, dann Selinús und später Akrágas (heute Agrigent) im Süden und Himéra an der Nordküste gegründet. Viele der griechischen Städte blühten enorm auf; Selinus und Akragas zum Beispiel erwarben sich durch den Verkauf der landwirtschaftlichen Erzeugnisse ihrer weitläufigen Territorien nach Afrika ungeheuren Reichtum, den sie im 6. und 5. Jahrhundert durch aufwendige Stadtanlagen, Mauern, prachtvolle Münzprägung und monumentale Tempel zur Schau stellten. Akragas errichtete in dieser Zeit gleich eine ganze Reihe dorischer Tempel, unter denen der unvollendete für den Olympischen Zeus zu den größten antiken Tempeln überhaupt gehörte. Parallel zur griechischen fand eine Landnahme durch Phönizier im Westen der Insel statt, wo sie Siedlungen wie Motýē an der Westküste unweit des heutigen Marsala im späteren 8. oder Pánormos (heute Palermo) und Solús an der Nordküste im 7. Jahrhundert gründeten. Die Einheimischen – die Griechen nannten sie Sikeloí, Sikanoí und Élymoi – wurden im Zuge der

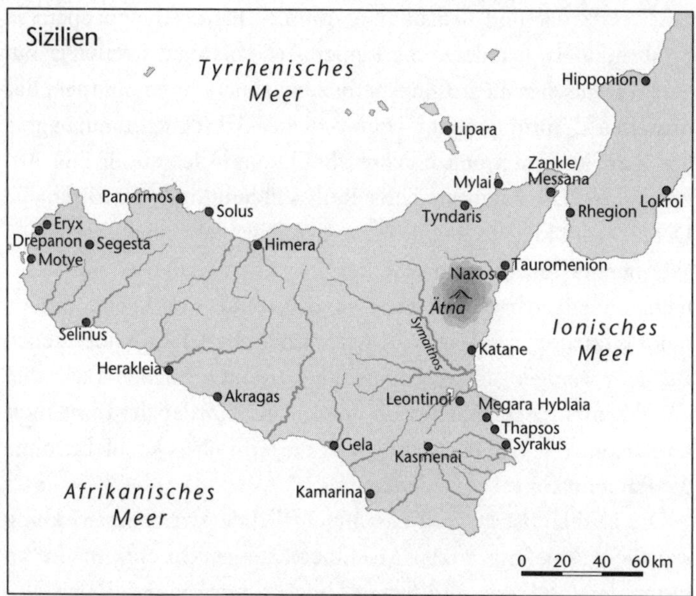

Sizilien im 5. und 4. Jahrhundert

griechisch-phönizischen Landnahme teilweise unterworfen oder ins Landesinnere verdrängt, teilweise siedelten und verbanden sie sich aber mit den Neuankömmlingen und ließen so im Laufe der Generationen eine Mischkultur in vielen verschiedenen Schattierungen entstehen. Im Westen der Insel konnten die Sikaner und die Elymer (mit der wichtigen Stadt Ségesta) ihre politische Unabhängigkeit gegen Griechen und Phönizier bewahren, auch wenn sie kulturell im 6. Jahrhundert viele griechische und phönizische Einflüsse übernahmen.

Im späteren 6. Jahrhundert veränderten zwei etwa gleichzeitig verlaufende, aber zunächst voneinander unabhängige Entwicklungen die politische Landkarte Siziliens grundlegend. Die erste war die Entstehung einer sizilischen Einflußzone Karthagos (phönizisch Qart-hadasht, ‹Neu-Stadt›, griechisch Karchēdṓn), der Vorgängersiedlung von Tunis (heute ein Vorort), die im Laufe der Archaik rasch an Größe und Bedeutung gewonnen hatte. Ab dem späteren 7. Jahrhundert gründeten die Punier – wie man die Karthager mit einem römischen Begriff in Abgrenzung von anderen Städten phönizischen Ursprungs nennt – im westlichen Mittelmeerraum in großer Zahl Kolonien und brachten Städte und Gebiete in ihre Abhängigkeit. Die Faktoren dieser Reichsbildung sind umstritten, die Detailchronologie ist ungewiß; im späteren 6. Jahrhundert scheinen aber bereits Teile Nordafrikas, der Iberischen Halbinsel und Sardiniens unter karthagischer Herrschaft gestanden zu haben. Es war nur folgerichtig, daß Karthago gegen Ende des 6. Jahrhunderts auch auf dem weniger als 200 Kilometer entfernten Sizilien Fuß faßte und die phönizischen Städte im Westen und Norden der Insel unter seine Kontrolle brachte. Seitdem ist die sizilische Geschichte ohne die Punier nicht mehr zu denken.

Die zeitlich damit grob zusammenfallende zweite Entwicklung war die Ausbildung großer Machtbereiche griechischer Städte im Osten der Insel, die mit inneren Umwälzungen in den Poleis einhergingen. Gegen Ende des 6. Jahrhunderts konnten sich in vielen sikeliotischen Poleis Tyrannen, Alleinherrscher, an die Macht bringen – vielleicht eine Folge von Konflikten um Land und politische Mitsprache, die sich aus der starken Zuwanderung von Neusiedlern mit den alteingesessenen, landbesitzenden Oligarchien einerseits und der nichtgriechischen Bevölkerung andererseits ergaben. Einem dieser Tyrannen, Hippókratēs von Gela, gelang es, zwischen 498 und seinem Tod 492 im Osten der Insel ein kleines Reich zusammenzuerobern, worin ihm von Gela an der Südküste bis Naxos und zeitweise Zánklē/Messána alle Poleis und indigenen Gebiete untertänig waren. Nur Syrakus mit seiner weitläufigen Herrschaft über abhängige griechische Städte und eine entrechtete einheimische Bevölkerung im Südosten der Insel blieb vorerst unabhängig. Hippokrates' Nachfolge trat, nachdem er dessen Nachkommen beseitigt hatte, ein Mann names Gelon aus dem Geschlecht der Deinomiden an. Gelons große Stunde kam, als in Syrakus ein schon lange brodelnder Machtkampf eskalierte und die oligarchisch herrschende Oberschicht der Polis, die *gamóroi* (‹Landbesitzer›), von der durch zahlreiche Neuzuzügler erheblich gewachsenen, aber landlosen griechischen Stadtbevölkerung gemeinsam mit der unfreien einheimischen Landbevölkerung vertrieben wurde. Sie wandten sich hilfesuchend an Gelon, der mit seinem Heer den Aufstand in Syrakus erstickte, die *gamoroi* wieder in die Stadt zurückbrachte, sich dieser aber dabei selbst bemächtigte (Gela überließ er als Sekundogenitur seinem Bruder Hiérōn). Mit beispielloser Brutalität machte er sich daran, Syrakus zum Zentrum seines Reiches zu machen: Die Oberschichten der unterworfenenen Städte zwang er zum Umzug nach Syrakus, wo er sie besser kontrollieren konnte, ganze Städte wie das alte Megara Hyblaia wurden aufgegeben und ihre Bevölkerung umgesiedelt. Syrakus wurde so binnen kurzem zu einer der größten Städte der griechischen Welt. Gelons Hof lockte berühmte Künstler der Zeit an, darunter Aischylos und Simonides; mit Weihgeschenken und Wettkampfauftritten in Olympia und Delphi, die die berühmtesten Dichter der Zeit feierten, renommierte Gelon, ebenso wie seit 478 sein Bruder und Nachfolger Hieron, vor der griechischen Öffentlichkeit. Macht und Reichtum der Herren von Syrakus äußerten sich auch darin, daß der Hellenenbund Gelon 481 um Hilfe gegen Persien bat und dieser sich leisten konnte – so will es jedenfalls die Geschichte bei Herodot –, den Oberbefehl über die Streitkräfte des Hellenenbundes zu Land oder See zu fordern. Die Geschichte ist wahrscheinlich eine Erfindung, um Gelon zu desavouieren oder sein Fernbleiben zu erklären; sie zeigt jedenfalls, wie die Zeitgenossen aus dem Mutterland die Machtentfaltung des neuen Krösus im Westen wahrnahmen.

Schon früher hatte sich Gelon mit Thērōn verbündet, der 489 eine Tyrannis in Akragas errichten konnte. Damit war ganz Sizilien bis auf den Westen mit den Städten Selinus, Himera und den punischen Gebieten in der Hand einer mächtigen griechischen Koalition unter Führung Gelons von Syrakus. Selinus und Himera, die nicht diesem Block angehörten, orientierten sich politisch daher zunehmend an Karthago. Als es Theron Ende der 480er Jahre gelang, den Tyrannen Tērillos von Himera zu vertreiben und sich der Stadt zu bemächtigen, wandte sich dieser hilfesuchend an Karthago. Dort sah man den Machtblock in unmittelbarer Nachbarschaft seiner sizilischen Besitzungen mit Sorge und beschloß daher, Terillos' Hilfegesuch stattzugeben. 480 traf ein großes karthagisches Heer unter Führung des Feldherrn Hamilkar vor dem von Theron gehaltenen Himera ein. Kurz darauf rückte auch Gelon, den Theron zu Hilfe gerufen hatte, mit einem Heer an. In der entscheidenden Schlacht scheint der Sieg der Griechen eindeutig gewesen zu sein; Hamilkar selbst starb, sein Leichnam wurde nie gefunden. Die Sikelioten – oder besser: Theron und Gelon – feierten einen Triumph, errichteten Votivtempel, stifteten Siegesweihungen nach Olympia und Delphi und erinnerten in anderer Weise an den Sieg. Überschätzt werden sollte er deswegen allerdings nicht. Die punischen Besitzungen auf Sizilien waren durch die Niederlage Hamilkars zu keinem Zeitpunkt gefährdet, und daß die Karthager bis Ende des 5. Jahrhunderts niemals die griechischen Poleis Siziliens angriffen, ist nur dann als Folge der Schlacht bei Himera anzusehen, wenn man davon ausgeht, daß das jemals ihre Absicht war. Das ist aber, wie wir sehen werden, höchst zweifelhaft. In politischer Hinsicht hatte die Schlacht zunächst einmal nur den Effekt, daß Himera im Besitz Therons blieb.

Dennoch hat die Schlacht von Himera für die Geschichte der sizilischen Griechen hohe Bedeutung: weil sie das Geschehen in einer Weise deuteten, die ihre Identität und ihr Weltbild nachhaltig prägen sollte. In einem kurz nach 470 entstandenen Chorlied dichtete Pindar, der sich länger an den Tyrannenhöfen von Syrakus und Akragas aufhielt, in einem Preis auf die Taten des Deinomenidenhauses, mit Salamis wolle er die Gunst Athens, mit den Thermopylen die Spartas gewinnen, doch «am wasserreichen Gestade Himeras vollende ich den Deinomeniden den Gesang» (1. *Pythische Ode*, 72–80). Nur zehn Jahre nach dem Geschehen firmierte Himera demnach bereits in einer Reihe mit den großen Perserschlachten. Ja, mehr noch: Im selben Zuge führt der Dichter die 474 geschlagene Seeschlacht bei Kýmē in Kampanien an, in der eine syrakusanisch-kymeische Flotte die Punier schlug, und so «Hellas (!) bewahrte vor drückender Knechtschaft». Wohl schon zuvor hatte Gelon (oder vielleicht Hieron in seinem Namen) in Delphi einen goldenen Dreifuß als Weihgeschenk gestiftet, der an das Plataiai-Anathem des Hellenbundes gemahnen sollte; Hieron tat es ihm nach. Es dürfte auch nicht ohne politischen Hintergedanken gewesen sein, daß dieser 472 Aischylos' *Perser* in Syrakus wiederaufführen ließ – die Tyrannen von Syrakus adelten ihre Machtpolitik auf Sizilien so als Freiheitskrieg gegen die Barbaren. Herodot weiß dann, daß Himera am selben Tag wie Salamis geschlagen wurde, andere Geschichtsschreiber synchronisierten Himera mit Plataiai oder den Thermopylen. Und Herodots karthagisches Heer ist mit 300 000 Mann so groß wie das persische bei Plataiai. Voll entwickelt greifen wir diese Parallelisierung bei Diódoros, dem aus Sizilien stammenden Verfasser einer im späten 1. Jahrhundert entstandenen Universalgeschichte, die in diesem Punkt auf den verlorenen Werken patriotischer sizilischer Geschichtsschreiber des 4. Jahrhunderts basieren dürfte. Dort zieht Hamilkar wie Xerxes in jahrelangen Rüstungen ein Heer aus allen Ländern des karthagischen Reiches zusammen; bei der Überfahrt vernichtet ein Seesturm einen großen Teil seiner Flotte – das gleiche Schicksal, das die Flotte des Xerxes vor Kap Artemision erlitt. Schlachtentscheidend ist eine List des Gelon, den Diodor ausdrücklich mit Themistokles vergleicht; wie bei Marathon und Plataiai spielt der Kampf um das Lager eine zentrale Rolle; die punische Niederlage tritt ein – wie bei Marathon –, als die punischen Schiffe in Flammen aufgehen und – wie bei Plataiai – die Nachricht vom Tod des Oberbefehlshabers sich verbreitet; wie bei Plataiai endet die Schlacht in einem großen Gemetzel an den Puniern; und wie bei Aischylos erwartet Karthago vor Trauer gelähmt das Ende seines Reiches, ja seine Gesandten bitten tränenreich um Gnade. Diese Erzählung ist offenkundig größtenteils phantastisch, aber sie zeigt eindrücklich, welchen Einfluß die Perserkriegserinnerung auf griechische Geschichtsbilder im allgemeinen hatte. Auch die Sikelioten hatten so ihre Persersiege bekommen.

Doch das war noch nicht alles. Diodor bzw. seine klassische Quelle weiß außerdem, daß Perser und Karthager im vorhinein einen Zangenangriff auf die Griechen vereinbart hatten, um Hellas ganz zu unterwerfen; erstere sollten die Griechen an der Ägäis, letztere gleichzeitig die im Westen angreifen. Diese Erzählung steht in der Tradition eines Geschichtsbildes, nach dem die Punier eine agressive Großmacht waren, die seit jeher die Unterwerfung der sizilischen Griechen beabsichtigte. Der Krieg um Himera wurde so zu einem Freiheitskrieg, wie dies bereits bei Pindar anklingt. Dieses Bild ist bis in Darstellungen des späteren 20. Jahrhunderts verbreitet, und man knüpfte daran allerhand Theorien, etwa daß die große (und späte) Rolle der Tryannis auf Sizilien mit der Bedrohung durch die Punier zusammenhänge. In dieser Hinsicht ist Skepsis angebracht. Denn für eine punische Aggression gegen die griechischen Poleis gibt es keine Anhaltspunkte, eher umgekehrt. Als der spartanische Abenteurer Dōrieús um 510 mit dem Versuch einer Stadtgründung am Fluß Éryx an der Westküste Siziliens am Widerstand Segestas scheiterte, war Karthago vielleicht nicht einmal involviert und sicher nicht der Aggressor, sondern die Sikelioten, die Dorieus stützten. Und der persisch-karthagische Angriffspakt ist seit langem als historiographische Erfindung durchschaut. Auch gibt es keinerlei Anhaltspunkte für einen prinzipiellen Gegensatz zwischen Puniern und Sikelioten, im Gegenteil: Hamilkars Mutter war Syrakusierin, Terillos, der durch Theron gestürzte Tyrann von Himera, sein Gastfreund; der Tyrann Anaxílaos von Rhḗgion (heute Reggio Calabria) und Zankle/Messana stellte ihm seine Kinder als Geiseln. In vielen griechischen Städten Siziliens gab es punische Handelsniederlassungen, in punischen wie Motye eine griechische Gemeinde; Selinus und Akragas unterhielten enge Handelsbeziehungen nach Afrika, kulturell verschwammen die Grenzen ohnehin. Karthago griff 480 nur ein, um einer weiteren Aggression Therons und seines Verbündeten Gelon zuvorzukommen. Zu einem Freiheitskrieg gegen den barbarischen Aggressor adelten den Krieg erst die Sikelioten und insbesondere wohl die Höfe von Akragas und Syrakus. Gleichwohl hatte die Propaganda Folgen. Denn sie schuf, wie die Griechen-Perser-Antithese im Mutterland, die Idee eines prinzipiellen Gegensatzes zwischen Griechen und ‹barbarischen› Puniern, der bald mit ganz ähnlichen kulturellen Zuschreibungen aufgeladen wurde. In einem Krieg, den ein späterer Tyrann von Syrakus Anfang des 4. Jahrhunderts mit Karthago führte, konnte man die Karthager dann ganz in den Stereotypen griechischer Orientalenbilder beschreiben. So hatten die sizilischen Griechen durch Himera nicht nur ihren Persersieg, sondern auch ihre Perser bekommen.

II. NEUE ORDNUNGEN

1. Eine neue Großmacht: Athens Hegemonialherrschaft in der Ägäis

Das Ende der Perserkriege

Irgendwann um das Jahr 440 v. Chr. kam es auf Kárpathos, einer abgelegenen Insel ganz im Süden der Dodekanes zwischen Kreta und Rhodos, zu einem schweren Konflikt in der Bevölkerung. Was genau geschah, ist nicht bekannt; vielleicht stritten sich die Inselgemeinden, wie so oft, um Land, Weiderechte oder dergleichen. Einem Gemeinwesen, das sich Eteokarpáthioi, die «echten, alten Karpathier» nannte, gelang es, die Hegemonialmacht, deren Herrschaftsbereich die Insel zugehörte, auf seine Seite zu ziehen. Als Dank für die Intervention stifteten die Eteokarpathier der Hauptgottheit jener Hegemonialmacht wertvolles Bauholz für ihren Tempel in der Hauptstadt. Die Hegemonialmacht war Athen, die Gottheit Athena, der Tempel vielleicht der im Bau befindliche Parthenon auf der Akropolis in Athen. In einem auf einer Inschrift, der wir die Kenntnis des Vorgangs verdanken, erhaltenen Volksbeschluß ehrte die Polis Athen die Eteokarpathier für ihr Geschenk und traf im Gegenzug Maßnahmen zum Schutz ihrer Autonomie. Die Episode illustriert, wie eine grundstürzende Umwälzung der politischen Landkarte in der griechischen Welt, die Entstehung der athenischen Hegemonie in der Ägäis, in die Lebenswirklichkeit noch der tiefsten Provinz hineinwirkte. Und doch zeigt sie auch tiefliegende Kontinuitäten: Eine Generation zuvor hätten die Eteokarpathier sich in genau derselben Weise an einen persischen Statthalter oder lokalen Dynasten von des Großkönigs Gnaden auf dem kleinasiatischen Festland gewandt und diesem ihr Geschenk dargebracht. So mochten die Herrschaftsverhältnisse sich gewandelt haben, aber die Kommunikationsweisen waren dieselben geblieben – obgleich der Herr nun eine demokratische Polis war.

Athens Aufstieg zur Herrin der Ägäis begann mit einer Intrige. Als die Griechen des Hellenenbundes in der Schlacht am Vorgebirge Mykale im Sommer 479 die Reste der persischen Flotte vernichtet hatten, war der Krieg nicht beendet. Die Griechen mußten davon ausgehen, daß Xerxes, der im nahen Sardeis Stellung bezogen hatte, seine Herrschaft in Kleinasien und auf den Inseln unter allen Umständen zu sichern versuchen und einen erneuten Angriff auf die europäische Seite der Ägäis unternehmen würde. Um dem zuvorzukommen, fuhr die Flotte der Griechen, bereits verstärkt durch Ionier, die die Seiten gewechselt hatten, zum Hellespont, um Xerxes' Schiffsbrücke zu zerstören, und eroberte die wichtige persische Festung Sēstós. 478 konnte sie die Insel Zypern unter griechische Kontrolle bringen, eine wichtige Flottenbasis der Perser, und eroberte dann Byzantion, den persischen Stützpunkt, der die Durchfahrt durch den Bosporus kontrollierte. Damit hatte der Hellenenbund die Seehoheit gewonnen. Was dann geschah, wird von Thukydides folgendermaßen berichtet: Zwischen Pausanias, dem Sieger von Plataiai und seit diesem Jahr Oberbefehlshaber der Hellenenbundsflotte, und einem Teil der verbündeten Griechen kam es zu einem Zerwürfnis; man warf ihm herrisches Gehabe vor, ja, daß er mit dem Perserkönig konspiriert habe, um sich von dessen Gnaden zum Herrn über ganz Hellas zu machen. Pausanias verlor aufgrund dieser Anschuldigungen zunehmend an Autorität und wurde schließlich zu einer Untersuchung der Vorwürfe nach Sparta zurückgerufen. Das Kommando übernahmen nun – auf Bitten der Flotte, wie die Erzählung will – die Athener. Als der von Sparta gesandte neue Oberbefehlshaber eintraf, wurde er abgewiesen; die Verbündeten wollten den Kampf gegen Persien allein fortsetzen – unter Führung Athens.

Der Vorwurf des *mēdismós*, des Paktierens mit den Persern, war zweifellos vorgeschoben. Die wirklichen Gründe für die Verdrängung des Pausanias aus dem Oberbefehl dürften in Interessenkonflikten innerhalb des Hellenenbundes gelegen haben. In einem Kriegsrat auf Samos nach dem Sieg über die persische Flotte 479 hatten die Spartaner, so wurde kolportiert, eine Befreiung der Ionier als unrealistisch abgelehnt und statt dessen deren Evakuierung nach Europa vorgeschlagen. Nach Diodor kam es nach der Übernahme des Kommandos durch Athen in Sparta zu erregten Debatten in Volksversammlung und Rat, ob man dies dulden solle; ein angesehener Ratsherr habe die Diskussion mit der Feststellung beendet, Sparta habe «keinen Nutzen davon, sich um das Meer zu streiten» (11.50). Offenbar gab es in der spartanischen Führung erhebliche Widerstände gegen einen Krieg in Ionien, der vielen wenig aussichtsreich schien und für den Sparta mangels eigener größerer Flotte nicht gerüstet war. In der Tat erklärt sich auch nur so, daß Sparta Athens Usurpation des Kommandos einfach hinnahm. Daß dies die wahrscheinlich folgenreichste Fehlentscheidung Spartas im gesamten 5. Jahrhundert war, sollte sich bald erweisen. Spartas Zögern mußte aber gerade die Ionier und andere vormalige Untertanen des Perserkönigs alarmieren, die seit der Mykale-Schlacht in zunehmender Zahl zum Hellenenbund überliefen. Sie hatten, wenn der Krieg nicht fortgesetzt werden würde, das Schlimmste zu befürchten. Auch Athen wäre im Falle eines persischen Gegenschlags eines der Hauptziele gewesen. Das Zerwürfnis mit Pausanias dürfte daher auf einem Dissens zwischen Sparta und Athen sowie den kleinasiatischen Verbündeten über die weitere Kriegführung gegen Persien beruht haben.

Ein Weiteres kam hinzu: Führende athenische Familien hatten, wie wir sahen, seit mehreren Generationen Besitzungen und wirtschaftliche Interessen in der Nordägäis verfolgt, besonders um den Hellespont und an der thrakischen Nordküste beim Pangaion-Gebirge. Schon vor dem Ionischen Aufstand hatte Athen die strategisch wichtigen Ägäis-Inseln Lemnos und Imbros in seinen Besitz gebracht. Unmittelbar nach Marathon hatte Miltiades eine Flottenexpedition gegen persisch gewordene Kykladeninseln unternommen, um die athenische Kontrolle über die Region (wieder)herzustellen; dasselbe wiederholte sich unter Themistokles nach Salamis. In den 480er Jahren baute Athen jene große und moderne Kriegsflotte auf, die dann 480/79 kriegsentscheidend wurde. All das zeugt von machtpolitischen Ambitionen in der Ägäis, an die maßgebliche

Kreise in Athen ohne Zweifel anknüpfen wollten, als der Seekrieg gegen Persien 479 in die Offensive ging. Dies bestätigen auch die ersten Aktionen des neuen, athenischen Flottenbündnisses. Als früheste Unternehmung ist ein Angriff auf die persische Festung Eión an der Mündung des Flusses Strýmon am Fuß des Pangaion-Gebirges bezeugt. Daß es dabei nicht nur um die Beseitigung einer persischen Garnison ging, zeigt die Belegung Eions mit attischen Siedlern; wahrscheinlich sollten sie dort die Handelsverbindungen über den Strymon, den Holznachschub – wichtig für den Schiffbau und für den Silberabbau im attischen Laureion – und den Edelmetallbergbau der Region für Athen sichern. Unter dem Vorwand, Seeräuberei zu bekämpfen, wurden des weiteren die Bewohner von Skýros unterworfen, einer strategisch wichtigen Insel am Seeweg von Athen in die Nordägäis und das Schwarze Meer. Ökonomische Interessen an diesen Raum standen auch hinter einem der ersten großen Konflikte Athens mit einem seiner Bündner, Thasos. Die Inselpolis in der Nordägäis bezog hohe Einkünfte aus dem Edelmetallbergbau an der gegenüberliegenden thrakischen Küste. Schon die athenische Besetzung Eions, das im thasischen Einflußgebiet lag, dürfte Spannungen ausgelöst haben. Sie führten um 465 zum Krieg, als Athen Thasos seine festländischen Besitzungen direkt streitig machte. Thasos trat daraufhin aus dem Seebund aus und verteidigte seine Interessen kriegerisch, unterlag aber, mußte alle Kriegsschiffe ausliefern, Athens Bund wieder beitreten, seine gewaltigen Mauern schleifen und auf die festländischen Besitzungen verzichten. Führender Kopf all dieser Aktionen war bezeichnenderweise ein Mann namens Kímōn, einer der reichsten Athener seiner Zeit und Sohn des vormaligen hellespontischen Potentaten Miltiades und einer thrakischen Fürstentochter. Sparta freilich hatte keinerlei Veranlassung, in der weiteren Kriegführung die Interessen der athenischen Eliten zu berücksichtigen. In dieser Konfliktlage dürfte ein weiterer Motor der Spannungen mit Pausanias zu suchen sein; es ist davon auszugehen, daß die athenischen Flottenbefehlshaber – unter ihnen Kimon – an der Kampagne gegen ihn wesentlichen Anteil hatten.

Die Usurpation des Seekommandos von den Spartanern stand

also von Anfang an in der Kontinuität viel älterer machtpolitischer Interessen der athenischen Oberschicht. Zielstrebig begann Athen nun, das Kampfbündnis, dessen offizieller Zweck Rache an den Persern und ‹Befreiung› der Ionier war, in eine feste Struktur unter seiner Führung umzuformen. Symbolisch geschah dies, indem man die ionische Stammeszugehörigkeit Athens und die alte Sage von der Kolonisierung Ioniens durch Athen betonte, um so das Band mit den kleinasiatischen und Inselgriechen zu festigen, den wichtigsten Bündnispartnern, nachdem die Peloponnesier mit Sparta als Vormacht ausgeschieden waren. Schon bei der Samos-Konferenz 479 soll Athen als Mutterstadt der Ionier ihr schützendes Veto gegen Spartas Evakuierungspläne eingelegt haben, und 478 trugen, so die Erzählung bei Thukydides, die Ionier den Athenern die Flotte «wegen ihrer Verwandtschaft» an. Dieselbe Programmatik äußerte sich darin, daß man das Apollon-Heiligtum auf der Kykladeninsel Delos zum Ort der Bundesversammlung und Sitz der Bundeskasse erkor – ein altes Zentralheiligtum der Ägäis, in dem Apoll als Stammgott von Ioniern und Inselgriechen verehrt wurde und das durch kultische Bezüge und durch den Mythos des athenischen Nationalheros Thēseús zugleich mit Athen verbunden war. In den 470er Jahren begann man dort mit dem Bau eines neuen, monumentalen Apollon-Tempels als gemeinsamem Bezugspunkt des neuen Bundes. In seiner Struktur war der Bund, wie bisherige Symmachien auch, kein Bündnis aller mit allen, sondern beruhte auf Verträgen zwischen Athen als dem Hegemon des Bundes auf der einen und den Bundesgenossen auf der anderen Seite, die sich, nach einer üblichen Formel, verpflichteten, «dieselben Freunde oder Feinde zu haben» wie Athen, diese Verpflichtung auf ewig eingingen und dies in einer archaischen Zeremonie, dem Versenken von Blei in die See, besiegelten. Die Selbstbezeichnung des Bundes lautete dementsprechend «Die Athener und die Verbündeten (*sýmmachoi*) der Athener»; die Bezeichnung ‹Delisch-Attischer Seebund› ist eine moderne Schöpfung. Obwohl Athen schon wegen seiner überlegenen Flotte unbestritten die Vormacht der Symmachie darstellte, konnte die Polis zumindest anfänglich nicht alleine über die Bundespolitik disponieren; in den Bundesversammlungen besaßen die Bundesgenossen Stimmrecht und konnten über alle weitreichenden Fragen mitentscheiden.

Im Peloponnesischen Bund stellten die Bundesgenossen je nach Bedarf Krieger und Kriegsmaterial – wenn kein Krieg herrschte, über Jahre nichts. Das war im Seebund anders. Athen und seine Verbündeten hatten mit einem über Jahre dauernden Krieg gegen Persien zu rechnen, und zudem mußte die Flotte für den Fall eines persischen Gegenangriffs jederzeit einsatzbereit sein. Der Unterhalt der Schiffe und der Sold der Rudermannschaften verschlang jedoch gewaltige Geldmittel. Der Seebund hatte deswegen hohen Bedarf an regelmäßig fließenden Einnahmen. Man kam daher überein, daß die Bündner jährliche Abgaben an Athen entrichten sollten, mit denen (und hohen eigenen Beiträgen) Athen die Bundesflotte finanzieren sollte. Nur einige wenige große Bündnerstädte, die eine eigene Flotte unterhalten konnten, leisteten keine Abgaben, sondern stellten anfänglich selbst Schiffe und Mannschaften: Samos, Chios, die Poleis auf Lesbos, Thasos und Naxos. Erhebung und Verwaltung der Abgaben oblag Magistraten mit dem programmatischen, den panhellenischen Auftrag des Bundes unterstreichenden Titel *Hellenotamíai* (‹Griechenschatzmeister›), die – später jedenfalls – von Athen gestellt wurden. Die erste Erhebung erfolgte auf Grundlage einer unter der Leitung des Atheners Aristeídēs durchgeführten Schätzung, welcher Bündner welche Beiträge zu leisten hatte. Später wurden die Abgaben in der Regel alle vier Jahre neu festgesetzt. Die Berechnungsgrundlage ist unklar, auch schwankten die bezeugten Summen über die Jahre. Doch galt die sogenannte Aristeides-Schatzung offenbar als gerecht, und gerade für viele kleine Poleis war das System wenigstens für einige Zeit vorteilhaft; mit relativ geringem Aufwand erkauften sie sich Schutz und Sicherheit, die sie selbst kaum gewährleisten konnten. Gleichwohl lag in dem System, wie sich in den kommenden Jahren und Jahrzehnten zeigen sollte, ein Kern der Unfreiheit. Denn den Athenern, so kommentiert Thukydides (1.99), «fiel es auf diese Weise leicht, Abtrünnige unter ihren Willen zu zwingen. Daran waren die Bündner selbst schuld: Aus Abneigung vor dem Kriegsdienst zogen die meisten von ihnen vor, Geld anstelle von Schiffen als Beitrag zu entrichten. So erwuchs den Athenern eine große Flotte aus den Geldern, die jene beitrugen; wenn sie aber austreten wollten, fanden sie sich ungerüstet und unerfahren im Krieg.» Mit dem *phóros*, der Bundesabgabe, finanzierten die Bündner also ihre eigene Unterdrückung.

Die Unternehmungen des Seebundes in den ersten Jahrzehnten liegen, jenseits der genannten Aktionen in der Nordägäis, weitgehend im dunkeln. Es ist davon auszugehen, daß der Schwerpunkt der Operationen auf der Zurückdrängung persischer Stellungen in Ionien lag und daß bald auch der kleinasiatische Süden – Karien und Lykien – dem Seebund angegliedert wurde. Nicht alle Städte wurden dabei ‹befreit›: Viele wurden, wie dies für Skyros oder für Karystos auf Euboia belegt ist, gegen ihren Willen in den Seebund gezwungen. Einen ersten Höhepunkt erreichte Athens Expansion Mitte der 460er Jahre in der Schlacht an der Mündung des Flusses Eurymedon (heute Köprü Çayı nahe Antalya) an der Südküste Kleinasiens: Damals gelang es der Flotte des Seebundes unter Führung des Kimon, zunächst die persische Flotte zur See, dann das Landlager der Perser und schließlich noch ein persisches Entsatzgeschwader sowie Stützpunkte auf Zypern zu vernichten. Kimon war damit wahrscheinlich dem lang erwarteten, großen persischen Gegenschlag zuvorgekommen, für den Truppen und Flotte am Eurymedon gesammelt worden waren. Sein Sieg war vernichtend und zerstörte bis auf weiteres jede persische Hoffnung auf eine Wiedergewinnung der ägäischen Besitzungen. Etwas mehr als zehn Jahre nach seiner Gründung hatte der Seebund damit einen ersten Höhepunkt seiner Machtentfaltung erreicht.

Wenig später tat sich eine Chance auf, Persien noch weiter aus dem östlichen Mittelmeer zu verdrängen. 465 war Xerxes, womöglich unter dem Eindruck der desaströsen Niederlage am Eurymedon, von persischen Großen ermordet worden; zwar konnte sich sein Sohn Artaxérxēs I. den Thron sichern, doch nutzte die stets unruhige Provinz Ägypten die vorübergehende Instabilität der Herrschaftsverhältnisse zu einem Aufstand und appellierte um 460 an den Seebund um Unterstützung. Athen nahm das Gesuch an und entsandte eine Flotte, die nilaufwärts bis nach Mémphis, einer alten

Pharaonenresidenz und Sitz des persischen Statthalters, vordringen konnte. Dort aber stockte die Offensive, weil die persische Festung der Stadt nicht eingenommen werden konnte. So entwickelte sich eine langwierige, erfolglose Belagerung, die wohl auch deswegen keine Fortschritte zeitigte, weil Athens Kräfte im unmittelbaren Umfeld Attikas, am Saronischen Golf und in Boiotien, seit Anfang der 450er Jahre in einem Krieg gegen seine Nachbarn und alten Rivalen Korinth, Aigina und Theben gebunden waren, in den 457 auch Sparta selbst eintrat. So war das Seebundsheer in Ägypten zu schwach, als Persien 456 zum Gegenangriff überging; es wurde nach einer verlorenen Schlacht zum Rückzug aus Memphis gezwungen und eingeschlossen und mußte 455/4 kapitulieren, als die Perser den Nil abgruben und die Flotte bewegungsunfähig machten. Ein Entsatzgeschwader, das von den Ereignissen noch nichts ahnte, fuhr in die Falle und wurde ebenfalls vernichtet. Damit hatte Athen etwa zehn Jahre nach dem Triumph am Eurymedon einen gewaltigen Rückschlag erlitten; die Verluste hatten zumindest nach Thukydides ein bedrohliches Ausmaß, man schätzt sie auf ein- bis zweihundert Schiffe und mehr als 10000 Athener, Bündner und Söldner.

Für einen Moment schien Athens Machtstellung ernsthaft gefährdet zu sein, zumal der Krieg mit Sparta andauerte. Aus Angst vor einem persischen Angriff wurde wohl 454, angeblich auf Antrag der Samier, die Seebundskasse vom unbefestigten Delos nach Athen verlegt. Möglicherweise sorgte die ägyptische Katastrophe sogar für Unruhe im Seebund selbst. So könnte eine nicht genau datierbare, offenbar durch Persien unterstützte Erhebung gegen Athen im ionischen Erythraí in diesen Zusammenhang gehören, ebenso eine weitere in Milet um 450. Auch das Fehlen zahlreicher abgabenpflichtiger Städte auf den sogenannten Tributquotenlisten der späten 450er Jahre – von diesen Texten wird gleich noch die Rede sein – hat man mit Rebellion oder Widerstand gegen die Verlegung des Bundessitzes nach Athen in Verbindung gebracht. Doch gelang es Athen, der Schwierigkeiten Herr zu werden. Bereits 450 konnte Kimon wieder eine Flotte von 200 Schiffen gegen Zypern und Ägypten führen, nachdem er zunächst einen fünfjährigen Waffenstillstand mit Sparta ausgehandelt hatte, um den Rücken frei zu haben für die Offensive gegen Persien. Die Operationen vor und auf Zypern liefen für Athen zunächst erfolgreich; einzelne Städte konnten erobert und eine erfolgreiche Schlacht gegen eine persische Flotte geschlagen werden. Das Geschwader in Ägypten erreichte aber nicht sein Ziel, dort wieder einen Aufstand gegen die Perser zu provozieren. Als Kimon schließlich während des Feldzuges starb und Versorgungsschwierigkeiten auftraten, brach Athen das Unternehmen ab.

Die in Summe ergebnislosen Kämpfe ließen beiden Seiten, Persien und Athen, eine Fortsetzung der Auseinandersetzung nicht länger aussichtsreich erscheinen. So wurden 449 die Kämpfe eingestellt; bis 412 gab es keine offenen Feindseligkeiten mehr. Nach athenischen Quellen des 4. Jahrhunderts geschah dies aufgrund eines offiziellen Friedensvertrags, der nach dem athenischen Chefunterhändler als ‹Frieden des Kallías› benannt ist. Angeblich wurde vereinbart, daß der Großkönig die kleinasiatischen Griechenstädte in die Autonomie entließ; persische Streitkräfte sollten sich zu Lande der Küste nicht über eine bestimmte Demarkationslinie hinaus nähern und zur See nicht über den Golf von Phaselís in Lykien (heute der Golf von Antalya) und im Norden über den Bosporus hinaus; im Gegenzug sollten die Athener keine Angriffe mehr gegen Persien unternehmen. Da ein formeller Friedensschluß freilich kaum mit dem persischen Anspruch auf Universalherrschaft zu vereinbaren gewesen wäre und einige andere Gründe ebenfalls dagegen sprechen, dürfte es sich dabei eher um eine informelle Abrede gehandelt haben. Manche bestreiten die Historizität eines wie auch immer gearteten Friedens sogar vollständig, während es anderen zufolge bereits 465 nach der Eurymedon-Schlacht eine entsprechende Vereinbarung gegeben haben soll, die damals lediglich erneuert (und auch eingehalten) wurde. Wie dem auch sei, im wesentlichen beschreiben die angeblichen Vertragsklauseln den 449 erreichten und bis 412 eingehaltenen Zustand. Damit hatte Persien seine Niederlage im Kampf um die Ägäis bis auf weiteres faktisch akzeptiert und zugleich die neue Herrschaftsformation in der Ägäis, Athens Bund, anerkannt.

Von Delos nach Athen

Wohl nicht lange nach dem Abkommen mit Persien beschloß das Volk von Athen, «alle Hellenen in Europa und Asien» zu einem Friedensfest nach Athen einzuladen. Dort sollte das Ende der Perserkriege gefeiert und über folgende Punkte beraten werden: «Erstens der Neubau der Tempel, die die Perser verbrannt hatten; zweitens die Opfer, die man während des Perserkriegs den Göttern gelobt hatte, ihnen aber noch schuldete; drittens Sicherheit und Frieden der Seefahrt» (Plútarchos, *Perikles* 17.1). Der panhellenische Friedenskongreß zum höheren Ruhme Athens fand jedoch nie statt, es war zu offenkundig, worum es Athen eigentlich ging: Mit dem Ende der Kriegshandlungen 449 war der Gründungszweck des Seebundes, die Befreiung der Griechen von persischer Herrschaft, erfüllt; wenigstens theoretisch stand daher seine Existenz – und damit auch Athens Macht – zur Disposition. In der Tat sind Anfang der 440er Jahre große Unregelmäßigkeiten bei der Tributeintreibung bezeugt, und 446 revoltierten Bündnerpoleis auf Euboia. Athen suchte deswegen eine Gelegenheit, seine Vormachtstellung als Hegemon des Seebundes von einer großen griechischen Öffentlichkeit bestätigen und durch ein panhellenisches Mandat zum Schutz der Meere legitimieren zu lassen. Dafür wollten sich Athens Gegner in Griechenland – allen voran Sparta, mit dem man erst 451 einen Waffenstillstand abgeschlossen hatte – freilich nicht hergeben, sie schlugen die Einladung aus.

Die Legitimationskrise leitete nach einer verbreiteten Auffassung eine neue Phase in der Geschichte des Seebundes ein. Um dessen Auseinanderfallen zu verhindern, habe Athen seit den 440er Jahren Maßnahmen zum Zweck einer verschärften Kontrolle der Bündner, einer systematischen herrschaftlichen Durchdringung und symbolischen Zentrierung des Bundes auf Athen getroffen. So habe sich der Bund zum Reich entwickelt; das Bündnis prinzipiell freier und gleicher Partner, die sich freiwillig einem militärischen Führer, einem Hegemon, unterstellt hatten, sei zu einer Herrschaft Athens über Untertanen entartet. Das Szenario ist freilich in die Kritik geraten. Denn es beruht wesentlich darauf, daß man inschriftlich überlieferte athenische Volksbeschlüsse, die einschlägige Maßnahmen bezeugen, mangels eindeutiger Datierungsanhalte in die 440er Jahre setzte. Überlegungen zur chronologischen Entwicklung der auf jenen Inschriften verwendeten Schriftformen sollten dies zusätzlich absichern. Eine intensive Forschungsdebatte hat in jüngerer Zeit jedoch deutlich gemacht, daß diese Datierungen anhand von Schriftformen nicht zwingend sind. Viele der einschlägigen Maßnahmen könnten daher erst in den 420er oder gar den 410er Jahren getroffen worden sein, dagegen sind andere Herrschaftsinstrumente vielleicht schon älter. Von der Legitimationskrise in den 440er Jahren – die angesichts der genannten Indizien selbst nicht bezweifelt werden muß – sind sie daher zu trennen. So muß man statt einer abrupt und massiv einsetzenden imperialistischen Phase des Seebundes seit den 440er Jahren vielmehr von einer langsamen Entwicklung ausgehen, die zudem schon früher begonnen haben dürfte.

An dem Wandel vom Bund zum Reich als solchem ist jedoch nicht zu zweifeln. Seit 454, als die Bundeskasse nach Athen verlegt worden war, brachten die Bündner ihre Beiträge nach Athen. Das gab Athen nicht nur eine faktisch uneingeschränkte Verfügungsgewalt über die Gelder (in der Tat hört man von Bundesversammlungen nichts mehr); man brachte dies auch zeremoniell zum Ausdruck: Am Fest der Großen Dionysien in Athen wurde der *phóros*, die Abgabe der Bundesgenossen, in Anwesenheit zahlreicher Gesandter aus den Bündnerstaaten vor den Dramenaufführungen im Theater öffentlich zur Schau gestellt. Der *phóros* nahm so den Charakter eines Tributs von Untertanen an: «Sie wußten nur zu gut, wie man sich am besten verhaßt machen konnte», kommentierte dies Isokrates um 355 (Rede 8.82). Weiterhin wurde ein Sechzigstel der Abgabe fortan als *aparché*, als Erstlings- oder Dankesgabe, der Athena, Athens Stadtgöttin, geweiht. Diese Abgaben wurden in den sogenannten Tributquotenlisten auf monumentalen Inschriftenblöcken verzeichnet, die auf der Athener Akropolis, dem ehrwürdigsten Ort der Stadt, aufgestellt waren. Bereits als Monument demonstrierten diese Listen – der erste dieser Blöcke, der die Abgaben von 454/3 bis 440/39 verzeichnet, war mehr als doppelt mannshoch – den Machtanspruch der Stadt Athenas, und mehr noch durch ihren Inhalt: In langen Reihen waren dort Hunderte von Namen aller tributpflichtigen Gemeinwesen aufgelistet, und neben ihnen die Höhe ihrer *aparché*. Früher hatte diese *aparché* wohl dem Delischen Apoll zugestanden; an seine Stelle trat nun Athena als Schutzgottheit des Seebundes. Der Apoll-Tempel auf Delos blieb unvollendet als Bauruine liegen.

Die Betonung Athens als Zentrum und Herrin des Reiches im Kult der Athena fand auch anderweitig Ausdruck. Zum Hauptfest Athens, den Panathenäen zu Ehren der Athena Poliás, mußten die Bündner Getreide oder, wohl ab den 420er Jahren, ein Rind und eine Rüstung schicken, die ihre Gesandten im Festzug vorzuführen hatten. Die Symbolik ist evident: Die Bündner erschienen, wie ein athenischer Volksbeschluß explizit sagt, «wie Kolonisten», wie Siedler einer von Athen abhängigen Stadt. Ebenfalls wohl ab den späten 420ern hatten die Bündner auch Erstlingsfrüchte an Dēmḗtēr und Kórē zu entrichten, die Göttinnen von Eleusís, Athens zweitem Hauptheiligtum. Die Gabe sollte Dankbarkeit dafür zum Ausdruck bringen, daß Demeter nach der athenischen Sage durch den eleusinischen Heros Triptólemos der Menschheit das Getreide und damit Feldbau und Zivilisation gebracht habe; sie erinnerte damit, wie Isokrates im 4. Jahrhundert in seinem *Panēgyrikós* sagt, an die Wohltaten, die Athen der Menschheit habe zuteil werden lassen und die gerechterweise ihren Führungsanspruch begründeten.

Der Triptolemos-Mythos ist Teil einer ganzen Apparatur mythhistorischer Erzählungen, die im Lauf des 5. Jahrhunderts Prominenz in Selbstbild und Selbstdarstellung Athens gewannen und den Führungsanspruch der Athener im Seebund und überhaupt in Hellas legitimieren sollten. Herodot, der älteste Gewährsmann, führt sie in einer fiktiven Rede der Athener im Kriegsrat vor Plataiai vor (9.27): Ihren Anspruch auf einen Ehrenplatz in der Schlachtreihe, dem linken Flügel, begründen sie dort mit dem Schutz der Kinder des Herakles vor ihrem Verfolger Eurystheus, dem Kampf für das Bestattungsrecht der Sieben gegen Theben, den Taten Athens gegen die Amazonen und vor Troja sowie mit Marathon, wo Athen «ganz allein» die Perser besiegt habe. Thukydides läßt athenische Gesandte in einer Rede in Sparta zur Rechtfertigung der Hegemonialstellung Athens ebenfalls auf die «Erzählungen der alten Zeit» verweisen und auf die Leistungen der Perserkriege, in denen die Athener nicht nur bei Marathon allein gesiegt, sondern auch bei Salamis das meiste getan hätten (1.73 f.). Voll ausgereift begegnet diese Instrumentalisierung der Geschichte dann in panegyrischen Staatsreden wie dem eingangs zitierten *Epitáphios* des Lysias: Dort dienen die kanonischen Taten der Vergangenheit dazu, Athen als Ordnungsmacht in Hellas zu präsentieren, die «für das Recht» kämpft (§ 17) – defensiv wie gegen Eurystheus, aber auch in einem Angriffskrieg wie gegen Theben um die Leichname der Sieben. Diese Erzählungen waren spätestens in der zweiten Hälfte des 5. Jahrhunderts in Athen omnipräsent; sie waren in Staatsreden, etwa bei den Gefallenenbegräbnissen, zu hören, wurden im Drama reflektiert und waren auf dem Bildschmuck öffentlicher Bauten und Denkmäler zu sehen.

Die Akzentuierung Athens als Zentrum und Herrin des Seebunds und die Stilisierung zur Führungs- und Ordnungsmacht in Hellas verbinden sich in dem wohl berühmtesten Bauwerk der griechischen Klassik, dem Parthenon auf der Athener Akropolis mit der darin aufgestellten Statue der Athena Parthénos. Der ab 447 innerhalb von 15 Jahren errichtete Riesenbau war, trotz seiner äußeren Form, kein Tempel, die Statue der Parthénos empfing, jedenfalls nach der vorherrschenden Auffassung, keinen Kult; dieser war nach wie vor dem in einem anderen Gebäude auf der Akropolis verwahrten, uralten Bild der Athena Polias vorbehalten. Die praktische Funktion des Gebäudes war die eines Schatzhauses. Vor allem aber war der Bau, wie die Statue, eine monumentale Weihegabe zum Dank für die Persersiege. Deshalb war er der Athena Parthenos geweiht, der Göttin als kriegerischer Jungfrau, und der Fries der Cella-Wand zeigte eine Reiterkavalkade, die – wie bereits erwähnt – möglicherweise an die 192 gefallenen athenischen Marathonkämpfer als Heroen (und daher zu Pferde) gemahnte. Der Fries als ganzer dürfte einen idealisierten Panathenäenzug und, wie die Giebeldarstellungen, athenische Gründungssagen vorstellen. Umlaufend in den sogenannten Metopen über den Säulenzwischenräumen und auf dem Schild der Parthenos-Statue waren mythische Kriege –

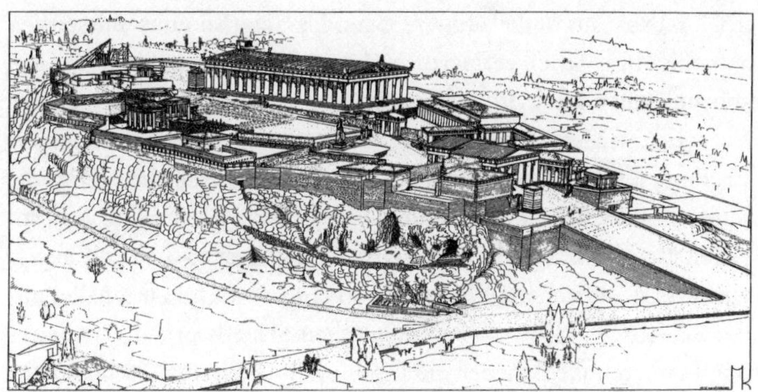

Abb. 7: Rekonstruktion der Akropolis von Athen um 400 (Zeichnung M. Korres)

darunter die Zerstörung Trojas, der Amazonen- und der Kentaurenkampf – abgebildet, die man als Präfigurationen der Perserkriege und zugleich als allegorische Verweise auf die befriedende Ordnungsmacht des imperialen Athen lesen konnte. Im Parthenon schufen sich die Athener durch dieses Bildprogramm ein monumentales Denkmal ihrer Polis-Identität, ihrer Kriegstaten, ihrer Verdienste um Hellas und ihres imperialen Selbstbildes. Bezeichnend für die zeitgenössische Wahrnehmung des Parthenon ist, daß Periklḗs, dem führenden Politiker der Zeit in Athen und *spiritus rector* des Bauprogramms, von seinen innenpolitischen Gegnern vorgeworfen wurde, den Parthenon mit Beiträgen der Bündner zu finanzieren und so Athens Ruf als Hegemon zu diskreditieren; und genauso bezeichnend ist seine angebliche Erwiderung, daß Athen mit dem Geld der Bündner tun könne, was es wolle, solange es die Aufgaben des Bundes bestreite. So war der Parthenon in den Augen der Zeitgenossen auch ein Monument der Herrschaft Athens über seine Bündner.

Daß Athen sich nicht scheute, diesen Herrschaftsanspruch mit Gewalt geltend zu machen, wurde schon bald nach Gründung des Seebundes deutlich. Nicht nur wurden von Anfang an Poleis gegen ihren Willen in den Bund gezwungen. Auch freiwilligen Mitgliedern verweigerte Athen den Austritt. Um 470 hatte die Kykladeninsel Naxos aus unbekannten Gründen das Bündnis mit Athen aufgekündigt. Athen reagierte darauf, indem die Stadt belagert, erstürmt und zurück in den Seebund gezwungen wurde. Dieses Vorgehen wiederholte sich 465 wie berichtet gegen Thasos; gegen Erythrai nach der ägyptischen Katastrophe; gegen die aufständischen Bündnerpoleis auf Euboia 446; gegen Milet in den 440ern, gegen Byzantion 441, gegen Mytilene auf Lesbos 427 und gegen Chios 412. Als sich die Samier 441 in einem Konflikt mit Milet um das Städtchen Priénē einem athenischen Schiedsspruch verweigerten, besetzten die Athener die Insel und installierten ein ihnen genehmes demokratisches Regime; als dessen samische Gegner es (mit persischer Unterstützung) wiederum stürzten und sich dann von Athen lossagten, schlug Athen den Aufstand nieder. Die Polis Samos mußte ihre Mauern schleifen und ihre Kriegsflotte ausliefern. Ähnlich war es anderen aufständischen Städten zuvor ergangen. In einige legte Athen nach der Niederschlagung zudem eine Besatzung, manche mußten fortan erhöhte, bisweilen exorbitante Abgaben entrichten, die so einmal mehr den Charakter von Tributen annahmen. Nach dem Aufstand Mytilenes 428/7 ging die athenische Volksversammlung so weit, die Tötung der gesamten männlichen Bevölkerung, sicherlich mehrere Zehntausend, und die Versklavung von Frauen und Kindern zu beschließen. Das Blutbad blieb nur aus, weil eine Volksversammlung tags darauf mit neuen Mehrheiten den Beschluß revidierte. Weniger Glück hatten später einige Poleis auf der Chalkidike, die 424/3 von Athen abfielen: In Skiốne wurden alle Männer getötet, Frauen und Kinder versklavt, ähnlich erging es Torốne.

Zudem nahm Athen Rebellionen wiederholt zum Anlaß für Landkonfiskationen. Aufständische Poleis mußten, wie Thasos 465 oder Mytilene 427, Außenbesitzungen abtreten oder ihr Territorium attischen Kolonisten (*ápoikoi*) oder *klērúchoi* (Landbesitzern, die aber oft weiterhin als Rentiers in Athen lebten) überlassen – so schon in den 470ern Skyros und Karystos, in den 440ern Naxos, Andros, Euboia, 430 Poteídaia, 427 Mytilene. Die großflächigen Enteignungen bei der Ansiedlung dieser Kolonien und Kleruchien vernichteten tausende von Existenzen oder zwangen die vormaligen Besitzer dazu, ihr Eigentum fortan als Pächter athenischer Grundherren zu bearbeiten. Diese Konfiskationen waren mehr als nur punktuelle Strafmaßnahmen, sie folgten einer konsistenten Strategie: Kleruchien dienten teilweise der Existenzsicherung landloser Athener, vor allem aber hatten sie im 5. Jahrhundert, wie man kürzlich hervorgehoben hat, eine tragende Rolle als Produktionsbasis für den wachsenden, aus Attika selbst nicht mehr zu stillenden Getreidebedarf der explodierenden Großstadt Athen; Importe aus dem Schwarzmeergebiet wurden erst im 4. Jahrhundert dominant. Dies stand etwa hinter dem Strafgericht, das 446 über die abtrünnigen euboiischen Städte hereinbrach: In Histiaía auf Euboia wurde die gesamte Bevölkerung vertrieben, in Chalkis (wie bereits 506) die Oberschicht – ihr Land wurde attischen Kleruchen übergeben und war seitdem eine der Kornkammern Athens.

Kleruchien waren aber nicht die einzige Form dieses athenischen Landraubs. Die frühe Expansion aus der Zeit vor den Perserkriegen wurde in den Tagen des Seebunds mit der Gründung von Kolonien wie Eion wiederaufgenommen, die strategisch wichtige Plätze sichern sollten. Auch dies ging zu Lasten von Bündnern: Thasos hatte sich deswegen erhoben, und 431 vernichtete Athen endgültig seine alte Rivalin Aigina, 456 in den Bund gezwungen, indem sie alle Bürger vertrieb und die Insel attischen Kolonisten übergab, um den Saronischen Golf gegen Sparta abzuschirmen. Und nicht zuletzt mußten die Bündner Landerwerb von Athenern in ihrem Territorium dulden, während Landerwerb in Attika Nichtathenern strikt untersagt war. Im Jahr 415 etwa besaßen die Besitzungen eines Atheners namens Oiōnías auf Euboia Latifundiengröße. In der Welt der griechischen Poleis, in der der Bürgerstatus für gewöhnlich an Landbesitz hing und das exklusive Recht des Landerwerbs für Bürger nicht nur in Athen als geheiligter Grundsatz galt, war diese Landnahme Athens im Reich ein Fanal. Welche Empörung sie hervorrief, zeigt noch Generationen später der Aufruf Athens zum Beitritt zu seinem Zweiten Seebund im Jahr 377: Unter den Garantien, die Athen den Bündnern dort für ihre Gleichberechtigung gibt, ist die längste und mit mehreren Schutzmechanismen bewehrte, daß «kein Athener privat oder im Namen der Gemeinde

Haus oder Grundbesitz erwerben» darf. Trotzdem war der «attische Nachbar» im 4. Jahrhundert ein geflügeltes Wort für Übergriffe und Räuberei.

Darüber hinaus griff Athen immer wieder massiv in die innere Ordnung von Bündnerpoleis ein. Nach dem gescheiterten Austrittsversuch der ionischen Stadt Erythrai befahl ein athenischer Volksbeschluß der Stadt, einen Rat aus erlosten Ratsherrn nach athenischem Vorbild zu konstituieren, und zwar unter Aufsicht des Kommandanten der athenischen Garnison und eines sogenannten *epískopos*, eines ‹Aufsehers›. In ihrem Amtseid hatten die Ratsherren zu schwören, ihr Amt zum Besten Athens und seiner Bündner zu führen, nicht abzufallen oder zum Feind überzulaufen, Verbannungen weder aufzuheben noch auszusprechen ohne Erlaubnis Athens, und Hochverrat gegen die Demokratie und gegen Athen mit dem Tod zu ahnden. Der Polis Milet setzte wohl in den 440er Jahren ein athenischer Volksbeschluß neben einer Garnison fünf offenbar von Athen bestimmte Kontrollbeamte vor; außerdem mußten bestimmte Prozesse vor dem Volksgericht in Athen verhandelt werden. Dies waren massive Eingriffe in die innere Autonomie der Poleis, und es waren keine Einzelfälle. Demokratie- und Seebundsgegner wie der sogenannte *Alte Oligarch* in den 420er Jahren konnten behaupten, die Athener belegten systematisch «die Guten – d. h. die reiche Oberschicht – mit Ächtung (dem Verlust der Bürgerrechte), nehmen ihnen Geld weg, treiben sie in die Verbannung und töten sie» (Pseudo-Xenophon, *Athēnaíōn Politeía [‹Staat der Athener›]* 1.14). Der Vorwurf ist überzeichnet, tatsächlich herrschten in vielen Städten auch in der Seebundszeit Oligarchien; doch ist der Oktroi genehmer, meist demokratischer Verfassungen mehrmals belegt. Dasselbe gilt für den Gerichtszwang für bestimmte Prozesse in Athen. Omnipräsent waren schließlich auch die Kontrollbeamten in den Poleis, *epískopoi* und anders benannt. Hunderte sollen es nach der aristotelischen *Athēnaíōn Politeía* gewesen sein. Sie waren eine so selbstverständliche Erscheinung, daß Aristophánēs in seiner Komödie *Die Vögel* von 414 (v. 1021 ff.) sogleich nach der Gründung der Vogel-Stadt Wolkenkuckucksheim einen *epískopos* dort eintreffen ließ, der Athens Autorität in der neuen Stadt geltend machen soll. Ihm folgt auf dem Fuß ein Begleiter, der athenische Volksbeschlüsse mitbringt – einer schreibt den Wolkenkuckucksheimern Gerichtszwang in Athen vor, der andere die Übernahme von Maßen, Gewichten und anderen Regularien des Seebunds.

All dies läßt auf eine zunehmend systematischer werdende herrschaftliche Durchdringung und Vereinheitlichung des Bundesgebiets schließen. Diese Entwicklung ist auch im Hinblick auf die Ressourcenabschöpfung aus den Bündnerstädten sichtbar. So scheint bei einer Neuveranlagung und Erhöhung der Tribute im Jahr 425, der sogenannten Kléōn-Schatzung (benannt nach dem Politiker dieses Namens), das Doppelte bis Dreifache der Tribute eingefordert worden zu sein wie in den 440er Jahren. Wohl um dieselbe Zeit bezeugt ein nach seinem Antragsteller Kleinías-Dekret genannter athenischer Volksbeschluß elaborierte Verwaltungsvorgänge für die Tributerhebung: Athenische Kontrollbeamte überwachen in den Bündnerpoleis die Tributerhebung; detaillierte Regeln für Transport, Übergabe und Aufzeichnung der Tribute sollen Unterschlagungen verhindern; auffallend scharf sind die Strafandrohungen. Ein weiterer Volksbeschluß von 426/5, das Dekret des Kleṓnymos, enthielt ähnliche Bestimmungen. Es ist unklar, ob diese Regularien ganz oder zu Teilen schon früher bestanden und seit wann die Tribute dieses Niveau erreichten; vielleicht war beides erst eine Folge des massiven Finanzbedarfs Athens im Peloponnesischen Krieg, vielleicht stellen sie den Endpunkt einer längeren Entwicklung dar. Auf jeden Fall zeichnet sich darin eine neue Qualität herrschaftlicher und administrativer Verdichtung im Seebund ab.

Als Höhepunkt dieser Entwicklung gilt gemeinhin ein Volksbeschluß über die reichsweite Vereinheitlichung von Münzen, Maßen und Gewichten, der nach verschiedenerorts geborgenen Inschriftenfragmenten im ganzen Reich publiziert wurde. Kern des Beschlusses war das Verbot, in den Bündnerstädten Silbermünzen zu prägen und nichtathenische Münzen, Maße und Gewichte zu verwenden; weitere in Lesung und Deutung wegen des fragmentarischen Zustands umstrittene Passagen scheinen unter anderem die Ablieferung nichtathenischer Silbermünzen in Athen betroffen zu haben, die dort unter Einbehaltung einer Gebühr umgemünzt wurden. Ein Ziel der Maßnahme dürfte gewesen sein, die Tributerhebung effizienter zu gestalten, indem man das verlustanfällige und unpraktische Hantieren mit Währungen verschiedener Bündnerpoleis obsolet machte. Wie beim Kleinias-Dekret sah man den Kontext dafür früher in der (angeblichen) Hochphase des athenischen Imperialismus in den 440er Jahren; heute neigen viele zu einem Zusammenhang mit der Neuveranlagung und Straffung der Tributerhebung im Jahr 425. Aber auch die Zollerhebung profitierte davon. Aus einem athenischen Volksbeschluß, der der makedonischen Küstenstadt Methṓne im Jahr 428 Schutz gegen den expansiven Makedonenkönig zusichert und zollfreie Ausfuhr von Getreide aus Byzantion gestattet, geht hervor, daß Athen schon länger am Bosporus Zoll erhob. 410 lag er, wohl kriegsbedingt, bei exorbitanten 10 Prozent auf den Warenwert. Gewaltige Einnahmen müssen Athen auch aus Zöllen und Gebühren seines Hafens Peiraieús (Piräus) zugeflossen sein, der sich in der Seebundszeit zu dem mit Abstand größten Umschlagplatz der Ägäis entwickelte und Handel aus aller Welt anzog; dazu dürften Einnahmen aus athenischen Handelsplätzen wie Eion und anderswo gekommen sein. Welche Bedeutung diese Einnahmequellen hatten, wird daran deutlich, daß Athen 413, als es nach katastrophalen Kriegsverlusten auf Sizilien schnell hohe Einnahmen zur Wiederaufrüstung brauchte, den Tribut durch einen fünfprozentigen Zoll auf alle in Seebundshäfen verhandelten Waren ersetzte, der offenbar lukrativer zu sein versprach als der Tribut. Vielleicht gehört das ‹Münzdekret› sogar in diesen zeitlichen Zusammenhang.

Man hat die Vereinheitlichung von Münzen, Maßen und Gewichten traditionell als gravierenden Eingriff in die Souveränität der Bündnerstädte verstanden. Aristophanes nennt das ‹Münzgesetz› an der zitierten Stelle nicht zufällig neben dem Gerichtszwang unter den Dekreten, mit denen ein athenischer Magistrat die Stadt Wolkenkuckucksheim gängeln will. Allerdings waren die praktischen Folgen des Erlasses wahrscheinlich weniger gravierend als häufig angenommen. Die reichen Silbervorkommen im südattischen Laureion-Gebirge hatten es Athen seit Beginn des 5. Jahrhunderts ermöglicht, den Markt mit seinen Silbermünzen regelrecht zu fluten; Athens ‹Eulen› waren, auch wegen der Bedeutung des Piräus als Umschlagplatz, spätestens um die Mitte des 5. Jahrhunderts im Ägäisraum das bei weitem dominante Zahlungsmittel geworden. Bis auf wenige hatten die meisten Seebundsstädte schon vor dem Münzdekret ihre Silberprägung eingestellt, weil sie sich schlicht nicht mehr lohnte. Auf diese Weise war ohne jeden Zwang bereits ein athenischer Währungsraum entstanden. Mit dem Münzdekret zog man dann nur die Konsequenzen daraus, indem es die faktisch ohnehin dominante Währung für die Tribut- oder Zollerhebung verbindlich machte. Und möglicherweise nur für diese: Denn Prägungen aus Elektron, einer Gold-Silber-Legierung, die besonders in Kleinasien und dem Schwarzmeergebiet ein gebräuchliches Zahlungsmittel war, betraf das Münzdekret (soweit überliefert) nicht. In der Tat waren sie im gesamten 5. Jahrhundert weiter im Umlauf. Selbst Silberprägungen – die Chronologie ist in diesem Punkt aber sehr unsicher – könnten im Seebundsgebiet auch nach dem Münzdekret, je nachdem wann es datiert, vereinzelt fortgesetzt worden sein. Solange die Tributerhebung nicht tangiert war, konnte Athen dies offenbar tolerieren. Das Münzdekret dürfte daher weder als gravierender Eingriff in die Souveränität der Bündnerstädte empfunden worden noch als symbolpolitische Maßnahme in diesem Sinne konzipiert gewesen sein. Dennoch ist es historisch signifikant. Denn über seinen konkreten Zweck hinaus deutet es eine weitreichende Entwicklung an: Bildete bislang der Tribut die stärkste Klammer des Reiches, so zeichnet sich in der Vereinheitlichung von Münzen und Maßeinheiten eine viel weitergehende Homogenisierung und Integration des athenischen Reiches ab. Mit der Auflösung des Seebundes nach dem Zusammenbruch Athens am Ende des Peloponnesischen Krieges brach diese Entwicklung jedoch jäh ab.

Nutzen, Ehre, Angst

Die Herrschaftsformation, die so im Laufe des 5. Jahrhunderts entstand, war eine in der griechischen Welt bis dahin einmalige, neuartige Erscheinung. Das betrifft nicht nur ihre ungeheure Ausdehnung mit mehreren hundert zugehörigen Gemeinwesen auch in Randgebieten der griechischen Welt wie Zypern, einigen griechischen Städten der Levante und des Schwarzmeergebietes. Weder Spartas hegemonialer Machtbereich – ein loser Verband von zur Heeresfolge verpflichteten Poleis – oder die im 5. und 4. Jahrhundert entstehenden Bundesstaaten (dazu ausführlich in Kapitel 5) waren politisch und ökonomisch in diesem Maße integriert und erlaubten dem Hegemon eine auch nur annähernd vergleichbare herrschaftliche Kontrolle, Machtenfaltung nach innen und Ressourcenabschöpfung. Das gilt auch dann, wenn man in Rechnung stellt, daß der Tribut offenbar mit wechselnder Konsequenz eingezogen und bisweilen nachgelassen wurde, daß manche Bündner mehr, andere weniger innere Autonomie besaßen und daß viele, wie etwa Methone, individuelle Privilegien und Bedingungen mit Athen aushandeln konnten. Die einzige vergleichbar entwickelte Herrschaftsformation im 5. Jahrhundert war das persische Reich; man hat daher vermutet, daß für die Entwicklung der athenischen Herrschaftsinstrumente ironischerweise ausgerechnet der Erzfeind die Blaupause geliefert hatte. Bei der Einrichtung des unabhängig von konkreten Kriegsplanungen jährlich eingezogenen *phóros*, der möglicherweise sogar anfänglich auf persischer Berechnungsgrundlage beruhte, und der Organisation der Tributerhebung ist das jedenfalls eine plausible Vermutung. In der griechischen Welt gab es dafür keine Vorbilder. Die Parallelen erleichterten es Sparta später, in seiner Kriegspropaganda im Peloponnesischen Krieg die gegen Persien entstandene Parole vom Freiheitskampf gegen den Despoten nun gegen Athen, die *pólis týrannos* (Thukydides 1.124), zu wenden.

Die Entstehung des athenischen Reiches war aber viel mehr als nur ein politisches Phänomen; sie stieß gewaltige soziale, ökonomische und politische Umwälzungen in der griechischen Welt an. Tributerhebung, Kriegführung und der Unterhalt der Seebundsflotte erhöhten die Güternachfrage, beschleunigten die Geldzirkulation und förderten so ein Wirtschaftswachstum, das von dem zunehmend einheitlicher werdenden Währungsraum zusätzlich profitierte. Die hohe Liquidität und Nachfrage in Athen zog Warenströme und Menschen an – Händler, Gewerbetreibende, Künstler und Intellektuelle –, die Athen zur Metropole und zum kulturellen Zentrum der griechischen Welt machten und eine ungeheure künstlerische und intellektuelle Blüte stimulierten. Allenfalls Syrakus konnte sich jetzt noch mit Athen messen. Auch in den Bündnerstädten und anderswo hatten diese sozioökonomischen Veränderungen zweifellos Folgen, auch wenn wir sie nur sehr vereinzelt greifen können: Politische Strukturen veränderten sich, etwa durch die Ausbreitung der Demokratie; die athenische Landnahme, die Tributerhebung und die veränderten makroökonomischen Rahmenbedingungen wirkten sich auf Wirtschaft und Besitzverhältnisse aus; Kooperation mit oder Widerstand gegen Athen veränderten die Eliten der Städte und verschoben Macht- und Abhängigkeitsbeziehungen in den Lokalgesellschaften. In Athen selbst empfing der Demokratisierungsprozeß, wie wir sehen werden, wichtige Stimuli durch die Entstehung des Hegemonialreiches.

Seit der Antike scheiden sich die Geister daran, wie all dies zu bewerten ist. Für den *Alten Oligarchen* in den 420er Jahren war das Reich Athens nichts weiter als ein zynisches Ausbeutungssystem, durch das sich der athenische Pöbel schamlos auf Kosten der Bündner bereicherte: Der *dēmos* mißbrauche die Seemacht, um den Handel mit strategischen Gütern wie Holz, Metallen, Flachs oder Luxuswaren in den Piräus zu zwingen und Konkurrenten zu verdrängen. Der Gerichtszwang in Athen diene nur dazu, aus den Gerichtsgebühren die athenischen Laienrichter zu entlohnen, den Parteien Hafen- und Unterkunftsmiete abzupressen und auf dem Wege der Prozesse Athens Interessen und Klientelen in den Bündnerpoleis zu fördern. Kurz, der Seebund ziele darauf, «daß jeder einzelne Athener das Geld der Bündner habe, diese aber gerade genug zum Leben, und daß sie arbeiten, ohne in der Lage zu sein, einen Anschlag zu ersinnen» (1.15). Auch für die aristotelische *Athēnaíōn Politeía* (24.3) lag der Zweck der Seebundsherrschaft vor allem darin, «den Massen reichlichen Unterhalt zu verschaffen» – als Richtern, Ruderern, Soldaten oder Kontrollbeamten. Nach Thukydides fand Athens Hegemonie anfänglich Zustimmung unter den Verbündeten, verlor diese aber bald (1.96.1 und 99.2); er selbst sah in Athens Herrschaft nichts weiter als blanken Machtwillen, für den es nur noch Herren und Untertanen gab und allein der Vorteil des Stärkeren galt. Besonders eindrücklich entwickelt er dieses Bild in einem Rededuell der Debatte in der athenischen Volksversammlung, die am Tag nach dem Todesurteil über Mytilene 427 über dessen Revokation beriet (3.37–48). Ganz unverblümt kann dort ein Redner sagen, daß die Herrschaft der Athener eine Tyrannis sei, gegründet auf nichts außer Gewalt und die Furcht der Untertanen. Deren Recht bestehe allein im Wohlverhalten gegenüber dem Herrn, dem er dankbar zu sein habe für sein schonendes Wohlwollen; begehre er auf, müsse er zur Abschreckung für andere gezüchtigt werden. Der Zynismus steigert sich noch in der Gegenrede. Sie plädiert für die Schonung Mytilenes, aber nicht aus irgendwelchen Rechtsgründen, sondern nur aufgrund des Nutzenkalküls für Athen: «Wir reden nicht über Recht, sondern verfügen über sie, wie es uns nützlich ist» (44.1 und 4) – etwa weil man sich so einen starken Tributzahler erhält. Thukydides' Bild ist suggestiv; ob und wie viele Athener wirklich so dachten, muß freilich offen bleiben.

Apologeten Athens hielten dieser Kritik entgegen, daß die Seebundsherrschaft für «Ruhe und Frieden» in der Ägäis gesorgt habe; «der Großkönig trachtete nicht mehr nach fremdem Land …, keine Kriegsschiffe kamen mehr aus Asien, kein Tyrann erhob sich unter den Griechen», wie es in Lysias' Grabrede (§ 55–57) in den 390er Jahren heißt. Isokrates ergänzt im *Panēgyrikós* einige Jahre später, nie sei der allgemeine Wohlstand in Hellas größer gewesen, die Einrichtung von Demokratien habe zum inneren Frieden der Bündnerstädte geführt und die Unterdrückung weiter Bevölkerungsteile durch Oligarchien beendet. Und Thukydides läßt athenische Gesandte in einer Rechtfertigungsrede in Sparta vortragen (1.73 f.), Athens Herrschaft – die ihnen verdientermaßen zugefallen sei; außerdem liege es nun einmal in der Natur des Menschen zu herrschen – sei insgesamt «gerechter» und «maßvoller» als andere; ja die Athener verkehrten mit ihren Bündnern sogar nach «gleichem Recht» und gäben vor Gericht bisweilen sogar bei – ohne daß sie je Dank dafür ernteten. Er gibt in dieser Passage zweifellos authentische athenische Legitimationsdiskurse wieder.

Die Argumente haben sich seither wenig geändert. Athens Machtentfaltung anzuklagen fällt angesichts der oben skizzierten Entwicklung des Seebundes nicht schwer; noch heute ist umgekehrt das Argument geläufig, Athens Herrschaft habe die Sicherheit der Meere gewährleistet, die Persergefahr gebannt und zu einer allgemeinen Wohlstandssteigerung und Intensivierung des Handels geführt, von der ganz Hellas profitiert habe. Die Vorteile hätten insgesamt auch für die Bündner überwogen, außerdem sei Athens Herrschaft im Vergleich etwa zum frühen römischen Imperialismus maßvoll gewesen. Auch habe gerade der *dēmos* in den Bündnerstädten die Einführung und Sicherung der Demokratie durch Athen begrüßt. Aber sahen sich wirklich alle griechischen Städte Kleinasiens, der Nordägäis oder Zyperns von Persien bedroht und sehnten sich nach ‹Befreiung›? Ist der (in der archäologischen Evidenz in der Tat nachvollziehbare) intensivierte Warenverkehr in der Ägäis im 5. Jahrhundert wirklich in erster Linie auf den Seebund zurückzuführen? All dies ist keineswegs sicher. Und vor allem sind solche Abwägungen deswegen grundsätzlich fraglich, weil sie alle letztlich Legitimationsdiskurse der Hegemonialmacht reproduzieren. Aus dem Mund europäischer Kolonialherren waren, wie man bemerkt hat, ähnliche Reden wie bei Lysias, Isokrates oder Thukydides' athenischen Gesandten über die segensreichen Wirkungen und die Gerechtigkeit ihrer Herrschaft zu hören. Die Frage nach der Bewertung des athenischen Imperialismus sollte daher besser ganz aufgegeben werden.

Sinnvoller ist die Frage, welche Interessen und strukturellen Faktoren die Machtentfaltung und Herrschaftspraxis vorantrieben – bei den Athenern wie bei den Bündnern. Zwei Streiflichter müssen hier genügen. Einleitend sahen wir, wie sich Bewohner der Insel Karpathos die athenische Hegemonialherrschaft in ihren internen Streitigkeiten zunutze machten. Das war kein Einzelfall: Als Athen 441 auf Samos die Oligarchie gewaltsam durch ein demokratisches Regime ersetzte, geschah dies auf Betreiben Milets, das mit Samos um die Stadt Priene stritt, und einiger Samier, die auf Umsturz sannen. Der *Alte Oligarch* geht ganz selbstverständlich davon aus, daß Machtkämpfe in den Bündnerpoleis vor athenischen Gerichten ausgetragen werden. Überhaupt dürfte die Verlagerung sensibler politischer oder sonstwie brisanter Prozesse aus den Gerichten der Bündnerstädte nach Athen häufig im Interesse einzelner Parteien gelegen haben. Das Beispiel des Städtchens Methone, das, wie oben erwähnt, von der Hegemonialmacht Schutzzusagen gegen Makedonien, Zollprivilegien und sogar Zugeständnisse bei der Tributzahlung erwirken konnte, zeigt andere Möglichkeiten, wie Bündnerpoleis Athens Machtentfaltung zu ihren Gunsten nutzen konnten. Solche Episoden illustrieren zum einen, welch heftige soziale und politische Dynamiken mit oft weitreichenden Folgen für die betroffenen Gemeinwesen durch die neue hegemoniale Ordnung in der griechischen Welt ausgelöst wurden. Zum anderen verdeutlichen sie einen nicht immer hinreichend gewürdigten Faktor der Machtentfaltung Athens im Reich: daß nämlich Athens Eingriffe in die Autonomie der Bündner und andere Herrschaftspraktiken oft genug auf die Interessen der Untertanenpoleis oder einzelner Gruppen darin zurückzuführen sind. Die herrschaftliche Durchdringung des Seebundes war also nicht allein dem Machtwillen Athens geschuldet.

Mit Blick auf die athenische Seite wurde oben bereits auf die wirtschaftlichen Interessen der Oberschicht als Faktor der Reichsbildung hingewiesen. Dieselbe Oberschicht war es auch, die von der etablierten Herrschaft besonders profitierte, weil sie in der Lage war, Land in den Bündnerstädten zu erwerben und die neuen ökonomischen und kommerziellen Möglichkeiten zu nutzen. Außerdem war sie aufgrund der Tribute und anderer Seebundseinnahmen wie Zöllen oder Pachtzins von Staatsland außerhalb Athens zumindest zeitweise von dem extrem kostenintensiven Unterhalt der Kriegsflotte befreit, der sonst auf den reichsten Bürgern lastete. Gleichwohl hätte die Reichsbildung nicht ohne die Unterstützung breiter Schichten in Athen stattfinden können. Der *dḗmos* stellte die

Rudermannschaften der Kriegsschiffe, die Soldaten der Garnisonen und einen Großteil des übrigen Seebundspersonals. Und vor allem agierte die Elite Athens in einem politischen System, das sich just in der Formationsphase des Seereichs zur Demokratie, zur Volks-Herrschaft, entwickelte und durch ausgeklügelte Institutionen und Verfahren sicherstellte, daß jedwede Politik an der Volksversammlung als höchster Entscheidungsinstanz vorbei unmöglich war. Ziele und Maßnahmen der Seebundspolitik mußten also immer den Konsens der Mehrheit in der Volksversammlung sicherstellen. Zu diesem Zweck konnte man mit den allgemeinen Vorteilen der Seebundsherrschaft argumentieren; die meisten Athener profitierten vom Geld- und Warenzufluß nach Athen, der in der Komödie immer wieder stolz besungen wird, von der Landnahme im Reich als Siedler oder Grundbesitzer oder, vor allem wohl Ärmere, vom Sold als Ruderer. Auch war jedem Athener bewußt, daß der Ausbau der Stadt und viele Sonderausgaben in einem Gemeinwesen, in dem es (außer für die Reichsten) keine Steuern gab, ohne die Seebundseinnahmen nicht möglich gewesen wären. Auch wenn Kritiker wie der *Alte Oligarch* manches polemisch überzeichnen, dürften die materiellen Vorteile der Hegemonie in der Tat einen breiten Konsens in Athen hergestellt haben, diese Interessen im Reich notfalls auch mit Unterdrückung und Gewalt durchzusetzen.

Thukydides nennt an einer prominenten Stelle, an der er Athens Machtentfaltung im Seebund thematisiert, neben dem gemeinsamen Nutzen noch zwei weitere Triebkräfte der Entwicklung auf athenischer Seite, nämlich «Ehre» und «Furcht» (1.75.3 und 76.2). Diese Größen stellt er auch sonst heraus, wenn er den Charakter der athenischen Herrschaft reflektiert: So etwa, als Perikles 430, im zweiten Jahre des Peloponnesischen Kriegs, die durch die Pest entmutigten Athener in einer Volksversammlung davon abhält, vor Sparta zu kapitulieren und für Frieden auf ihr Reich zu verzichten. Dort appelliert er zunächst an den Stolz, die Ehre der Athener; dann warnt er sie, die Herrschaft einfach aufzugeben. Fortan «Zurückhaltung und Tugendhaftigkeit» gegenüber anderen Poleis zu üben, stehe ihnen nicht mehr frei: «Die Herrschaft, die ihr innehabt, ist eine Tyrannis; sie zu errichten war Unrecht, sie fallenzulassen aber ist gefährlich» (2.63). Zu groß sei der Haß der Untertanen. Mit derselben Furcht vor der Rache der Untertanen und mit der Ehre argumentieren, neben dem kühlen Nutzenkalkül, auch die Redner der oben erwähnten Mytilene-Debatte, um das Massaker an den Mytilenäern zu rechtfertigen oder abzuwenden. Ehre und Furcht bezeichnen also wiederkehrende Argumente, mit denen, wenn man Thukydides glauben kann, vor dem athenischen Volk Seebundspolitik begründet wurde. Gerade weil diese unter den Bedingungen einer direkten Demokratie nicht von einer abgehobenen politischen Kaste allein ins Werk gesetzt werden konnte und immer neu ausgehandelt werden mußte, kamen demnach nicht nur rationale Nutzenerwägungen, sondern auch Motive wie Furcht und Ehre zum Tragen, die den *dē̃mos* von Athen bewegten. Die Herrschaftspraxis der Athener im Seebund ist insofern nicht von einer anderen neuen Ordnung zu trennen, die um dieselbe Zeit die griechische Welt veränderte: der Demokratie. Deren Entstehung und Funktionsweise müssen wir uns daher nun zuwenden.

2. Die Demokratie

«Die Verfassung, nach der wir leben, eifert nicht den Gesetzen der Nachbarn nach; eher sind wir ihnen ein Vorbild, als daß wir andere nachahmen. Mit Namen heißt sie, weil sie sich nicht auf wenige, sondern auf viele stützt, *dēmokratía*, ‹Volksherrschaft›.» Thukydides (2.37) formuliert hier – es handelt sich um die Grabrede des Perikles auf die athenischen Gefallenen im ersten Kriegsjahr des Peloponnesischen Krieges – ein Selbstbild der Athener, das bis heute Geschichtsbilder prägt: daß die Entstehung der Demokratie wesentlich eine Angelegenheit Athens war, dort ihre volle Ausformung erhielt und von dort in die griechische Welt ausstrahlte. Dieses Bild beruht nicht zuletzt darauf, daß wir über Polisverfassungen außerhalb Athens und Spartas nur rudimentäre und punktuelle Nachrichten haben. Zusammengenommen legen sie aber doch nahe, daß sich Verfassungsordnungen, die auf breiter politischer Teilhabe beruhten und in denen Volksversammlungen das maßgebliche Entscheidungsorgan waren, auch außerhalb und unabhängig von Athen entwickelten.

Bereits in der frühen und hohen Archaik hatten viele griechische Gemeinwesen relativ differenzierte Institutionen und Verfahren entwickelt, um sich gemeinschaftlich zu verwalten. Dazu gehörten Ämter für Gemeindeaufgaben im Kult oder der Rechtsprechung, von deren Inhabern manche bereits auf Zeit gewählt wurden; ferner eine Ratsversammlung, in der die führenden Männer der Polis Angelegenheiten des Gemeinwesens berieten; außerdem die gemeinschaftliche Beratung und Abstimmung – in der Regel durch Mehrheitsentscheid – in der Vollversammlung all jener freien Männer, die ein Recht auf Mitsprache besaßen. Schon im späteren 7. Jahrhundert wurden Verfahren für die Interaktion dieser Institutionen schriftlich niedergelegt. Einen Schub erhielt die Entwicklung ab der Mitte des 6. Jahrhunderts, als vielerorts Tyrannen gestürzt wurden, die im Zuge gewalttätiger *stáseis* an die Macht gekommen waren. Wir haben das im Zusammenhang des Ionischen Aufstandes in Kleinasien und benachbarten Gebieten gesehen, dasselbe geschah um dieselbe Zeit aber auch anderswo: in Korinth zum Beispiel, wo die Dynastie der Kypseliden um 540 gestürzt wurde, in Sikyṓn auf der nördlichen Peloponnes, aber auch an den Peripherien der griechischen Welt, in Ambrakía in Westgriechenland oder in Kyrene in Nordafrika, einer traditionell von einer Erbdynastie regierten Stadt, wo König Báttos III. in einer Phase innerer Unruhen und äußerer Bedrängnis um die Mitte des 6. Jahrhunderts den Spruch eines von seinen Konkurrenten herbeigerufenen Schiedsrichters akzeptieren mußte, der ihm einen gewissen Sonderstatus und kultische Funktionen beließ, ihn im übrigen aber entmachtete. Im Zusammenhang dieser Auseinandersetzungen tauchten, wie wir bereits sahen, gegen Ende des 6. Jahrhunderts neue politische Begriffe auf: *isonomía* (‹gleiches Recht›) und, davon abgeleitet, *isēgoría* (‹Gleichheit des Rederechts›) und *isokratía* (‹Gleichheit der Macht›). Diese Schlagwörter dürften im aristokratischen Widerstand gegen Tyrannen entstanden sein, doch ist in ihnen eine grundsätzliche Forderung nach gleichberechtigter politischer Mitsprache enthalten, die auch von breiteren Kreisen gegen aristokratische Machtansprüche erhoben werden konnte. In der Tat hört man zur selben Zeit etwa aus Naxos, aus Chalkis auf Euboia oder Megara von Machtkämpfen zwischen Aristokraten und «dem Volk» (*dḗmos*), was wohl eine besitzende Mittelschicht meinen dürfte. Die Idee der politischen Mitsprache breiter – wenn auch sicher noch nicht aller – Schichten der freien, männlichen Bevölkerung hatte gegen Ende des 6. Jahrhunderts weithin Fuß gefaßt.

Ab dem frühen 5. Jahrhundert lassen sich dann verschiedenerorts entsprechende politische Systeme fassen. Ein Beispiel dafür ist Argos. Dort löste eine vernichtende Niederlage gegen den alten Rivalen Sparta, als in der Schlacht bei Sēpeia (wohl 494) tausende argeischer Bürger fielen, eine Krise aus, in deren Zuge bislang minderprivilegierte Schichten an die Macht kamen; in diesem Zusammenhang oder später im Rahmen einer Neukonstituierung der Bürgerschaft, die vielleicht um 490 anzusetzen ist, könnte eine Ausweitung der bislang begrenzten Mitspracherechte erfolgt sein. Jedenfalls eröffnete schon vor der Mitte des 5. Jahrhunderts die Formel «Beschlossen hat die Volksversammlung (*haliaía*)» inschriftlich erhaltene Volksbeschlüsse; später sind typisch demokratische Verfahren wie die Rechenschaftslegung von Beamten und die temporäre Verbannung durch das Verfahren des *ostrakismós* (dazu später) belegt. Der *dámos* erscheint in den Quellen als souveräne, letztentscheidende Instanz, der Rat (*bōlá*) hat ihm gegenüber eine deutlich untergeordnete Rolle. Zusätzlich gab es das Gremium der ‹Achtzig›, dessen Charakter allerdings unklar ist. Demokratisch ist auch der Wechsel der Magistrate, der sich in Argos sogar halbjährlich vollzog. Klassische Quellen sprechen von Argos im 5. Jahrhundert daher ganz selbstverständlich als Demokratie. Auch in Ḗlis im Nordwesten der Peloponnes scheinen entsprechende Entwicklungen stattgefunden zu haben. Inschriftlich belegt ist um das Jahr 500 das Verfahren einer Gesetzesänderung, an der eine «Vollversammlung des Volks» (*dámos plēthýōn*) und ein Rat beteiligt waren, wobei auch nach anderen Dekreten der *dámos* höchste Entscheidungsinstanz war. War die Partizipation zu diesem Zeitpunkt vielleicht noch beschränkt, setzt man spätestens mit dem Synoikismos (der Gründung einer Stadtsiedlung) von 471 allgemein die Einführung einer vollentwickelten Demokratie an, wie sie auch im weiteren Verlauf des 5. und 4. Jahrhunderts bezeugt ist. Ein drittes Beispiel bietet Syrakus. Dort war, wie wir schon hörten, die Oligarchie der Großgrundbesitzer (der *gamóroi)* etwa um 500 durch den *dêmos* gestürzt worden. Von der dann eingeführten Verfassung ist immerhin so viel bekannt, daß die Volksversammlung darin offenbar eine entscheidende Instanz war. Die Verfassung, nachdem die Tyrannis 466 gestürzt worden war, bezeichnen die Quellen als Demokratie, wiewohl dies anachronistisch sein mag. Immerhin wurde 454 in Syrakus vorübergehend ein angeblich dem athenischen Ostrakismos nachgebildetes Verfahren der temporären Verbannung geschaffen, dort mit Ölbaumblättern durchgeführt und daher *petalismós* genannt. Aus dem späteren 5. Jahrhundert sind mehrere Episoden bekannt, in denen syrakusanische Feldherren vom Volk für Versagen im Feld zur Verantwortung gezogen wurden. In den 410er Jahren, in der Zeit des Krieges gegen Athen, ist die Volksversammlung in Syrakus als Entscheidungsinstanz dann vielfach belegt. 412 wurde die Losung der Magistrate eingeführt. Spätestens zu diesem Zeitpunkt wird man von einer Demokratie im vollen Sinne sprechen können.

Neben den genannten ließen sich viele weitere Beispiele im 5. und 4. Jahrhundert nennen. Manche dieser partizipativen Systeme, nicht nur die im Seebund von Athen oktroyierten Demokratien, mögen durchaus dem Vorbild Athens gefolgt sein. Bereits die Chronologie in Argos, Elis oder Syrakus läßt aber vermuten, daß die Entwicklung zu breiter politischer Partizipation und demokratischen Verfahren auch anderswo in Hellas zur selben Zeit und von Athen unabhängig einsetzte. Athen bot auch nicht in jeder Hinsicht die radikalste Ausprägung dieser Verfassungsform. In Argos etwa wechselten die Magistrate, wie bereits erwähnt, alle halbe Jahre (in Athen jährlich), der Rat spielte offenbar gegenüber der Volksversammlung eine viel geringere Rolle als in Athen. Vom demokratischen Táras (Tarent) in Unteritalien weiß Aristoteles zu berichten, daß «jene (Land)Besitz vergemeinschaften, den Armen zum Nutzen» (*Politik* 6.1320b10); Ähnliches war auf Lipára (Lipari) der Fall – so weit gingen die Athener nie. Und in Kyrene konnten im 5. Jahrhundert alle Freien oder Freigeborenen das Bürgerrecht erwerben, ohne

Einschränkungen nach der Herkunft – auch das wagten die Athener nie. Athens Demokratie war demnach in mancher Hinsicht zweifellos einmalig, wie wir gleich sehen werden, aber grundsätzlich entsprach die Entwicklung in Athen einer verbreiteten Tendenz in Hellas.

Athens Entwicklung zur Demokratie

Auch in Athen wurde Ende des 6. Jahrhunderts, im Jahr 511/0, ein Tyrann von seinen aristokratischen Konkurrenten gestürzt: Hippias, der die Tyrannis schon von seinem Vater Peisistratos übernommen hatte. Institutionell änderte sich dadurch nichts, denn die Tyrannen hatten die politische Ordnung, wie sie sich bis in die erste Hälfte des Jahrhunderts entwickelt hatte, nominell nie abgeschafft. Sie war timokratisch: Rechte und Pflichten der Bürger waren nach Vermögen gestaffelt und mit ihrem Beitrag zur Wehrgemeinschaft korreliert. Nur Angehörigen der höchsten Zensusklassen – Rittern (*hippeís*), die sich ein Schlachtroß leisten konnten, sowie, wenn damals schon eingeführt, den noch reicheren sogenannten *pentakosiomédimnoi* (‹500-Schefflern›) – standen die Magistraturen offen, und nur sie bildeten daher den Areopag *(Áreios págos)* aus den ehemaligen Magistraten (*árchontes*) – einen nach seinem Sitzungsort, einem Hügel in Athen, benannten Rat, der als Hochgericht fungierte und eine allgemeine Oberaufsicht über das Gemeinwesen und die Magistrate ausübte. Die volljährigen, freien Männer dagegen wählten in der Volksversammlung (*ekklēsía*) die Magistrate und wurden bei weitreichenden Entscheidungen befragt. Daneben gab es einen Rat (griech. *boulḗ*) aus 400 Mitgliedern, der probouleutische Aufgaben hatte – d. h., er bereitete die Volksversammlungen vor –, aber insgesamt nur geringes Gewicht gehabt zu haben scheint. Eine Demokratie war diese Ordnung nicht; die Macht lag faktisch ganz bei der besitzenden Aristokratie.

Innerhalb dieser Oberschicht brach nach dem Sturz der Tyrannen ein Machtkampf aus, in dem sich ein gewisser Isagóras auf der einen und der maßgeblich am Sturz des Hippias beteiligte Kleisthenes auf der anderen Seite gegenüberstanden. Er eskalierte, als Isagoras die Wahl zum höchsten Magistraten der Stadt, dem *árchōn epṓnymos* (‹dessen Name das Jahr bezeichnet›), für 508/7 gewann (das athenische Jahr begann im Juli, mit dem ersten Neumond nach der Sommersonnenwende). Kleisthenes versuchte daraufhin, eine erweiterte Anhängerschaft im *dḗmos* zu mobilisieren, wohl indem er breitere Mitsprache in Aussicht stellte; Herodot, unsere Hauptquelle, erwähnt in diesem Zusammenhang bereits die Pläne zur Phylenreform, und wahrscheinlich spielte auch die Parole der *isonomía* eine Rolle, die zu dieser Zeit in vielen Städten Resonanz fand. Offenbar hatte Kleisthenes damit Erfolg, denn Isagoras sah sich gezwungen, Spartas König Kleomenes um sein Eingreifen zu bitten, dessen militärische Intervention bereits den Sturz des Hippias herbeigeführt hatte. Dieser entsprach der Bitte, um seinen Einfluß auf Athen zu sichern; er rückte mit einem kleinen Heer an, vertrieb die Gegner des Isagoras – auch Kleisthenes war geflohen – und schickte sich an, eine spartafreundliche Oligarchie von 300 Aristokraten einzurichten. Da, so erzählt Herodot (5.72), geschah das Unerwartete: «Der Rat» – es ist unklar, wer damit gemeint ist – «wollte sich nicht fügen»; «die übrigen Athener, die derselben Meinung waren», belagerten die Spartaner und Isagoras' Gefolgsleute, die sich auf die Akropolis zurückgezogen hatten, und erzwangen ihren Abzug. Kleisthenes und die übrigen Vertriebenen kehrten zurück, viele Parteigänger des Isagoras wurden getötet; ein erneuter Angriff des gedemütigten Kleomenes scheiterte am Streit mit den von ihm aufgebotenen Peloponnesiern.

Damit war der Weg frei für die Reformen, die Kleisthenes 508 in Aussicht gestellt und vielleicht bereits in Angriff genommen hatte. Ihr Kernstück war die Schaffung eines neuen Rates aus 500 Mitgliedern, der neben den weiterbestehenden Areopag an die Stelle des Rates der 400 treten sollte. Er sollte alle athenischen Bürger und alle Teile Attikas gleichermaßen vertreten. Um das zu gewährleisten, reorganisierte Kleisthenes die Bürgerschaft. Sie war bislang in, wie in den ionischen Städten üblich, vier ‹Stämme› (*phylaí*, fiktive Verwandtschaftsverbände) eingeteilt. Diese blieben als Kultverbände auch bestehen, Kleisthenes schuf aber zudem zehn neue Phylen. Ihre organisatorische Grundlage – und dies war offenbar neu –

bildeten die ca. 140 Gemeinden Attikas, die sogenannten Demen (von griechisch *dḗmos*). Jede Phyle war zu je einem Drittel aus Demen zusammengesetzt, die in Stadtathen, in einer Küstenregion oder im Inland lagen, und zwar so, daß die Phylen insgesamt alle etwa gleich viele Bürger umfaßten. Auf dieser Grundlage stellte jede Phyle 50 Mitglieder (*bouleutaí*) des neuen Rats der 500, wobei die Demen je nach Größe unterschiedlich stark repräsentiert waren: Der größte *dḗmos* Archarnaí bot 22 Bouleuten auf, andere nur einen. Im Rat der 500 waren so alle Gegenden Attikas nach ihrer Größe vertreten. Die Ratsmitglieder wurden aus von den Demen aufgestellten Kandidaten erlost; ihre Amtszeit war wahrscheinlich schon damals auf ein Jahr und zwei Amtszeiten begrenzt. Praktisch nahmen das Amt des Bouleuten anfänglich ausschließlich Angehörige der höheren Zensusklassen wahr; ein Ausschluß Ärmerer ist nicht bezeugt, war faktisch aber durch den Zeitaufwand gegeben: Denn der Rat trat vielleicht schon damals, später sicher, täglich zusammen; wer von seiner eigenen Hände Arbeit leben mußte, konnte das Bouleutenamt daher nicht wahrnehmen. Tagegelder für Bouleuten wurden erst um die Mitte des 5. Jahrhunderts eingeführt. Die Aufgaben des Rates der 500 bestanden anfänglich wohl vor allem in der probouleutischen Funktion für die Volksversammlung; im Lauf der nächsten Jahre und Jahrzehnte wuchs der Rat aber langsam in die Rolle der allzuständigen ‹Regierung› Athens. Das war nach 508/7 noch nicht gegeben, denn die existierenden Magistrate und der Rat auf dem Areopag wurden nicht in ihrer Macht beschnitten.

Was bezweckte diese Reform? Und warum maß man dieser auf den ersten Blick sehr technischen Maßnahme schon in der Antike Bedeutung als Grundsteinlegung der Demokratie zu? Die aristotelische *Athēnaíōn Politeía*, ein historisch-systematischer Abriß der Verfassung Athens aus dem späten 4. Jahrhundert, gibt als Ziel die «Vermischung» der Athener an, «damit mehr an der *politeía*, an der Verwaltung des Staates» (§ 21) teilhätten (so jedenfalls die in diesem Zusammenhang wahrscheinlichere Übersetzung). Das zugrundeliegende Problem dürfte die für griechische Verhältnisse ungewöhnliche Größe des Polisterritoriums der Athener gewesen sein, das ganz Attika umfaßte. Nicht nur mochte es in Attika regionale

Machtblöcke und Interessendivergenzen gegeben haben, die durch die Durchmischung der Phylen aus Demen verschiedener Landesteile an Gewicht verloren. Drängender war wohl, daß vielen Athenern in den Landgemeinden – durchaus auch solchen hoher Vermögensklassen – die Mitsprache in den politischen Gremien Stadtathens schon wegen der räumlichen Distanz erschwert war. Kleisthenes' neuer Rat schuf in dieser Situation Abhilfe, da in ihm Athener aller, auch entlegener Teile Attikas gleichermaßen und proportional zur Größe ihrer Gemeinde repräsentiert waren. Er wirkte so dem Übergewicht der Städter und stadtnahen Demen in den Polisgremien entgegen und stellte die Gleichheit der Interessenvertretung her. Überdies mochte er zugleich breiteren Schichten eine Stimme verschafft haben, denn in den städtischen Gremien, vor allem der Volksversammlung, konnten Aristokraten persönlich oder mit Hilfe ihrer politischen Gefolgschaften überproportional Einfluß nehmen. Mit dem aus der gesamten Bevölkerung zusammengesetzten Rat verfügten dagegen breitere Kreise über ein Organ, um in der Versammlung, aber auch gegenüber Magistraten und dem Areopag ihre Interessen zu artikulieren. Kleisthenes muß, als er dieses System vorschlug, nicht einmal aus idealistischen Motiven gehandelt haben: Als er Isagoras im Machtkampf vorerst unterlegen war und nach einer größeren Gefolgschaft suchte, mochte er eine Chance gesehen haben, durch die Einbindung der Landbevölkerung und vielleicht auch breiterer Schichten die Machtverhältnisse zu verschieben. Schon der Tyrann Peisistratos hatte zur Stabilisierung seiner Herrschaft auf die Landbevölkerung gesetzt, das Muster war also bekannt. Doch traf Kleisthenes damit offenbar einen Nerv bei vielen Athenern, sonst hätten sie ihn nicht gestützt: Die Reform verschaffte mehr Bürgern als zuvor ein Organ, um ihre Interessen zu vertreten, und entsprach so der in der Luft liegenden Forderung nach Gleichheit, Isonomie.

Die kleisthenischen Reformen hatten nachhaltige Wirkungen. Nicht nur trug die ‹Durchmischung› in den neuen Phylen, die auch Kultverbände waren und einen gemeinsamen Phylenheroen verehrten, maßgeblich zur Einigung Attikas und der Ausbildung einer gemeinsamen Identität seiner Bewohner als ‹Athener› bei, ein

Prozeß, der erst im 6. Jahrhundert mit der Einrichtung panathenischer Feste in Stadtathen und in den Landheiligtümern und anderen identitätsstiftenden Maßnahmen begonnen hatte. Die Einigung und Aktivierung der gesamten Bürgerschaft Attikas stärkte auch Athens Kriegsmacht nachhaltig, da die neuen Phylen fortan zugleich jeweils ein Regiment des Bürgeraufgebots bildeten. Seine Schlagkraft bewies das so entstandene, große Bürgerheer, als die Athener nach dem gescheiterten Zangenangriff des Kleomenes wie berichtet zu einer blitzartigen Gegenoffensive übergingen, die heranziehenden Boioter besiegten, auf Euboia die Chalkidier vernichtend schlugen und sich dort riesige Ländereien aneigneten. Vor allem aber waren große Teile der Bevölkerung Attikas, nicht nur die Oberschicht und die Stadtathener, fortan regelmäßig in die Polisverwaltung eingebunden, allein schon wegen des hohen Personalbedarfs für die jährlich wechselnden, insgesamt nur zweimal im Leben amtierenden 50 Bouleuten pro Phyle. Sie alle erlebten gemeinschaftliche Entscheidungsfindung und Beschlußfassung in Rat und Volksversammlung in allen Angelegenheiten ihres Gemeinwesens, und sie gewöhnten sich an öffentliches Debattieren und nicht zuletzt auch an Auseinandersetzung und Konflikt mit den aristokratischen Magistraten und dem Areopag. Durch die hohe Repräsentationsquote – auf einen Bouleuten kamen etwa 50 bis 60 Athener – war zudem ein dichter Informationsfluß in die Bürgerschaft gewährleistet.

Auf der Ebene der Demen setzte sich das fort. Dort, in Versammlungen der Demenbürger, wurden die Bouleuten und lokale Magistrate bestimmt, über die Verleihung des Bürgerrechts an einen volljährig gewordenen Athener entschieden und über Angelegenheiten der lokalen Selbstverwaltung befunden. Vielleicht war die Einrichtung dieser ‹basisdemokratischen› Demenverwaltung sogar der langfristig wirkungsvollste Aspekt der Reformen. Sie trug jedenfalls maßgeblich dazu bei, daß die intensive Einbindung in die politische Entscheidungsfindung auf allen Ebenen politisches Selbstbewußtsein und Verantwortungsgefühl als Bürger entstehen ließ und daß das ‹Politische› ein eigener, elementarer Bestandteil der Identität eines Atheners wurde. Auf dieser Grundlage konnte sich dann langsam ein Bewußtsein dafür entwickeln, daß das Kollektiv der Bürger die höchste Entscheidungsinstanz in allen Angelegenheiten des Gemeinwesens, mithin der Souverän der Polis das Volk als Ganzes, der *dḗmos*, war. In diesem Sinne ist es richtig, von Kleisthenes' Phylenreform als Grundlegung der Demokratie zu sprechen – auch wenn Kleisthenes selbst diese Zielsetzung wohl fernlag. Neuerdings ist man sogar so weit gegangen, die Ereignisse von 508/7 als eine «demokratische Revolution» zu beschreiben: In dem Aufstand von 507 gegen Isagoras und Kleomenes habe sich zum ersten Mal ein souveräner Volkswille gegen den Adel manifestiert; der *dḗmos* sei sich damals seiner Rolle als eigenständiger politischer Akteur bewußt geworden und fortan treibende Kraft der Reformen gewesen. Allerdings wird Herodots Erzählung damit allzusehr belastet: Die Akteure des Aufstands bleiben bei ihm im dunkeln, und in der demokratisch überformten Erinnerung des späteren 5. Jahrhunderts mag die Rolle des Kollektivs überbetont worden sein. Vor allem aber fehlt 508/7 jede Beschneidung der Macht des Adelsrates auf dem Areopag oder der Magistrate, wie dies von einem *dḗmos* zu erwarten wäre, der sich fortan als alleinige, letzte Entscheidungsinstanz wie in der Demokratie verstand. Kleisthenes' Reformen schufen lediglich die Voraussetzungen dafür, den Willen breiterer Schichten zur Geltung zu bringen. Was daraus werden konnte, mußte sich in den kommenden Jahren und Jahrzehnten zeigen.

Tatsächlich vollzog sich die weitere Entwicklung langsam, in kleinen Schritten und eher situationsbedingt als zielgerichtet. 488/7 wurde zum ersten Mal ein sogenannter *ostrakismós*, ein ‹Scherbengericht› angewandt, in dem die Volksversammlung (anfangs vielleicht der Rat) befragt wurde, ob und wenn ja welcher Bürger auf zehn Jahre ohne Verlust seines Vermögens aus der Polis verbannt werden sollte. Tausende der Tonscherben (*óstraka*), die man als Stimmtäfelchen benutzte, hat man in antiken Schutt- und Müllgruben gefunden. Das Verfahren erlaubte es, der Machtbildung eines einzelnen zum Schaden der Polis vorzubeugen, ohne dafür ein konkretes Vergehen nachweisen zu müssen, und Richtungsentscheidungen herbeizuführen, indem man Exponenten einer bestimmten Politik entfernte. So traf der erste Ostrakismos kurz nach Marathon einen Verwandten des Hippias und dürfte mit Debatten über die Persienpolitik zu tun gehabt haben. Obgleich er später als typisch demokratisches Instrument galt, war der Ostrakismos zugleich ein Mittel inneraristokratischer Machtkämpfe. Dies zeigen alle Fälle, die wir besser greifen können; ein Beispiel werden wir gleich sehen. Es ist daher nicht unwahrscheinlich, daß dieses typisch demokratische Verfahren Aristokraten seine Entstehung verdankt, die per Volksentscheid ihre Konkurrenten kaltstellen wollten. Gleichwohl stärkte der Ostrakismos langfristig das Selbstbewußtsein des Volkes: Jahr für Jahr, selbst wenn am Ende kein Scherbengericht beschlossen wurde, demonstrierte die Befragung symbolisch die Macht des Volkes über die aristokratische Elite.

Deren internen Machtkämpfen verdankt sich möglicherweise auch eine in dieselbe Zeit fallende konstitutionelle Veränderung: die Losung der Archonten, ein Verfahren, das mit der Zeit auf die meisten Ämter übertragen wurde. Das Losverfahren, das auch bei der Besetzung des Rats der 500 und der Volksrichter angewandt wurde, galt später als demokratisches Instrument par excellence, denn mit seiner Hilfe war, anders als bei der Wahl, jede gezielte Einflußnahme auf die Besetzung ausgeschlossen. Daher verfeinerten die Athener das Losverfahren im Lauf der Jahrzehnte bis zur Erfindung aufwendiger Losmaschinen, die noch die leiseste Manipulation verhindern sollten. Losung verhinderte aber auch, daß konkurrierende Aristokraten mit Hilfe von Wahlbeeinflußung an die Macht kamen, und darin liegt wohl der Grund, warum die Losung der Archonten eingeführt wurde. Fortan jedenfalls blieben als Wahlämter nur das des *stratēgós*, des Anführers einer Phyle im attischen Bürgerheer, und einige weitere Ämter etwa im Finanzwesen, die besondere Kenntnisse voraussetzten. Langfristig hatte das bedeutende Folgen. Die erlosten Magistraturen wurden als Vehikel politischer Machtausübung zunehmend bedeutungslos, und mit ihnen sank auch der Einfluß des Adelsrats auf den Areopag. Beides führte dazu, daß sich aristokratische Konkurrenz um politischen Einfluß ein anderes Feld suchen mußte. Und dafür blieb auf Dauer nur die Volksversammlung, in der man fortan um Meinungsführerschaft rang. So konnte die Volksversammlung und mit ihr der *dēmos* als Ganzer langsam zum Zentrum der Politik in Athen werden.

Die entscheidenden Schritte dazu vollzogen sich aber erst in den späten 460er und 450er Jahren. 462 brachte eine Gruppe um einen Mann namens Ephiáltēs – auch der junge Perikles gehörte ihr an – ein Gesetz durch die Volksversammlung, das dem Areopag alle Befugnisse jenseits der Blutgerichtsbarkeit nahm. Konkret ging es dabei vermutlich vor allem um die Rechenschaftslegung der Magistrate und Klagen gegen ihre Amtsführung, die dem Rat eine starke Rolle in der Polis gaben. Die Rechenschaftslegung der Beamten erfolgte fortan vor erlosten Bouleuten, Klagen gegen ihre Amtsführung verhandelte das Volksgericht, das ausgebaut und in verschiedene Gerichtshöfe ausdifferenziert wurde; vor diesem Gremium fand auch die Prüfung vor Amtsantritt statt, zunehmend eine demokratische Gesinnungsprüfung. Die Volksversammlung sowie, in ihrer Vertretung, der Rat der 500 und die Gerichte gewannen so die uneingeschränkte Kontrolle über den Staat. Und damit nicht genug: 457/6 wurde die mittlere Zensusklasse der Zeugiten, ‹Männer der Schlachtreihe (*zygón*)›, die sich als Hopliten (mit schwerer Rüstung, *hóplon*) ausrüsten konnten, zum Archontat zugelassen, bald darauf wohl auch die unterste Klasse der Theten (von *thēs*, Tagelöhner). In dieselbe Zeit fällt die Einführung von Diäten für Volksrichter und Bouleuten, vielleicht sogar schon für Magistrate. Sie ermöglichten auch denjenigen, die auf ihrer Hände Arbeit angewiesen waren, häufiger an den Staatsgeschäften teilzunehmen, und veränderten daher auch die soziale Zusammensetzung dieser Gremien. Das machte sich vor allem in den Gerichten bemerkbar, in denen ab dem späteren 5. Jahrhundert häufig sozial Niedrigerstehende als Richter über Angehörige der Oberschicht entschieden. Die Jahre um 460 gelten daher zu Recht als der eigentliche Durchbruch zur Demokratie: Nun hatte das Volk tatsächlich das entscheidende Wort in allen Staatsgeschäften und Anteil an allen Gremien, und zwar alle Schichten bis hinab zu den Theten. Nicht zufällig taucht in dieser Zeit auch erstmals der Begriff *dēmokratía* auf.

Die Ereignisse von 462 und den folgenden Jahren vollzogen sich in einem Klima höchster Spannung. Ephialtes wählte für seinen

Volksbeschluß über den Areopag mit Bedacht einen Augenblick, als Kimon, über Jahre eine dominante Figur der politischen Führung Athens, mit einer großen Hoplitentruppe abwesend war, weil Sparta Athen um Waffenhilfe gegen aufständische Heloten nachgesucht hatte (dazu später). Schon vorher hatte Ephialtes ihn und viele Areopagiten mit Prozessen überzogen. Nach seiner Rückkehr setzte Kimon all sein politisches Gewicht ein, um die Areopag-Beschlüsse rückgängig zu machen; er scheiterte aber und wurde ostrakisiert. 461 wurde Ephialtes selbst ermordet. Die Stimmung scheint so explosiv gewesen zu sein, daß Thukydides zufolge Gerüchte über einen antidemokratischen Umsturz umliefen. Und in den *Eumeniden*, einem Drama, das mit einer Ursprungserzählung des Areopag-Gerichts direkt auf die Ereignisse von 462 verweist, thematisierte Aischylos im Jahr 458 die Angst vor dem «Gift-Geträuf, das ... die Flur befallend todbringende Pestbeulen ins Land wirft», dem «blutigen Wetzstein» des Bürgerkriegs (v. 811–8, 859). Die Reformen wurden also offenbar gegen massiven Widerstand durchgesetzt. Was war ihr Motor?

Bereits beim *Alten Oligarchen*, der die Seebundsherrschaft wie erwähnt als Unternehmen eines besitzlosen, von Flotte und Reich abhängigen Schiffspöbels kritisiert, ist die bis heute verbreitete Auffassung angedeutet, der Demokratisierungsschub um 460 sei von den Theten ausgegangen, die als Ruderer Athens Sieg über die Perser erfochten und dafür nun volle politische Mitsprache verlangt hätten; der Gedanke findet sich dann in der Politiktheorie des 4. Jahrhunderts voll ausgeformt. Dahinter steckt freilich antidemokratische Polemik: Von der Seeherrschaft profitierten alle Schichten, wie wir sahen; bemannt wurde die Flotte nachweislich nicht nur von Theten, sondern auch von Bürgern anderer Zensusklassen und Söldnern. Außerdem fanden direkt nach den Perserkriegen gerade keine konstitutionellen Veränderungen statt. Der Demokratisierungsschub seit 462 wurde demnach vom gesteigerten politischen Selbstbewußtsein aller Bevölkerungsschichten getragen, nicht nur von den Theten. Wichtiger dürfte daher wohl ein anderer Faktor gewesen sein: der Seebund. Er brachte mit sich, daß ein beträchtlicher Teil der Athener Jahr für Jahr auf den Schiffen diente,

Krieg führte und sich so seiner Bedeutung für die Aufrechterhaltung und Erweiterung des Athenischen Reiches bewußt wurde. Erst kurz vor den Reformen, um 465, hatten die Athener am Eurymedon erneut einen vernichtenden Sieg über Persien errungen. Auch wertete der Seebund die Institutionen auf, in denen das Volk entschied: Die Volksgerichte begannen in dieser Zeit vermehrt über Angelegenheiten von Bündnern zu entscheiden, Rat und Volksversammlung waren beständig mit Seebundsfragen beschäftigt und mußten immer öfter zusammentreten, um weitreichende außenpolitische Entscheidungen zu treffen. Die Volksversammlung dürfte auch immer besser besucht worden sein, da der allgemeine ökonomische Aufschwung Athens und des Piräus ebenso wie der Bedarf an Arbeitern und Handwerkern für Bau und Unterhalt der Flotte immer mehr Menschen vom Land in die Stadt zog, so daß auch immer mehr Athener leicht an Volksversammlungen teilnehmen konnten.

Die Ereignisse von 462 zeigen aber auch, daß das gesteigerte politische Selbstbewußtsein aller Bevölkerungsschichten alleine nicht ausreichte. Auslöser der demokratischen Reformen war nicht ein revolutionärer Volkswille, sondern ein Machtkampf zwischen Aristokraten, als eine Gruppe um Ephialtes den Einfluß Kimons und seiner Gruppe zu brechen versuchte. Das Volk kam erst an zweiter Stelle ins Spiel, weil es Ephialtes und seinen Leuten gelang, unter Ausnutzung des gesteigerten politischen Selbstbewußtseins im Volk eine Mehrheit für die Entmachtung des Areopag und weitere Maßnahmen zu gewinnen, indem sie sich als demokratische Politiker profilierten. Ähnlich war es auch 508/7, als Kleisthenes im Machtkampf mit Isagoras die verbreitete Forderung nach gesteigerter Mitsprache für sich zu instrumentalisieren wußte. Hinter der Einführung des Ostrakismos und des Losverfahrens stand wahrscheinlich ebenfalls inneraristokratische Konkurrenz. Die Entstehung der Demokratie in Athen folgte damit einer paradoxen Logik: Die Demokratisierung wurde maßgeblich durch Konkurrenz unter Aristokraten vorangetrieben, die das Volk in bestimmten Situationen für ihre kurzfristigen Zwecke einspannten; sie schufen damit aber zugleich Mechanismen, die sie langfristig selbst entmachteten.

Die Freiheit der Demokratie und ihre Grenzen

In der Staatsform, die sich so in dem guten halben Jahrhundert seit Kleisthenes' Reformen entwickelt hatte, zählte fortan einzig und allein der Wille des in Ekklesie und Gericht versammelten Volkes. Delegierter Macht wurde prinzipiell mißtraut; Repräsentativorgane und Magistrate mußten sich vor, während und nach ihrer Amtszeit strengen Rechenschaftsverfahren unterziehen, die gegebenenfalls empfindliche Sanktionen bis zur Vernichtung der ökonomischen Existenz oder gar die Todesstrafe nach sich zogen. Die Losung der Ämter, ihre jährliche Rotation und das Iterationsverbot dienten ebenfalls dem Zweck, der Machtentfaltung einzelner hohe Hürden in den Weg zu legen. All dies schwächte die Magistraturen extrem. Schon deswegen kam der Volksversammlung höchstes Gewicht zu. Hinzu kam die Art der Entscheidungsfindung: In Athen wurde, anders als in den meisten republikanischen Systemen bis heute, kein Konsens ausgehandelt und dann per Abstimmung legitimiert; dazu fehlte den Magistraten die Macht, und festgefügte Parteien, die dies hätten bewerkstelligen können, gab es nicht. Bei 30000 bis 50000 Stimmberechtigten, von denen mehrere Tausend eine Volksversammlung besuchten, waren Absprachen im voraus kaum zu realisieren, selbst im Rat der 500 war dies problematisch. Die Entscheidungsfindung vollzog sich daher immer öffentlich vor dem versammelten Volk, und dabei zählte nur eines: die Mehrheit der Stimmen. Da weder konkurrierende Institutionen noch informelle Mechanismen den Willen der Mehrheit beschränkten, war dem Willen des Volkes prinzipiell keine Grenze gesetzt. Alles, was die Polis betraf, wurde dort verhandelt, von der Tagespolitik bis zu Fragen des Kults. Wie weit die Macht des Volkes ging, demonstriert eindrücklich die Episode um das Schicksal der Stadt Mytilene im Jahr 427, die wir im vorhergehenden Kapitel mehrmals gestreift haben. Die Volksversammlung war durch nichts in ihrer Entscheidung über Leben oder Tod der Mytilenäer beschränkt, nicht durch irgendwelche allgemeinen Normen – in der von Thukydides stilisierten Debatte ist wie gesagt nur von den Vor- und Nachteilen für Athen die Rede, nicht von irgendwelchen rechtlichen oder ethischen Überlegungen –, ja nicht einmal durch ihre eigenen Beschlüsse: Daher konnte die Entscheidung, die Mytilenäer zu vernichten, tags darauf ohne weiteres revidiert werden. Die Mytilene-Episode ist damit nicht nur eine Schlüsselszene für den Charakter des Attischen Seebundes – wenn man will ein Tiefpunkt. Sie markiert zugleich einen Höhepunkt der Demokratie, der Herrschaft des absoluten, durch nichts gebundenen Volkswillens. Erst langsam begannen die Athener aus der Erfahrung dieser und ähnlicher Episoden heraus Verfahren wie eine Normenkontrollklage gegen Volksbeschlüsse zu entwickeln. Eine radikale Einschränkung des Mehrheitswillens war aber auch damit nie gegeben.

Dasselbe galt für das Volksgericht. Für Expertenwissen von Rechtsgelehrten oder hauptberuflichen Richtern gab es dort keinen Ort – und durfte es auch nicht geben, denn dies hätte die Entscheidungsgewalt des als Laienrichter fungierenden Volkes beschnitten. Eine Rechtssystematik und -kodifikation entstanden erst um 400, und auch dann nur in sehr unvollkommenem Maße; und vor den Laienrichtern zählten, wie die Gerichtsreden des 4. Jahrhunderts zeigen, andere Kriterien genausoviel: die moralische Integrität der Streitenden, ihre demokratische Gesinnung, Verdienste um die Polis oder einfach Mitleid. Das machte einen Prozeß vor dem Volksgericht unkalkulierbar: für Wohlhabende, weil sie mit sachfremden Kriterien bei den Richtern rechnen mußten; aber auch für Normalbürger und Arme: Denn unterlagen sie, weil ein Gegner, zumal ein sozial besser gestellter, rhetorisch überlegen war oder mit Verdiensten um die Polis punkten konnte, so konnten die Geldbußen, die dem unterlegenen Kläger nach athenischem Recht drohten, sie hart treffen. Man mußte sich also gut überlegen, ob man eine Klage riskierte. Obwohl in Athen die Chance, sein Recht in einem gerechten und fairen Verfahren zu erhalten, gerade für den einfachen Bürger so hoch wie in nur wenigen antiken Stadtstaaten gewesen sein dürfte, so ist der Begriff des Rechtsstaates auf das demokratische Athen dennoch nur mit Vorbehalt anzuwenden: Denn was zählte, war auch dort letztlich der Mehrheitswille der Volksrichter. «Die Stimme des Rechts ist eure Stimme», sagte im 4. Jahrhundert ein Redner zu den Volksrichtern (Demosthénēs, Rede 42 § 15).

Für die Athener war diese Macht des Volkes bald selbstverständlich. Dafür sorgte die hochgradige Politisierung der Athener, die sich schon aus der hohen Zahl der jährlich zu besetzenden Ämter ergab: 700 waren es nach der aristotelischen *Athēnaíōn Politeía* allein innerhalb der Polis, hinzu kamen 500 Bouleuten sowie mehrere tausend Richter. Die Volksversammlung tagte regulär 40mal im Jahr zuzüglich Sondersitzungen, also faktisch wohl fast jede Woche. Man geht davon aus, daß daran im Durchschnitt 6000 (von 30–50000) Bürgern teilnahmen, bisweilen auch mehr. Dazu kamen die Demenversammlungen und -ämter. Überall erlebte man so, daß der Mehrheitswille letzte Entscheidungsinstanz war. Aber nicht nur das. Volksversammlung, Gericht oder Rat, wo nach der Mehrheit entschieden wurde und jede Stimme gleich zählte, vermittelte jedem Teilnehmer die Erfahrung, daß man als Bürger jenseits aller sozialen Unterschiede gleich war. Prozesse, in denen einfache Athener über Angehörige der Oberschicht richteten, unterstrichen dies in oftmals dramatischer Weise. So konnte sich ein Bewußtsein von Egalität entwickeln, das in alle Lebensbereiche ausstrahlte.

Die Erfahrung, mit gleicher Stimme per Mehrheitsbeschluß über alles und jeden befinden zu können, hatte Folgen, die weit über die Politik im engeren Sinne hinausreichten: Man lernte, die gesamte Ordnung der Polis ‹politisch›, als verhandelbar zu denken, selbst Fragen der Religion und Sitte, kurz: alle Lebensbereiche. Die ‹Politisierung› der Athener in diesem Sinne konnte so nicht zuletzt zu einem Motor der geistigen Aufklärungsbewegung der Zeit werden, in der man überkommene Traditionen und Überzeugungen aller Art in Frage stellte und Neues für machbar hielt (wir werden darauf noch zurückkommen). Und sie spielte eine Rolle für den erstaunlichen Aufschwung Athens zum künstlerischen und intellektuellen Zentrum der griechischen Welt, weil die Stadt – neben Einkommenschancen – ein offenes geistiges Klima bot, das die Vordenker dieses Aufschwungs anzog. Auch ein anderes intellektuelles Leitthema der Zeit, das Nachdenken über Sprache, über die Leistungen und die richtige Vermittlung rhetorischer Kunst, erhielt seine Brisanz und Prominenz unmittelbar von der direkten Demokratie in Athen und anderswo, in der alles auf die Überzeugungskraft der Rede ankam. Athen wurde daher ein Zentrum der sogenannten Sophisten, der Vordenker dieses Trends und praktischen Vermittler rhetorischer Fähigkeiten.

Der tiefgreifende Wandel, den die Polis der Athener im 5. Jahrhundert durchlief, betraf also viel mehr als politische Institutionen und Rechte. Er schuf ein neues gesellschaftliches Klima, das von einem Bewußtsein der Egalität, der Machbarkeit und der Lösung aus einengenden Fesseln in politischer, sozialer und geistiger Hinsicht geprägt war, kurz von ‹Freiheit›. Thukydides charakterisiert es in dem Enkomion auf Athen, das er Perikles in der bereits erwähnten Grabrede geben läßt, folgendermaßen (2. 37–40): «Freiheitlich», so Perikles, «handeln wir als Bürger, was das Gemeinwesen betrifft, aber auch in bezug auf die gegenseitige Aufsicht im Alltag»; kein Athener zürne dem Nachbar, «wenn er einmal seiner Laune lebt»; in der Erziehung der Kinder herrsche nicht, wie anderswo, strenge Zucht, und trotz der «ungebundenen Lebensweise» besäßen die Athener eine «durch Leichtigkeit, nicht durch mühevolle Übung» erworbene natürliche Tapferkeit. Grundlage all dessen sei die Gleichheit der Bürgerschaft, in der Einfluß und Ansehen nicht auf Beziehungen oder Besitz, sondern allein auf Verdienst gründe. ‹Freiheit›, ein Begriff, der ursprünglich die Abwesenheit von äußerer oder innerer Bedrückung meinte, hatte nach diesem – durchaus idealisierenden (dazu gleich) – Bild in Athen eine zusätzliche Bedeutung gewonnen: Er bezeichnete eine neue gesellschaftliche Ordnung und ein neues Daseinsgefühl. Verstärkt wurde dieses Gefühl durch den politischen und ökonomischen Aufstieg Athens, durch das Wissen der Athener um ihre Macht als Hegemonialherren der Ägäis, aber auch durch die kulturellen Stimuli, die in Athen tagtäglich fühlbar waren. All das erzeugte ein Gefühl des Machen-Könnens und die Vorstellung stets voranschreitenden Erfolgs und Fortschritts auf allen Ebenen. Für das neue Daseinsgefühl der Freiheit war dieses «Könnens-Bewußtsein», wie man es genannt hat, ein wichtiger Beschleuniger: Auch vieles, was zuvor durch gesellschaftliche oder geistige Bindungen eingeschnürt war, schien jetzt machbar, Neues zu wagen erfolgversprechend und positiv, in der Politik ebenso wie anderswo.

Die Freiheit hatte allerdings Grenzen. Das Recht der gleichberechtigten Meinungsäußerung (*isēgoría*) und der freien Rede (*parrhēsía*) galten zwar als hohes Gut: *Parrhēsía* nicht zu haben sei Sklavenlos, heißt es einmal in der Tragödie (Euripides, *Phönizerinnen* 390). Doch Ansichten, etwa im religiösen Bereich, die die Grenzen des von der Mehrheit Akzeptierten überschritten, wurden immer wieder scharf geahndet – wir werden noch Beispiele kennenlernen. Keine Toleranz kannten die Athener auch gegenüber demjenigen, der sich seinen Pflichten gegenüber der Polis – etwa im Krieg – verweigerte. Und nicht zuletzt galten Freiheit und Gleichheit im demokratischen Athen keineswegs für alle, sondern nur für einen kleinen Teil der Einwohner Athens und Attikas: nämlich nur für die freien, volljährigen Männer, die das Bürgerrecht besaßen, und das waren 30 000 bis 50 000 von vielleicht 200 000 bis 250 000 Menschen. Und Gleichheit galt nur im Bereich des Politischen: Die Demokratisierung ging nicht mit einer Sozialrevolution einher. Besitzunterschiede und soziale Hierarchien wurden niemals angetastet, systematische Umverteilungen gab es nicht; gleicher Besitz für alle blieb eine Phantasie der Komödie und der politischen Philosophie. Die Demokratisierung änderte auch an anderen Sozialbeziehungen nichts. Athenerinnen zum Beispiel erhielten nie politische Rechte, obwohl sie dem Bürgerverband zugerechnet wurden, in den Kulten und Festen der Polis – für die Athener nicht weniger wichtig als die ‹Politik› im engeren Sinne – eine tragende Rolle spielten und als Priesterinnen in Poliskulten oder als Angehörige aristokratischer Haushalte bedeutende öffentliche Funktionen innehatten; ihre politische Teilhabe war nur im utopischen Genre denkbar. Gegenüber Frauen anderer Poleis, zum Beispiel Spartas, waren Athenerinnen in rechtlicher Hinsicht sogar erheblich benachteiligt; sie waren selbst nicht geschäftsfähig, sondern unterstanden stets der Vormundschaft ihres Mannes, Vaters oder eines anderen männlichen Verwandten. Gerade Witwen und verwaiste Töchter brachte das bisweilen in eine prekäre Lage, die ausgenutzt wurde. Gleichheit und Freiheit machten an der Geschlechtergrenze halt.

Besonders scharf wurde zudem eine weitere Grenzziehung gehandhabt: jene zwischen Bürgern und Nichtbürgern. Dies betraf zum einen die vielen Tausend Fremden, die im Zuge des Aufstiegs Athens zu einem ökonomischen und kulturellen Zentrum der griechischen Welt in die Stadt kamen. Selbst dauerhaft ansässige Fremde im Status eines Metöken (*métoikos*, ‹Mitwohner›) konnten nicht ohne einen athenischen Bürger als Leumund (*prostátēs*) Prozesse führen und erfuhren noch andere rechtliche Nachteile: Sie durften keinen Grundbesitz erwerben und nicht in den Bürgerverband einheiraten. Anders als die Athener entrichteten sie eine Kopfsteuer und Marktgebühren, die reicheren erbrachten zudem Sondersteuern und weitere Leistungen für den Krieg oder für Festspiele; Kriegsdienst mußten sie ohnedies leisten. An Kulten und Festen nahmen Metöken in von den Bürgern deutlich abgesetzten Rollen teil. Das Bürgerrecht wurde nur sehr wenigen Metöken verliehen. Der rechtliche und soziale Abstand zum athenischen Bürgerverband wurde also mit Nachdruck betont. Das ist um so bemerkenswerter, als Metöken im Alltagsleben größtenteils gut integrierte, geachtete Mitglieder der Stadtgesellschaft waren, die mit ihren athenischen Nachbarn von gleich zu gleich verkehrten, von denen viele als Handwerker, Fabrikanten, Händler, Künstler und Intellektuelle den athenischen Boom wesentlich mittrugen (mehr als ein Drittel der Handwerker am Erechtheíon zum Beispiel waren Metöken) und nicht wenige Wohlhabende sich als Wohltäter für die Polis engagierten. Daß man Metöken in rechtlicher und politischer Hinsicht dennoch so deutlich auf Abstand hielt, hatte nichts mit Überfremdungsängsten zu tun; die Zuwanderung nach Athen wurde nie beschränkt. Der Grund dafür war vielmehr ein politischer: die Demokratie. 451/0 – nach einem neuen Vorschlag erst um 445 – verabschiedete die Volksversammlung auf Antrag des Perikles ein Gesetz, nach dem das Bürgerrecht nur mehr besitzen solle, wessen Eltern beide Bürger seien. Davor hatten eheliche Kinder eines athenischen Bürgers mit einer Fremden – darunter Kleisthenes, Themistokles, Kimon und viele andere – das Bürgerrecht offenbar meist umstandslos erhalten. Auch später gab es liberalere Phasen, doch kam es fortan immer wieder zu Ausbürgerungswellen, zuerst 445/4. Der starke Zuzug Fremder, die erhöhte Mobilität von Athenern im Seebund, z. B. als Kleruchen, und die deswegen wachsende Zahl von Mischehen und Kindern dürften ein Anlaß für diese Verschärfung der Bürgerrechtsgesetzgebung gewesen sein; weitere Gründe werden in der Forschung diskutiert. Doch ihre Ursache war eine politische: Als seit 462 eine immer größere Zahl von Athenern volle politische Rechte erhielt, erschien vielen Bürgern eine Grenzziehung, wer von der wachsenden Bevölkerung Athens mitbestimmen durfte, offenbar irgendwann unumgänglich. Vielleicht hatte das Gesetz auch einen antiaristokratischen Tenor, denn Mischehen waren nicht nur, aber gerade unter den weitvernetzten Aristokraten üblich. Zudem waren dieselben 460er und 50er Jahre die Zeit, in der sich der *dēmos* seiner wachsenden Macht nach innen und außen als Hegemon des Seebundes bewußt wurde und in der er den Zugang zu dieser Macht, das Bürgerrecht, daher zunehmend als ein exklusives, hütenswertes Gut zu betrachten begann. In diesem Kontext ist der prekäre Rechtsstatus der Metöken in Athen zu sehen: Egalisierung im Inneren und Exklusivierung nach außen gingen Hand in Hand.

Die schärfste Grenze zog man aber, wie in allen antiken Gesellschaften, zwischen Freien und Unfreien, den Sklaven. In Athen und Attika rechnet man zu Spitzenzeiten mit bis zu 100 000 Sklaven oder mehr, die in Haushalten, in Landwirtschaft und städtischem Gewerbe und in den Silberbergwerken von Laureion beschäftigt waren. Selbst wenn die Zahl für manche Zeiten zu hoch gegriffen sein sollte, war der Anteil der Sklaven an der Gesamtbevölkerung und Wirtschaftsleistung im boomenden Athen des 5. Jahrhunderts so hoch wie nur in wenigen anderen Zentren der griechischen Welt. Die Sklaverei wurde nie, auch von Intellektuellen nicht, ernsthaft in Frage gestellt, und es gab auch kaum Ansätze, die Willkür der Herren in der Ausbeutung ihrer Sklaven als Arbeitskraft – und nicht zuletzt als Sexualobjekte – einzuschränken oder so etwas wie ein Mindestmaß menschenwürdigen Daseins zu garantieren, selbst wenn es sich nur um eine selbstbestimmte Partnerschaft oder ein Familienleben handelte (was den meisten Sklaven versagt war). Sicherlich, im alltäglichen Zusammenleben mögen die Unterschiede häufig verschwommen sein, und je nach Tätigkeitsfeld waren die Lebensumstände der Sklaven in unterschiedlichem Maße bedrückend: Die Spannweite reichte vom tristen Dasein in den Bordellen des Piräus oder den Bergwerken von Laureion, die die meisten nicht lange überlebten, über das erträglichere Leben als Domestike oder Handwerker bis zu (seltenen) Erfolgsgeschichten wie denen des Kaufmanns Phormíōn und des Bankiers Pasíōn, die es im 4. Jahrhundert zu Freiheit, Reichtum und sogar dem Bürgerrecht brachten. Doch blieben die Sklaven – in der Geschäftssprache ‹Menschenfüßler› (*andrápoda*) in Analogie zu den Vierfüßlern, dem Vieh – in rechtlicher Hinsicht stets bloße Sache, «beseelter Besitz» nach Aristoteles. Rechtlichen Schutz gegen körperliche Gewalt oder andere Übergriffe genossen Sklaven dementsprechend nur in höchst beschränktem Maße; dafür waren die Folterung vor Gericht und empfindliche körperliche Strafen üblich.

Durch die Demokratie änderte sich daran nichts. Im Gegenteil mag sie den Abstand zwischen Freien und Unfreien insofern noch verschärft haben, als nun selbst ein sozial niedrigstehender Athener, dessen Lebensumstände sich von denen eines Sklaven häufig nicht sonderlich unterscheiden mochten, durch die Wahrnehmung bürgerlicher Rechte ein Distinktionsmerkmal als Freier gewann. Nicht nur die Emphase, mit der man in der politischen Rede der Freiheit die ‹Knechtschaft› (mit dem Vokabular der Sklaverei) gegenüberstellte, spricht dafür. Auch ist zum Beispiel die attische Komödie zur Zeit der entwickelten Demokratie voll von abwertendem Spott und Klischees über Sklaven, die allesamt betrügerisch, feige und diebisch sind. Prügel und Hunger als Zwangsmittel gehören dort zu ihrem Alltag, humanere Töne hingegen sind selten. Das Genre der Komödie mag die Realitäten des Zusammenlebens überzeichnen, wird aber von anderen Quellen bestätigt und ist jedenfalls bezeichnend für die Sicht auf Sklaven (unter denen nicht nur Barbaren, sondern auch Griechen waren). Lediglich für das Schicksal versklavter Kriegsgefangener, ein Schicksal, das viele Griechen traf, wurde mehr Empathie aufgebracht. Wie selbstverständlich die Sklaverei war, macht ein Stück wie Aristophanes' Komödie *Die Frauen in der Volksversammlung* (*Ekklēsiázusai*) von 392 deutlich. Dort wird die Utopie eines Schlaraffenlandes gemalt, in dem alle Bürger in gleichem Maße in Wohlstand und Glück prassen. «Doch wer besorgt den Ackerbau?» fragt ein Charakter besorgt – «Die Sklaven» (v. 652 f.). Solche Aussagen sind deswegen brisant, weil man in der Forschung die Frage debattiert hat, ob die athenische Form der direkten Demokratie ohne Sklaven überhaupt möglich gewesen wäre, die für ihre Herren wirtschafteten, während diese politisierten. Die These einer direkten Abhängigkeit der Demokratie von der Sklaverei geht aber wohl zu weit, denn Demokratien gab es auch in Gesellschaften mit weniger Sklaven. Gleichwohl mochte schon der Besitz eines einzigen Sklaven die Chance erhöhen, daß sein athenischer Herr sich politisch engagierte. Wir müssen daher mit dem beunruhigenden Gedanken leben, daß die Gleichheit und Freiheit der Demokratie nicht zuletzt auf der fundamentalen Unfreiheit und Ungleichheit Tausender von Sklaven beruhte.

Wie funktionierte Demokratie? Masse und Elite

Die Demokratisierung in Athen rüttelte also nicht an der bestehenden Sozialordnung, sie schuf lediglich eine neue Ordnung neben ihr, die politische. Ja, sie bewirkte nicht einmal einen Wechsel des politischen Führungspersonals: Kimon oder Perikles entstammten derselben altaristokratischen Schicht wie Kleisthenes, Isagoras, Miltiades oder Themistokles ein bis zwei Generationen zuvor. Auch als seit dem späteren 5. Jahrhundert zunehmend Sprößlinge neuen Geldadels wie Kleon oder Nikías in die Gruppe führender Politiker aufrückten, änderte sich nichts daran, daß die vermögende gesellschaftliche Elite den Großteil der Führungsschicht stellte. Das wirft eine weitere beunruhigende Frage auf: War das Volk wirklich souveräner Entscheidungsträger im demokratischen Athen oder bloß Spielball von Meinungsführern aus einer Elite, die aufgrund ihres Vermögens ausreichend Zeit für Politik hatte, dank ihrer Netzwerke gut informiert war und aufgrund guter Ausbildung in Versammlung und Gericht rhetorisch brillieren konnte? Hatte ein attischer Bauer, der, mit oder ohne Sklaven, hart arbeiten musste, Zeit und Möglichkeit, sich eine unabhängige Meinung zu bilden, und die rhetorischen Fähigkeiten, andere zu überzeugen? Und war einer der vielen illiteraten Tagelöhner dazu imstande? Bezeichnend ist die Legende, einer habe einmal in einem Ostrakismos-Verfahren seinen Nebenmann gebeten, er möge für ihn den Namen des Aristeides auf eine Scherbe schreiben. Der Gefragte war Aristeides, und er tat es auch, fragte aber, warum gerade diesen. Die Antwort war, er neide ihm bloß, daß er überall «der Gerechte» heiße.

Solche Fragen wurden schon von den Zeitgenossen gestellt, namentlich den Gegnern der Demokratie. Sie gingen mit einer weitverbreiteten Kritik am Treiben von Demagogen einher, denen man vorwarf, das Volk durch ihre Überzeugungskraft im Sinne ihrer eigenen Interessen zu manipulieren. Für Platon etwa (*Politeía* 564a-d) war die Demokratie eine Herrschaft von «Drohnen», die sich auf Kosten der Wohlhabenden bereicherten, aber das Volk so im Griff hätten, daß es sie schütze. Gemeint sind die Demagogen. Und in einem Streitgespräch über die Demokratie in einem Drama der 420er Jahre fällt das Argument, daß in dieser Staatsform stets der Demagoge «das Volk durch eitles Schwatzen/– zum eignen Vorteil nur! – bald hier, bald dorthin lenkt./… Bringt er für später Unheil, dann bemäntelt er/durch neue Kniffe seine Fehler und entwischt/der Strafe» (Euripides, *Hiketiden* 413–7). Hinter dieser Kritik und der polemischen Begrifflichkeit – Demagoge war immer nur der politische Gegner – steht ein struktureller Sachverhalt, der die Frage nach dem Verhältnis von Masse und Elite noch einmal zuspitzt. Ein Wesensmerkmal der Demokratie war, wie wir sahen, das extreme Mißtrauen gegenüber der Kumulation von Macht durch einzelne Organe oder Personen. Daher wurden der Rat sowie die Magistrate bis auf wenige Ausnahmen erlost und vor allem letztere in ihrer Machtentfaltung stark begrenzt. Diese systembedingt gezielte Dislokation von Macht erschwerte freilich das alltägliche ‹Regieren›, weil es keinen dauerhaften institutionellen Speicher von Spezialwissen gab, wie es etwa auf Feldern wie der Außenpolitik notwendig war. Daher brauchte es stets einzelne, die als aktive Politiker über die Jahre solches Expertenwissen aufbauen konnten, aufgrund ihrer sozialen Stellung Zugang zu Informationen hatten und so die Ekklesia oder den Rat beraten konnten. Außerdem brauchte man Leute, die aufgrund von Bildung und Redetalent in der Lage waren, in Volksversammlung oder Gericht Sachverhalte so aufzubereiten, daß das Volk sich eine Meinung bilden und abstimmen konnte. Daß das selten ohne eigene Meinung erfolgte, versteht sich von selbst. Ein Kimon, Perikles oder Kleon erfüllten diese Rolle und gründeten darauf ihren Einfluß – ihre Gegner ziehen sie dafür der Demagogie. Demagogen oder wertfreier: Wortführer in der Volksversammlung waren aber, so folgt aus dem Gesagten, strukturell notwendig für eine Demokratie, die Institutionen oder Ämtern kein Herrschaftswissen zugestehen wollte.

Um so mehr stellt sich dann aber die Frage, ob diese Experten, die fast immer der Elite entstammten, die Masse nach Belieben lenken konnten. Sicherlich konnten unter den Bedingungen einer direkten Demokratie in der Volksversammlung immer Emotionen manipuliert und Gegner niedergeschrien werden oder soziale Zwänge eine Rolle spielen. Athens Geschichte kennt dafür mehrere Beispiele: Das schon erwähnte Todesurteil über das aufständische Mytilene oder das über die Strategen der siegreichen Seeschlacht bei den Arginusen-Inseln 406, weil sie schiffbrüchige Athener nicht gerettet hatten, sind nur die bekanntesten. Vieles spricht jedoch dafür, daß dies Ausnahmen waren. Denn gerade weil in der Konkurrenz der Eliten um politischen Einfluß die demokratischen Beschlußgremien Hauptbühne und die Rede vor dem Volk die wichtigste Waffe waren, sah sich das Volk bei jeder Entscheidung mit einer Pluralität widerstreitender Meinungen und Informationen konkurrierender ‹Demagogen› konfrontiert: Nur so konnten sich die Eliten politisch profilieren. Daher konnte es gar nicht ausbleiben, daß die Athener, die sich wie gesagt auf allen Ebenen beständig zu gemeinsamer Beratung zusammenfanden, Erfahrung in der Bewertung von Meinungsäußerungen und Rhetorik gewannen. Zugleich konnten sie stets aus unterschiedlichen Quellen Wissen schöpfen. Demagogischer Willkür waren damit Grenzen gesetzt; im Gegenteil mußten die Redner vorsichtig sein, denn sie wußten, daß sie andernfalls schnell in Ungnade fallen konnten. Daß das Volk lenkbare Masse einer kleinen Elite – polemisch: von Demagogen – war, ist daher schon aus strukturellen Gründen unwahrscheinlich. In der Tat gelang es im klassischen Athen keinem Politiker, dauerhaft eine unangefochten dominante Stellung einzunehmen. Zwar konnten sich einzelne teilweise über mehrere Jahre an der Spitze der Politik behaupten, im 5. Jahrhundert etwa Kimon (bis zu seinem Ostrakismos 461) und nach ihm Perikles, der zwischen 450 und seinem Tod 429 hohen Einfluß besaß, die Außenpolitik Athens maßgeblich mitgestaltete und im Inneren eine treibende Kraft hinter der monumentalen Ausschmückung der Stadt durch Bauten wie dem Parthenon war. Thukydides kann sogar behaupten, daß unter Perikles «dem Namen nach eine Volksherrschaft, in Wirklichkeit aber die Herrschaft des ersten Mannes» bestand (2.65.9). Doch blieb auch Perikles' Stellung immer prekär; 443 gewann er nur knapp einen Machtkampf mit einem Konkurrenten, Thukydides dem Sohn des Melēsías (nicht der Historiker), und 430 wurde er gestürzt, verlor in einem Aufruhr gegen seine Kriegstaktik im Peloponnesischen Krieg das Strategenamt, das er zuvor 15 Jahre lang ununterbrochen innegehabt hatte, und mußte eine hohe Geldstrafe zahlen.

Die Kanalisierung der Elitenkonkurrenz in die kollektiven Gremien des Volkes hatte noch einen zweiten Effekt: Sie schuf eine demokratische politische Kultur. Denn um beim Volk Erfolg zu haben und politischen Einfluß zu gewinnen, mußten sich die Politiker aus der Elite in ihrem Verhalten und Auftreten den Erwartungen und Werten des Durchschnittsatheners unterwerfen. Von Perikles, der aus vornehmer und wohlhabender Familie stammte, heißt es, daß er jede Einladung zu aristokratischer Geselligkeit ausschlug, zum Unwillen seiner Angehörigen ein ostentativ bescheidenes Haus führte und auf dem Markt einkaufen ließ, wo alle einkauften. Kimon nährte und kleidete im großen Stil Bedürftige und soll zum Zeichen seiner Volksnähe die Zäune seiner Landgüter abgerissen haben, damit dort jeder Obst ernten konnte. Nikias investierte seinen sagenhaften Reichtum, den er unter anderem als Eigentümer eines Heeres von Bergwerkssklaven erworben hatte, in prächtige Theater- und Festausstattungen, mied wie Perikles geselligen Umgang mit seinesgleichen und hielt sich statt dessen, «wenn er ein Amt führte, bis Anbruch der Nacht in den Amtsräumen auf, verließ als letzter den Rat und kam als erster» – und zwar alles aus Angst vor dem Mißtrauen des Volkes, wie die antike Tradition wollte (Plutarch, *Nikias* 3–5). Den Grabluxus, den sich die Eliten noch im 6. Jahrhundert zur Selbstdarstellung geleistet hatten, gaben sie (bis zum Ende des 5. Jahrhunderts) auf. In Reden vor dem Volk hatte sich ein Politiker als loyaler Berater und Angehöriger des *dễmos* zu präsentieren und dessen Souveränität, aber auch dessen Werte und Überzeugungen ostentativ zu respektieren. In Gerichtsprozessen versuchten sich Elitenangehörige nach Möglichkeit als einfache, brave Athener darzustellen, wie es die Richter waren, die über sie richteten. Die Führungselite der Polis mußte sich also, wollte sie Erfolg haben, strengen Codes der Kommunikation und des Auftretens unterwerfen. Aristokratische Distinktionsstrategien und Vorranganspüche dagegen waren verpönt. Diese Demokratisierung der politischen Kultur war für das Funktionieren und den dauerhaften Erfolg der Demokratie mindestens ebenso bedeutsam wie die Gewöhnung und Beteiligung an demokratischen Institutionen und Entscheidungsverfahren. Denn sie beförderte die Verinnerlichung demokratischer Werte, Überzeugungen und Verhaltensmodelle – bei der Elite, aber auch beim breiten Volk, das erlebte, wie sich die Elite seinen Erwartungen anpaßte und seiner Entscheidungsgewalt unterwarf. Auch darauf gründete es sein bürgerliches Selbstbewußtsein.

Demokratie verinnerlichen: Werte, Bilder, Reflexion

Dieser Prozeß der Verinnerlichung der Demokratie profitierte weiterhin von der Allpräsenz von Bildern und identitätsstiftender Geschichte(n), die Werte, Überzeugungen und Verhaltensmodelle der Polis anschaulich machten und an denen sich die Athener als Bürger intuitiv orientieren konnten. Artikuliert wurden sie durch umlaufende Erzählungen, aber zunehmend auch in neuen, für die Klassik spezifischen Medien: politischen Reden, wie sie bei den Staatsbegräbnissen gehalten wurden, sowie Bildwerken mit politischer Botschaft im öffentlichen Raum. Ein solches Bild stand seit Beginn des 5. Jahrhunderts mitten auf der Agora, dem Hauptplatz und politischen Zentrum der Stadt; es war den Athenern so wichtig,

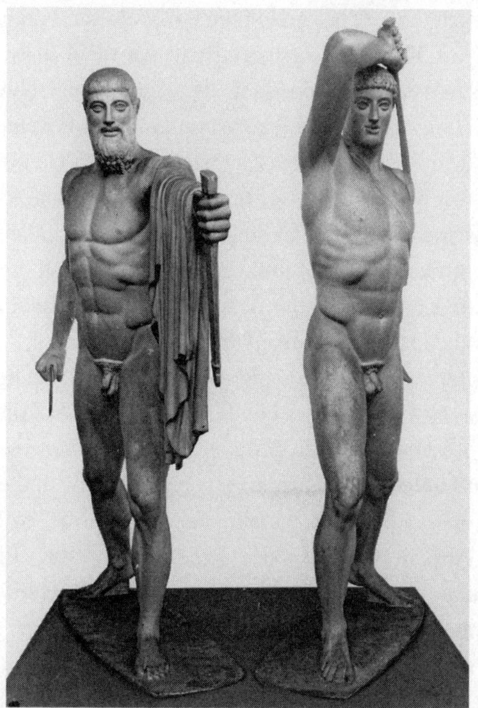

Abb. 8: Statuen der Tyrannenmörder von der Agora in Athen: Gipsrekonstruktion nach der römischen Kopie in Neapel mit modernen Ergänzungen. Rom, Museo dei Gessi dell'Università

daß es unter den ersten war, die nach dem Persersturm wieder ersetzt wurden (Xerxes hatte das Original als Trophäe nach Susa bringen lassen): das Standbild der Tyrannenmörder Harmódios und Aristogeítōn. Das Freundespaar hatte 514 einen Bruder des Tyrannen Hippias ermordet und dafür sein Leben gelassen, wobei die Tat zumindest nach Thukydides nicht mehr als ein Racheakt in einem Ehrenhandel unter Aristokraten war. Nach dem Sturz der Tyrannis aber wurde die Tat politisch gedeutet, als Tyrannenmord. Der Ursprung dieser Deutung ist wohl unter den am Sturz der Tyrannis beteiligten Aristokraten zu suchen, doch wurde die Geschichte schnell im ganzen *dēmos* populär. Im 5. Jahrhundert schmückte ihr

Bild zahlreiche Vasen, bei geselligen Anlässen sang man Liedstrophen wie «Im Myrtenzweig tragen will ich mein Schwert/so wie Harmodios und Aristogeiton/da sie den Tyrannen erschlugen, gleiches Recht (*isonomía)* den Athenern schufen». Die Tyrannenmörder-Erzählung wurde so zur Gründungslegende der Demokratie. Sie verschaffte ihr, wofür der Machtkampf zwischen den Aristokraten Kleisthenes und Isagoras nicht taugte: einen revolutionären Anfang, der zur Identifikation einlud und verpflichtete. Harmodios und Aristogeiton als Erzmärtyrer der Demokratie mahnten fortan jeden Bürger, für die Demokratie sein Leben einzusetzen.

Eine weitere Identifikationsfigur war die alte Sagengestalt des Theseus, der als Gefährte des Herakles und durch das Abenteuer im Labyrinth des Minotaurus in der ganzen griechischen Welt bekannt war und im Laufe des 6. Jahrhunderts immer mehr in die Rolle des ‹Polis-Heros› der Athener hineinwuchs. Er wurde zu einem der Urkönige Attikas, Gründer des Panathenäenfestes, Einiger des Landes Attika, Herakles-gleichem Retter der Menschheit vor zahlreichen Unholden, Schlachtenhelfer bei Marathon, kurz: ein Heros, der all das verkörperte, was Selbstbild und Identität der Polis Athen ausmachte. Im Leben der Athener war er omnipräsent: Durch ein Heiligtum in der Stadt, mehrere Gedenkorte und Bildwerke im öffentlichen Raum, aber auch durch Darstellungen auf Vasen und anderem Hausgerät. In den 470er Jahren inszenierte Kimon zudem eine feierliche Heimholung der Gebeine des Theseus von seinem mythischen Sterbeort, der Insel Skyros. So konnte es nicht ausbleiben, daß Theseus auch zur Verkörperung des demokratischen Athen wurde. Die Tradition läßt sich mindestens bis zu den bereits erwähnten *Hiketiden* des Euripides aus den 420er Jahren zurückverfolgen, wo Theseus in einem Streitgespräch die Sache der Demokratie vertritt; im früheren 4. Jahrhundert ist dann zum ersten Mal explizit bei Isokrates (Rede 10, 35 f.) die Erzählung belegt, daß Theseus den Athenern nach der Einigung Attikas «freiheitliche Gesinnung» und «Gleichberechtigung» gab und «das Volk zum Herrn über den Staat» machte. Andere Traditionen sagen ganz direkt, daß Theseus die «Demokratie» eingerichtet habe, und seit dem früheren 4. Jahrhundert zeigte ein Wandgemälde in der Wandelhalle

Abb. 9: Ge, aus der Erde auftauchend, übergibt den ‹erdgeborenen› Erichthonios Athena, Sinnbild der Autochthonie der Athener. Attischer rotfiguriger Kelchkrater, gegen 400. Palermo, Museo Nazionale

des Zeus Eleutherios (des ‹Befreiers›) auf der Agora Theseus zusammen mit Personifikationen der Demokratía und des Demos. Mit Theseus, dem demokratischen König und Synoikisten (Polisgründer), gewann die Demokratie eine Geschichte, die bis in die älteste Vergangenheit Athens zurückreichte, sie wurde so zur unhinterfragbaren Staatsform. Wie die Tyrannenmörder-Erzählung trug der Theseus-Mythos auf diese Weise dazu bei, die Demokratie tief im Bewußtsein der Athener zu verankern.

Die vielleicht wichtigste dieser identitätsstiftenden Erzählungen war jedoch der Mythos von der Autochthonie der Athener. Der Begriff meinte zunächst die Vorstellung der Athener, Attika seit unvordenklichen Zeiten bewohnt und besessen zu haben, sozusagen Ureinwohner zu sein. Damit verbanden sich im 5. Jahrhundert alte athenische Mythen von ‹erdgeborenen› Urvätern, allen voran Erichthónios-Erechtheús, den die Erde, Gē, aus dem zu Boden gefallenen Samen des Hephaistos geboren habe. Für die Athener wurde die Vorstellung, über die Urkönige alle erdgeborene Nachkommen ihrer Mutter-Erde, also Attikas, zu sein, nun ein zentrales Element ihres Selbstbildes. Die Autochthonie war seitdem omnipräsent in Staatsreden, im Drama und in der Bilderwelt der Athener; Beispiel dafür sind Vasenbilder etwa der Erdgeburt des Erichthonios. Die ideologische Bedeutung des Autochthoniemythos wird besonders deutlich in dem Modell eines *epitáphios lógos* in Platons Dialog *Menéxenos* (237a-239a). Die Athener hätten, heißt es dort, eine besonders edle Abkunft, weil sie, anders als «die anderen Menschen nicht von einer Stiefmutter» genährt wurden, sondern «von einer (echten) Mutter, nämlich dem Land, in dem sie wohnten und wo sie jetzt im Tode auch wieder liegen». Daraus leitet der Text sodann die hervorragenden kriegerischen Tugenden der Athener ab, aber nicht nur das: Da die Athener «alle Brüder von einer Mutter sind und einander nicht Sklaven oder Herren sein» wollen, begründet die Autochthonie zudem eine naturgegebene Gleichheit aller Athener, die zugleich eine Aristokratisierung aller Bürger bedeutete: Denn alle Athener waren demnach von edler Herkunft. Daher hatte auch jeder echtbürtige Athener in gleicher Weise Anteil an der Polis: «Die naturgegebene *isogonía*», ‹Gleichbürtigkeit›, heißt es weiter, «zwingt uns, nach *isonomía* zu streben». Die Demokratie wurde so zur natürlichen und damit unhinterfragbaren Folge der autochthonen Abkunft. Zugleich folgte daraus aber auch, daß keiner, der nicht ‹echtbürtiger› Athener war, an der Polis teilhaben konnte; der Autochthoniemythos lieferte damit eine Begründung jener Abgrenzung zu Nichtbürgern und Tendenz zur exklusiven Handhabung des Bürgerrechts, die Perikles' Bürgerrechtsgesetz zugrunde lag. In Euripides' Tragödie *Íōn*, in der das Autochthoniedenken kritisch seziert wird, klagt der gleichnamige Held, ein Thronerbe Athens, der aber nicht aus der Linie der autochthonen Urkönige stammt: «Mit dieser Schande …/bin ich den Bürgern dort ein Nichts ….»; denn «autochthon ist das berühmte Athen, kein eingewandertes Geschlecht»; und später heißt es: «Mischt sich ein Fremder in die reine Stadt/und gewönn' er gar das Bürgerrecht» – ein freier Athener kann er doch nie sein, ihm fehlt die edle Abkunft der Autochthonen (v. 590–4, 673–5). Angesichts der biologistischen Dimension dieses Gedankenguts überrascht auch eine letzte Komponente des Autochthoniedenkens nicht, nämlich daß die Athener daraus eine prinzipielle, sozusagen erblich veranlagte Überlegenheit über andere ableiteten. Thukydides (6.17) führt sie vor, wenn er Alkibiades 415 über die mangelnde Wehrkraft «zusammengewürfelter Pöbel»-Städte auf Sizilien räsonnieren läßt, die den Athenern ganz von selbst unterliegen müssten. (Es kam, wie wir sehen werden, anders.)

Der Autochthoniemythos konstruierte so eine nach außen abgeschlossene, aber nach innen egalitäre, aristokratische Gemeinschaft von Polisbürgern und schuf damit ein einigendes Band für einen realiter sehr heterogenen Sozialverband. Welche zentrale Bedeutung er für Athens Selbstbild generell und für die Verinnerlichung demokratischer Überzeugungen im besonderen hatte, zeigt die kanonische Stellung, die das Thema in den Reden bei Staatsbegräbnissen besaß, jenen festlichen Versammlungen, bei denen die Lebenden auf das Vorbild der Gefallenen verpflichtet wurden. Aber auch Platon wußte um seine Bedeutung: Zu den «notwendigen Lügen», die er in der *Politeía* (414a ff.) seinem Idealstaat als lebenswichtig mitgibt, gehört, «den Archonten, Kriegern und der ganzen Polis glaubhaft zu machen», sie seien «unter der Erde geformt und genährt worden»; dann habe sie «die Erde, ihre Mutter, nach oben gesandt», und nun müßten sie «dem Land, in welchem sie leben, als ihrer Mutter und Nährerin mit Rat beistehen und es verteidigen, wenn jemand es angreift, und gegenüber den übrigen Bürgern wie zu Brüdern eingestellt sein». Autochthonie verpflichtete.

Solche identitätsstiftenden Mythen und Bilderwelten, die gemeinschaftliche Werte oder Überzeugungen anschaulich machten und so im Bewußtsein zu verankern halfen, besaßen alle griechischen Gemeinwesen (auch wenn die athenische Ausprägung des Autochthoniegedankens wohl einzigartig war). Im klassischen Athen gab es darüber hinaus aber ein weiteres, in seiner entwickelten Form, soweit wir sehen, einmaliges Medium, das Angelegenheiten und Werte der Polis artikulierte und so konstitutiv für die Demokratie wurde: das Drama. Theater war im klassischen Athen viel mehr als ein Unterhaltungsangebot. Dramenaufführungen fanden im Rahmen von Festen zu Ehren des Gottes Dionysos statt, vor allem der Lenäen *(Lḗnaia)* im Spätwinter und der stadtathenischen Dionysien im Frühling. Der Aufführungsort der Stücke, das Theater am Südabhang der Akropolis, war Teil des Dionysos-Heiligtums. Die Gattungsbezeichnungen bewahren noch diesen kultischen Kontext: Tragödie meint den ‹Bocksgesang› oder ‹Gesang beim Opfer eines Bockes›, einem mit dem Gott Dionysos assoziierten Tier, in Komödie steckt vermutlich *kṓmos*, der Festumzug zu Ehren des Gottes; allerdings war aus ursprünglich volkstümlichen Sprechgesängen bei diesen Festen seit der späten Archaik eine hochentwickelte literarische Kunstform geworden. Der organisatorische Rahmen zeigt, daß die Dramen als Angelegenheiten der Polis aufgefaßt wurden: Die aufzuführenden Stücke wurden von Amts wegen ausgewählt, die Finanzierung von Kostümen, Bühnenbildern, Schauspielern und Chorsängern wurde von den reichsten Bürgern getragen, andere waren als Chorsänger beteiligt. Bei den Dionysien befanden zehn durch Los bestimmte Richter, für jede Phyle einer, darüber, welcher der über drei bis vier Tage hinweg aufgeführten fünf Komödien und drei tragischen Tetralogien (jeweils drei Tragödien und ein abschließendes komisches Satyrspiel) den Preis erhielt. Eine Parade der von der Polis unterhaltenen Kriegswaisen und der Jungmannschaft des Bürgerheeres im Theater, die Vorführung der Seebundstribute sowie Ehrungen von Bürgern vor den Aufführungen hoben den politischen Charakter des Dramas hervor. Im Dionysos-Fest erlebte und feierte sich die Polis selbst, und das Drama war Teil davon.

Ihrem Rahmen entsprechend waren auch die Stücke selbst ‹politisch›, insofern sie in der einen oder anderen Weise die Polis, das Gemeinwesen, betrafen. Die Tragödie problematisierte, in der Regel anhand mythischer Stoffe, menschliche Konflikte, Sinn- und Daseinsfragen jeder Art: ethisch-moralische Dilemmata, Fragen der Schuld und Selbstverantwortung des Menschen oder den Umgang mit Leid und Kontingenzerfahrung. All diese Fragen waren ‹politisch›, weil sie in irgendeiner Weise auch das Zusammenleben im Polisverband, seine Werte und Ordnungsprinzipien betrafen und weil die Bürgerschaft in Volksversammlung und Gericht für all das letztverantwortlich zuständig war. Viele Tragödien behandelten darüber hinaus aber Themen, die direkt auf Konflikt- und Handlungsfelder der Politik, auf die Bürger als Entscheidungsträger oder auf die politisch-ideologischen Grundlagen der Polis zielten. Wir waren schon Aischylos' *Eumeniden* aus dem Jahr 458 mit der Warnung vor Bürgerkrieg im Nachgang der Ereignisse von 462 begegnet. Diese Warnung fällt im Kontext einer Ursprungserzählung des Areopag-Gerichts, das im Stück als Bürgergericht von der Göttin Athena eingesetzt wird; es soll mit ihr über die Schuld des Oréstēs befinden, der die eigene Mutter getötet hatte, um den Mord am Vater zu rächen, und seitdem von den Erinnyen, den Rachegöttinnen, verfolgt wird. Die Voten der athenischen Richter entscheiden mit einer Stimme Mehrheit gegen Orest, doch Athenas Votum stellt Stimmengleichheit her und erwirkt damit den Freispruch für Orest; der Zorn der Erinnyen über dieses Urteil wird durch das Versprechen eines Kultes in Athen besänftigt, so daß sie zu den *Eumenídes*, den ‹Wohlgesinnten Göttinnen› werden können. Ein zentrales Motiv des Stücks ist der Gegensatz zwischen dem archaischen Rechtsmittel von Rache und Talionsprinzip, verkörpert durch die Erinnyen, und einem geregelten Verfahren vor einem Organ der bürgerstaatlichen Ordnung. Das Drama reflektierte damit zum einen die neue, durch den Demokratisierungsschub seit 462 noch einmal besonders intensiv empfundene Ungeheuerlichkeit der Erfahrung, nun im Kollektiv letztverantwortliche Entscheidungsinstanz in allen Angelegenheiten des Gemeinwesens zu sein – und dabei theoretisch sogar uralte Rechtspraxis außer Kraft setzen zu können. Zum anderen hielt es den Athenern vor Augen, daß die in einem geregelten Verfahren durch Mehrheitsentscheid herbeigeführten Beschlüsse unbedingt als verbindlich zu respektieren waren, und wenn die Mehrheit noch so knapp war; sonst suchen, wie die Erinnyen drohen, die «todbringenden Pestbeulen» des Bürgerkriegs das Land heim. 458, nach dem Sturz Kimons, der Ermordung des Ephialtes und inmitten von Umsturzgerüchten war dies bedrohlich aktuell und zwang jeden Bürger im Publikum, über die innere Gefährdung der Polis und seine eigene Verantwortung zu reflektieren. Das war die Absicht des Dramas – ganz unabhängig davon, wo Aischylos 462 selbst politisch stand.

Auf andere Weise thematisierte auch Sophoklḗs in seiner *Antigónē* aus den 440er Jahren die Verantwortung des Bürgers in der Demokratie. Dort erläßt Kréōn im Namen der Polis Theben das Gebot, daß Polyneíkēs nicht bestattet werden dürfe; denn indem er gegen seinen Bruder Eteoklḗs (der ihn seiner rechtmäßigen Herrschaft beraubt hatte) marschiert war, hatte er sein Vaterland mit Krieg überzogen. Diesem Gebot widersetzt sich jedoch Antigone, die Schwester der verfeindeten Brüder, und geht dafür in den Tod, weil kein Beschluß von Menschen gegen das «ungeschriebene, ewige Gesetz der Götter» verstoßen dürfe, den Toten die Grabesruhe zu schenken (v. 450–70). Der Konflikt jener beiden konkurrierenden Rechts- und Werteordnungen, Polis vs. Götter, warf eine Frage auf, die direkt auf die politische Gegenwart des athenischen Publikums zielte: Wie weit reichte die Entscheidungsmacht des *dḗmos* in der Volksversammlung, die doch prinzipiell unbegrenzt war? Gab es auch Normen, die ihn banden? Und überschritt sie ein Volksbeschluß, war ein Athener dennoch in unbedingtem Gehorsam an das Gesetz gebunden, wie es Kreon unter Verweis auf die *anarchía* fordert, die sonst ausbräche und Städte und Familien zerstören würde? Solche Fragen waren in den 440er Jahren drängend, als der *dḗmos* sich seiner unumschränkten Macht und Freiheit als Souverän der Polis bewußt geworden war und zugleich als Herr über ein Untertanenreich waltete. Und sie waren nicht aus der Luft gegriffen: 446 hatte eben dieser *dḗmos* in einem Strafgericht viele Tausend Euboier, die sich gegen Athens Herrschaft erhoben hatten, ihrer Heimat beraubt. Einige Jahre später sollte er das Vernichtungsurteil über Mytilene sprechen. Sophokles machte seinem Publikum die Antwort nicht leicht, denn jede seiner Figuren, auch Antigone, irritiert durch ihr Verhalten im Lauf des Stücks und verhindert allzu schnelle Identifikation mit einer Position. Der Betrachter mußte sich selbst über diese Fragen klar werden.

In noch unmittelbarerer Weise thematisierte Euripides' Tragödie *Die Hiketiden* (‹Die bittflehenden Mütter›) aus den 420ern Ideologie und Rhetorik der Polis Athen. Das Drama enthält wie erwähnt einen Redeagon, in dem ein Herold des Herren von Theben Kritik an der Demokratie vorträgt: die Verführbarkeit des Volkes durch

Demagogen; die mangelnde Möglichkeit des einfachen Mannes, sich ein politisches Urteil zu bilden und es zu artikulieren; verantwortungslose Kriegspolitik, deren Folgen andere zu tragen hätten, und anderes mehr. Das waren Standardvorwürfe zeitgenössischer Demokratiekritiker. Es waren aber zugleich, wie wir sahen, Fragen, die nicht unberechtigt waren und die sich auch jeder Demokrat stellen mußte. Die Erwiderung obliegt König Theseus, dem Stifter-Heros der Demokratie; er rühmt in autoritativer Weise die Isonomie und das Recht der freien Meinungsäußerung und stellt dem ein mit den üblichen Ingredienzen der Tyrannentopik gewürztes Schreckensbild der Alleinherrschaft gegenüber. Doch die Kritik an der Demokratie bleibt unwiderlegt. Darin lag nicht die einzige Irritation des Stückes. Sujet der *Hiketiden* ist ein Mythos aus dem Kanon jener Taten, mit denen das hegemoniale Athen seine Rolle als Ordnungs- und Führungsmacht in Hellas auf älteste Zeiten zurückdatierte: Ádrastos, der König von Argos, fleht Athen um Waffenhilfe gegen Theben an, das den sieben mit Polyneikes gegen Theben gezogenen argeischen Helden die Bestattung verwehrt. Doch in Euripides' Drama verweigert sich Athen, vertreten durch König Theseus, zunächst; erst die Aussicht auf Ehre und Ruhm stimmt Theseus um – der sich dann jedoch brüstet, er habe «vor den Griechen stets die Sitte bewiesen, Übeltätern als Strafender entgegenzutreten» (v. 339–41). Nach der erfolgreichen Schlacht um die Leichname der Sieben hält Adrast eine an Athens Gefallenenbegräbnisse gemahnende Totenrede, in der die Sieben als demokratische Musterbürger dem Nachwuchs zum Vorbild empfohlen werden: Kapaneús ist der Reiche, der trotz seines Reichtums (wie Perikles) bescheiden lebt und stets hilfsbereit gegen Freunde und Bürger ist; Etéoklos der Arme, der sich trotz seiner Bedürftigkeit niemals kaufen läßt; Parthenopaíos der Metöke, der keine Forderungen stellt; Tydeús der Bürgerkrieger, der kein «Sophist» in Worten sein will, sondern seine Kunst im Waffenhandwerk sucht, und so weiter. Allerdings – der Zuschauer kannte Kapaneus aus dem Mythos und anderen Tragödienbearbeitungen des Stoffes als Frevler, der voller Hybris Zeus höhnt und dafür vom Blitz erschlagen wird, Tydeus als blutrünstiges Monstrum, das das

Hirn seiner Gegner frißt, und alle hatten sich für eine zweifelhafte Sache – Polyneikes' Angriff auf die Heimat – einspannen lassen. Diese sprichwörtlichen Unholde wurden zu Vorbildern des tugendhaften Polisbürgers stilisiert? Spätestens jetzt mußten sich beim Zuschauer Zweifel einstellen, ob nicht alle die im Stück beschworenen Werte und Ideale Athens hohle Phrasen waren. Und genau das war auch beabsichtigt: Das Stück sensibilisierte, an einem ‹patriotischen› Stoff, für die Rhetorik, die der Zuschauer aus Volksversammlung und Gericht kannte, und trug so ein Stückchen dazu bei, die Athener zu mündigen, reflektierten Entscheidern zu machen, die sich von der Wortgewalt der Redner distanzieren konnten.

Die politische Funktion der Tragödie bestand demnach darin, auf je eigene Weise die Bürger zur Reflexion über ihr politisches Tun und die sie leitenden Überzeugungen zu zwingen. Ähnliches gilt für die Komödien, auch wenn ihre Gestalt ganz anders war. Ihre Sujets waren in der Alltagswelt oder in daraus entwickelten, phantastischen Utopien angesiedelt, die Stücke zeichneten sich durch Witz, Obszönitäten, beißende, oft namentliche Verspottung oder Rüge einzelner Mitbürger aus, vor allem von Politikern: Perikles mußte sich von dem Dichter Kratínos gefallen lassen, daß er selbst als Tyrann, seine Lebensgefährtin Aspasía allenthalben als Hure verunglimpft wurde; und Aristophanes' Spott über seinen persönlichen Feind Kleon, einen führenden Politiker Athens in den 420er Jahren, ist an Häme kaum zu überbieten. All das gab dem Bühnengeschehen ein karnevalistisches Gepräge, und dem Karneval ähnlich war auch die Funktion der Komödie: Sie eröffnete einen geschützten Raum und eine ‹Auszeit›, um Sachverhalte und Konflikte zur Sprache zu bringen, die die Gesellschaft bewegten. Das Lachen war dabei essentiell: Es artikulierte, indem es Spott und Witz über Personen oder Sachverhalte zustimmte, Mißbilligung und Kritik; es konnte zugleich wie ein Ventil helfen, Druck abzulassen, und so den Konflikt entschärfen; und vor allem hatte es einen distanzierenden Effekt und gab so der Reflexion Raum. In den *Rittern* stellte derselbe Aristophanes im Jahr 424 den Athenern einen alten, schwächlichen Herrn namens Demos – die Personifikation des Volkes – vor, den ein Haussklave aus Paphlagonien beherrscht, vom Publikum unschwer als der Politiker Kleon zu erkennen. Dessen Herrschaft wird jedoch von einem Konkurrenten namens Agorákritos bedroht, der sich mit Kleon einen Wettkampf um die Gunst des Demos liefert. Dies geschieht in einer schrillen Parodie demagogischer Rhetorik: Da brüsten sich beide mit Verdiensten; sie versprechen Reichtümer und Vorteile; sie schimpfen, drohen und zeihen den Gegner der Bestechlichkeit und anderer Verfehlungen gegen den Demos; man zitiert Orakel, und man versucht mit patriotischer Rhetorik zu punkten: «Du, der für die Heimat, das Schwert in der Hand, dich bei Marathon tapfer geschlagen/und die Perser besiegtest und das Recht uns erkämpft, mit der Zunge gewaltig zu fechten/Du sitzest auf harten Steinen?» fragt Agorakritos an einer Stelle – und schenkt Demos ein Kissen für sein Gesäß, «das so wacker bei Salamis nachschob» (v. 781–5).

Der *dḗmos*, der im Theater saß, lachte über diese Demagogenparodie und viele andere Witze. Er war aber wohl auch ein wenig gekränkt, denn er selbst fand sich in dem Stück in durchaus unschmeichelhafter Weise als einfältig, eigensüchtig und demagogenhörig porträtiert. So wurde er geradezu dazu gezwungen, über das Verhältnis von Demagogie und Demokratie nachzudenken. Die *Ritter* und andere Komödien eines Aristophanes, Kratinos oder anderer Dichter dienten dabei nicht der politischen Meinungsmache, wie man immer wieder behauptet hat; entsprechend ist auch kein Versuch, den Stücken und ihren Autoren eine bestimmte politische Agenda nachzuweisen, unwidersprochen geblieben. Sicherlich ließen die Dichter gelegentlich eigene politische Ansichten einfließen. Aber wie bei der Tragödie bestand der eigentliche Zweck der Komödie darin, beim Publikum eine eigenständige, ergebnisoffene Reflexion anzustoßen.

Tragödie und Komödie boten so, wie die zuvor behandelten bildlichen Darstellungen und Erzählungen, ein Medium der Veranschaulichung und Verinnerlichung demokratischer Werte und Überzeugungen. Aber anders als etwa bei den Grabreden war ihr Zweck nicht ideologische Indoktrination. Das Drama bewirkte genau das Gegenteil: Es stellte Fragen, ohne eindeutige Antworten zu geben, und zwang so jeden Bürger zum Nachdenken, ob es sich nun um allgemeine ethische Fragen, die Praxis der Demokratie oder die ideologischen Grundlagen der Polis handelte. Daher gewann das Drama immense Bedeutung dafür, daß die Athener mündige Bürger werden konnten, die nicht Spielball wortgewaltiger Redner aus der Elite waren, sondern über ihr Handeln als Bürger reflektierten, sich selbständig eine Meinung bilden konnten und so tatsächlich erst echte ‹Freiheit› besaßen. Für das Funktionieren der Demokratie war der Besuch des Theaters daher mindestens genauso wichtig wie die Teilnahme an politischen Versammlungen. Vielleicht schon seit Perikles erhielten die Bürger deswegen finanzielle Unterstützung für den Besuch der Theateraufführungen – wie Ratsmitglieder, Volksrichter oder später Teilnehmer an der Volksversammlung.

3. Eine alt-neue Ordnung: Sparta

Athens Demokratie stellte in der Geschichte des klassischen Griechenland, wie wir sahen, keinen Sonderweg dar, auch andere Poleis schlugen, in unterschiedlicher Ausprägung, diesen Weg ein. Allerdings war diese Entwicklung keineswegs alternativlos, die Demokratie war stets nur eine unter verschiedenen Verfassungsformen. Konstitutionelle Stabilität war eher die Ausnahme, in vielen Poleis kam es in klassischer Zeit mehrmals zu Umstürzen, auch gegen Demokratien. In anderen Poleis setzte sich die Demokratie nie durch. Korinth etwa wurde bis auf eine kurze demokratische Episode im frühen 4. Jahrhundert stets von einer Aristokratie beherrscht, ebenso, jedenfalls im 5. Jahrhundert, Aigina oder Theben und die Städte seines Bundes. Auch die thessalischen Poleis unterstanden durchweg aristokratischen Regimes. In den zyprischen Städten blieben immer Könige an der Macht. Und in der neben Athen mächtigsten Polis, Sparta, war es zwar auch die Versammlung der spartanischen Vollbürger, die die jährlich wechselnden *éphoroi*, seit dem späteren 6. Jahrhundert die mächtigsten Magistrate neben den bereits erwähnten zwei *basileís* (‹Königen›), wählte sowie über Krieg und Frieden, Bündnisverträge und manche Gesetze abstimmte. Doch war der Kreis der Vollbürger, wie wir sehen werden, sehr exklusiv gehalten, und außerdem gab es neben dem Volk einen Rat aus den beiden Königen und 28 auf Lebenszeit gewählten Ältesten, der maßgeblichen Einfluß auf die Politik besaß. Außerdem fand in der politischen Kultur Spartas im 5. Jahrhundert eine Entwicklung statt, die nahezu ins Gegenteil zu jener in Athen tendierte: Den dynamischen Neuerungen dort, die von einem optimistischen ‹Könnens-Bewußtsein› getragen waren, stand in Sparta der Versuch gegenüber, eine gewachsene Ordnung zu stabilisieren, indem man die Polisgesellschaft strengen Regularien unterwarf und die Unveränderlichkeit der Ordnung seit ältesten Zeiten zum sakrosankten Prinzip erhob.

Nicht geringen Anteil daran scheint eine Naturkatastrophe gehabt zu haben, nämlich eine Folge verheerender Erdbeben, die die Landschaft Lakonien um das Jahr 464 heimsuchte. Die Verwüstungen scheinen ungeheuerlich gewesen zu sein; in der Stadt Sparta selbst stürzten nach antiken Berichten bis auf fünf alle Gebäude ein, viele Tausende wurden getötet, die Überlebenden waren ohne Obdach und hungerten. Damit nicht genug, nun brach über Sparta die Nemesis der jahrhundertelangen Unterdrückung ihrer Nachbarn herein. Die Spartaner (griech. *Spartiátai*) hatten bis Ende des 7. Jahrhunderts in langwierigen Kriegen die Landschaften Lakonien und Messenien auf der südlichen Peloponnes erobert. Die unterworfenen Nachbarn wurden zum Teil unter der Bezeichnung ‹Periöken› (von *períoikoi*, ‹Umwohner›) in den Staat von Lakedaímon, wie sich das expandierte Sparta nach seiner Kernlandschaft nun nannte, integriert und traten nach außen mit den Spartanern zusammen als Angehörige des «Staates der Lakedaimonier» auf; sie behielten dabei offenbar eine gewisse innere Autonomie in ihren Gemeinwesen, waren aber Sparta zu Heeresfolge verpflichtet und außenpolitisch ganz von Sparta abhängig. Ein viel größerer Teil der Unterworfenen jedoch wurde brutal verknechtet; sie fristeten fortan ihr Dasein als unfreie, schollengebundene Hörige, sogenannte ‹Heloten› (von *heílōtes*, vermutlich ‹Gefangene›), und mußten als Bauern hohe Abgaben für die Spartiaten erwirtschaften, unter die ihr Land verteilt worden war. Zwar unterschieden sich die Heloten von Kaufsklaven, unter anderem weil sie Kollektivbesitz des spartanischen Gemeinwesens, nicht einzelner Spartaner waren, auf diese Weise einen gewissen Rechtsschutz genossen und offenbar zum Beispiel eigene Hausstände und Familien gründen konnten. Nichtsdestotrotz hatten sie von ihren spartanischen Herren mancherlei Demütigungen, Drangsalierungen und nicht selten Gewalt zu erdulden, so daß Zeitgenossen in der Klassik ihre Lage als besonders elend empfanden. Die Einnahmen aus den für griechische Verhältnisse dieser Zeit riesigen Untertanengebieten ermöglichten den spartanischen Herren, sich ganz auf das Gemeinwesen und den Krieg zu konzentrieren und bildeten so die Grundlage für Spartas kriegerische Überlegenheit und Hegemonialstellung in Südgriechenland seit dem 6. Jahrhundert. Das Herrschaftssystem brachte aber eine schwere Hypothek mit sich, denn fortan mußten die Spartaner jederzeit den Aufstand ihrer Untertanen, vor allem der Heloten, fürchten. Man hat diese Gefahr zu relativieren versucht, mangels Möglichkeiten der Untertanen und weil sich vereinzelt sogar Loyalität zu Sparta beobachten läßt. Dennoch formte die Furcht vor dem Aufstand das Gemeinwesen Spartas. Die Spartiaten wurden seit ihrer Kindheit an ein Leben im Kriegerkollektiv gewöhnt: durch eine gemeinschaftliche, ganz auf Abhärtung, Disziplin und Krieg ausgerichtete Erziehung der Jugend; durch eine von der Familie abgesonderte Lebensführung im Kreis der Männer, die stark kriegerisches Gepräge hatte (etwa indem man täglich im Kreis seiner Kampfgenossen in Gemeinschaftsmählern speiste); und durch eine Ideologie der Gleichheit als *hómoioi*, die den Verband der Spartiaten nach innen und außen einen sollte, indem sie die sozialen Unterschiede unter ihnen durch die Propagierung kriegerischer Tugend als höchsten Wert und alleinig legitimes Distinktionsmerkmal zu nivellieren versuchte. Wer sich diesen Normen entzog oder ihnen nicht genügte, wurde aufs schärfste ausgegrenzt.

Um 464 nun, unter dem Eindruck zahlloser Erdbebentoter in Sparta, sahen viele Heloten und einige Periökenstädte vor allem in Messenien die einmalige Chance, ihre Herren zu vertreiben und Rache zu nehmen. Die Parole der Freiheit von äußerer Unterdrückung, die seit den Perserkriegen, wie gezeigt, Konjunktur hatte, mochte den Boden dafür bereitet haben. Jedenfalls brach nun ein Aufstand los – der mit Abstand bedrohlichste seit der Eroberung Messeniens. Die Spartaner waren nicht in der Lage, den Aufstand zu unterdrücken, im Gegenteil erlitten sie empfindliche Verluste durch die Aufständischen und gerieten in solche Bedrängnis, daß sie sich zu dem aufsehenerregenden, von höchster Not zeugenden Entschluß durchrangen, ihre Verbündeten zu Hilfe zu rufen. Auch Athen schickte ein starkes Hopliten-Kontingent. Der Krieg zog sich dennoch über Jahre hin; Sparta konnte ihn nur beenden, indem es den Aufständischen, die sich zuletzt auf dem Berg Ithṓmē in Messenien verschanzt hatten, freien Abzug mit ihren Familien zugestand. Sie siedelten sich später mit athenischer Hilfe in Naúpaktos am Nordufer des Golfes von Korinth an und schufen sich spätestens dort eine Identität als Messenier – das sollte später wichtig werden.

Die Erdbeben und der sogenannte ‹Große Helotenaufstand› hatten die Herrschaft der Spartiaten an den Rand des Zusammenbruchs gebracht, Sparta kämpfte um seine Existenz. Dieser Schock konnte nicht ohne Folgen bleiben. Er dürfte den letzten Schub für eine ideologische Radikalisierung des spartanischen Gemeinwesens gegeben haben, die seit der Archaik zu beobachten ist und im 5. Jahrhundert ihre volle Ausprägung fand. Die erwähnte Ausrichtung der Spartiaten auf das Kriegertum seit der Eroberung Messeniens und die Ideologie der Gleichheit änderte zunächst nichts daran, daß Sparta sich in der Archaik wie andere griechische Poleis entwickelte, ja ein kulturelles Zentrum der Zeit wurde, das bedeutende Dichter wie Tyrtaíos oder Alkmán anzog, spektakuläre Monumentalarchitektur aufwies, weithin exportierte Kunstprodukte, besonders Bronzearbeiten, hervorbrachte und eine Oberschicht besaß, die wie anderswo ihren Reichtum genoß und zur Schau stellte. Spätestens das Sparta des 5. Jahrhunderts bot hingegen ein anderes Bild. Trotz seiner ungebrochenen Führungsrolle in Hellas im 5. Jahrhundert und seiner alleinigen Hegemonie im früheren 4. Jahrhundert scheint Sparta seine Bedeutung als kulturelles Zentrum damals eingebüßt zu haben: Die Kunstproduktion brach nicht ab, verlor aber an Quantität, Vielseitigkeit und Attraktivität für auswärtige Märkte; an den geistigen Entwicklungen der Klassik hatte die Stadt kaum Anteil, ihr äußeres Erscheinungsbild fand ein Zeitgenosse «dürftig» angesichts ihrer Macht (Thukydides 1.10.2). Diese Phänomene sind an sich nicht sehr belastbar, diverse Erklärungen wären denkbar. Signifikant werden sie aber, weil sie möglicherweise gesellschaftliche Normen spiegeln, die um 400 zum ersten Mal belegt sind, aber nicht zur kulturellen Hochblüte der Archaik passen wollen und daher nach einer in der neueren Forschung verbreiteten Auffassung wohl im ausgehenden 6. und im 5. Jahrhundert entstanden sein müssen. In einer Schrift über den *Staat der Lakedaimonier* aus dem früheren 4. Jahrhundert berichtet der Athener Xenophon, der lange als Exilant bei Sparta lebte, daß dort Reichtum und jede Form des Gelderwerbs durch Handel, Handwerk oder auch nur durch agrarische Überschußproduktion verpönt sei; «nicht mit kostbaren Kleidern» schmücke man sich, sondern «mit einem gesunden Körper»; das Ideal sei ein «Leben in Gleichheit». Spätere Quellen bestätigen, daß Handwerk und Gelderwerb als ‹knechtwürdig› galten, und ergänzen, daß im Sinne der Gleichheit jede öffentliche Zurschaustellung von Reichtum oder gar Luxus geächtet gewesen sei. Schlichtheit sei die Norm für das (gemeinschaftliche) Essen, den Hausrat, ja den ganzen Habitus bis zum ‹lakonisch› knappen Redestil gewesen; der Import von Gold- und Silberschmuck, ja selbst Rhetoriklehrer seien verboten gewesen. Ein Gesetz gegen die Prunksucht soll vorgeschrieben haben, daß «in jedem Haus das Dach nur mit der Axt, die Türen nur mit der Säge und keinem anderen Werkzeug», also aus einfachem Holz ohne aufwendigen Zierat gearbeitet sein sollten; denn einem solchen Haus wären Ruhebetten mit silbernen Beinen, purpurne Decken, goldene Becher und dergleichen Luxus fremd (Plutarch, *Lykurg* 13). Nach Thukydides hätten die wohlhabenden Spartaner als erste hinsichtlich der Kleidung und anderer Dinge sich bemüht, «ihren Lebensstil dem der Masse anzugleichen» (1.6.4).

All dies bezeugt einen hohen Egalisierungs- und Konformitätsdruck in der spartanischen Gesellschaft. Verschärfte Sozialdisziplinierung ist auch auf anderen Feldern zu beobachten. Die spartanische Thermopylen-Erinnerung betonte, wie wir sahen, den absoluten Gehorsam gegenüber dem Willen der Polis bis zur Opferung des eigenen Lebens, obwohl es ein Verbot, sich in aussichtsloser Lage zurückzuziehen, wohl nie gab. Dasselbe Motiv findet sich auch in mehreren anderen spartanischen Erzählungen des 5. Jahrhunderts über die Perserkriege. Womöglich kam es erst jetzt zur vollen Ausprägung der skizzierten Kriegerkultur und zugehöriger Institutionen wie der Absonderung der jungen Männer von der Familie im Erziehungssystem. Die Tendenz ging offenbar dahin, den einzelnen ganz den Zielen des Kollektivs der Spartiaten unterzuordnen und zu diesem Zweck sein Alltagsleben strenger Reglementierung zu unterwerfen. Eine späte Quelle resümiert: «Die Zucht erstreckte sich bis auf die Erwachsenen. Keinem stand es frei zu leben, wie er wollte, sondern sie lebten in der Stadt wie in einem Feldlager zusammen nach strengen Vorschriften hinsichtlich ihrer Lebensführung und ihres Verhaltens in bezug auf das Gemeinwesen; alles in allem glaubten sie nicht sich, sondern der Polis zu gehören» (Plutarch, *Lykurg* 41).

Aus Sparta selbst gibt es in klassischer Zeit freilich keine schriftlichen Quellen, so daß solche Darstellungen stets mit Vorsicht zu lesen sind – weil sie zu Idealisierung neigen, wie bei Xenophon, oder weil sie polemischen Charakter haben wie in Perikles' Epitaphios bei Thukydides, in dessen Enkomion des freiheitlichen, aufgeschlossenen und kulturell blühenden Athen die geschlossene Gesellschaft Spartas mit ihrem rigorosen Traditionalismus, ihrer Kargheit und Ausrichtung auf das Kriegertum stets implizit und explizit als Kontrastfolie mitgedacht ist. Im Alltag mögen die Spartaner durchaus ‹normaler› gelebt haben. Nach einer Anekdote war es König Ágis II., als er nach einem Sieg über Athen aus dem Feld heimkehrte, jedenfalls wichtiger, am Abend mit seiner Frau zu Hause zu essen statt zum Gemeinschaftsmahl der Männer zu gehen. Er soll dann dafür aber bestraft worden sein. Diese Pointe bringt es auf den Punkt: Wie auch immer die strikten gesellschaftlichen Normen im klassischen Sparta im Alltag gelebt wurden, die politische Kultur war von einem Wertekanon geprägt, der den einzelnen radikal den Egalitäts- und Konformitätsforderungen eines ganz auf das Kriegertum ausgerichteten Gemeinwesens unterwarf. Eine

Reihe von Episoden zeigt, daß er wenigstens im Konfliktfall auch durchgesetzt wurde.

Die Chronologie und die Ursachen dieser Radikalisierung sind hochumstritten. Antike Gewährsmänner führen die geschilderten Wesenszüge des spartanischen Gemeinwesens auf die älteste Vergangenheit zurück und schreiben sie einem mythischen Gesetzgeber namens Lykúrgos zu, dessen «Sprüche» oder Gesetze den ganzen Staat der Lakedaimonier geordnet hätten und vom delphischen Apoll sanktioniert worden seien. Damit sitzen sie freilich einer spartanischen Erzählung auf, die selbst erst sehr spät, vielleicht sogar erst im 5. Jahrhundert, nach einem verbreiteten Schema griechischer Stadtgründungssagen entstanden zu sein scheint, die häufig solche halbmythischen Verfassungsstifter und Gesetzgeber kannten. Zuerst ist Lykurg in dieser Rolle bei Herodot belegt, frühere Quellen des 5. Jahrhunderts (und auch einige spätere) kennen noch andere spartanische Gesetzgeber; die vielen späteren Ausschmückungen der Legende faßt dann die Lebensbeschreibung Plutarchs zusammen. Der Zweck der Lykurg-Legende bestand offenkundig darin, die bestehende Ordnung oder einzelne Elemente darin unhinterfragbar zu machen, indem man ihre Kontinuität seit einem göttlich sanktionierten Stiftungsakt in grauer Vorzeit behauptete. Man muß daher fragen, in welcher Situation die Spartaner das Bedürfnis gespürt haben mochten, sich den geschilderten Egalitäts- und Konformitätszwängen zu unterwerfen und diese Ordnung durch Zuschreibung an den mythischen Gesetzgeber sakrosankt zu machen.

Die Anfänge dieser Entwicklung, etwa die Entstehung der Gleichheitsideologie, dürften in der Ausrichtung der Bürger auf das Kriegertum nach der Eroberung Messeniens zu suchen sein. Nach einer lange gültigen Auffassung kam es um die Mitte des 6. Jahrhunderts zu einer erheblichen Verschärfung, als Sparta, wie man mutmaßte, im Ringen um die Suprematie über die Peloponnes und angesichts zunehmender sozialer Ungleichheit unter den Spartiaten innere Einheit herstellen wollte. Ein neuerer, aber umstrittener Ansatz sieht den scharfen Egalitäts- und Konformitätszwang noch später entstehen, zuerst mit den Perserkriegen. Der Angriff

Persiens bedeutete eine existentielle Bedrohung der Herrschaftsordnung Spartas auf der Peloponnes; der Krieg führte zu beträchtlichen Verlusten an Spartiaten, den Vollbürgern, was angesichts der latenten Helotengefahr immer beunruhigend war; und durch den Sieg über Persien brachen in der spartanischen Führungsschicht offenkundig erhebliche Rivalitäten auf, wie die Geschichte des Regenten Pausanias zeigt, dessen Profilierungsversuchen aufs schärfste begegnet wurde. All das könnte einen Kontext abgeben, in dem man auf bedrohlichen Entwicklungen von außen und im Inneren durch gesteigerten Egalitäts- und Konformitätsdruck, Verschärfung der kriegerischen Ausrichtung und Unterordnung des einzelnen unter die Polis reagierte. Der bedenkliche Aufstieg Athens zur Rivalin Spartas um die Macht in Hellas mochte diese Tendenz weiter vorantreiben. Wirkungen mußte dann aber vor allem die zweite existentielle Bedrohung binnen zweier Jahrzehnte haben: die verheerenden Erdbeben und der Große Helotenaufstand in den 460ern. In diesen Zusammenhang passen gut jene Gesetze wie das über den schlichten Hausschmuck (eine Wiederaufbaumaßnahme?), aber auch andere Luxusverbote. Vor allem aber mochte der langjährige, zeitweise auf Messers Schneide stehende Krieg gegen die Heloten die totale Ausrichtung der Spartiaten auf das Kriegertum noch einmal massiv befördert haben. Damals könnten auch einige der berüchtigsten spartanischen Sitten entstanden sein: die jährliche rituelle Kriegserklärung an die Heloten und, wie schon Plutarch glaubte, die volle Ausformung der sogenannten *krypteía*. Ursprünglich handelte es sich dabei um ein Initiationsritual, das darin bestand, daß junge Männer bei Erreichen der Volljährigkeit für einige Zeit in die Wildnis geschickt wurden, wo sie selbständig überleben mußten. Jetzt verband sich damit ein Terrorinstrument: Die Fähigsten unter ihnen sollen den Auftrag bekommen haben, aus dem Hinterhalt der Illoyalität verdächtige Heloten zu töten. Man mag das für sensationalistische Legenden halten, doch spartanische Massaker an Heloten sind mehrmals bezeugt.

In Sparta greifen wir einen Sonderweg in der Entwicklung der griechischen Poleis im 5. Jahrhundert. Er brachte zwar ebenfalls eine neue Ordnung hervor, verlief aber konträr zu den Demokratisierungsprozessen in Athen und anderen Poleis der griechischen Welt: Vollzog sich dort eine Öffnung hin zu breiterer politischer Partizipation und, jedenfalls in Athen, zu neuen Ideen und einem neuen Lebensgefühl, beobachten wir in Sparta zur selben Zeit eine Versteinerung der soziopolitischen Ordnung, die Entstehung einer ‹geschlossenen Gesellschaft›. Ausdruck dessen war die Vorstellung einer uralten, niemals veränderten Ordnung – obwohl die Ordnung Spartas genauso gewachsen und neu war wie jene in Athen. Diese freilich wurde mit Emphase als solche verstanden und fand ihre Identifikationsfiguren entsprechend in ‹Revolutionshelden› wie den Tyrannenmördern Harmodios und Aristogeiton oder dem Protodemokraten Theseus. Jene dagegen berief sich auf einen Gesetzgeber und Ordnungsstifter aus grauer Vorzeit: Lykurg.

III. DER PELOPONNESISCHE KRIEG

1. Polarisierung zwischen Sparta und Athen

Der Große Helotenaufstand hatte nicht nur für Sparta, sondern für die gesamte Geschichte des Klassischen Griechenland weitreichende Folgen. Denn er führte den endgültigen Bruch der Entente zwischen Sparta und Athen aus Zeiten der Perserkriege herbei. Antike Gewährsmänner wollten bereits in den 470er Jahren Spannungen zwischen der alten Hegemonialmacht zu Lande und der neuen zu See erkennen: So habe Sparta den Wiederaufbau der Mauern Athens nach dem Persersturm notfalls mit Gewalt verhindern wollen, was Themistokles durch hinhaltende Verhandlungen abzuwenden gelungen sei. Diese und vergleichbare Erzählungen sind aber nicht realistisch; denn damals, als man mit der Rückkehr des Großkönigs rechnen mußte, konnte Sparta kein Interesse an einem schwachen und ungeschützten Athen haben. Die Situation könnte sich aber in den 460er Jahren anders dargestellt haben, als Persien nach Athens Sieg am Eurymedon dauerhaft aus der Ägäis verdrängt zu sein schien und Athen den Seebund langsam zu seinem Hegemonialreich zu formen begann. Bereits um 465 soll Sparta angeblich Thasos Hilfe in der Revolte gegen Athen zugesagt haben, die nur wegen des Erdbebens ausblieb. Manifest wurden Spannungen jedenfalls im Jahr 462. Im Helotenaufstand hatte Sparta auch seinen Bündnispartner Athen um Hilfe gerufen. Doch als eine große Truppe unter Kimon anrückte, der die Athener mühsam davon überzeugt hatte, das Gesuch um der Eintracht mit Sparta willen anzunehmen, wurde sie abgewiesen. Wahrscheinlich mißtrauten viele Spartaner den Athenern und fürchteten, daß sie gemeinsame Sache mit den Heloten machen könnten. Dieser Affront hatte weitreichende Folgen: Kimon war kompromittiert; im Machtkampf mit der Gruppe um Ephialtes, der die in Kimons Abwesenheit durchgesetzten Reformen zur Steigerung seiner Popularität nutzen konnte, zog er den kürzeren und wurde ostrakisiert. Außerdem kündigte das Volk den Hellenenbund mit Sparta offiziell auf. Die Ereignisse von 462/1 begünstigten im weiteren die Entwicklung latenter Spannungen zwischen Athen und Sparta. In den Polarisierungsprozeß zwischen diesen beiden Mächten wurden in den kommenden Jahren und Jahrzehnten weite Teile der griechischen Welt hineingezogen, und er resultierte in einem hundertjährigen, mit wenigen Unterbrechungen permanent geführten Krieg der Griechen untereinander, der sich, in wechselnden Konstellationen, bis zur Mitte des 4. Jahrhunderts hinziehen sollte.

‹Erster Peloponnesischer Krieg› und Dreißigjähriger Friede

Athen schloß noch im selben Jahr 461 eine Allianz mit Argos, Spartas Erbfeind auf der Peloponnes, und ging auf ein Bündnisgesuch seiner Nachbarstadt Megara ein, eines Mitglieds des Peloponnesischen Bundes, das Stärkung in einem Grenzkonflikt mit Korinth suchte. Beide Bündnisse müssen nicht gegen Sparta gerichtet gewesen sein, brachen aber mit der von Kimon geprägten Politik, Konfliktherde mit Sparta nach Möglichkeit zu vermeiden, und dürften in Sparta als feindliche Akte gewertet worden sein. In Athen setzte sich nun offenbar eine offensivere Richtung durch. Eine erste direkte Konfrontation entwickelte sich aus einem Krieg mit Korinth, das verhindern wollte, daß Athen das Territorium seines neuen Partners Megara befestigte; er weitete sich zu einer Konfliktfolge aus, die in der Forschung als ‹Erster Peloponnesischer Krieg› bezeichnet wird. Schauplatz des Krieges war zunächst der Saronische Golf, wo Athen die Kämpfe zur Ausdehnung seines Einflusses zu nutzen versuchte und 457/6 Aigina, seine alte Rivalin, unterwerfen konnte; die Inselpolis verlor ihre gesamte Flotte und mußte fortan hohe Zwangsbeiträge als Seebundsmitglied leisten. 457 griff Sparta ein, das zuvor durch den Helotenaufstand gebunden gewesen war. In einer Schlacht bei Tănagra im südlichen Boiotien 457 unterlagen die Athener, von der verbündeten thessalischen Reiterei verraten, wurden aber nicht nachhaltig geschwächt. Als die Spartaner ohne weitere Unternehmung abzogen, gingen die Athener sofort in die Offensive, besiegten wenige Wochen später ein boiotisches Heer bei Oinóphyta unweit Tanagra und konnten 456 Boiotien, Phokis, Lokrís und das Land bis zu den Thermopylen unter ihre Vorherrschaft bringen. Im Folgejahr unternahm Tolmídes, einer der führenden athenischen Staatsmänner der Zeit, eine aufsehenerregende Flottenfahrt um die Peloponnes, konnte die spartanische Flottenbasis Gýtheion zerstören, verheerte weitere Landstriche und gliederte die Ionischen Inseln dem Seebund an. Außerdem nahm er die vom Ithome entkommenen Heloten auf und siedelte sie in Naupaktos an der Nordseite des Korinthischen Golfes an. Eine weitere Flottendemonstration führte Perikles, der dabei sein Debut als Feldherr gab, im Jahr 454 in den Korinthischen Golf, wo er Sikyon und die Poleis Achaias für Athen gewinnen konnte. Gleichzeitig zu diesen Unternehmungen verbanden die Athener ihre Stadt und den Piräus durch die sogenannten Langen Mauern, die Athen zu einer uneinnehmbaren Festung machten, solange die Versorgung über See gewährleistet war. Für den Verlauf des Peloponnesischen Krieges sollte dies entscheidende Bedeutung haben.

Athen war damit in kürzester Zeit zur stärksten Macht in Zentralgriechenland aufgestiegen und hatte mit seiner überlegenen Flotte sogar Sparta in Bedrängnis gebracht. Die Machtentfaltung blieb jedoch Episode. Denn ein großer Teil seines Heeres war zur selben Zeit – wie bereits erwähnt – in Ägypten engagiert und wurde dort bald eingeschlossen; 454 mußte es kapitulieren. Die Katastrophe löste Unruhen im Seebund aus; auch rechnete man mit einem persischen Angriff auf die Ägäis. Zwar konnte Athen seine Autorität im Seebund wiederherstellen und der Krieg mit Persien 449 wie berichtet beigelegt werden, doch die Voraussetzung dafür war ein Ausgleich mit Sparta. Kimon, der nach der ägyptischen Katastrophe aus dem Exil heimgerufen worden war, vermittelte 451 einen fünfjährigen Waffenstillstand, an dem das bedrängte Sparta genauso interessiert war wie Athen. Die Atempause nutzten die Spartaner, um mit Argos Frieden zu schließen. Eine neue Lage trat jedoch im Jahr 447 ein, als in Boiotien antiathenische Unruhen aufflammten. Die Athener entsandten ein Heer unter Tolmides, der mit einer brutalen Machtdemonstration – der Versklavung der gesamten

Stadtbevölkerung von Chairóneia in Boiotien – zunächst diese Umtriebe beenden konnte. Doch dann geriet sein Heer im Frühjahr 446 beim boiotischen Koróneia in einen Hinterhalt, in dem viele Athener fielen, unter ihnen auch Tolmides, und andere gefangen wurden. Nun erhob sich ganz Boiotien; um die Kriegsgefangenen freizubekommen, mußte Athen Boiotien räumen. Das nahmen wiederum euboiische Poleis 446 zum Anlaß für eine Revolte gegen die Seebundsherrschaft, um die drückenden Kleruchien loszuwerden; gleichzeitig fiel Megara mit Hilfe Korinths und benachbarter Poleis ab, und überdies rückte ein peloponnesisches Heer unter dem spartanischen König Pleistoánax in Nordattika ein. Wahrscheinlich waren diese Ereignisse als konzertierte Aktionen von Sparta geplant worden. Für einen Moment stand Athens Schicksal auf Messers Schneide.

Doch Pleistoanax zog sich zurück – nach der antiken Tradition bestochen durch Perikles, tatsächlich wohl weil er erkannte, daß sein Heer gegen die neue Stadtfestung Athens chancenlos war. Die Spartaner setzten ihn ab. Athen gab Megara auf und konzentrierte sich ganz darauf, die Kontrolle über Euboia und damit über wichtige Seewege und einen bedeutenden Getreidelieferanten wiederzugewinnen. Die Aufständischen wurden besiegt, die Bewohner von Histiaia wie berichtet ihrer Stadt verwiesen, in Chalkis die Eliten enteignet, die im Aufstand vertriebenen Kleruchen wiederangesiedelt und die Städte einer engen Kontrolle Athens unterworfen. Nicht verhindern ließ sich, daß sich die Städte Boiotiens zur Abwehr Athens zu einem straff organisierten, militärisch schlagkräftigen Bund zusammenschlossen (worauf wir in Kapitel 5 noch ausführlich zu sprechen kommen werden). Theben, der größten Stadt Boiotiens, gelang es seit den 420er Jahren, diesen Bund mehr und mehr zu dominieren; es gewann damit eine Macht, die Athen vor allem in der Endphase des Peloponnesischen Krieges gefährlich werden sollte.

Die in Summe ergebnislose Auseinandersetzung hatte auf spartanischer ebenso wie auf athenischer Seite die Überzeugung reifen lassen, daß weiterer Krieg aussichtslos war. 446 schlossen die Poleis einen dreißigjährigen Frieden: Athen verzichtete auf Einflußnahme auf der Peloponnes und auf die befestigten Häfen Megaras; ansonsten sicherten sich Sparta und Athen wechselseitig die Anerkennung ihrer Besitzstände zu und sahen ein Schiedsgericht für Konfliktfälle vor. Der Dualismus der beiden Großmächte war damit vertraglich festgeschrieben.

Die kommenden Jahre blieben friedlich. Über Spartas innere Verhältnisse, nach wie vor wohl geprägt vom Wiederaufbau nach Erdbeben und Helotenkrieg, ist kaum etwas bekannt. Athen konzentrierte sich auf eine innere Konsolidierung und Abrundung seiner Machtstellung. Zwar erfolgten viele Maßnahmen der herrschaftlichen Durchdringung des Bundes, die von der Forschung früher in diese Phase datiert wurden, wie im vorherigen Kapitel ausgeführt, möglicherweise erst in der Zeit des Peloponnesischen Krieges. Die erwähnten Eingriffe in die Autonomie der Bündner in der Zeit ab 450, unter anderem bei den aufständischen euboiischen Poleis 446, deuten aber dennoch auf eine gewisse Straffung des Regiments. Seinen Herrschaftsanspruch untermauerte Athen auch anläßlich der ebenfalls bereits erwähnten Intervention in Samos, die 441 zu einem großen, zeitweise von Byzantion und dem persischen Satrapen in Sardeis unterstützten Aufstand der bedeutenden Inselpolis führte. Er konnte von Athen (unter Perikles' Kommando) erst 439 niedergeschlagen werden.

Zugleich dehnte Athen sein Einflußgebiet aus. Bereits Anfang der 440er Jahre entsandte man Kleruchen auf die thrakische Chersones zur Kontrolle der Meerengen; 445 legten die Athener an der Mündung des Flusses Strýmon an der thrakischen Küste, einer Gegend, in der sie seit jeher Interessen verfolgt und deswegen mit Thasos 465 Krieg geführt hatten, zunächst eine Niederlassung, dann 437 eine große Kolonie namens Amphípolis an, die die wichtige Handelsroute durch das Strymontal ins Landesinnere sowie die Gold- und Silbervorkommen und den Holzreichtum der Region (für den Schiffsbau) kontrollieren sollte. 438 führte Perikles eine große Flottenexpedition ins Schwarze Meer und knüpfte mit dortigen griechischen Pflanzstädten Beziehungen, um ihren Handel und ihre Rohstoffe in den Piräus zu leiten. Auch im westgriechischen Raum wurde Athen aktiv. Die spektakulärste Maßnahme dort war die Neugründung der Stadt Thúrioi im Jahr 444/3 am Golf von Tarent an der Stelle des 510 zerstörten Sýbaris. Vertriebene Sybariten und ihre Nachkommen hatten sich immer wieder um die Wiederherstellung ihrer Stadt bemüht und sich Anfang der 440er Jahre erneut an die Großmächte gewandt. Sparta hatte kein Interesse, aber Athen sagte Hilfe zu: Nachdem bald nach 449 seine Initiative für einen Friedenskongreß aller Griechen, wie im vorherigen Kapitel geschildert, gescheitert war, bot sich nunmehr eine Gelegenheit, vor der griechischen Öffentlichkeit Führung zu demonstrieren und zugleich im Westen einen weiteren Stützpunkt zu gewinnen. Entsprechend wurde die Neugründung als panhellenisches Unternehmen inszeniert, indem man Siedler aus ganz Hellas zu gleichem Recht aufnahm, in den Phylen der neuen Polis alle griechischen Stämme abbildete und Intellektuelle aus ganz Hellas für das Unternehmen gewann: Teilgenommen haben sollen, unter anderen, Herodot von Halikarnaß und der Philosoph Empedoklḗs von Akragas; der Staatstheoretiker und Stadtplaner Hippódamos von Milet, der um dieselbe Zeit auch die Stadtanlage des Piräus entwarf, lieferte das urbanistische Konzept, der Universalgelehrte und Politiktheoretiker Prōtagóras von Ábdēra, ebenfalls in Athen tätig, den Verfassungsentwurf.

Führungsanspruch demonstrierte Athen schließlich auch durch ein urbanistisches Programm, das der Stadt Athen, deren Akropolis und andere öffentliche Räume immer noch von den Verwüstungen der Perserkriege gezeichnet waren, ein imperiales Gepräge gab. Wir waren schon dem 447 begonnenen Parthenon mit der majestätischen Goldelfenbeinstatue der Athena begegnet, der Selbstbild und Hegemonieanspruch der Polis in steinerne Monumentalität faßte und in einem reichen allegorischen Bildprogramm entfaltete. Flankiert wurde dieses Bauvorhaben von der monumentalen Ausgestaltung des Akropolis-Aufgangs durch die 438 begonnenen Propyläen und weitere Maßnahmen zur Verschönerung des Burgbergs: Nike-Bastion und -Tempel wurden in den 430er Jahren wenigstens projektiert, ebenso das sogenannte Erechtheion (zu beidem später). Unterhalb der Akropolis neben dem Dionysos-Theater wurde ein gewaltiges *ōdeíon* errichtet, eine überdachte Halle für musische Agone bei den Panathenäen. Seine Gestalt war ebenfalls Programm:

Sie soll nach antiken Berichten an das bei Plataiai 479 erbeutete Zelt des Xerxes erinnert haben. Monumental erneuert wurde auch das Heiligtum von Eleusis, dessen *telestḗrion* – die ‹Weihehalle›, in der die Mysterienfeier stattfand – auf ein Fassungsvermögen von bis zu 7000 Menschen erweitert wurde; der gewaltige Bau sollte dem panhellenischen Publikum nicht nur die Bedeutung dieses Heiligtums vor Augen führen, sondern verwies zugleich auf den im Triptolemos-Mythos formulierten Führungsanspruch Athens in Hellas. Diese und weitere einschlägige Monumentalbauten artikulierten nach außen den Führungsanspruch Athens, nach innen festigten sie das Selbstbewußtsein der Athener und schworen sie auf die neue hegemoniale Rolle ihrer Polis ein. Perikles, der mit einem Kreis von Mitstreitern dieses Bauprogramm maßgeblich vorantrieb, sah sich deswegen wie berichtet scharfen Angriffen einer Gruppe um den Politiker Thukydides Sohn des Melesias ausgesetzt, der seine Rivalität mit der Sorge um das Ansehen Athens bei den Bündnern begründete. 443 konnte Perikles jedoch seine Ostrakisierung durchsetzen. Auch eine Klage gegen Pheidías, den Bildhauer der Parthenos, wegen Unterschlagung – sicherlich ebenfalls ein politisches Manöver – verlief offenbar im Sande. Das Volk stand hinter Perikles' Programm.

Konflikte zwischen Athen und Sparta sind nach 446 nicht belegt. Dennoch führte eine Reihe von Ereignissen in den späteren 430er Jahren zu einer Eskalation, die den Frieden im Jahre 432 zerbrechen ließ. Um die Mitte der 430er Jahre entspann sich zwischen Korinth und der Inselpolis Kerkyra ein Konflikt um den Besitz der wohlhabenden Handelsstadt Epídamnos (auch Dyrráchion, heute Durres in Albanien), die von einer *stásis* zwischen Demokraten und Oligarchen zerrissen war. Beide Städte waren seit jeher Vormächte und Konkurrenten um Einfluß und Handelsaufkommen in der Adria. Als Korinth auf Bitten der epidamnischen Demokraten, die im Besitz der Stadt waren, aber von den Oligarchen im Bund mit benachbarten illyrischen Stämmen bedrängt wurden, Militärhilfe sandte, griff Kerkyra, das über eine große Flotte verfügte, die korinthischen Verbände in Epidamnos an, besiegte sie, nahm die Stadt und drangsalierte mit seiner großen Flotte korinthische Verbündete im Ionischen Meer. Nun begann der Krieg Kreise zu ziehen, denn Korinth legte daraufhin seinerseits ein gewaltiges Flottenbauprogramm auf und sammelte Verbündete, während Kerkyra in Athen um Hilfe nachsuchte. Das Volk gewährte sie nach einigem Zögern – Kerkyra war strategisch und kommerziell ein zu verlockender Partner –, aber nur als Defensivbündnis, um nicht in einen Angriffskrieg gegen einen Bündnispartner Spartas hineingezogen zu werden und damit den Vertrag von 446 zu verletzen. Auch als es im Sommer 433 zwischen Korinth und seinen Bundesgenossen und Kerkyra zu der erwarteten großen Seeschlacht kam, verhielt sich das athenische Hilfskontingent defensiv, zwang aber durch seine bloße Präsenz die korinthische Flotte schließlich zu einem demütigenden Abzug. Die Feindschaft zwischen Korinth und Athen war damit wieder aufgebrochen. In diesen Zusammenhang dürfte ein Volksbeschluß Athens gehören, den manche antike Quellen – nicht jedoch Thukydides, wir werden darauf zurückkommen – als wichtigen Anlaß für den Peloponnesischen Krieg beschreiben: Er schloß die Megarer von allen Häfen unter athenischer Kontrolle, d.h. praktisch der gesamten Ägäis und angrenzenden Gebieten, aus. Offizieller Grund waren Grenzstreitigkeiten, tatsächlich ging es aber möglicherweise darum, daß Athen den Import von Holz für den Flottenbau Korinths über einen nahe gelegenen, bis dahin neutralen Umschlagplatz unterbinden wollte.

Um dieselbe Zeit im Sommer 433 gelangten Nachrichten über eine geplante Erhebung auf der Chalkidike nach Athen, in deren Zentrum die nicht unbedeutende Bündnerstadt Poteidaia und der Makedonenkönig Perdíkkas II. standen, den Athen nicht lange zuvor aus unklaren Gründen als Bündnispartner zugunsten seiner innermakedonischen Rivalen hatte fallen lassen. Einer Aufstandsbewegung in der strategisch wichtigen Gegend nahe Amphipolis wollte man zuvorkommen, zumal Poteidaia trotz seiner Seebundsmitgliedschaft nach wie vor enge Beziehungen zu seiner Mutterstadt Korinth unterhielt und eine Revolte daher angesichts der neuen Feindschaft mit Korinth weitreichende Folgen haben mochte (was dann auch eintraf). Poteidaia erhielt daher den Befehl, die Verbindungen nach Korinth zu kappen, seine Stadtmauern zu schleifen und Geiseln zu stellen. Während die Poteidaier in Athen noch hinhaltende Verhandlungen führten, sagte Sparta ihnen zu, falls sie sich erhöben, in Attika einzumarschieren; daraufhin kündigten Poteidaia und andere Poleis der Chalkidike im Frühling 432 den Bund mit Athen auf, schlossen sich untereinander und mit Perdikkas zusammen und befestigten gemeinsam die Stadt Ólynthos als Hauptstadt eines neuen Bundes. Athen entsandte umgehend ein Heer, dem mehrere Verstärkungskontingente folgen sollten. Auch Korinth schickte ein kleines Heer; nur Sparta hielt sich nicht an die Zusagen – offenbar war die Mehrheit dort doch (noch) nicht zu einem Krieg gegen Athen bereit. Für Athen entwickelte sich daraus eine zwei Jahre währende, sehr kostenintensive Belagerung; 430/29 einigte man sich auf freien Abzug der Bewohner Poteidaias, und die Chalkidike konnte zurückerobert werden. Olynth, durch Zuzug von der ganzen Halbinsel erheblich gewachsen, blieb aber fortan die bedeutendste Stadt der Region.

Zwischen Athen und Korinth herrschte jetzt offener Kriegszustand. Megara litt massiv unter dem Handelsembargo, so daß diese beiden und weitere Städte, darunter die Aigineten, nun in Sparta auf Krieg gegen Athen drängten. In Sparta selbst scheint die Bürgerschaft gespalten gewesen zu sein. Eine Gruppe, die Thukydides in einer Rede des Königs Archídamos II. vorstellt, warnte in realistischer Einschätzung der Lage vor Athens Überlegenheit zur See und seinen viel größeren Ressourcen, gegen die Sparta nicht ankomme, «indem wir ihr Land heimsuchen und verwüsten» (1.81.1), und riet zu längerer Vorbereitung. Die Gegenpartei, deren Position Thukydides den Ephoren Stheneládas formulieren läßt, argumentierte vor allem mit dem Interesse der Bündner. Sie konnte sich durchsetzen, die spartanische Volksversammlung erklärte den Frieden für gebrochen; eine bald darauf einberufene Bundesversammlung der Peloponnesier fällte im Herbst 432 den Beschluß zum Krieg. Dennoch bot Sparta nach längeren Verhandlungen im Winter 432/1 noch einmal Frieden an, sollte Athen Poteidaia und Aigina aufgeben und das Handelsembargo gegen Megara aufheben (wobei Sparta offenbar nur auf letzterem bestanden hätte). Perikles überzeugte die unschlüssige athenische Volksversammlung, nicht nachzugeben. Auf

Athens Gegenvorschlag eines Schiedsgerichts in den Streitfragen gemäß dem Vertrag von 446 ging dann allerdings Sparta nicht mehr ein. Im Sommer 431 begann der Krieg, der die griechische Welt in sozialer und politischer Hinsicht zutiefst umwälzen sollte.

Thukydides und der Ausbruch des Peloponnesischen Krieges

Seit der Antike debattiert man die Frage, wie es zu einer solchen Eskalation hatte kommen können. Die einflußreichste Stimme in jener Debatte ist zugleich unsere Hauptquelle für diesen Krieg: Thukydides. Um 460 oder früher in eine Familie der athenischen Oberschicht mit familiären Verbindungen in thrakische Fürstenhäuser geboren, erlebte er den Krieg von Anfang an hautnah mit. 424 diente Thukydides als athenischer Feldherr in Thrakien, wo er Goldbergwerke besaß, sich bestens auskannte und nach seinen eigenen Worten (4.105) «einer der mächtigsten Männer war». Doch konnte er 424/3 den Übertritt der Stadt Amphipolis zu Sparta nicht verhindern und mußte deswegen in die Verbannung gehen. Aus dem Feldherrn wurde nun ein Chronist des Krieges. Schon zu dessen Beginn habe er, sagt er im Vorwort, mit Aufzeichnungen begonnen, «in der Erwartung, er werde bedeutend werden und denkwürdiger als alle vorangegangenen.» Denn beide, Sparta und Athen, traten «auf dem Höhepunkt ihrer Macht in den Krieg ... und das übrige Hellas schloß sich jeweils einem der beiden Gegner an, teils sofort, teils nach einigem Zögern. Es war bei weitem die gewaltigste Erschütterung für die Hellenen und einen Teil der Barbaren, ja sozusagen für einen Großteil der Menschheit.» Das Kriegsende erlebte Thukydides, er muß aber bald nach 399 (dem Zeitpunkt des letzten sicher datierbaren zeithistorischen Verweises in seinem Werk) plötzlich verstorben sein, denn er bricht mitten im Satz bei der Schilderung der Ereignisse vom Winter 411/0 ab; sein Text ist zudem an manchen Stellen offenkundig noch ungeglättet.

Bis dahin stellt er jedoch die Hauptquelle für den ereignisgeschichtlichen Verlauf des Krieges dar. Inschriften, vor allem aus Athen, das attische Drama, spätere historische Darstellungen – Plutarchs Biographien und vor allem Diodor, dessen Bericht auf der im 4. Jahrhundert entstandenen Universalgeschichte des Éphoros von Kyme (ca. 400–330) beruhen dürfte – sowie verstreute andere Quellen können sein Werk nur in Details ergänzen. Unser Bild des Krieges ist daher notwendigerweise ein thukydideisches und athenisches, auch wenn Thukydides in seinem Exil, wie er selbst sagt, weit herumkam und an vielfältige, auch nichtathenische Informationen über den Krieg gelangte. Aber selbst die Sicht Spartas ist für uns nur ansatzweise zu rekonstruieren. Nach 411/0 haben wir, von den fortlaufenden nichthistoriographischen Quellen abgesehen, nur sehr viel knappere, lückenhafte Darstellungen: Allen voran die *Griechische Geschichte* (*Hellēniká*) des um 430 geborenen Atheners Xenophon, ebenfalls Zeitzeuge, die in ihren ersten beiden, wohl im früheren 4. Jahrhundert entstandenen Büchern Thukydides unmittelbar fortsetzen (auf das übrige werden wir im 5. Kapitel zurückkommen), sowie eine alternative Tradition, die Diodor, Plutarch und andere späte Quellen im wesentlichen Ephoros verdanken. Sie gehen wohl auf die in kleinen Fragmenten bekannte *Hellēniká* von Oxýrhynchos (nach dem Ort in Ägypten, aus dem die Papyrus-Fragmente stammen) zurück, ebenfalls eine Thukydides-Fortsetzung, die in der Forschung heute meist entweder Theópompos aus Chios oder einem nur schemenhaft bekannten Krátippos aus Athen zugewiesen wird.

Bereits die große Zahl derer, die Thukydides fortsetzten, zeigt, welche Autorität sein Werk schon in der auf ihn folgenden Generation besaß. In der Tat hat Thukydides diesen Krieg überhaupt erst erfunden, indem er das Kriegsgeschehen zwischen 431 und 404 als einen Ereigniszusammenhang faßte. Denn man hätte den Archidamischen Krieg 431 bis 421 als einen Konflikt in den Bahnen des Krieges von 460 bis 446 durchaus von Athens Sizilienkrieg 415 bis 13 und von dem großen Seekrieg in der Ägäis unter Beteiligung Persiens ab 413 trennen und letzteren erst viel später enden lassen können, etwa 386 im Königsfrieden. Thukydides' Autorität gründet überdies darin, daß er seinem Werk eine explizite Darlegung seiner methodischen Prämissen vorausschickt und dabei seinen Anspruch betont, durch kritische Prüfung widerstreitender Evidenz zur Wahrheit vorstoßen zu wollen. Im sogenannten Methodenkapitel

(1.20–22) setzt er sich von verbreitetem historischen Falschwissen ab – wofür er unter anderem Athens Tyrannenmörder-Mythos als Beispiel nennt – und kritisiert «Dichter» und «Logographen», deren Werke der Unterhaltung dienten, nicht der Wahrheit (was meist als Seitenhieb auf Herodot und andere zeitgenössische Historiker gewertet wird, aber vielleicht auch auf die patriotischen Geschichtsdarstellungen in der politischen Oratorik, etwa den athenischen *epitaphioi logoi* zielt). Weiterhin erläutert er, in einem «mühsamen» Prozeß Selbsterlebtes und Augenzeugenberichte kritisch geprüft zu haben; und er nimmt für sein Werk in Anspruch, «durch klare Erkenntnis des Vergangenen» zum Verstehen der menschlichen Natur (*to anthrṓpinon*) beizutragen und damit, als ein *ktē̃ma es aieí*, ein Besitz auf ewig, auch für die Zukunft lehrreich zu sein. Die anthropologische Konstante und Triebkraft der Geschichte, die ihn dabei besonders interessiert, ist das Streben nach Macht, ihre Logik und Rhetorik, ihre Verführungskraft und die Mechanismen, die Macht erzeugen und vernichten – wir werden darauf zurückkommen.

Sein heute durchaus kritisch beurteilter Objektivitätsanspruch und das anthropologische Interesse hat Thukydides zum Gründungsheros der modernen Geschichts- und Politikwissenschaft gemacht, auch da, wo man ihn nicht als Vorbild bewunderte, sondern zu übertreffen beanspruchte. Allerdings folgt aus seiner Darstellungsweise, daß er als Ergebnis seiner Forschung eine autoritative Erzählung und in sich abgeschlossene Deutung präsentiert – anders als sein älterer Zeitgenosse Herodot, der auch abweichende Meinungen vorstellt. Deswegen und wegen der Alleinstellung seines Werkes als Quelle für den Krieg ist es oft schwierig, seine Analyse zu überprüfen. Die Probleme, die sich daraus ergeben, werden im Hinblick auf die Frage, wie es zur Eskalation der späten 430er Jahre kommen konnte, besonders deutlich. Seine Erzählung der Kerkyra- und Poteidaia-Affäre leitet Thukydides mit der Bemerkung ein, dies seien die *aitíai*, ‹Anlässe› bzw. ‹Anschuldigungen›, gewesen, die die Parteien gegeneinander vorbrachten; «den wahrsten Grund, von dem man freilich am wenigsten sprach, sehe ich im Machtzuwachs der Athener, der den Lakedaimoniern Furcht einflößte und sie zum Krieg zwang» (1.23.5). Die Aussage insinuiert zweierlei: erstens daß der Krieg unvermeidlich gewesen sei; und zweitens, daß die treibende Kraft der Eskalation Sparta war. Am Ende eines Rückblicks auf Entstehung und Aufstieg des Seebundes wird Thukydides noch deutlicher: Nun, als «die Macht der Athener ganz offensichtlich emporwuchs ... – da hielten sie (die Spartaner) nicht mehr an sich, sondern beschlossen ... die Macht ... Athens zu stürzen» (1.118.2).

Allerdings gab es schon unter den Zeitgenossen ganz andere Auffassungen. «Indes – was verklagen wir die Spartaner ganz allein?», läßt Aristophanes in den *Acharnern*, aufgeführt im Frühjahr 425, einen attischen Bauern fragen; der Krieg sei wegen des Handelsembargos gegen Megara entstanden, das Perikles, «der Olympier, der Hellas mit Blitz und Donner durcheinanderwarf», ihnen zur Strafe erließ, weil sie seiner Lebensgefährtin Aspasia zwei Huren gestohlen hätten. «Man bat uns oft, allein wir hörten nicht», denn allzu leicht für Krieg zu begeistern sei das Volk von Athen (v. 496–556). Im *Frieden* von 421 läßt Aristophanes Perikles gar das Megarische Psephisma durchsetzen, um so von innenpolitischen Anfeindungen wegen Pheidias abzulenken (v. 604ff.). Letzteres ist unglaubwürdig, und die Geschichte um Aspasia ein Komödienscherz; ernst zu nehmen ist aber, daß es in Athen offenkundig durchaus die Auffassung gab, eine Mitschuld, wenn nicht mehr an diesem Krieg zu tragen, und daß das Megarische Psephisma eine bedeutende Rolle spielte. Thukydides hingegen erwähnt jenes Psephisma nur am Rande, obwohl es für Sparta in den letzten Verhandlungen im Winter 432/1 offenbar entscheidend war. Und er läßt Perikles zwar wie berichtet am Ende für eine unnachgiebige Haltung plädieren, weist die Initiative zu diesem Krieg jedoch zunächst Sparta und seinen Verbündeten zu.

In der Forschung hat sich daher eine lange Debatte entzündet, ob Thukydides' Darstellung der Kriegsgründe zutreffend ist oder er womöglich sogar Athen gezielt entlastet, und ob die politische Entwicklung der Jahre und Jahrzehnte zuvor wirklich zwangsläufig auf einen Krieg hinauslaufen mußte. Je nachdem, wem man zuneigt, war die Außenpolitik Athens in der Tat auch nach 446 auf das Ziel einer Sparta überragenden Machtstellung ausgerichtet, was dort, wie Thukydides sagt, zu Besorgnis führen mußte. Allerdings tangierten Amphipolis, das Schwarzmeergebiet und die Westgriechen Sparta nicht; auffallend ist noch im Kampf um Kerkyra im Jahr 433 Athens Bemühen, den Vertrag mit Sparta nicht zu brechen, ebenso das Angebot im Winter 432/1, ein Schiedsgericht einzurichten. Als sich Thurioi 434 von den Athenern lossagte, unternahmen diese nichts; und daß Athen den abtrünnigen Bündner Poteidaia mit Gewalt in seinem Bund halten wollte, sah nach dem letzten Angebot offenbar auch Sparta als durchaus gedeckt durch den Frieden von 446. Sparta läßt nach 446 ebenfalls keine Anzeichen erkennen, daß es einen Krieg für unvermeidlich hielt oder Angst vor Athens Machtzuwachs hatte. Rüstungen, wie in diesem Fall zu erwarten, hatte man nicht unternommen, 432 war Sparta offenbar völlig unvorbereitet. Auch sonst sind keine aggressiven Akte bekannt. Die Korinther behaupteten nach Thukdyides bei einer Verhandlung um Kerkyra, der Peloponnesische Bund habe ein Eingreifen in der Samos-Krise diskutiert und nur sie hätten es verhindert; wenn die Behauptung überhaupt stimmt, hätten sie damit allerdings keinen Erfolg gehabt, wenn nicht auch Sparta einen Krieg mit Athen hätte vermeiden wollen. Auch ging Sparta weder auf ein Hilfsgesuch aus Mytilene ein, das nach Thukydides offenbar schon 432 Aufstandspläne hatte, noch hielt es sich an die Poteidaia gegebene Zusage eines Angriffs auf Athen. Und noch im Winter 432/1 war Sparta wie erwähnt zu kulanten Bedingungen bereit, den Krieg zu verhindern.

Es gibt demnach keine eindeutige Evidenz, daß Sparta oder Athen aktiv auf einen Krieg zusteuerten oder ihn für unvermeidlich hielten, manches deutet nach 446 eher auf eine friedliche Koexistenz und Respektierung der gegenseitigen Machtsphären hin. Wenn das stimmt, wie konnte es dann 432 doch zur Eskalation kommen? Eine entscheidende Rolle spielte nach Thukydides die ausführlich geschilderte Agitation Korinths gegen das «verhaßte» (1.103.4) Athen. In der Tat war Korinth schon im Ersten Peloponnesischen Krieg durch Athens Siege und Stützpunkte im Saronischen und Korinthischen Golf in seinem Aktionsraum beschnitten und dann von Athen in den 430ern in seiner Machtpolitik in

Nordwestgriechenland erneut ausgebremst worden. Thukydides berichtet weiterhin, daß es Korinth und seinen Partnern im Peloponnesischen Bund gelang, Sparta unter Druck zu setzen. In einer von ihm stilisierten Rede kritisieren korinthische Gesandte nicht nur in geradezu beleidigender Schärfe Spartas Inaktivität und Verkennung der – angeblichen – Bedrohung durch Athen. Sie beschuldigen die Spartaner überdies, ihren Pflichten gegenüber den Bundesgenossen nicht nachzukommen. Und sie drohen: Sparta müsse jetzt Athen angreifen, «damit ihr nicht eure Freunde und Blutsverwandten ihren ärgsten Feinden preisgebt und uns andere in unserer Verzweiflung in ein Bündnis mit einer anderen Macht treibt» (1.71.4). Um die Spartaner zum Krieg zu bewegen, weist der Ephor Stheneladas, wie erwähnt, eindringlich auf die Notwendigkeit hin, die Bündner zu schützen. Zwar betont Thukydides gleich darauf (1.88) noch einmal, daß das Mißtrauen der Spartaner für den Kriegsbeschluß ausschlaggebend war, nicht allein die Agitation der Bündner. Dennoch war nach Thukydides ein wichtiger Grund offenbar, daß Sparta die Loyalität seiner Bündner gefährdet sah. Das ist völlig plausibel. Außerdem läßt es sich mit Thukydides' «wahrstem Grund» vereinbaren: Den Beschluß, Athen zu stürzen, fällten die Spartaner nach der zitierten Stelle (1.118.2), als «die Macht der Athener ganz offensichtlich emporwuchs – und sie sich an ihrem (Spartas) Bund zu vergreifen begannen.» Spartas Mißtrauen gegenüber dem Machtzuwachs Athens war also schon lange vorhanden, aber aktiv wurden die Spartaner erst unter dem Druck der Bundesgenossen.

Warum aber ging Athen nicht auf Spartas Friedensangebote ein und gab nicht einmal in bezug auf das Megarische Psephisma nach? Korinths bedrohliches Flottenbauprogramm dürfte eine Rolle gespielt haben. In der erwähnten, sogenannten ‹Kriegsrede› des Perikles macht Thukydides aber ein anderes Motiv stark. Sie endet in Perikles' Appell, nicht hinter den Taten der Väter zurückzubleiben und das Reich, das diese erwarben, «den Nachkommen ungeschmälert zu übergeben» (1.144.4). Dasselbe Motiv der Ehre markiert auch den Beginn der Rede: «Bleibt ihr stark, so macht ihr ihnen deutlich, daß sie euch mehr von gleich zu gleich zu begegnen haben. Darum geht es: ob wir uns fügen … oder Krieg führen …, um furchtlos zu besitzen, was wir haben.» Alles andere sei «Knechtschaft» (1.140f.). Die Motivationslage, die Thukydides – der die Stimmung in Athen 432/1 selbst hautnah miterlebte – in dieser Rede skizziert, ist plausibel: Ehre und Freiheit waren für die Griechen sehr ernste Motive, die viele Athener bei ihrer Entscheidung umgetrieben haben mochten und gegen die Pragmatiker nicht leicht anreden konnten. So wie Sparta durch seine Bündner in einen Krieg gedrängt wurde, den es aktiv nicht betrieben hatte, gerieten die Athener demnach hinein, weil sie sich in einer Situation sahen, in der sie ohne Ehrverlust nicht nachgeben zu können meinten. Ehre mag im übrigen auch ein Motiv des von Athen vor Kerkyra gedemütigten Korinth gewesen sein, Krieg herbeizuführen, und ihre Ehre mochten auch manche Spartaner bedroht gesehen haben, als die Korinther ihnen Passivität als Hegemon vorwarfen. Daß die Poleis 431 nicht ahnen konnten, was auf sie zukam, dürfte dazu beigetragen haben, daß diese Gefühle im gespannten Klima von 432 zur militärischen Eskalation führten.

2. Der Archidamische Krieg (431–421)

Der verweigerte Agon

Der Winter 432/1 verging mit Diplomatie und Propaganda. Spartas Rechtfertigung für den Krieg legt Thukydides den Korinthern in einer zweiten Rede in den Mund: «Diese Stadt – Athen – hat sich zum Tyrannen in Hellas über alle aufgeworfen; die einen beherrscht sie schon, bei den anderen sinnt sie darauf – greifen wir sie also an und unterwerfen sie, um .... die bereits verknechteten Hellenen zu befreien!» (1.124.3) Das einst im Kampf gegen Persien aufgekommene Schlagwort der Freiheit, das Athen dann für seinen Seebund vindiziert hatte, beanspruchte jetzt Sparta; damals begann seine zweite Karriere als Schlachtruf in den innergriechischen Kriegen. Nach Thukydides fiel die Parole auf fruchtbaren Boden: In ganz Hellas «waren alle mutig und entschlossen zum Krieg – sehr begreiflich: ... damals war auch viel Jugend auf der Peloponnes und in

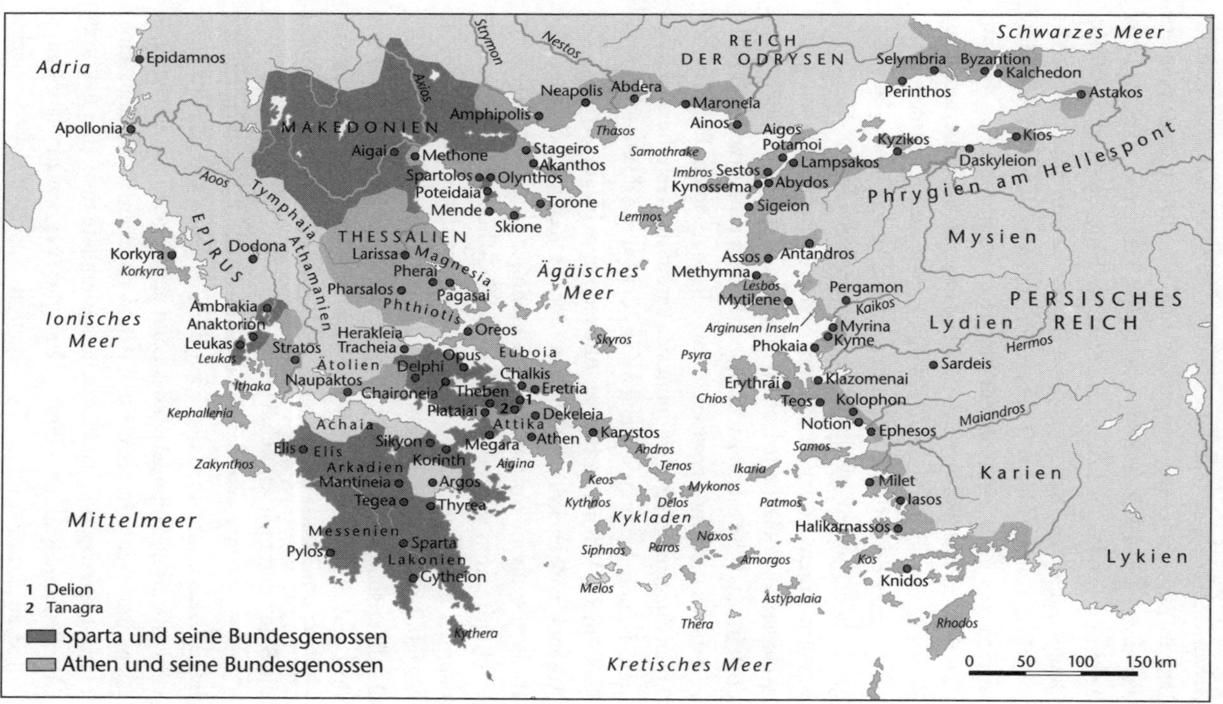
Schwarzes Meer
REICH DER ODRYSEN
Adria
Epidamnos
Apollonia
Strymon
Nestos
Axios
MAKEDONIEN
Neapolis
Abdera
Maroneia
Ainos
Selymbria
Byzantion
Kalchedon
Perinthos
Astakos
Amphipolis
Thasos
Samothrake
Aigos Potamoi
Kyzikos
Kios
Daskyleion
Aigai
Methone
Stageiros
Akanthos
Spartolos
Olynthos
Poteidaia
Mende
Torone
Skione
Imbros
Sestos
Lampsakos
Kynossema
Abydos
Sigeion
Phrygien am Hellespont
Lemnos
Aoos
Tymphaia
EPIRUS
Athamanien
THESSALIEN
Mysien
Korkyra
Korkyra
Dodona
Larissa
Magnesia
Pherai
Pharsalos
Pagasai
Phthiotis
Ägäisches Meer
Assos
Antandros
Methymna
Lesbos
Mytilene
Pergamon
Kaikos
PERSISCHES REICH
Lydien
Ionisches Meer
Ambrakia
Anaktorion
Leukas
Leukas
Stratos
Herakleia
Tracheia
Oreos
Skyros
Arginusen Inseln
Myrina
Kyme
Phokaia
Hermos
Sardeis
Psyra
Euboia
Opus
Ätolien
Delphi
Chalkis
Naupaktos
Ithaka
Chaironeia
Theben
Eretria
Erythrai
Chios
Klazomenai
Teos
Kolophon
Kephallenia
Plataiai
1
2
Dekeleia
Attika
Notion
Maiandros
Ephesos
Achaia
Sikyon
Athen
Karystos
Andros
Samos
Elis
Elis
Korinth
Megara
Zakynthos
Arkadien
Aigina
Tenos
Ikaria
Karien
Mantineia
Argos
Keos
Mykonos
Milet
Tegea
Thyrea
Kythnos
Delos
Patmos
Iasos
Mittelmeer
Kykladen
Halikarnassos
Messenien
Sparta
Naxos
Pylos
Lakonien
Siphnos
Paros
Amorgos
Kos
Lykien
Gytheion
Knidos
Melos
Astypalaia
1 Delion
2 Tanagra
Thera
Rhodos
Kythera
Sparta und seine Bundesgenossen
Athen und seine Bundesgenossen
Kretisches Meer
0 50 100 150 km

Athen, die in ihrer Unerfahrenheit freudig den Krieg aufgriff. ... Die Stimmung der meisten neigte sich eher den Lakedaimoniern zu, zumal sie die Befreiung von Hellas verkündet hatten» (2.8). Trotzdem wollte im Frühjahr 431 keine Seite der Angreifer sein. Zum Auslöser der Kriegshandlungen wurde dann ein Anschlag des mit Sparta verbündeten Theben auf Plataiai, der aber mit Hilfe Athens, seit jeher Schutzmacht Plataiais, vereitelt wurde. Nun war der Bündnisfall gegeben; die Peloponnesier marschierten unter Führung des spartanischen Königs Archidamos (der den ersten zehn Jahren des Kriegs den Namen gab) in Attika ein. Die landsässigen Athener waren mit ihrer beweglichen Habe hinter die Langen Mauern Athens evakuiert worden. Schon in Attika stehend sandte Archidamos noch einmal einen Boten mit Friedensforderungen, doch in dieser Situation nachzugeben wäre für die Athener ein Eingeständnis der Angst gewesen. Er wurde abgewiesen. In Sichtweite Athens begannen die Peloponnesier daraufhin, Gehöfte zu verwüsten, Felder abzubrennen und Weinstöcke und Ölbäume abzuhakken, um die Athener so zu einer offenen Feldschlacht zu reizen. Die Athener rückten jedoch nicht aus, nur die Reiterei bedrängte die Invasoren; als die Vorräte der Peloponnesier nach einigen Wochen erschöpft waren, zogen sie wieder ab. Die Athener hingegen unternahmen mit ihrer Flotte Angriffe auf Lakonien und spartanische Verbündete in Elis, Lokris und Aigina, dessen Bürger zur Strafe für ihre Konspiration mit Sparta ihrer Heimat verwiesen wurden und ihr Land an attische Kleruchen verloren. Außerdem griff ein athenisches Hoplitenheer nach Abzug der Spartaner Megara an, konnte die Stadt aber nicht einnehmen.

Dieses Schema sollte bis 425 die Konstante in diesem Krieg bleiben: Nahezu Jahr für Jahr fielen die Peloponnesier in Attika ein, verwüsteten und plünderten das Land und zogen nach einigen Wochen ohne Schlacht wieder ab. Athen dagegen suchte mit seiner Flotte Lakonien oder spartanische Verbündete heim und fiel in die Megaris ein. Diese merkwürdige Kriegführung war zunächst einmal Folge einer militärischen Pattsituation. Spartas Stärke war seine hochprofessionelle Hoplitentruppe und das große Landheer, das die Verbündeten auf der Peloponnes, in Boiotien, Lokris und Phokis mobilisieren konnten. Angesichts dieser Übermacht vermieden die Athener eine offene Feldschlacht und verschanzten sich in ihrer mit den Techniken des 5. Jahrhunderts uneinnehmbaren Festung. Dafür spielten sie ihre überlegene Flotte aus, der Sparta trotz der Flotten Korinths und anderer Verbündeter nichts entgegenzusetzen hatte. Eine Entscheidung konnte auf diese Weise jedoch keine Seite herbeiführen. Die Taktik, auf die beide daher setzten, war die der Zermürbung: Der Gegner sollte, wenn er schon nicht in direkter Konfrontation zu bezwingen war, so unter Druck gesetzt werden, daß er nachgeben und Bedingungen akzeptieren mußte. Daß man dies erwarten konnte, hing auch mit den anfänglich wohl relativ begrenzten Kriegszielen zusammen. Zwar hatte Sparta die Freiheit und Autonomie der athenischen Untertanen proklamiert, aber eine Auflösung des Seebundes (wie sie Korinth vielleicht erhoffen mochte) konnte Sparta 431 nicht realistisch erscheinen, da der Polis mangels eigener Flottenstärke die Machtmittel fehlten, den Bund des Feindes zu übernehmen; so hätten von der Zerschlagung des Seebundes vor allem Korinth und vielleicht Persien profitiert. Sparta wollte demnach wohl lediglich Athen in die Schranken weisen und einige Wünsche seiner Verbündeten befriedigen, um auf diese Wiese wieder unangefochtene Hegemonialmacht in Hellas zu sein. Athens Absichten waren zwar nicht rein defensiv – Perikles' angeblichen Kriegsplan, defensiv zu agieren und im Krieg die Herrschaft nicht zu erweitern, beachtete er selbst als Stratege von 431 und 430 nicht; dieser ‹Plan› dürfte Thukydides' retrospektiver Analyse entsprungen sein, wie Athen den Krieg idealerweise hätte führen sollen. Aber Spartas Macht auf der Peloponnes zu brechen wäre mangels eines ausreichend starken Landheeres auf athenischer Seite ebenfalls unrealistisch gewesen und hätte wieder anderen, vor allem wohl Argos und Korinth genutzt. Die Athener wollten wahrscheinlich lediglich die Suprematie über Zentralgriechenland von 461–47 zurückerlangen, vor allem aber Sparta und Korinth zur Anerkennung der athenischen Vormacht zwingen. Solche begrenzten Ziele schienen auf dem Wege einer Zermürbungstaktik beiden Seiten sehr wohl erreichbar.

Um Athens Widerstandsgeist zu brechen, setzte Sparta auf ein altbewährtes Muster ‹psychologischer Kriegführung› in den Konflikten der griechischen Poleis: Mit Verwüstung und Plünderung demütigte man den Gegner, bis er eine Entscheidungsschlacht anbot. Dieser agonalen Logik folgten die spartanischen Verwüstungszüge 431: Archidamos «hoffte, die Athener, auf dem Höhepunkt ihrer Macht, reich an Jugend und zum Krieg gerüstet wie nie zuvor, würden vielleicht doch zur Schlacht antreten und die Verwüstung ihres Landes nicht mit ansehen» (Thuk. 2.20.2). Nach menschlichem Ermessen würde Athen in diesem Fall unterliegen und wenn nicht nach einer, dann nach zwei oder drei Schlachten um Frieden zu den Bedingungen des Siegers nachsuchen müssen. Wenn Athen die Schlacht aber verweigerte, so konnte man hoffen, daß die Demütigung, die Zumutungen der alljährlichen Evakuierung und vielleicht auch Störungen der Lebensmittelversorgung über See die Athener auf Dauer zermürbten, Zwietracht erzeugten und sie einlenken ließen. Und auf jeden Fall ließ sich so gegenüber den eigenen (und auch Athens) Verbündeten Spartas Überlegenheit zu Lande demonstrieren. Archidamos' psychologisches Kalkül ging auf: «Die Verheerung des Landes vor ihren Augen, was die Jüngeren überhaupt noch nie erlebt hatten, die Älteren nur im Perserkrieg, war für sie empörend, und sowohl die Allgemeinheit als auch besonders die jungen Leute meinten, man müsse ausrücken und dürfe nicht länger zusehen» (Thuk. 2.21.2). In der Polis machte sich ungeheure Erregung breit, die sich namentlich gegen Perikles als Proponenten des Evakuierungsplans richtete. Sie galt nicht so sehr dem materiellen Schaden; im Archidamischen Krieg verharrten die Peloponnesier jeweils nur wenige Wochen im Land, manche Gegenden Attikas blieben ganz verschont. Nach Thukydides hatte man alle Wertgegenstände, Vieh, selbst das Bauholz der Landhäuser bei der Evakuierung entfernt. Wirkungsvoll ließen sich allenfalls reife Getreidefelder verwüsten, nicht jedoch Oliven-, Obstbäume und Weinstöcke, die mühsam zu fällen waren. Die praktischen Auswirkungen blieben nach allgemeiner Auffassung daher überschaubar, zumal die Lebensmittelversorgung auf dem Seeweg gesichert war. Die Erregung war der Demütigung geschuldet, das eigene Land verwüstet zu sehen und sich nicht dagegen wehren zu dürfen.

Dies wird durch zahlreiche andere Zeugnisse bestätigt. In einer Komödie des Hérmippos hieß es: «Warum willst Du» – Perikles – «nicht den Speer ergreifen, sondern schwingst nur mächtige Reden über den Krieg, du Feigling?» (Frg. 47 Kassel/Austin). In Aristophanes' *Acharnern* vom Frühjahr 425 bricht der Chor – Männer aus Acharnaí, das von den Verwüstungen besonders mitgenommen war – in Haßtiraden auf die Spartaner aus, die ihm niemals mehr «die Reben abhacken» sollen (v. 204–36), und prügelt den friedenswilligen Helden des Stücks beinahe zu Tode, ein Sinnbild der Spannungen, die das Thema in der Polis auslöste. 431 gelang es Perikles, die Wogen zu glätten; das Heer rückte nicht aus. Die Erfolge der Gegenoffensive zur See sorgten sogar für Stolz und Zuversicht, wie sie in dem Lobpreis Athens in Perikles' schon mehrmals zitierter Gefallenenrede vom Winter 431/30 zum Ausdruck kommen. Doch schon im Sommer 430 war Archidamos fast am Ziel. Denn kurz nachdem die Peloponnesier in Attika eingefallen waren, traf Athen das gänzlich Unerwartete: die Pest. Die über den Hafen eingeschleppte Seuche konnte sich unter der in der Stadtfestung Athens zusammengepferchten, in der Sommerhitze unter abenteuerlichen hygienischen Bedingungen hausenden Bevölkerung Attikas, zehntausenden Menschen, rasend schnell ausbreiten; Thukydides, der selbst an ihr erkrankte, schildert fürchterliche Zustände in der Stadt, in der die Menschen in kürzester Zeit auf offener Straße starben und die öffentliche Ordnung zusammenbrach. Die Ärzte waren machtlos. Tausende wurden 430 und in späteren Ausbrüchen dahingerafft, Athens Wehrkraft massiv geschwächt. Viele Athener sahen sich als Opfer von Götterzorn, wie ja auch in der *Ilias* das Heer der Achäer von Apoll mit der Seuche gestraft worden war. Unter diesen Umständen mußte die demütigende Verwüstung Attikas, der man nicht entgegentreten konnte, in Athen den gewünschten demoralisierenden Effekt haben. Perikles wurde seines Strategenamtes entsetzt, das Volk sandte nach Sparta um Frieden. Archidamos' Taktik schien aufgegangen. Allerdings gingen die Angebote den Spartanern offenbar nicht weit genug, sie lehnten ab. Es gehört zu den erstaunlicheren Begebenheiten dieses Krieges, daß die Athener sich nun trotz ihrer fürchterlichen Lage sammelten und nicht weiter nachzugeben beschlossen. Eine Rede des Perikles, mit der Thukydides die Stimmung in der Stadt beschreibt, endet mit dem Appell an die Ehre der Athener, nicht klein beizugeben – und, wie im vorherigen Kapitel geschildert, der Warnung vor der Rache der Untertanen, sollte Athen nachgeben.

Athen verweigerte den Agon in Attika, seine Zermürbungstaktik gegen Sparta folgte aber derselben Logik. Flottenüberfälle rund um die Peloponnes – die zwar in Küstennähe Schaden anrichteten, aber nicht in einem Maße, das den Feind in die Knie gezwungen hätte – sollten die Spartaner demütigen und ihre Verbündeten gegen sie aufbringen, da sie diese nicht schützen konnten. Auch die Athener schienen einen Nerv in Sparta getroffen zu haben, denn ein Garnisonskommandant namens Brasídas erhielt hohe Ehrungen dafür, daß er 431 bei einem athenischen Landungsunternehmen in Lakonien spektakuläre Abwehrmaßnahmen durchgeführt und so die Schande gemindert hatte, das eigene Territorium verwüstet zu sehen. Die darauf gegründete Popularität sollte ihn in den nächsten Jahren zu einem der wichtigsten Truppenführer Spartas machen. Die alljährlichen Angriffe auf Megara hatten ebenfalls eine symbolische Dimension, obgleich es auch darum ging, Sparta mit der Megaris die Landbrücke zwischen den peloponnesischen und den zentralgriechischen Verbündeten zu nehmen. Dieses taktische Ziel sollte Athen zwar nie erreichen, aber der Druck auf Sparta war in der Tat groß: Es mußte Truppen zum Schutz der Megaris abstellen; 427 drängte Megara Sparta zu einem (gescheiterten) Angriff auf den Piräus; nur in letzter Sekunde konnte Sparta 424 verhindern, daß Megara in einer seit 427 in der Polis schwelenden *stásis* zwischen Oligarchen und Demokraten an Athen fiel.

Diese Zermürbungstaktik anstelle einer direkten, entscheidenden Konfrontation zwischen den Mächten hatte weitreichende Folgen, denn sie führte zur Ausweitung der Kämpfe auf große Teile der griechischen Welt – von Kreta bis zur Chalkidike und von Sizilien bis zur Ägäis. So wurde aus dem Krieg schon in dieser Phase ein griechischer ‹Weltkrieg›. Ein Hauptschauplatz wurde Nordwestgriechenland, wo Athens strategisches Interesse mit Korinths Machtansprüchen kollidierte. Schon 431 gewann die athenische

Flotte die Insel Kephallēnía und Städte an der Küste Akarnaniens, wohl um so die Schiffahrtswege des peloponnesischen und korinthischen Handels – gerade des Getreidehandels – in die Adria und nach Italien abzuschneiden. 430 versuchten Korinth und Sparta vergeblich Stützpunkte zurückzugewinnen; 429 konnte eine athenische Flottille unter Phormion, die vom verbündeten Naupaktos aus den Schiffsverkehr in den Golf von Korinth blockierte, zwei taktisch spektakuläre Seesiege gegen numerisch weit überlegene korinthisch-peloponnesische Flotten erringen, die einmal mehr die hohe nautische Überlegenheit Athens demonstrierten. Gleichzeitig tobte über mehrere Jahre in der Landschaft Akarnanien ein Stellvertreterkrieg zwischen proathenischen und von Korinth und Sparta gestützten Poleis, in dem erstere am Ende die Oberhand gewannen. Weitere Kämpfe gab es um Leukás und Kerkyra, wo beide Lager in einen dort seit 427 wütenden Bürgerkrieg eingriffen, und 426 schließlich in Aitolien. Insgesamt konnte Athen Korinth und Sparta in diesem Raum zurückdrängen. 427/6 sollte sich Athen sogar zum ersten Mal auf Sizilien engagieren, wo es Leontínoi und andere Städte in einem Konflikt mit dem spartanisch-korinthischen Bündnispartner Syrakus unterstützte. Dort ging es Thukydides zufolge ebenfalls darum, die Handelsverbindungen Spartas und Korinths zu treffen.

Andere Kriegsschauplätze ergaben sich situativ. Den Krieg in Attika unterbrachen die Spartaner 429, wohl aus Angst vor der in Athen wütenden Seuche, und belagerten statt dessen auf Betreiben ihres Verbündeten Theben Plataiai, um es zum Abfall von Athen zu zwingen. Das Städtchen hielt bis Sommer 427 aus, obwohl Athen keine Hilfe zu senden wagte, dann gingen die dem Hungertod nahen Verteidiger auf das Angebot der spartanischen Belagerer ein, gegen die Zusage einer fairen Behandlung zu kapitulieren. Die Sieger inszenierten daraufhin eine Farce von Gerichtsverfahren, dessen Ausgang mit Rücksicht auf Spartas thebanische Verbündete von vornherein klar war: Die Plataier wurden Mann für Mann exekutiert. Später wurde die Stadt Plataiai dem Erdboden gleichgemacht; mit dem Baumaterial errichteten die (sprichwörtlich frommen) Spartaner einen Tempel und eine Pilgerherberge. Hauptereignis des Krieges in der Ägäis war nach dem Ende der Belagerung Poteidaias die Erhebung der Poleis von Lesbos (mit Ausnahme Méthymnas) unter Führung Mytilenes gegen Athen im Jahr 428. Die Revolte hätte möglicherweise weitreichende Folgen gehabt, wäre eine spartanische Hilfsflotte aus Angst vor der athenischen nicht so zögerlich in die Ägäis vorgedrungen, daß das über viele Monate von den Athenern belagerte und ausgehungerte Mytilene im Frühjahr 427 kapitulieren mußte, bevor die Unterstützung eintraf. Auch jede andere Aktion scheute die spartanische Flotte und kehrte unverrichteter Dinge um. In Athen beschloß die Volksversammlung dann «im Zorn» – vor allem wegen der spartanischen Hilfe (Thuk. 3.36.2) – wie berichtet ein grausames Strafgericht über die Aufständischen, das jedoch gerade noch rechtzeitig revidiert werden konnte. Immerhin 1000 Hauptverschwörer wurden aber dennoch hingerichtet und das Land der Aufständischen attischen Kleruchen übergeben.

Das Strafgericht über Mytilene ist ein Indiz, daß in Athen die Nerven mittlerweile blanklagen. Die Pest war abgeklungen, aber nicht verschwunden und flammte im Winter 427/6 noch einmal mit Macht auf. Im fünften Jahr hatte der Zermürbungskrieg keinen Erfolg gezeitigt. Der Aufstand auf Lesbos war nach Thukydides nicht das einzige Anzeichen von Unruhe unter den Bündnern; der Unsummen verschlingende Seekrieg setzte die Polis finanziell unter Druck: Mehrmals erwähnt Thukydides Flottenexpeditionen, die offenbar Zwangsrequisitionen durchführten; 428, als Athen 250 Kriegsschiffe im Einsatz hatte und zudem die monatelange Belagerung von Mytilene zu finanzieren war, mußte die Polis zum ersten Mal in diesem Krieg eine Sondersteuer für wohlhabende Bürger ausschreiben; 426/5 ist ein Volksbeschluß über die Straffung der Tributeinziehung belegt, dem wohl bald das im vorangegangenen Kapitel erwähnte Kleinias-Dekret mit detaillierten Regelungen dazu folgte. Und 425 beantragte ein gewisser Thudippos eine außerordentliche Neuveranlagung der von den Bündnern zu leistenden Tribute mit dem expliziten Ziel, die «zu geringen» Einnahmen zu steigern; nach einer geläufigen (aber nicht gesicherten) Auffassung hatte dies eine beträchtliche Erhöhung, vielleicht sogar eine

Verdreifachung der Tributforderung zur Folge. 426 scheiterte der Versuch einer Offensive gegen Boiotien, und nach wie vor mußten die Athener im Frühsommer hinter die Mauern Athens fliehen. Es war nicht zu erwarten, daß sich in den kommenden Jahren etwas ändern würde. Aristophanes dürfte eine verbreitete Stimmung in der Polis thematisiert haben, als er im Spätwinter 425 in den *Acharnern* wie erwähnt einen kriegsmüden attischen Bauern einen Privatfrieden mit Sparta schließen und die Kriegsschuldfrage stellen läßt.

In dieser aussichtslosen Situation kam es zu einer überraschenden Wende. Im Frühsommer 425 – die Spartaner hatten wieder einmal Attika besetzt – gelang es einer athenischen Flottille unter dem bewährten Feldherrn Demosthenes (der nichts mit dem zwei Generationen jüngeren Redner zu tun hat) auf dem Vorgebirge Pýlos an der Nordseite der Bucht von Navarino in Messenien einen Brückenkopf zu befestigen, bevor Sparta dies verhindern konnte. Ziel war, von dem nur 15 Wegstunden von Sparta entfernten Platz aus die messenischen Heloten zu einem Aufstand anzustacheln. In Sparta erkannte man die Gefährlichkeit der Lage, zog seine Truppen aus Attika ab und belagerte den Brückenkopf zu Land und See. Doch athenische Verstärkung konnte die spartanische Blockade brechen und schloß ihrerseits nun 400 Spartiaten und Peloponnesier auf der Insel Sphaktēría ein, die das von Pylos nur durch einen schmalen Wasserstreifen getrennte Eiland gegen ein athenisches Landungsunternehmen hatten schützen sollen. Dieser Coup veränderte alles. Um die auf Sphakteria ohne Wasser und Nahrung Eingeschlossenen freizubekommen, suchte Sparta umgehend in Athen um Frieden auf Grundlage des Besitzstandes nach. Jetzt hatte allerdings das Volk von Athen höhere Erwartungen, und das Angebot wurde abgelehnt. Doch nachdem Wochen vergangen waren, ohne daß sich die Lage bei Pylos änderte, drehte sich die Stimmung gegen den Konfrontationskurs, der vor allem von dem Politiker Kleon favorisiert wurde; von seinem Gegner Nikias in die Enge getrieben, ließ er sich zu dem Versprechen hinreißen, er werde die Spartaner auf Sphakteria binnen zwanzig Tagen bezwingen. Und wider jedermanns Erwarten hatte er, der noch nie ein Heer geführt hatte, dank Demosthenes Erfolg; die Athener konnten die Insel erstürmen und

300 Peloponnesier, davon 120 Spartiaten, gefangensetzen. Daß diese den Kampf nicht bis zum Tod fortsetzten, war für Thukydides «in dem ganzen Krieg die größte Überraschung» (4.40). Sie kamen als Kriegsgefangene nach Athen und waren fortan ein Faustpfand, das unter anderem weitere spartanische Einfälle nach Attika verhinderte.

In Athen herrschte Triumphstimmung, man wähnte den Sieg nahe. Als eine Art Siegesmal ging man jetzt an den Neubau des seit den 430er Jahren projektierten Tempels der Athena Nike, ‹als Siegerin›, am Aufgang zur Akropolis (s. Abb. 7); an seiner Bastion brachte man weithin sichtbar die in Pylos erbeuteten spartanischen Schilde an. Der Fries des Tempels zeigte Szenen aus dem panegyrischen Katalog der Großtaten Athens: einen Persersieg, aber auch den Kampf um die Leichen der Sieben gegen Theben und andere. Weitere Schilde stellte man in der Stoa des Zeus Eleutherios auf der Agora aus, des Zeus als ‹Befreiers› – zweifellos eine gezielte Umdrehung der spartanischen Freiheitspropaganda. Das neue Selbstbewußtsein kommt auch in dem erwähnten Thudippos-Dekret zum Ausdruck, das man inschriftlich auf einem überlebensgroßen Stein mit einer langen Liste aller tributpflichtigen Städte (und auch solcher, auf die man nur Anspruch erhob) verzeichnete, ein Monument der athenischen Seemacht. Ebenfalls in diesen Zusammenhang dürften die im vorangegangenen Kapitel zum Seebund erläuterten Beschlüsse gehören, die die Bündner als symbolische Anerkennung der Oberhoheit Athens zur Abgabe eines Rinds und einer Rüstung zu den Panathenäen sowie der Erstlingsfrüchte an das Heiligtum von Eleusis verpflichteten. Zu jener Abgabe nach Eleusis wurden auch alle anderen Städte in Hellas aufgerufen und mit diesem Verweis auf den eleusinischen Zivilisationsmythos Athens panhellenischer Führungsanspruch untermauert. Erneute Friedensavancen aus Sparta wurden abgelehnt, statt dessen ging man in die Offensive. Noch 425 erfolgte eine Attacke gegen Korinth, 424 eroberte Athen die Insel Kýthēra, von der aus Lakonien bedroht werden konnte. 424 richtete sich ein weiterer Angriff gegen Megara, der jedoch wie erwähnt scheiterte. Zugleich eröffnete man eine großangelegte Offensive zur Unterwerfung Boiotiens.

Thukydides behauptet an einer berühmten Stelle (2.65), daß die Athener, als Perikles 429 starb, dessen defensiven Kriegsplan aufgegeben und so den Sieg verspielt hätten. Verantwortlich macht er dafür den Aufstieg neuer Politiker, die, von verantwortungsloser Profilierungssucht fortgerissen, die Athener in gefährliche Kriegsabenteuer trieben; er denkt dabei offenkundig an Kleon. Sein Kleon-Bild und die Polemik des Aristophanes in den *Rittern* von 424, wo Kleon als großmäuliger, in seinem Redestil aufbrausender und aggressiver Demagoge dargestellt wird, haben wesentlich dazu beigetragen, daß man mit dem Tod des Perikles 429 eine neue Generation von Politikern in Athen aufziehen sah, unter denen statt altem grundbesitzenden Adel (mit Exponenten wie Kimon, Perikles, Thukydides Sohn des Melesias) neuer Geldadel und Gewerbetreibende dominierten: Kleon war wohlhabender Besitzer einer Gerberei, Hypérbolos, der nach Kleons Tod reüssierte, Lampenfabrikant, und Kleons Konkurrent Nikias zog aus Sklaven und Silbergruben ungeheuren Reichtum. Mit diesen Männern habe ein neuer politischer Stil Einzug gehalten, der weniger an aristokratischen Verhaltensnormen und Kommunikationsformen als an denen des einfachen Volkes orientiert war, sich politisch ganz auf dieses stützte und deswegen eine auf den kurzfristigen Erfolg beim Volk kalkulierte (Außen-)Politik verfolgte. Allerdings gibt es gute Gründe, diesen Bruch in der politischen Kultur in Zweifel zu ziehen. Perikles mußte sich, wie wir sahen, genauso den Verhaltenserwartungen des Volkes unterwerfen und wurde in der Komödie, soweit erkennbar, wie Kleon als Demagoge verschrieen, auch wenn sein Redestil gravitätischer war – «olympisch», wie die Komödie spottete. Und auch außenpolitisch ist kein Bruch ersichtlich, zumal wenn man von der Idee eines defensiven Planes des Perikles absieht – auch nach 429 versuchte Athen vor allem, Sparta und Korinth durch indirekten Druck zu erschöpfen. Die Offensiven 426 und vor allem 424 gegen Boiotien erklären sich aus der jeweiligen Situation, 424 zweifellos aus dem Triumphgefühl nach Pylos. Auch wenn ein Kleon damals der Mann der Stunde war, braucht es nicht seine Agitation, um zu erklären, warum der Demos damals in die Offensive ging.

Die Offensive gegen Boiotien, ein Zangenangriff von mehreren

Seiten, scheiterte jedoch an mangelnder Koordination und Verrat; und beim Heiligtum von Dēlion bei Tanagra wurde im Spätsommer ein Teil des athenischen Bürgeraufgebots von einem boiotischen Heer vernichtend geschlagen, über 1000 Athener fielen. Es war nicht der einzige Schlag. Pylos zwang die spartanische Führung zu neuen Strategien gegen Athen. Sie reagierte deswegen positiv auf Avancen des Makedonenkönigs und der chalkidischen Poleis, die Unterstützung für Operationen gegen Athen in ihrem Umfeld zusagten. So entsandte man den bewährten Feldherrn Brasidas mit einer kleinen Truppe nach Norden gegen Athens Besitzungen auf der Chalkidike und an der thrakischen Küste, um dort Athens Nachschubrouten für Edelmetall und Schiffsbaumaterial zu unterbrechen und seine Flotte von der Peloponnes abzulenken. Allerdings gab man Brasidas nur Söldner und – erstmals – als Hopliten bewaffnete Heloten mit, Spartiaten wollte man für dieses riskante Unternehmen nicht opfern. Doch hatte dieser erneut ungeheure Erfolge. In einem spektakulären Überraschungscoup konnte er die wichtige athenische Kolonie Amphipolis einnehmen und mehrere Seebundspoleis der Chalkidike zum Abfall bringen, indem er als Befreier von der Knechtschaft der Athener auftrat (und wo nötig der Befreiung militärisch oder durch Unterstützung prospartanischer Oligarchien nachhalf). Athenische Gegenmaßnahmen, unter anderem durch den glücklosen Strategen Thukydides, hatten wenig Erfolg. Nur ein knappes Jahr nach Pylos hatte sich das Kriegsglück entscheidend gewendet. Angesichts dieser nicht ungefährlichen Lage im Norden vereinbarte Athen 423 unter Nikias' Führung einen Waffenstillstand mit Sparta, um über Frieden zu verhandeln.

Brasidas allerdings torpedierte die Friedensbemühungen, indem er sein ‹Befreiungswerk› trotz des Waffenstillstands von 423 auf eigene Faust, aber offenbar mit Unterstützung gewisser Teile der spartanischen Führung fortsetzte. Daher schwang auch in Athen das Pendel um; 422 entsandten die Athener eine große Streitmacht unter Kleon, der sich erneut als Falke profiliert hatte. Er konnte Brasidas einige Plätze nehmen und dann auf Amphipolis vorrücken. Dort führte ein Ausfall des Brasidas gegen Kleon, der mit einer Truppe auf Kundschaft ausgegangen war, eher zufällig einen Kampf herbei. Er wurde deswegen entscheidend, weil sowohl Kleon als auch Brasidas fielen. Damit waren nicht nur zwei Exponenten der Kriegspolitik auf beiden Seiten getötet worden; generell schien eine Fortsetzung der aussichtlosen Kämpfe beiden Seiten nach diesem Schock nicht mehr geraten. So kam es im Winter 422/1 zu Friedensverhandlungen, deren Ergebnis ein nach dem athenischen Chefunterhändler Nikias benannter Friedensschluß im Frühjahr 421 war. Er stellte im wesentlichen den Zustand von 446 und 431 wieder her und unterbrach den Krieg zwischen Sparta und Athen bis 413.

Die größte Erschütterung von Hellas

Bei den Dionysien 415 eröffnete Euripides seine Tragödie *Die Troerinnen* mit einer an Düsterkeit kaum zu überbietenden Szene (v. 1–234). Ort der Handlung ist das Heerlager der Griechen vor den qualmenden Trümmern Trojas; «leer sind die Götterhaine, die Tempel triefen vor Mordblut»; «Berge von Gold und Beute schleppt man zu den Schiffen der Achaier»; «von lautem Klageruf hallt der Skámandros»; die überlebenden Frauen Trojas – die Männer sind alle tot –, ihre gestürzte Königin Hekábe, Hektors Frau Andromáchē, die Priesterin Kassándra und viele Namenlose warten bang darauf, als Sklavinnen den Häusern und Betten der siegreichen Griechen zugelost zu werden. Statt einer Handlung entfaltet sich vor diesem Tableau des Krieges eine Abfolge immer neuer Schrekken, die über die Frauen hereinbrechen: Polyxéna, Hekabes jüngste Tochter, wird von den Griechen dem rachelüsternen Geist des Achill geopfert; eine in Erwartung ihrer Entehrung durch Agamemnon rasende Kassandra prophezeit den Untergang der Atriden, die Leiden des Odysseús und der Griechen; als die Frauen Erinnerungen an ihr verlorenes Eheglück nachhängen, trifft ein Herold ein, der Andromache ihr Söhnlein Astyánax entreißt, weil die Griechen – «Barbarengreuel dachtet ihr euch aus, ihr Griechen» (764) – den Erben Hektors zu Tode stürzen wollen. «Ein Haufe von Kindern am Tor, am Mutterarm hängend, jammert in Tränen und schreit und schreit: ‹Weh, Mutter, fort schleppen mich die Achaier, dir aus den Augen, zum dunklen Schiffe›» (1089–94); und am Ende werden die Frauen zu den Schiffen getrieben, während im Hintergrund Trojas Mauern im Feuer zerbersten. Die Quintessenz all dessen formuliert bereits der Prolog: «Törichter Mensch, der Städte niederbrennt, Tempel, Gräber und die Heiligtümer der Entschlafenen veröden läßt – und dann selber untergeht» (95–7).

Die apokalyptischen Bilder der *Troerinnen* und anderer Kriegsdramen des Euripides sind, bei aller literarischen Stilisierung, Zeugnisse dafür, wie die Menschen die Realitäten eines Krieges erlebten, dessen Greuel auch in den Augen anderer Zeitgenossen alles bisher Dagewesene in den Schatten stellte. Wenn Thukydides im Proöm den Krieg als «gewaltigste Erschütterung der Griechen» bezeichnet, dann meinte er damit nicht nur die hohe Zahl an Kombattanten. «Nie», so erläutert er später (1.23), «wurden so viele Städte erobert und entvölkert, ... nie gab es so viele Verbannungen, soviel Mord, sei es im Krieg selbst oder im Bürgerkrieg». In der Tat ist das Ausmaß der Gewalt schon in dieser Phase des Krieges frappierend: Athens Vernichtungsbeschluß über Mytilene, die Hinrichtung aller kriegsgefangenen Plataier, die Tötung und Versklavung aller Einwohner Torones und Skiones auf der Chalkidike nach dem Nikias-Frieden durch Athen, später die Tötung aller überlebenden Einwohner der Insel Mḗlos durch Athen, das Verendenlassen tausender Athener und Verbündeter in den Bergwerken von Syrakus waren nur die spektakulärsten Beispiele. Um Athen zu demoralisieren, gab Sparta schon zu Beginn des Krieges die Losung aus, alle attischen Kaufleute, die die peloponnesische Flotte aufbrachte, sofort umzubringen, und als Athen 413 eine angeforderte thrakische Söldnertruppe nicht mehr brauchen konnte, überließ man ihr zur Entschädigung das boiotische Städtchen Mykalessós zur Plünderung; die völlig überraschte Bevölkerung wurde wahllos niedergemetzelt. Das Morden machte auch vor den in einer Schule versammelten Kindern nicht halt.

Die Brutalität setzte sich in inneren Kriegen fort, die Thukydides exemplarisch am Beispiel der Inselpolis Kerkyra beschreibt. Dort brach im Jahr 427 die bereits erwähnte *stásis* aus, als Korinth etwa 250 Kriegsgefangene aus der Hoplitenklasse gegen die Zusage hatte heimkehren lassen, Kerkyra Athen abspenstig zu machen und in ein Bündnis mit Korinth zu bringen. Auf legalem Wege in Volksversammlung und Gericht scheiterten die Heimkehrer; daher griffen sie zu Gewalt und ermordeten fast 60 proathenisch-demokratische Meinungsführer – wie so häufig war die Außenpolitik mit konstitutionellen Konflikten verquickt; die Athen-Gegner neigten offenbar zu einer oligarchischen Haltung. Dies führte zu einer ersten Eskalation; in Straßenschlachten ging ein Teil der Stadt in Flammen auf, und die Parteien riefen Athen bzw. die Peloponnesier zur Intervention auf, deren Flotten sich daraufhin eine unentschiedene Seeschlacht lieferten. Doch dann zogen sich die Peloponnesier vor nahender athenischer Verstärkung zurück. Daraufhin explodierte die Gewalt: Unter den Augen der anwesenden athenischen Verbände erschlugen die siegreichen Demokraten hunderte ihrer Gegner, wobei auch manch andere Rechnung beglichen wurde; Schutzflehende in Heiligtümern wurden unter falschen Versprechungen herausgelockt und abgeurteilt, andere ließ man darin verhungern oder sah zu, wie sie in der Verzweiflung ihrem Leben selbst ein Ende setzten. Einige hundert Oligarchen konnten sich retten; später gerieten sie durch eine perfide List in die Hände ihrer demokratischen Feinde, die ihnen einen qualvollen Tod im Spießrutenlauf bereiteten oder sie auf andere Weise abschlachteten. Insgesamt 1500 Bürger von Kerkyra und viele andere Kombattanten kamen damals zu Tode.

Kerkyra war kein Einzelfall. Die *stáseis* in Epidamnos, Mytilene oder Megara wurden bereits erwähnt; für die Zeit des Archidamischen Krieges hat man etwa 30 Bürgerkriege in der ganzen griechischen Welt gezählt, für den gesamten Krieg an die 90, viele davon mit ähnlichen Gewaltexzessen wie den beschriebenen. Den Grund für die Vielzahl der Bürgerkriege sah bereits Thukydides (3.82.1 f.): Die Polarisierung zwischen den beiden kriegführenden Blöcken verschärfte die innerstädtischen Rivalitäten, da «in den zerrissenen Gemeinwesen die Volksführer sich um Athens Eingreifen mühten und die Oligarchen um Spartas. … Da im Krieg für beide Seiten Bündnisse wichtig waren.., war für jeden geplanten Umsturz fremde Hilfe leicht zu erhalten.» Häufig dürfte auch erst die Unterstützung durch eine der Großmächte die Gewaltexzesse ermöglicht oder jedenfalls dazu beigetragen haben, daß sich die Bürgerkriegsparteien zu ihnen hinreißen ließen. Die zermürbende Kriegführung ohne nennenswerte Resultate und die von Jahr zu Jahr steigende Verbitterung dürften die Gewaltausbrüche noch weiter befördert haben, auch gegenüber äußeren Feinden. «Der Krieg ist ein gewalttätiger Lehrer», resümiert Thukydides (3.82.2).

Für Thukydides verwies die Gewalt auf Kerkyra aber auf eine noch tiefere Krise. Mit Blick auf die *hetaireíai*, die umstürzlerischen Kampfbünde, von denen die *stáseis* häufig ausgingen, konstatiert er: «Den bislang gültigen Wertgehalt der Bezeichnungen für die Dinge vertauschten sie nach Willkür: … Sittlichkeit galt als Vorwand für Ängstlichkeit; … Tücke gegen andere, wenn erfolgreich, als klug, … wer beschloß, nichts damit zu tun haben zu wollen, von dem hieß es, er zersetzte die Hetairie. … Untereinander verbürgte ihnen die Treue weniger göttliches Recht als gemeinsam begangenes Unrecht. … Eide waren geleistet in der Not, und galten nur für den Augenblick. … In ihrem Ringen, mit allen Mitteln einander zu überwältigen, vollbrachten sie ohne Scheu die furchtbarsten Dinge und überboten sich dann noch in der Rache; Frömmigkeit war auf keiner Seite verbindlich. … So kam in der griechischen Welt durch die Bürgerkriege jede Art von Sittenverderbnis auf» (3.82.3–83). Was Thukydides hier diagnostiziert, ist eine tiefgreifende Krise der gesellschaftlichen Werteordnung, die über das Phänomen der *stáseis* hinausweist. Eine solche Krisenwahrnehmung scheint in der Kriegszeit verbreitet gewesen zu sein. Dies bezeugt unter anderem ein weiteres Kriegsdrama des Euripides, die *Hekabe* aus der Endphase des Archidamischen Krieges. Handlungsrahmen ist derselbe wie in den *Troerinnen*, doch mischt sich in diesem Drama zu den Leiden der ihrer Deportation harrenden Frauen und Kinder das Motiv des Verrats aller Werte und Bindungen: Odysseus, dem einst Hekabe das Leben rettete, plädiert dennoch dafür, ihre unschuldige Tochter Polyxena an Achills Grab zu opfern, weil er sonst um die sichere Heimfahrt der Griechen fürchtet; der Knabe Polýdōros, der einzige überlebende Sohn der Hekabe, der bei seines Vaters Príamos Gastfreund, dem thrakischen Fürsten Polyméstōr, Zuflucht gefunden hatte, ist von diesem um seines Goldes willen ermordet worden; Hekabe nimmt dafür grausam Rache, indem sie den im Heerlager eingetroffenen, sich nichtsahnend gebenden Polymestor unter dem Anschein des Gastrechts in ihr Zelt lockt, dort blenden und seine kleinen Söhne ermorden läßt. Und Agamémnōn, obwohl seinerseits Gastfreund des Polymestor, ermöglicht das Komplott, indem er diesen täuscht, um seiner Bettgefährtin Kassandra, Hekabes Tochter, zu gefallen; und noch nach der Tat spielt er ihm die alte Freundschaft vor, denn er fürchtet den Unwillen seines Heeres. In der Welt des Krieges, die die *Hekabe* vorstellt, zählt außer dem eigenen Vorteil und der Rache nichts mehr.

Mit dieser destruktiven Infragestellung zentraler gesellschaftlicher Werte wie des Gastrechts oder der Reziprozität thematisierte die Tragödie eine offenbar verbreitete Verunsicherung über die Stabilität des Wertekonsenses, für die sich auch noch weitere Zeugnisse nennen ließen. Thukydides und Euripides verbanden diese Krise mit dem Krieg, und für diese Analyse gab es durchaus Anlaß: Neben den Geschehnissen in Kerkyra oder dem Mytilene-Urteil mochte man etwa an die Kapitulation der Plataier 427 denken, die sich den Spartanern auf Treu und Glauben ergaben, um dann mit Rücksicht auf Theben exekutiert zu werden. Ähnlich perfide ging 424 die mit Spartas Hilfe siegreiche Partei im megarischen Bürgerkrieg vor: Man sicherte den Gegnern Versöhnung zu, um sie an der Flucht zu hindern, und ließ sie, die kein Mißtrauen hegten, kurz darauf Mann für Mann ermorden. Dazu kamen Erfahrungen wie die Pest, die nach Thukydides in Athen nicht nur zu einem vorübergehenden Zusammenbruch der öffentlichen Ordnung führte, in dessen Zuge kultische Observanzen und Begräbnissitten mißachtet wurden. Angesichts der allgemeinen Auflösung «galt keine Schranke mehr, weder Götterfurcht und Menschengesetz» verhinderten, daß viele ohne Furcht vor dem Gesetz rücksichtslos ihren eigenen Vorteil suchten. Thukydides mag hier (2.52 f.) übertreiben, um einen Konterpunkt zu der im Text vorangehenden Grabrede des Perikles mit ihrem Lob Athens zu setzen, doch dürfte er damit durchaus verbreitete Wahrnehmungen wiedergeben.

Die Kriegs- und Kontingenzerfahrung war aber nicht der einzige

Hintergrund dieser Sorge um den Wertekonsens. In der Zeit vor und während des Krieges fand – davon unabhängig – eine geistesgeschichtliche Entwicklung ihren ersten Höhepunkt, die zu diesem Bedrohungsgefühl beigetragen zu haben scheint: die Blüte der sogenannten Sophistik, die die im ausgehenden 6. Jahrhundert mit der ionischen Naturphilosophie begonnene geistige Aufklärungsbewegung weiterführte und deren Infragestellung überkommener Gewißheiten in vielen Bereichen auf die Spitze trieb. Die Bewegung erfaßte die gesamte griechische Welt: Protagoras (gestorben nach 421), einer ihrer herausragenden Vertreter, stammte aus der thrakischen Küstenstadt Abdera, sein nicht minder berühmter jüngerer Zeitgenosse Gorgías aus Leontínoi auf Sizilien, Hippias aus Elis, Pródikos von der Insel Keos, Antiphōn und Sōkrátes, den man ebenfalls zu ihnen rechnen kann, aus Athen. Viele von den genannten und weitere Sophisten reisten zudem von Stadt zu Stadt, wo sie mit dem Anspruch auftraten, durch ihr Wissen und rhetorisches Können praktischen Erfolg im Leben und in der politischen Tätigkeit zu vermitteln, es – gegen teilweise fürstliche Honorare – Schülern weitergaben und damit ein breites Publikum erreichten: Die Jugend lief den Sophisten in Scharen zu.

Die Wissensgebiete, die die Vertreter dieser Bewegung vermittelten und in denen sie selbst forschten, waren vielfältig, sie umfaßten Ethik, politische Philosophie und Staatslehre, Erkenntnistheorie und vieles mehr. ‹Die Sophisten› als eine klar umgrenzte, zusammengehörige Gruppe von Intellektuellen gab es insofern nicht, sie ist ein polemisches Konstrukt ihrer Gegner, zu denen namentlich Platon gehörte. Bei aller Vielseitigkeit der intellektuellen Interessen dieser Bewegung lassen sich aber dennoch verbindende Merkmale feststellen. Eines war das Interesse an der Redekunst, das sich in theoretischem Nachdenken über Sprache und Dichtung, vor allem aber in der Entwicklung rhetorischer-argumentativer Techniken äußerte. «Das schwächere Argument zum stärkeren machen» zu können (Frg. A21 Diels/Kranz) formulierte Protagoras als Ziel der Redekunst, und Gorgias, der für die Rhetoriktheorie Maßgebliches leistete und selbst ein gefeierter Redner war, demonstrierte diese Maxime in provokativen Schaureden wie einem

Enkomion auf Helena, das sie von jeder Schuld am Trojanischen Krieg freisprach. Es ist kein Zufall, daß die Konjunktur dieser Kunst mit der Verbreitung partizipativer politischer Systeme in Hellas zusammenfiel, in denen alles auf die öffentliche Rede ankam. Zugleich entzündete sich daran freilich massive Kritik, deren Vertreter den Sophisten vorwarfen, verantwortungslos manipulative Rhetorik zu lehren, und damit deren Bild bis heute geprägt haben.

In philosophischer Hinsicht verband die sophistische Bewegung, daß – anders etwa als bei ihren Vorläufern in der ionischen Naturphilosophie – in den Vordergrund ihres Denkens der Mensch trat. Programmatisch gefaßt ist diese ‹anthropologische Wende› im sogenannten Homo-mensura-Satz des Protagoras: «Aller Dinge Maß ist der Mensch, der Seienden, daß sie sind, der nicht Seienden, daß sie nicht sind» (Frg. B1). Die philosophische Aussage dieses Satzes ist umstritten; was darin jedoch auf jeden Fall anklingt, ist ein Relativismus, der auch sonst zu den Merkmalen sophistischen Denkens gehörte. So brachten viele Sophisten der Religion Skepsis entgegen: «Über die Götter kann ich weder sagen, daß sie sind, noch daß sie nicht sind», äußerte Protagoras (Frg. B4), und Prodikos vertrat, wie andere, eine rationalistische Erklärung für die Entstehung des Götterkults aus Naturmächten. Die anthropologische Wende führte die Sophisten weiterhin zu provokanten Thesen über die Grundlagen menschlichen Zusammenlebens. So vertraten einige die Auffassung, daß die *nómoi* – Normen, Satzungen und Bräuche – in einem grundsätzlichen Widerspruch zur Natur (*phýsis*) stünden; Antiphon zum Beispiel behauptete deswegen, daß der Mensch, weil er stets nach dem höchsten Nutzen für sich strebe, «vor Zeugen die Gesetze hochhält, allein und ohne Zeugen dagegen die Gebote der Natur. Denn die der Gesetze sind willkürlich, die der Natur notwendig» (Frg. B44b). Dem sophistischen Rhetoriker Thrasýmachos aus Kalchedon legt Platon im 1. Buch der *Politeía* die Lehre in den Mund, nach der «das Gerechte nichts anderes sei als der Nutzen des Stärkeren» bzw. der jeweils Herrschenden (338a-e). Es ist keineswegs klar, ob Antiphon und Thrasymachos solchen kruden Utilitarismus und das Recht des Stärkeren selbst befürworteten oder nur die Realitäten menschlichen Verhaltens offenlegen wollten. Im platonischen *Gorgias* allerdings kann ein gewisser Kalliklḗs unzweideutig sagen, daß Gesetze von den Schwachen gemacht werden, es von Natur aus aber gerecht sei, wenn «der Bessere mehr hat als der Schlechtere» und nach seinem Nutzen handelt (483 a-484 d). Auch andere Belege zeigen, daß das Recht des Stärkeren und die ausschließliche Orientierung am Eigennutz als Handlungsmaxime offenbar – zu Recht oder Unrecht – als charakteristisch für dieses neue Denken wahrgenommen wurden.

Es verwundert nicht, daß die sophistische Bewegung mit solchen provokanten Äußerungen zu Religion und gesellschaftlichen Normen sowie mit einer Argumentationskunst, die alles rechtfertigen zu können schien, von vielen als bedrohlich empfunden wurde – zumal in der Situation eines Krieges, der, wie wir sahen, offenbar bei vielen Sorge um den Bestand des Wertekonsenses auslöste. So wurde Protagoras in Athen um 420 wegen *asébeia*, Gottesfrevels, verurteilt, seine Werke öffentlich verbrannt; dieselbe Anklage traf wohl im Pestjahr 430 den Philosophen Anaxagoras aus Klazomenai, der im Umkreis des Perikles in Athen große Wirkung entfaltet hatte. Besonders eindrücklich bezeugt dieses Gefühl der Bedrohung durch die Sophistik Aristophanes in seiner Komödie *Die Wolken*, die in einer ersten Fassung 423 aufgeführt wurde. In dem Stück geht ein verschuldeter Familienvater bei einem Sophisten in die Lehre, um rhetorische Kniffe zu erlernen, mit deren Hilfe sich die Forderungen seiner Gläubiger abwenden lassen; als er wegen eklatanter Dummheit scheitert, schickt er seinen Sohn. Der Sophist ist ausgerechnet Sokrates, den Aristophanes als stadtbekannten, schrulligen Intellektuellen herausgegriffen haben dürfte, obwohl viele der karikierten Positionen und Methoden nicht die seinen waren. Auf dem Höhepunkt des Stückes führt Aristophanes einen Redeagon zwischen zwei Personifikationen rhetorischer Strategien vor, der zugleich eine Wertedebatte darstellt. Thema des Agons sind die Ziele der Erziehung. Einer der Redner plädiert für die Vermittlung traditioneller Werte wie kriegerischer Tugend, Sittsamkeit, Ehrgefühl, Respekt vor dem Alter und der Väter Sitte, kurz all jene Werte, die «die Marathonkämpfer hervorgebracht haben» (v. 986). Der andere, der offenkundig für die Sophistik steht, schlägt all dies in den Wind; Sittsamkeit und Tugend seien unnütz, wichtig nur die Redekunst, denn sie erlaube zu tun, was man wolle und die Genüsse des Lebens zu kosten. Am Ende läuft der Vertreter der Werterhetorik mit fliegenden Fahnen in das Lager der Sophistik über. Die Szene thematisiert, so lustig sie ist, ein zweifellos von vielen im Publikum empfundenes Unbehagen an den neuen Lehren, welche die Werte, die die Polis zusammenhielten, in Frage stellten. Und nicht nur diese Werte: Das Stück endet damit, daß der gelehrige Sohn dem Vater in einem Streit mit sophistischer Dialektik beweist, daß es nur recht und billig sei, Vater und Mutter zu prügeln – das entsprechende Verbot sei schließlich nur ein menschlicher *nómos*, kein Naturgesetz. Ob dieser Infragestellung noch der elementarsten Normen weiß sich der Vater nur noch mit Gewalt zu helfen: Er läßt die «Denkerbude» des Sophisten Sokrates in Flammen aufgehen.

Thukydides ging noch weiter, er stellte einen Zusammenhang zwischen sophistischem Denken und den Exzessen des Krieges her. In der Prozeßfarce nach der Kapitulation der Plataier 427 lassen die spartanischen Richter allein die Frage gelten, ob die Plataier den Spartanern «in diesem Krieg schon einen Dienst erwiesen hätten», also zu Nutzen waren (3.68.1.). Allein der Nutzen Athens zählt wie erwähnt auch für die Redner in der Mytilene-Debatte (3.37–48): Man rede hier nicht über Recht, «sondern wir verfügen über sie – die Mytilenäer –, wie es uns nützlich ist» (44.4) – auch gegenüber den Bündnern galt das Recht des Stärkeren. Am ausführlichsten hat Thukydides diesen Zusammenhang in seinem Bericht über die Belagerung der bis dahin neutralen Inselpolis Melos im Jahr 416/5 entwickelt, die mit einem der grausamen Exzesse dieses Krieges endete: Alle Männer wurden umgebracht, Frauen und Kinder in die Sklaverei verkauft. In diese Erzählung baut Thukydides eine fiktive Dialogszene ein, in der die Athener die Melier vor die Alternative stellen, sich entweder kampflos unter Athens Herrschaft zu begeben oder vernichtet zu werden. Die Rechtsgründe der Melier, ihr Ehrgefühl, die Götter – nichts lassen die Athener gelten, denn «alles Menschenwesen herrscht allzeit nach dem Zwang seiner Natur, sofern es nur Macht dazu hat. Wir haben dieses Gesetz nicht gegeben ..., sondern als gültig haben wir es übernommen und als ewig Gültiges werden wir es hinterlassen; wir halten uns daran im Wissen, daß auch ihr und jeder, der zur selben Macht wie wir gelangt, ebenso handeln würde» (5.105). Ob es den Zusammenhang zwischen sophistischem Gedankengut und der Kriegführung gab, den Thukydides hier suggeriert, ist für uns nicht abschließend zu beurteilen – die Zeitgenossen jedenfalls haben ihn hergestellt.

Das Unbehagen über die aus der sophistischen Bewegung kommenden Ideen, das sich in den genannten Zeugnissen spiegelt, scheint das verbreitete Gefühl einer Bedrohung der Werteordnung, die der Krieg und Kontingenzerfahrungen wie die Pest bei vielen Zeitgenossen auslösten, demnach noch verstärkt zu haben. Dieses Bedrohungsgefühl könnte auch im Zusammenhang mit einem religionsgeschichtlichen Phänomen stehen, das sich wenigstens in Athen ab den späteren 420er Jahren gut greifen läßt: einer verstärkten Hinwendung zum Götterkult. Dies hatte zum einen eine ‹politische›, das Gemeinwesen betreffende Dimension. In den antiken Polisreligionen waren Kult und Identität der Polis aufs engste verwoben; im gemeinsamen Kult ihrer Götter und Heroen fand die Polisgemeinschaft zusammen und besann sich auf sich selbst. Es ist insofern nicht verwunderlich, daß man sich in einer Situation verbreiteter Verunsicherung in der Polis verstärkt identitätsstiftenden Kulten zuwandte. Zahlreiche Heiligtümer in Athen und Attika wurden in der Zeit nach dem Nikias-Frieden renoviert oder verschönert. Von herausragender Bedeutung war dabei die vielleicht schon vor dem Krieg projektierte, aber um die Zeit des Nikias-Friedens begonnene Errichtung des heute als Erechtheion bekannten Bauwerks auf der Akropolis (s. Abb. 7). Der Komplex beherbergte in einer höchst ungewöhnlichen Architektur mehrere wichtige Kult- und Gedächtnisorte der Polis: unter anderem den im Persersturm 480 verbrannten, aber angeblich wieder von selbst entsprossenen Ölbaum der Athena, ein Symbol der unverwüstlichen Wehrhaftigkeit Athens; ferner vielleicht auch das uralte, hölzerne Kultbild der Athena Polias, der Schutzgöttin, die alljährlich im Rahmen der Panathenäen verehrt wurde; schließlich Gräber und andere Erinnerungsmale der autochthonen Urkönige Kekrops und Erechtheus,

Symbole eines, wie wir sahen, zentralen Moments im Selbstbild der Polis. Im Erechtheion errichteten sich die Athener einen Erinnerungsort, der aufs engste mit der Identität ihres Gemeinwesens verbunden war.

Hohe Aufmerksamkeit galt auch dem Apollon-Heiligtum auf Delos nahe der attischen Südküste. 426 führten die Athener eine rituelle Reinigung der Insel von Gräbern durch, 422 wurde sogar die Bevölkerung des Eilands ausgesiedelt (was aber bald wieder revidiert wurde), um die Heiligkeit des Ortes zu unterstreichen. Außerdem wurde das alte Fest der Dēlia wiederbelebt und prachtvoll ausgestaltet; auch ein Tempelneubau im Heiligtum scheint in diese Zeit zu gehören. Diese Investitionen – kurz nach dem Aufstand von Lesbos – ließen sich als eine Geste der Hinwendung zu den Bündnern (und zugleich als Demonstration von Herrschaftsanspruch) verstehen, und sie gaben dem reichen Nikias Gelegenheit, sich zu profilieren, indem er einen Festchor prachtvoll ausrüstete und ein riesenhaftes Weihgeschenk in Form einer bronzenen Palme nach Delos stiftete. Sie waren aber zugleich ein Akt der Kontingenzbewältigung: Apoll, dessen Zorn manche – wie in der *Ilias* – als Ursache der (427/6 erneut ausgebrochenen) Pest betrachteten, sollte versöhnt werden. Auch das hatte mit dem Bedürfnis nach einer Stabilisierung der Werteordnung zu tun, deren Fragilität die Pest den Athenern vor Augen geführt hatte. Zugleich klingt darin aber eine persönliche Dimension jener verstärkten Hinwendung zu den Kulten an. Deutlich wird sie zum Beispiel auch in der Überführung des Heilgottes Asklēpiós aus seinem Hauptheiligtum in Epídauros nach Stadtathen im Jahr 420, wo er einen Kult am Fuß der Akropolis erhielt und hohe Popularität erlangte; dieser Akt steht sicherlich mit der Pest in Zusammenhang. Auch andere Kultstätten wurden damals, wie bereits erwähnt, revitalisiert, andere Kulte wie jener der thrakischen Göttin Bendís als Staatskult neu eingerichtet. Man muß dahinter weder eine Glaubwürdigkeitskrise der alten Götter sehen, wie behauptet wurde, noch eine Suche nach neuen Formen von Religiosität. Die hohen Investitionen in alte und neue Kulte sprechen aber durchaus für ein gesteigertes religiöses Bedürfnis in der Bevölkerung, für das Kriegs- und Kontingenzerfahrung sowie Sorge um die

Werteordnung einleuchtende Kontexte darstellen. Der Asebie-Prozeß gegen Protagoras nach 421 oder die Hysterie, die 415 eine Schändung von Kultmalen und Blasphemie-Vorwürfe auslösten, von denen wir gleich mehr erfahren werden, sind wohl ebenfalls vor diesem Hintergrund zu sehen.

3. Kalter Krieg (421-413)

Im Nikias-Frieden hatten Sparta und Athen einen 50jährigen Frieden auf Basis des Zustandes von 431 sowie die Rückgabe von Kriegsgefangenen und besetzten Orten vereinbart. Amphipolis und andere Städte der nördlichen Ägäis fielen wieder an Athen, das seinerseits dafür Pylos und andere Plätze rund um die Peloponnes an Sparta zurückgeben sollte und auf die Restitution des 427 an Theben gefallenen Plataiai verzichtete. Außerdem gab Athen die spartiatischen Kriegsgefangenen frei, deren Schicksal seit 425 ein Stachel im Fleisch der Spartaner gewesen war. Einen Gewinner gab es unter diesen Bedingungen nicht, ja es durfte ihn nicht geben, denn sonst hätte man weiterkämpfen müssen. Die Verluste an Menschenleben waren auf beiden Seiten, trotz Pylos und der Schlacht am Delion, zu verschmerzen; den Blutzoll hatten vor allem andere entrichtet: die Plataier, die Bewohner der umkämpften Städte der nördlichen Ägäis, Kerkyra und Mytilene. Dennoch scheint die griechische Öffentlichkeit schnell einen Verlierer ausgemacht zu haben: Sparta. Sparta hatte nicht nur die Freiheitsversprechungen, mit denen es den Krieg legitimiert hatte, nicht einlösen können, es hatte auch die Interessen seiner Verbündeten nicht befriedigt: Korinth hatte weder Kerkyra noch Poteidaia bekommen; die Lage Megaras war genauso prekär wie zuvor, sein Hafen Nísaia blieb in der Hand Athens; Theben sollte im Frieden auf die wichtige attisch-boiotische Grenzfestung Pánakton verzichten; die zu Sparta übergelaufenen Städte der Chalkidike wurden der Willkür der Athener überlassen. Für sie alle war der zehnjährige Krieg umsonst gewesen. Zudem war es Sparta nicht einmal gelungen, die Gebiete seiner Verbündeten auf der Peloponnes und anderswo wirksam vor den demütigenden Überfällen der Athener zu schützen, und durch die Kapitulation auf Sphakteria hatte es den Mythos spartanischer Unbesiegbarkeit verspielt. Der griechischen Öffentlichkeit wurde diese Demütigung Spartas durch die erwähnten Schildweihungen in Athen vorgeführt sowie durch eine Nike-Statue des Bildhauers Paiṓnios, welche die Messenier aus Naupaktos (die ehemaligen Heloten Spartas) wohl zur Erinnerung an den Sieg bei Pylos publikumswirksam im Weihbezirk des Zeus in Olympia aufstellten. Thukydides dürfte mit seiner Bemerkung nicht unrecht haben, daß «Sparta zu dieser Zeit so übel angesehen war wie nie und verachtet wurde wegen seiner Mißerfolge» (5.28.2).

In der Tat brachte der Nikias-Frieden Sparta in Bedrängnis. Wichtige Bundesgenossen, darunter Theben und Korinth, verweigerten ihre Zustimmung zu dem Friedensschluß. Und Argos war nicht bereit, einen soeben ausgelaufenen Friedensvertrag mit Sparta zu verlängern. In Sparta scheint man ernsthaft um die Loyalität seiner Bundesgenossen und die Hegemonie über die Peloponnes gefürchtet zu haben, denn noch im Jahr 421 schlossen die Spartaner mit Athen einen Bündnisvertrag, in dem sich beide Städte wechselseitig Unterstützung im Falle eines Angriffs durch einen Dritten zusicherten – was im Falle Spartas nach Lage der Dinge eigentlich nur Argos und andere Peloponnesier meinen konnte. Der Vertrag sah zudem ausdrücklich vor, daß Athen Sparta bei einem Helotenaufstand unterstützen werde – auch diese Angst ging offenbar in Sparta um. Mit der äußeren Bedrängung korrespondierten innere Spannungen. 421 verweigerte der spartanische Gouverneur von Amphipolis im Verein mit den aus Sparta zur Durchführung der Friedensbestimmungen entsandten Sonderemissären die Übergabe der Stadt, ohne dafür bestraft zu werden – er hatte offenbar starke Unterstützer in Sparta. Die von Athen freigelassenen Pyloskämpfer erklärte man für *átimoi*, sie gingen also ihrer Bürgerrechte verlustig, «damit sie nicht auf Umsturz sannen» (Thuk. 5.34.2). Die Hintergründe dieser Episoden sind im einzelnen nicht zu eruieren, aber sie alle dürften als Symptome innerer Auseinandersetzungen um die Politik gegenüber Athen zu interpretieren sein.

Die Sorgen der Spartaner waren nur allzu begründet. Argos verhandelte schon bald mit Korinth über ein Bündnis und warb auf der Peloponnes um weitere Partner. Die Stadt hatte sich am Archidamischen Krieg nicht beteiligt, war in einer dreißigjährigen Friedensperiode wohlhabend geworden und sah nun die Chance, das geschwächte Sparta, seine alte Konkurrentin, als Vormacht auf der Peloponnes zu verdrängen. Argos' diplomatische Initiative hatte Erfolg; Mantíneia und Elis, beide wegen strittiger Territorien im Konflikt mit Sparta, und weitere Unzufriedene kündigten den Bund mit Sparta auf und schlossen sich zu einer Allianz um die Achse Argos-Mantineia-Elis zusammen, dem zeitweise auch Korinth angehörte. Damit mußte sich Sparta wenige Monate nach dem Nikias-Frieden tatsächlich bedroht und eingekreist fühlen. Die Situation spitzte sich weiter zu, als neuerliche Spannungen mit Athen auftraten. Dort hatte es ebenfalls starke Widerstände gegen den Nikias-Frieden gegeben. Viele fühlten sich um den Lohn zehnjähriger Entbehrungen gebracht, zumal Athen wegen seiner extrem kostspieligen Art der Kriegführung hohe materielle Verluste verbuchen mußte. Außerdem versuchten sich Politiker in der Ablehnung des Friedens und Bündnisses mit Sparta gegenüber Nikias, dem Mann der Stunde, zu profilieren. Unter ihnen ragte ein Dreißigjähriger namens Alkibiades heraus, der Neffe und Ziehsohn des Perikles. Von unbändigem Ehrgeiz getrieben, suchte er sich als Abkömmling aus ältestem Adel durch kalkulierte Verstöße gegen demokratisch-egalitäre Verhaltenskonventionen Aufmerksamkeit zu verschaffen. Unvergessen unter seinen Inszenierungen von Luxus und aristokratischer Selbstherrlichkeit blieb sein Auftritt bei den Olympischen Spielen im Jahre 416, als er gleich sieben (!) Gespanne im Wagenrennen starten ließ und die Plätze eins, zwei und vier belegte. Fürs erste liebte das Volk Alkibiades für solche Extravaganzen, so daß er erheblichen Einfluß auf die Politik gewann und einer der führenden Vertreter der sich wieder formierenden Konfrontationspolitik gegenüber Sparta wurde. Ihnen spielte in die Hand, daß in Sparta die athenfeindliche Richtung die Oberhand gewann, welche die Übergabe von Amphipolis verhinderte und zuließ, daß die Boioter die Festung Panakton vor der Übergabe schleiften. Im Gegenzug zog sich Athen nicht aus Pylos zurück und trat 420 auf Betreiben des Alkibiades der argeischen Allianz bei.

Damit war der Bündnisvertrag zwischen Sparta und Athen Makulatur geworden. Auch der Nikias-Frieden war faktisch gescheitert. Seit 419 gab es Kriegshandlungen zwischen den Parteien auf der Peloponnes, die von Alkibiades diplomatisch und militärisch nach Kräften geschürt wurden. Im Jahr 418 kam es dann bei Mantineia zu einer großen Schlacht zwischen Sparta und Argos mit ihren jeweiligen Verbündeten – nach Thukydides die bis dahin größte Landschlacht unter Griechen; auf argeischer Seite kämpfte auch ein athenisches Detachement. Sparta siegte. Die neue argeische Allianz wurde daraufhin aufgelöst; Argos mußte ein Bündnis mit Sparta eingehen, ebenso Mantineia; in Argos und anderswo auf der Peloponnes brachte Sparta oligarchische Regimes seiner Parteigänger an die Macht. Sparta hatte damit seine Autorität wiederhergestellt und sich «von den damals von den Griechen erhobenen Vorwürfen der Feigheit wegen ihres Unglücks auf der Insel (d. h. Sphakteria), der Unberatenheit und der Trägheit durch diese eine Tat gelöst» (5.75). Allerdings fällt an der Rhetorik des spartanischen Friedensdiktats über Argos auf, daß man sehr auf Ausgleich bedacht war, Besitzstände und innere Autonomie ausdrücklich zusicherte. Der Schock der Krise von 421 bis 18 saß in Sparta offenbar tief.

Er dürfte auch der Grund sein, weshalb die spartanische Führung sich in den nächsten Jahren äußerste Zurückhaltung gegenüber den Athenern auferlegte, obwohl diese wieder zu offener Aggression übergingen: 416 schon half Athen beim Sturz der von Sparta gestützten Oligarchie in Argos (was Sparta mit einem abschreckenden Gemetzel in dem argeischen Städtchen Hysíai beantwortete), und im selben Jahr griffen die Athener die bislang neutrale Insel Melos an – eine in jeder Hinsicht unbedeutende Polis, deren Unterwerfung in erster Linie eine Machtdemonstration gegenüber Sparta war. Demselben Zweck dürfte der (angeblich maßgeblich von Alkibiades betriebene) Vernichtungsbeschluß gedient haben, alle melischen Männer zu töten und Frauen und Kinder zu versklaven. Sparta ignorierte die Hilferufe aus Melos. Plünderungen der Athener von Pylos aus im Winter 416/5 beantwortete man mit der hilflos wirkenden Freigabe privater Kaperei gegen Athen. Und erst nach langem Zögern fühlte sich Spartas Führung sicher genug, in einen großen Stellvertreterkrieg einzugreifen, den Athen 415 vom Zaun gebrochen hatte: die sogenannte sizilische Expedition der Athener.

Sizilien bis 415 und die sizilische Expedition der Athener

Als 466 wie erwähnt der Tyrann Thrasýbulos von Syrakus (der Bruder und Nachfolger Hierons) und um dieselbe Zeit die Tyrannen von Akragas und Rhegion gestürzt wurden, begann für Sizilien eine Phase der politischen Fragmentierung. Die Tyrannen hatten sich große Machtgebiete erworben; Rhegion herrschte über Messana, Akragas unter anderem über Gela und Himera, Syrakus über einen größeren Teil der Westküste Siziliens von Naxos bis Kamarina. Diese ausgedehnten Herrschaftsgebiete, die teilweise durch großangelegte Zwangsumsiedlungen, Enteignungen und die Neugründung von Poleis abgesichert worden waren, zerfielen nun. Der Schlachtruf lautete wieder einmal *eleuthería*, ‹Freiheit› – diesmal von der Tyrannis; mehrere Städte richteten Zeus ‹dem Befreier› Kulte ein. Viele ehemals abhängige Gemeinwesen wurden auf der Basis breiterer politischer Mitbestimmung neu konstituiert, mancher Ort wie Katánē (heute Catania) oder Naxos, dessen Bevölkerungen in die Ballungszentren transferiert worden war, wiederbesiedelt. Viele Städte Siziliens blühten in dieser Phase auf, manche wurden prächtig neu angelegt; der große Wohlstand ökonomischer Zentren wie Selinus und Akragas hielt unvermindert an und erzeugte eine Kulturblüte, die zahlreiche namhafte bildende Künstler und einflußreiche Denker wie den erwähnten Empedokles von Akragas hervorbrachten. Vom Zusammenbruch der Tyrannisherrschaften profitierte auch die nichtgriechische, wenn auch stark hellenisierte Bevölkerung im Westen, die die Griechen *Sikeloí* nannten; sie schüttelte die griechische Herrschaft ab, und ein Anführer namens Dukétios konnte vorübergehend einen eigenen Machtbereich aufbauen. Bereits 450 wurde er aber von Akragas und Syrakus geschlagen und verbannt. Einige Jahre später setzte Syrakus ihn dann als Führer einer Koloniegründung an der Nordküste Siziliens ein, einem alten Einflußgebiet von Akragas (wo er 440 starb); Akragas schritt dagegen ein, was zu einem kurzen Krieg der beiden Poleis führte, den die Syrakusaner gewannen. Mit dem doppelten Sieg über Sikeler und Akragas war das nach der Beilegung langwieriger interner Machtkämpfe in den 460er Jahren mittlerweile stabilisierte, demokratische Syrakus in der zweiten Hälfte der 440er Jahre wieder zur stärksten Macht in Westsizilien geworden. Es unterwarf sich erneut die Sikeler und konnte mit seiner großen Flotte wie in den 470er Jahren seinen Einfluß bis ins Tyrrhenische Meer ausdehnen. Die Stadt selbst soll in diesen Jahren zu einer reichen Megalopolis von einer Viertelmillion Bewohnern angewachsen sein – für Thukydides «nicht kleiner als Athen», ein intellektuelles Zentrum, in dem Rhetorik und Literatur blühten.

Der Wiederaufstieg von Syrakus zur Hegemonialmacht in Westsizilien beunruhigte viele sizilische Poleis und veranlaßte sie seit den 440er Jahren, Bündnispartner zu suchen. Außerhalb Siziliens kam dafür, da Karthago seit der verlorenen Schlacht von Himera 480 außerhalb seines angestammten Machtbereichs im Westen der Insel nicht mehr intervenierte, nur die Flottenmacht Athen in Frage, da Korinth als Mutterstadt traditionellerweise mit Syrakus verbunden war. Aus Inschriften wissen wir, daß Athen spätestens in den 430er Jahren Bündnisse mit Städten auf Sizilien unterhielt, darunter Leontinoi unweit von Syrakus und Rhegion. Welche Interessen Athen damals in Sizilien verfolgte, ist allerdings unklar, vielleicht waren es nur ökonomische. Im Peloponnesischen Krieg jedenfalls wuchs die Bedeutung Siziliens für Athen. Irgendwann vor 427 hatte sich dort ein großer Krieg entwickelt, in dem sich auf der einen Seite Syrakus mit seinen Verbündeten wie Himera, Gela und Lokroi in Unteritalien, auf der anderen die Stadt Leontinoi und ihre Partner Rhegion, Katane und Naxos sowie die Sikeler gegenüberstanden. Durch ihren Mitbürger, den berühmten Redner Gorgias, appellierten die Leontiner 427 unter Berufung auf ihr Bündnis an Athen. Die Athener sandten wie erwähnt eine Flottille, die von ihrer Basis Rhegion aus mit punktuellen Militäraktionen Druck auf Syrakus ausübte und die Handels- und Nachschubwege aus Sizilien und dem Westen auf die Peloponnes stören sollte. Thukydides' Behauptung, sie sollten die Möglichkeit prüfen, «ob man die Angelegenheiten auf Sizilien unter Kontrolle bekäme» (3.86.4), mag für 427 anachronistisch sein; doch 425, als der innersizilische Krieg seinen Höhepunkt erreichte, entsandte man weitere 40 Schiffe, was auf größere Pläne schließen läßt. Offenbar in Reaktion auf diese Bedrohung versammelte Syrakus im Winter 425/4 die Sikelioten zu einem Friedenskongreß, in dem sein Unterhändler, der führende Politiker Hermokrátēs, nach einer von Thukydides stilisierten Rede den Zusammenhalt der sizilischen Griechen beschwor, um ihre Freiheit gegen den Aggressor Athen zu verteidigen. Er erreichte, daß die Kriegsparteien sich vorerst friedlich einigten. Die athenischen Flottenkommandanten, die dies hinnahmen, wurden zu Hause vom Volk verbannt, weil man ihnen unterstellte, sie hätten sich bestechen lassen, «wo es doch möglich gewesen wäre, Sizilien zu unterwerfen» (Thuk. 4.65.3). Wenn man Thukydides glauben darf (was durchaus umstritten ist), so hegte man in Athen mithin bereits im Archidamischen Krieg Eroberungspläne im Hinblick auf Sizilien. In der Tat sondierte 422 der Athener Phaíax, nachdem Syrakus Leontinoi zerstört hatte, bei den Verbündeten auf Sizilien Möglichkeiten für einen Angriff auf die Polis. Ähnliche Hintergedanken mögen Athen geleitet haben, als es im Jahr 418/7 offenbar einen Bündnisvertrag mit der griechisch-elymischen Stadt Segesta im Westen der Insel einging (oder erneuerte – auch dies ist umstritten).

Aus dieser Stadt jedenfalls traf im Winter 416/5 ein Hilfsgesuch in Athen ein, als sich ihre große Nachbarstadt Selinus in einem Grenzstreit mit Syrakus verbündet hatte und Segesta sich infolgedessen mit einer gefährlichen Übermacht konfrontiert sah. Die Segestaner sagten Athen die Finanzierung des Hilfsunternehmens zu und warben mit dem Argument, es gehe darum zu verhindern, daß Syrakus Herrin über Sizilien werde und dann eines Tages Sparta zu Hilfe eilen könne. Nachdem sich eine athenische Kommission vor Ort ein Bild der Lage gemacht hatte (und von den Segestanern über ihre Ressourcen getäuscht worden war), beschloß das Volk im Frühling 415 die Aussendung einer Flotte von 60 Trieren – der Umfang derjenigen von 425 – unter den Feldherrn Alkibiades, Nikias und Lámachos. Ihr offizieller Auftrag war, Segesta zu helfen, Leontinoi wieder zu restituieren und «zu tun, was sich sonst für Athen nützlich erweisen würde» (Thuk. 6.8.2). Faktisch bedeutete dies Krieg gegen Syrakus. Einige Tage später, nach einer erneuten Debatte, wurde die Heeresmacht mehr als verdoppelt: Am Ende stachen über 130 Trieren, dazu Truppentransportschiffe mit 5000 Hopliten und weiteren Soldaten sowie ein großer Troß in See, denen 414 und 413 noch einmal Verstärkung folgte, insgesamt etwa 40 000 Athener, Bündner und Söldner.

Kaum einer sollte die Heimat wiedersehen. Der großangelegte Feldzug endete in einer Katastrophe, die zum Wendepunkt des Krieges wurde und den Fall des athenischen Reiches einleitete. Thukydides hat ihn entsprechend ausführlich in einem hochdramatisch ausgestalteten ‹Werk im Werk› geschildert, das geradezu epische Züge trägt, wenn er etwa in einer an Homers Schiffskatalog gemahnenden Aufzählung die Poleis und Stämme aus der ganzen griechischen Welt auflistet, die auf beiden Seiten teilnahmen (7.57f.). Dramatisch hat Thukydides auch die Entscheidung der Athener zu diesem Feldzug ausgestaltet. Ihr Höhepunkt ist ein Rededuell zwischen Nikias, der vor Abenteuern dieser Größenordnung warnt, solange das gedemütigte Sparta und seine Partner auf Revanche lauerten, und Alkibiades, der dazu drängt, nicht zuletzt um sich als Feldherr Ruhm zu verschaffen (6.8–25). Der Erzählung haftet eine tragische Note an, weil der in der Debatte unterlegene Nikias, um das Volk noch von dem Plan abzubringen, die Truppenforderungen nachträglich nach oben schraubt, aber damit gerade keinen abschreckenden Effekt erzielt und so ungewollt das Ausmaß der Katastrophe noch steigert. Thukydides' Darstellung suggeriert dabei, daß die Entscheidung auf Unkenntnis, Machttrunkenheit und gezielt geschürtem Größenwahn einer verblendeten Volksmasse gründete. Der «wahrste Grund» für den Sizilischen Krieg, so eröffnet er die Erzählung, sei der Wunsch gewesen, «ganz Sizilien zu unterwerfen» (6.6.1), weil den meisten Athenern Größe und Bevölkerungsreichtum der Insel nicht klar gewesen sei (6.1.1). Nikias läßt er davor warnen, daß Sizilien selbst im Erfolgsfalle zu groß sei, um von Athen beherrscht zu werden. Und in einer vor Ideologie strotzenden Gegenrede räsonniert Alkibiades, als Autochthone werde man mit den «zusammengewürfelten» Massen in den sizilischen Städten leicht fertig, und beschwört die Perserkriegsleistungen der Vorfahren. Angeblich träumte man sogar von einer Eroberung Karthagos. Die Erzählung wird so zu einer tragischen Parabel für das Versagen der Demokratie. Nicht zufällig schiebt Thukydides direkt vorher den Melierdialog ein – Hochmut kommt vor dem Fall.

Es ist davon auszugehen, daß die Reden die Debatten, die damals in Athen stattfanden, in den Grundzügen inhaltsgetreu wiedergeben. Ideologische Agitation (die man freilich gut kannte) mag daher durchaus eine Rolle bei der Entscheidung gespielt haben, bei manchen vielleicht auch tatsächlich Eroberungsträume. Unwissen allerdings eher nicht; viele Athener kannten Sizilien schon von den Kampagnen der 420er Jahre. Entscheidend dürften aber andere Gründe gewesen sein. Alkibiades' wichtigste Sachargumente, die auch anderswo in Thukydides' Erzählung auftauchen, lauten, daß ein erneuter Krieg mit Sparta unausweichlich sei; daß die Gefahr eines Bündnisses der Peloponnesier mit einem erstarkten Syrakus bestehe; und daß man dem durch einen Präventivschlag gegen Syrakus und durch eigene Machterweiterung zuvorkommen müsse. Solche Überlegungen mochten viele Athener im Winter 416/5 teilen, als man nach dem Scheitern des Nikias-Friedens und ersten Konfrontationen mit einem baldigen Waffengang gegen Sparta rechnen mußte. Dazu paßt auch die Nachricht, daß man in der Pracht und Ausstattung von Schiffen und Heer wetteiferte, so daß es «vor den anderen Hellenen mehr nach einer Vorführung von Macht und Reichtum aussah als nach einer Rüstung gegen Feinde» (6.31.4). Die Mehrheit der Athener, die den Kriegsbeschluß trug, mochte demnach die Hoffnung gehegt haben, durch eine Machtdemonstration, die Ausschaltung eines potentiell gefährlichen Gegners und möglicherweise durch den Erwerb neuer Machtquellen Sparta, Korinth und seine Bundesgenossen zur Räson zu bringen und damit einen erneuten jahrelangen Waffengang vermeiden zu können. Darauf konnte man auch dann setzen, wenn man nicht die ganze Insel, sondern nur Syrakus unterwarf. So gesehen muß man den

Beschluß zur Sizilienexpedition nicht, wie häufig zu lesen ist, als Fehlurteil einer von Großmannssucht verblendeten, ideologisch aufgepeitschten Volksmasse werten. Dieses Motiv trat erst, wie bei Thukydides, post festum und mithin im Wissen um den Ausgang des Unternehmens in den Vordergrund.

Ein wenig mulmig war es den Athenern allerdings schon im Jahr 415. Das zeigt die Erregung, die ausbrach, als eines Nachts kurz vor der Ausfahrt der Flotte fast alle Hermen – Kultbilder des Gottes Hérmēs in Form eines Pfeilers mit aufgesetzter Büste, wie sie an jeder Straßenecke der Stadt standen – verstümmelt wurden. Es handelte sich offenkundig um einen systematisch geplanten Anschlag gegen den Gott des guten Geleits und Mittler zwischen Göttern und Menschen; durch religiöse Panikmache wollte man die Sizilienexpedition in letzter Minute verhindern. Panik brach in der Tat aus. Eine fieberhafte Suche nach den Schuldigen führte zu vielen Denunziationen und weiteren Frevelvorwürfen, denen zufolge bei privaten Symposien die Mysterien von Eleusis – Athens heiligster Kult, dessen Eingeweihte einem Schweigegebot über die Riten unterlagen – profaniert und parodiert worden seien; viele bekannte Aristokraten, darunter auch Alkibiades, seien darin verwickelt gewesen. Schnell sahen manche eine große Verschwörung aristokratischer Gruppen gegen Staat und Demokratie am Werk, und Konkurrenten des Alkibiades bauschten die Sache weiter auf, um sich auf diese Weise seiner zu entledigen. Die Panikmache verhinderte die Flottenausfahrt im Juni 415 zwar nicht mehr, löste aber eine Prozeßwelle aus, die manches prominente Opfer forderte. Eines war Alkibiades, dessen Gegner, nicht lange nachdem er gen Sizilien abgereist war, einen Prozeß anstrengten. Als er nach Athen zurückzitiert wurde, entzog er sich dem Prozeß, indem er sich ins Exil absetzte – nach Sparta. Die Hintermänner des Hermenfrevels, eine *hetaireía*, ein (Kampf-)Bund von Aristokraten, wurden durch die Aussage eines Beteiligten namens Andokídēs aufgedeckt, der sich Milde zusichern ließ und nach dem Krieg noch eine Rolle als Politiker in Athen spielen sollte. Der angebliche Mysterienfrevel indes wurde nie aufgeklärt.

In Syrakus, wo man von Athens Kriegsvorbereitungen natürlich gehört hatte, scheinen Verteidigungsmaßnahmen dennoch sehr zögerlich in Angriff genommen worden zu sein. Nach Thukydides' Bericht wurden sie durch interne Auseinandersetzungen behindert, in denen ein «Vorsteher des Volkes» dem erwähnten Hermokrates vorwarf, den Krieg zur Einschüchterung des Volkes zu mißbrauchen und oligarchische Pläne zu hegen. Dessen Vorschlag, Athen bereits bei Tarent den Weg abzuschneiden, konnte sich daher nicht durchsetzen; erst als die athenische Flotte bei Rhegion ihr Lager aufgeschlagen hatte, begann man fieberhaft, die Abwehr zu organisieren. Aber die Athener verspielten das Überraschungsmoment. Denn in Rhegion wurde bekannt, daß Segesta Athen über seine Ressourcen getäuscht hatte; statt, wie der Feldherr Lamachos riet, dennoch direkt einen Angriff auf Syrakus zu wagen, setzte sich Alkibiades' Auffassung durch, erst einmal weitere Verbündete zu suchen. Der Enthusiasmus in Sizilien war jedoch sehr verhalten, auch bei den Verbündeten Athens; selbst in Syrakus' Nachbarstadt und alter Konkurrentin Kamarina hatte man, wie eine von Thukydides stilisierte Debatte erhellt, die dort stattgefunden haben soll, offenbar weniger Sorge vor den angeblichen syrakusanischen Hegemonialbestrebungen, gegen die im Namen der «Freiheit» (Thuk. 6.87.2) zu kämpfen die Athener als Losung ausgaben, als vor athenischem Imperialismus. Nur das kleine Naxos sowie einige von Syrakus unterworfene Sikelergemeinden schlossen sich an; Katane wurde überrumpelt. Der einzige Erfolg blieb eine Kaperfahrt, auf der Nikias seine Kriegskasse füllte, indem er das Sikanerstädtchen Hýkkara eroberte und seine Bewohner in die Sklaverei verkaufte. So vergingen kostbare Wochen und Monate, bis es im November zu einem ersten Angriff zu Lande gegen Syrakus kam. Er blieb ohne Erfolg.

Im Frühjahr 414 begann das athenische Heer, das bei Katane überwintert hatte, mit Verstärkung aus Athen endlich die Großoffensive gegen Syrakus. In wechselvollen Kämpfen, in denen unter anderen Lamachos fiel, gelang es den Athenern und ihren Verbündeten, die Stadt durch Einschließungsmauern zu Land und durch eine Schiffsblockade des großen Naturhafens von Syrakus zu zernieren. Der Sieg schien nahe, schon verhandelte Syrakus – es war Sommer 414 – über die Kapitulation. Doch trat jetzt eine überraschende Wende ein. Syrakus hatte nach Sparta um Hilfe gesandt. Dessen Führung war ein direktes Eingreifen in der Ferne zwar zu riskant. Um seinen Bündnispartner Korinth zu befriedigen, das als Syrakus' Mutterstadt Druck machte (aber vorläufig selbst auch nicht viel investierte), entsandten die Spartaner jedoch als Geste guten Willens den Feldherrn Gýlippos mit einigen wenigen eigenen sowie korinthischen Trieren. Wider Erwarten erzielte Gylippos erstaunliche Erfolge. Auf Sizilien konnte er Hilfstruppen gewinnen und tauchte gänzlich überraschend – Nikias hatte seine Mission lange nicht ernst genommen – mit immerhin einigen tausend Mann im Hochsommer 414 vor Syrakus auf. In mehreren Schlachten konnte er die noch nicht ganz gesicherten Einschließungsmauern der Athener brechen und durch eine Gegenmauer wirkungslos machen.

Nikias, der damit auf die Belagerung zur See in der Hafenbucht von Syrakus zurückgeworfen war und von der Landseite selbst belagert wurde, erkannte nun – es war Herbst 414 –, daß das Unternehmen gescheitert war, zumal sich jetzt Desertionen häuften, die Moral sank und Nahrung knapp wurde. Er sandte um Instruktionen nach Athen – wo man statt Rückzug aber beschloß, noch einmal ein vergleichbar großes Heer unter Führung des bewährten Demosthenes, des Strategen von Pylos, zu senden. Alles war vergeblich: Seit Frühjahr 413 gingen Gylippos und die Syrakusaner, die zunehmend Verstärkung aus der Peloponnes und von fast allen Sikeliotenstädten erhielten, in die Offensive und brachten den Athenern in mehreren Schlachten empfindliche Niederlagen bei; auch das Eintreffen des Demosthenes im Sommer 413 konnte das Blatt nicht mehr wenden, sein Gegenangriff scheiterte. Der Rückzug der Athener war schon beschlossen, als sie eine Mondfinsternis als unheilvolles Omen werteten und den Abzug verschoben. So wurde aus der Niederlage eine Katastrophe: Den Syrakusanern gelang es, das von Hunger und Seuchen geplagte athenische Heer in seinem Lager am Eingang zur Hafenbucht von Syrakus einzuschließen, und als ein Durchbruchsversuch in einer vernichtenden Niederlage scheiterte, verweigerten die athenischen Soldaten ihren Feldherrn die Gefolgschaft und erzwangen den Abzug über Land zu den verbündeten

Sikelern. Er wurde zum Fiasko. Nicht nur mußte man zahlreiche Kriegsschiffe, Material und hunderte verzweifelter Verwundeter zurücklassen, die ihre Kameraden vergeblich anbettelten, sie zu retten; die Syrakusaner verlegten zudem den Flüchtenden in alle Richtungen den Weg und bedrängten sie hart, bis sie sich ergaben oder niedergemetzelt wurden. Nikias und Demosthenes wurden von den Syrakusanern hingerichtet (nach Thukydides sehr zum Ärger des Gylippos, der sie allzu gern als Trophäe nach Sparta gebracht hätte); wer von den Mannschaften überlebte, verendete auf Beschluß der syrakusanischen Volksversammlung unter fürchterlichen Bedingungen in den Steinbrüchen von Syrakus oder wurde in die Sklaverei verkauft. Die Erbitterung der Syrakusaner nach zwei Jahren des Existenzkampfes war groß, und sie mochte noch vergrößert worden sein durch ihre Kriegspropaganda, die Sikelioten und Peloponnesier als ‹Dorer› zur Vereinigung gegen die angreifenden ‹Ionier› aufgerufen hatte – ein beständig wiederkehrendes Motiv bei Thukydides: Durch diese ethnische Aufladung war der Krieg unter Griechen zu einer Verteidigung gegen fremdstämmige Invasoren geworden, und um so erbarmungsloser war die Rache. Möglicherweise gibt Thukydides eine authentische Wahrnehmung der sizilischen Griechen wieder, wenn er den Syrakusaner Hermokrates in einer Rede den Angriff der Athener mit dem der Perser auf Hellas vergleichen läßt (6.33.5 f.).

4. Kein Ende: Der Krieg in der Ägäis (413–404)

Insgesamt hatte Athen auf Sizilien 40 000 Bürger, Bundesgenossen und Söldner sowie über 200 Schiffe verloren. In Athen wollte man die Nachricht zunächst nicht glauben; dann suchte man Schuldige; und schließlich machte sich Entsetzen breit, als man realisierte, daß man eine ganze Generation verloren hatte und die Flotte größtenteils vernichtet war. Man rechnete nun jeden Tag mit dem vernichtenden Großangriff der Feinde: Die Wende des Krieges war da. Sie äußerte sich auch anderweitig. Nach den Erfolgen des Gylippos vor Syrakus und angesichts der Chance, Athen in einen Zweifrontenkrieg zu verwickeln, erschien der spartanischen Führung die Zeit reif, aus der Deckung zu kommen. Zum ersten Mal seit 425 marschierten im Frühjahr 413 die Spartaner und ihre Bündner in Attika ein, doch wurden jetzt nicht mehr nur Felder verwüstet, sondern man errichtete, angeblich auf Anraten des Alkibiades, in dem attischen Ort Dekéleia eine dauerhaft besetzte spartanische Festung, von der aus Athen fortan ganzjährig belagert und Attika verheert wurde. Man nennt diese Phase daher auch den ‹Dekeleischen Krieg›. Die Bevölkerung Attikas war wieder hinter Athens Lange Mauern geholt worden – doch konnte ein großer Teil nun nicht mehr zurückkehren, sondern blieb dort bis zum Ende des Krieges, über neun Jahre lang, eingesperrt. Anders als im Archidamischen Krieg war die Versorgungslage wegen des Kriegs in der Ägäis kritisch und der wirtschaftliche Schaden hoch, weil der Seehandel zusammenbrach, tausende Sklaven aus Attika flohen, und der Silberbergbau in Südattika zum Erliegen kam. Auch beteiligten sich die Boioter nach Kräften an der Plünderung des Landes. Aristophanes bezeichnete diese Jahre rückblickend als «die Zeit des Schreckens» (*Ekklesiazusen*, v. 243 f.).

Eine folgenschwere Wende vollzog sich auch in der Ägäis. Die Bindung und dann die Vernichtung großer Flottenkontingente Athens im Westen wirkten als Fanal für Athengegner in den Seebundsstädten, sich von Athen loszusagen. Aus Euboia, Lesbos, Erythrai und Chios gab es konspirative Kontakte mit Sparta, das selbst eine Flotte aufzubauen begann und Hilfe zusagte. Als 412 verabredungsgemäß eine spartanische Flottille in der Ägäis auftauchte, schlugen zuerst die Athengegner auf Chios los, einer der letzten Poleis im Seebund, die noch über eigene Flottenkontingente verfügte, und brachten die Insel zum Abfall von Athen; ihnen folgten Erythrai, Klazomenai, Teos, Milet und weitere Städte Ioniens. Diesem ersten Schlag für Athen folgte ein weiterer. Bereits 413 hatten der Perserkönig Dareios II. und seine Satrapen Tissaphérnēs (in Sardeis) und Pharnábazos (am Hellespont) mit Sparta Fühlung aufgenommen, und 412 schloß man ein Kriegsbündnis gegen Athen: Sparta erhielt Subsidien für die Flottenfinanzierung, Persien im Gegenzug die ‹befreiten› – so die offizielle Sprachregelung – Griechenstädte Kleinasiens. Nach einem halben Jahrhundert war Persien zurück in der Ägäis. Und Sparta mit seiner Allianz aus Peloponnesiern, abgefallenen Ioniern unter Führung von Chios, syrakusanischen Verbänden und Persien hatte spätestens jetzt ein neues Ziel: die Vernichtung des Seebundes.

Athen stand mit dem Rücken zur Wand. Gleichwohl gaben die Athener in dieser Situation nicht auf, sondern bauten mit einer zu Beginn des Krieges zurückgelegten eisernen Reserve von 1000 Talenten eine neue Flotte und nahmen den Kampf um die Ägäis auf. Der Krieg war, wie sich zeigen sollte, längst nicht entschieden, und noch hielten einige Poleis zu Athen, darunter Argos und Samos, wo fortan die Flottenbasis der Athener war. Der Krieg sollte sich in den kommenden Jahren im wesentlichen in Ionien und am strategisch wichtigen Hellespont abspielen und dort schließlich auch entschieden werden. Er verlief extrem wechselhaft und zerfiel in zahlreiche kleine Unternehmungen, die vor allem den Effekt hatten, daß die Verwüstungen des Krieges auch diesen, in den zwei bis drei Generationen der Pax Athenica wohlhabend gewordenen und bislang vom Krieg verschonten Teil der griechischen Welt erreichten. Außerdem beförderte die wechselhafte militärische Lage *stáseis*: In Kerkyra brach wieder Bürgerkrieg aus; ebenso auf Euboia 411 und auf Thasos in den Jahren 411 bis 8.

Athen hatte jedoch nicht nur mit der äußeren Bedrohung zu kämpfen. Die sizilische Katastrophe war auch eine Herausforderung für die Demokratie. Insbesondere die wohlhabende Oberschicht, die über Sondersteuern und als sogenannte *triḗrarchoi* (Schiffsherren) mit der kostspieligen Pflicht, ein Kriegsschiff zu unterhalten, hohe finanzielle Lasten trug und deren teilweise weitgespannten Besitzungen und Geschäfte der Krieg besonders in Mitleidenschaft zog, murrte und machte Fehlentscheidungen des *dḗmos* für den unerquicklichen Kriegsverlauf verantwortlich. Anzeichen dieses Unmuts ist, daß man Ende 413 ein neues Gremium von zehn sogenannten *próbouloi* schuf, angesehenen Männern, darunter der verehrte Tragödiendichter Sophokles, die Anträge der Volksversammlung vorberaten (so ihr Titel) sollten, um übereilte Beschlüsse zu verhindern – vielleicht auch ein Versuch, antidemokratischen Kritikern den Wind aus den Segeln zu nehmen. Doch die Mißstimmung blieb und stürzte die Polis Athen im Sommer 411 in eine tiefe Krise. Ihr Auslöser war kein anderer als Alkibiades. Dieser befand sich seit 412 als Berater der Spartaner auf dem ägäischen Kriegsschauplatz, fiel aber Ende des Jahres in Ungnade, wohl weil sein Förderer und Gastfreund, der *éphoros* Éndios, Einfluß verlor (manche wollten später freilich wissen, daß eine Affäre des Lebemanns mit der Frau des spartanischen Königs Agis II. ans Licht kam). Alkibiades fand Aufnahme am Hof des Tissaphernes. Dieser war mittlerweile von Sparta abgerückt, nachdem es zu Differenzen hinsichtlich der persischen Herrschaftsansprüche über Griechen gekommen war – vielleicht ein Zugeständnis der Spartaner an ihre ionischen Bundesgenossen. Daher tolerierte er, daß Alkibiades mit athenischen Flottenführern auf Samos Fühlung aufnahm und ihnen suggerierte, bei einem oligarchischen Umsturz in Athen könne man Persien als Bundesgenossen gewinnen. Bei vielen Trierarchen stieß Alkibiades damit auf offene Ohren, zumal Athen kurz zuvor mit der Insel Rhodos und anderen Plätzen weiter an Boden verloren hatte und eine Belagerung des abtrünnigen Chios nicht vorankam. Verhandlungen mit Tissaphernes scheiterten zwar, und dieser schloß mit Sparta einen neuen Subsidienvertrag; aber die oligarchisch gesinnten Flottenführer Athens auf Samos fühlten sich im Frühsommer 411 stark genug, auf Umsturz in Athen zu sinnen. Dort hatten ihre Gesinnungsgenossen in antidemokratischen Hetairien durch Verunsicherung, Straßenterror und politische Morde bereits den Boden bereitet: «Das Volk war dermaßen eingeschüchtert, daß man es für ein Glück hielt, wenn einem keine Gewalt widerfuhr, selbst wenn man schwieg. Da sie die Verschwörer für viel zahlreicher hielten, als sie waren, ließen sie den Mut sinken; … argwöhnisch begegneten einander alle» (Thuk. 8.66.2 f.). *Stásis*, Zwietracht, Gewalt und Mord unter den Bürgern, ein Signum dieses Krieges, waren in Athen angekommen.

In dieser Lage nötigten im Juni 411 Abgesandte der antidemokratischen Flottenführer unter Peísandros, die zuvor schon ihre Vertrauensleute in einigen Seebundspoleis an die Macht gebracht hatten, und ihre stadtathenischen Gesinnungsgenossen eine eingeschüchterte Volksversammlung dazu, den Rat der 500 abzuschaffen und durch ein 400köpfiges, durch Kooptation – also nicht durch den demokratischen Losentscheid – besetztes Gremium zu ersetzen; diese 400 sollten dann wiederum 5000 wohlhabende Bürger mit Hoplitenzensus bestimmen, die in Zukunft die Bürgerschaft bildeten. Außerdem schaffte man die Diäten ab, die Armen die aktive politische Beteiligung ermöglicht hatten. Daß dies so glatt ablief, mag damit zu tun haben, daß breite Teile der ‹Mittelschicht› einen Ausschluß der besitzlosen Theten durchaus begrüßten; daß man sich Hoffnungen auf ein Bündnis mit Persien machte; und daß Politiker dafür warben, die wenige Monate zuvor noch als Interessenwahrer des *dḗmos* agiert hatten, darunter Thēraménēs, einer der Vordenker des Unternehmens. Zudem hatte man die vertrauenerweckende Losung ausgegeben, zu den *pátrioi nómoi*, den ‹väterlichen Gesetzen› des Kleisthenes zurückzuwollen; dieses Zurück zur ‹Verfassung der Väter› (*pátrios politeía)* wurde fortan ein Schlagwort für konservative Reformvorschläge sehr unterschiedlicher Art und scheint auch 411 gewählt worden zu sein, um die antidemokratischen Absichten zu kaschieren. Aber was auch immer genau den Umstürzlern vorschwebte (die Berichte des Thukydides und der aristotelischen *Athēnaíōn Politeía* variieren hinsichtlich ihrer Ziele ebenso wie im Hinblick auf den Verlauf der Ereignisse): Die Demokratie in der spätestens seit den 460er Jahren existierenden Form war abgeschafft. Athen war eine Oligarchie geworden, in der nominell 400, faktisch aber nur einige wenige Männer alle Macht besaßen: Peisander, Phrynichos, Antiphon, Theramenes. Die neue Bürgerschaft der 5000 wurde vorläufig nicht konstituiert. Politische Morde, Verhaftungen und Ausweisungen waren die Mittel, auf die das neue Regime seine Herrschaft stützte.

Daß es zu diesem Umsturz kommen konnte, hatte freilich Gründe, die weiter als 413 zurückreichen. Bereits im zähen Archidamischen Krieg scheinen Demokratiekritiker lauter aufgetreten zu sein; damals entstand vermutlich die bereits erwähnte antidemokratische Hetzschrift des sogenannten *Alten Oligarchen*, und wohl nicht zufällig fügt Euripides um dieselbe Zeit in den *Hiketiden* das vorgestellte Streitgespräch über die Demokratie ein. Zudem häufen sich Nachrichten über die Agitation von Hetairien, jenen Kampfbünden, deren Treiben wir auch in den *stáseis* anderer Städte begegnet sind. Ihre Macht in Athen wurde um 416 schlagartig deutlich, als der Politiker Hyperbolos einen Ostrakismos anstrengte, der auf Nikias und Alkibiades zielte; deren Hetairien vereinigten sich aber und sorgten dafür, daß Hyperbolos selbst verbannt wurde (das Verfahren fand nach dieser Farce keine Anwendung mehr). 415 waren es aristokratische Hetairien, die durch den Hermenfrevel Panik in der Stadt zu verbreiten suchten. Und 411 versetzten die Hetairien, wie schon erwähnt, die Polis in Angst und Schrecken. Euripides schildert in seinen *Phönizerinnen* den Kampf zwischen Eteokles und Polyneikes um den Thron Thebens als *stásis* zweier Großer und ihrer Gefolgschaften, deren Machtstreben keinen Kompromiß mehr zuläßt: «Muß man schon Unrecht tun», sagt Eteokles, «dann um der Herrschaft (*tyrannís*) willen, das schönste Unrecht» (v. 524f.). Und 408 brachte Euripides in der Tragödie *Orestes* nicht nur eine Volksversammlung auf die Bühne, in der ein Redner vor der Hetairie eines Großen kuscht; vor allem bilden Orest selbst, sein Freund Pyládēs und seine Schwester Ēléktra eine Hetairie, die die Beschlüsse der Polis ignoriert, ihre Feinde – Helena, zuvor schon Aígisthos – mordet und Terror verbreitet, indem sie ein unbeteiligtes Kind, Helenas Tochter Hermiónē, als Geisel nehmen und ihre Forderungen mit der Drohung verbinden, sie zu töten und den Palast von Argos in Flammen aufgehen zu lassen. Diese Ereignisse und diskursiven Verarbeitungen lassen auf eine profunde Krise der Polis Athen schließen, in der der Krieg, wie in so vielen anderen Poleis, zu scharfer Polarisierung, Mißachtung der gemeinschaftlichen politischen Organe und Verfahren, Vertrauensverlust und Gewaltbereitschaft führte und so den Umsturz von 411 möglich machte.

Das Regime der 400 hatte aber von Anfang an Schwierigkeiten. Die Hoffnung, Sparta zu einem Frieden bewegen zu können, erfüllte sich nicht; König Agis sah in Athens Schwäche vielmehr eine Chance auf Sieg. Vor allem aber formierte sich auf Samos, wo das Gros der athenischen Streitmächte lag, demokratischer Widerstand, der durch einen oligarchischen Putsch in der Polis Samos, den man gemeinsam mit den dortigen Demokraten niederschlug, noch gestärkt wurde. An die Spitze der Demokraten setzten sich zunächst Thrásyllos und Thrasýbulos (der nach dem Krieg noch eine bedeutende Rolle in der Geschichte Athens spielen sollte); ihren wahren Führer fanden die Demokraten aber ausgerechnet in der Person des Alkibiades, der von Tissaphernes Subsidien zu organisieren versprach und dafür wiederaufgenommen und sogar zum Strategen gewählt wurde. Als eine Gesandtschaft der 400 auf Samos eintraf und die Zustimmung der Flotte zu der neuen ‹Verfassung› einholen wollte, reagierte diese erregt und wollte sofort nach Athen segeln, um dem Regime ein Ende zu setzen; Alkibiades verhinderte dies, um einen großen Bürgerkrieg zu vermeiden und die Ägäis nicht von militärischer Bedeckung zu entblößen. Aber er bestand auf der sofortigen Demission der 400 und der Wiedereinsetzung des Rates der 500; lediglich über die 5000 deutete er Verhandlungsbereitschaft an. Dieser Mißerfolg verschärfte Spannungen in den Reihen der Oligarchen in Athen, von denen die einen eine Übergabe der Stadt an Sparta erwogen, die anderen, namentlich Theramenes, die Konstituierung der 5000 forderten und einen großen Teil der Bürgerhopliten hinter sich scharten. Ein Bürgerkrieg zwischen den Oligarchen stand kurz bevor, einer von ihnen, Phrynichos, wurde ermordet. Das Ende kam, als – wohl Anfang 410 – eine spartanische Flotte mit Hilfe von Verrätern in Eretria Euboia die «Freiheit» brachte, wie ein dortiger Ratsbeschluß sagte (IG 12.9), d.h. zum Abfall von Athen bewegte. Das war eine Katastrophe für die Athener, die auf Euboia wegen ihrer Lebensmittelversorgung angewiesen waren und jetzt, wie schon 413, den Untergang vor Augen hatten. Da erhob sich der *dē̆mos*, stürzte die Vierhundert und richtete die Organe der Demokratie wieder ein, zunächst noch mit dem Mindestzensus der 5000; doch noch im Jahr 410 kehrte man ganz zum alten System zurück.

Die Restauration der Demokratie wurde von symbolischen Maßnahmen begleitet: So beschloß man eine Sammlung und inschriftliche Aufzeichnung des geltenden Rechts bis zurück zum halbmythischen Gesetzgeber Drákōn, was den Rechtscharakter der Volksherrschaft betonen sollte und zugleich den Slogan von den *pátrioi nómoi* von 411 demokratisch umdeutete. Als demokratische Erinnerungsorte errichtete man zum einen ein neues Gebäude für den Rat der 500 und forcierte zum anderen die Fertigstellung des Erechtheion. Den Mörder des Phrynichos und andere Nichtathener, die am Sturz der 400 beteiligt waren, zeichnete man mit hohen Ehren aus. Und auf Antrag eines gewissen Dēmóphantos beschloß das Volk noch 410, daß jeder Beteiligte an antidemokratischen Unternehmungen vogelfrei sein solle und daß die Athener dies künftig vor den Dionysien geschlossen beschwören sollten: «Mit Wort und Tat, mit Stimmstein und per Handaufhebung werde ich töten, wer die Demokratie stürzen will...» (Andokides 1.96–8). Gerade diese Maßnahmen zeigen jedoch, daß die Krise der Polis nicht überwunden war: Polarisierung, Mißtrauen und Gewaltbereitschaft herrschten nach wie vor. In der Tat scheint die Polis nach 410 von einer Prozeßwelle gegen tatsächliche oder vermeintliche Kollaborateure und Mitläufer der 400 heimgesucht worden zu sein. Wohl nicht zufällig brachte Sophokles 409 im *Philoktḗtēs* ein Drama auf die Bühne, das die Notwendigkeit der Versöhnung in der Polis – hier im Bild des Heeres vor Troja – nach einer selbstzerstörerischen Orgie von Mißtrauen und Verrat thematisiert. Und 405 richtete der Chor in Aristophanes' *Fröschen* eine eindringliche Mahnung zur Versöhnung an das Publikum, die explizit Bezug nahm auf die Prozeßwelle nach 410. Sieben Jahre nach 410 sollten die Spannungen in der Polis dennoch erneut zu Umsturz und Bürgerkrieg führen – viel blutiger und folgenschwerer als 411/0.

Die Stabilisierung der wiedererlangten Demokratie im Jahr 410 profitierte vom Kriegsverlauf. Die spartanische Führung hatte, als der Krieg in Ionien stockte und Tissaphernes sich als zunehmend unzuverlässig erwies, im Sommer 411 mit Unterstützung des Pharnabazos erfolgreich athenische Stützpunkte am Hellespont angegriffen, um Athens Nachschubwege aus dem Schwarzen Meer zu treffen. Doch die athenische Flotte konnte schon im Herbst 411 einen ersten Erfolg beim sogenannten Hundsgrab (*Kynós sḗma*) an der engsten Stelle des Hellspont verzeichnen, der gut für die Moral war. Im Frühling 410 gelang der Flotte unter Führung des Alkibiades dann ein gewaltiger Sieg, als sie bei Kýzikos die peloponnesische Flotte unter Míndaros vernichtend besiegen konnte. Gleichzeitig wurde ein erneuter Angriff des Agis auf Stadtathen zurückgeschlagen. Wieder einmal war eine höchst überraschende Wende eingetreten: Athen beherrschte erneut die See. Als in Sparta die Nachricht von Kyzikos eintraf (in lakonischer Kürze: «Fort die Hölzer. Mindaros tot. Die Männer hungern. Wir wissen nicht was tun»: Xenophon, *Hellēniká* 1.1.23), sah man vorerst keine Möglichkeit mehr, den Krieg zu gewinnen, und unterbreitete Athen ein Friedensangebot auf der Grundlage des damaligen Besitzstandes. Doch die Athener lehnten ab. Der Preis, auf die wichtigsten Plätze Ioniens und des Hellesponts verzichten zu müssen, war zu hoch. Und nicht zuletzt mochte die triumphale Wiederkunft des charismatischen Alkibiades bei manchen Athenern Hoffnungen auf eine Wiederherstellung ihrer alten Macht geweckt haben. Als dieser wohl 408 nach Athen zurückkehrte, wo ihn eine aufgeregte Menge schon am Hafen erwartete, wählte seine Anhängerschaft den Heilsbringer zum «Bevollmächtigten Oberbefehlshaber (*stratēgós autokrátōr*) – als denjenigen, der noch imstande sei, die alte Macht der Stadt zu retten» (Xen. *Hell.* 1.4.20).

Athens Flottenoperationen verliefen seit 410 allerdings schleppend, auch wenn mit Byzantion und Kalchedon die Durchfahrt ins Schwarze Meer gesichert werden konnte. Und nicht nur in Ionien, wo die Rückeroberung von Ephesos scheiterte, gab es Rückschläge; auch Pylos und der megarische Hafen Nisaia gingen verloren. Und Alkibiades hatte 407, während er selbst ein anderes Unternehmen leitete, einem Unterbefehlshaber die Flotte überantwortet, die die Peloponnesier bei Nótion vor Ephesos belagerte; dieser wurde – vielleicht aufgrund einer zu ehrgeizigen Erkundungsfahrt – in eine Schlacht verwickelt und verlor mehrere Schiffe. Der Ärger in Athen war so groß, daß Alkibiades' Gegner seine Wiederwahl zum Strategen verhindern konnten; er zog sich auf seine Besitzungen auf der Chersones zurück. Ein Hemmschuh war zudem der Geldmangel: Schon vor 410 mußte die athenische Flotte phasenweise von Plünderungen leben und exorbitante Sonderrequisitionen bei den Bündnern einfordern. Experimente mit Hafenzöllen statt Tributen (siehe dazu Kapitel 3) brachten offenbar nicht den gewünschten Erfolg.

Dagegen konnte Sparta mit dem Perserkönig einen Vertrag schließen, der den Spartanern gewaltige Subisidien zukommen ließ und den Wiederaufbau einer Flotte erlaubte. Das Kommando der peloponnesischen Flotte hatte jetzt ein Mann namens Lýsandros übernommen, der an Charisma einem Alkibiades oder Brasidas nicht nachstand, ein hervorragender Taktiker war und Spartas Seekrieg neuen Schwung verleihen sollte. Außerdem verstand er sich bestens mit dem neuen persischen Machthaber im Westen, dem Prinzen Kyros, was ihm große Mittel verschaffte. 406 konnte die erstarkte spartanische Flotte dann einer athenischen bei Lesbos mehrere verlustreiche Niederlagen beibringen und sie einschließen. Als ein Schiff mit der Nachricht nach Athen durchbrechen konnte, rüsteten die Athener eilig 150 Trieren aus, deren athenischer Anteil fast nur mit Bürgern, selbst Rittern und Sklaven, bemannt war. Finanziert wurden sie aus eingeschmolzenen goldenen Niken und anderen Weihegaben des Parthenon. Mit dieser Flotte lieferten die Athener der spartanischen Flotte bei den Arginusen-Inseln vor Lesbos im August 406 eine Schlacht, die ein triumphaler Erfolg wurde; die Hälfte der feindlichen Flotte wurde vernichtet.

Aber auch einige athenische Schiffe sanken; und die Strategen stellten, offenbar zu spät, einige Schiffe zur Rettung der betroffenen Besatzungen ab, während das Gros die feindliche Flotte verfolgen sollte. Mehrere tausend Schiffbrüchige konnten daher wegen eines aufkommenden Unwetters nicht mehr geborgen werden. Aus dem Triumph wurde so eine Katastrophe – und ein Politikum. Die Strategen wurden angeklagt, die Schiffbrüchigen fahrlässig preisgegeben zu haben. Diese Anklage war an sich nicht abwegig. Fragwürdig aber war der Prozeßverlauf. Am ersten Verhandlungstag neigte das Volk einem Freispruch zu; doch dann machte man Stimmung, indem massenhaft Angehörige in Trauergewandung auftraten und ein Geretteter eine Botschaft der Ertrinkenden verkünden durfte, «er solle dem Volke melden, die Strategen hätten die besten Verteidiger des Vaterlandes nicht gerettet» (Xen., *Hell.* 1.7.11). Vor allem aber wurde das Verfahren rechtswidrig verkürzt und keine Einzelfallprüfung vorgenommen, Protest dagegen niedergebrüllt. Am Ende wurden alle acht Strategen zum Tode verurteilt und, soweit anwesend, hingerichtet. Die Affäre galt schon demokratiekritischen Zeitgenossen als ein klassisches Beispiel für die Manipulierbarkeit und Willkür des *dêmos*. Hinter der Agitation soll nach Xenophon Theramenes gesteckt haben, der als Trierarch mit der Bergung der Schiffbrüchigen betraut worden war, aber nicht mehr viel tun konnte und bei einem Freispruch der Strategen selbst eine Anklage befürchten mußte. Manipulationen alleine reichen als Erklärung für den Debattenverlauf aber nicht aus. Auch gibt es andere Erklärungen für das Verhalten der Volksversammlung. Wie dem auch sei, der Arginusenprozeß zeigt, welche Emotionen nach Jahren eines verlustreichen, psychisch extrem belastenden, wechselhaften Kriegsgeschehens der Tod hunderter, wenn nicht mehr Mitbürger auslösen konnte.

Das Ende des Kriegs kam für alle Seiten unverhofft durch einen banalen taktischen Fehler der Athener. Lysander hatte 405 die Flotte der Peloponnesier wieder verstärkt und konnte die Stadt Lampsakos am Hellespont gewinnen. Das Gros der athenischen Flotte, 180 Schiffe, verfolgte ihn dorthin und schlug ihr Lager an der gegenüberliegenden Küste bei den sogenannten Ziegenflüssen (*Aigós potamoí*) auf. Die Athener versuchten mehrmals, Lysander zu einer Schlacht zu provozieren, doch verweigerte er sie vier Tage lang. Am fünften gingen sie nachlässig an Land und verstreuten sich, um Proviant zu fassen – entgegen den Warnungen des Alkibiades, der von seinen dortigen Besitzungen zu ihnen gestoßen war. Da schlug Lysander zu und fiel über die wehrlosen Athener am Strand her, die ihre hochgezogenen Schiffe nicht mehr bemannen konnten. 3000 fing er und tötete sie – zur Strafe für ihren vor der Ausfahrt gefällten Beschluß, im Falle eins Sieges jedem gefangenen Peloponnesier die rechte Hand abzuhacken.

Das bedeutete das Ende für Athen, eine neue Flotte konnte es nicht mehr aufbauen. In der Stadt rechnete man dem Augenzeugen Xenophon zufolge nun mit dem Angriff der Peloponnesier und malte sich aus, was man selbst so vielen anderen Poleis angetan hatte: Tötung aller Männer, Versklavung von Frauen und Kindern. Lysander ließ sich Zeit; gemächlich nahm er eine athenische Besitzung nach der anderen ein und trieb Athener aus der gesamten

Ägäis vor sich her nach Athen, wo sie ein Problem verschärften, das ihm in die Hand spielte: den Hunger. Im Oktober 405 schließlich belagerte er die Stadt vom Meer aus, König Pausanias zu Lande. Die Athener leisteten zunächst Widerstand, schickten dann aber ein Kapitulationsangebot, wenn es die Langen Mauern, sein Festungswerk, behalten dürfe. Dieses Ansinnen wurde abgelehnt. Daraufhin entsandte man Theramenes als Unterhändler zunächst zu Lysander, wo er mehr als drei Monate blieb – vielleicht weil er festgehalten wurde, um Athen, wo die Menschen Hungers starben, nachgiebig zu machen, vielleicht weil er schon damals über die künftige Ordnung in Athen (und seine Rolle darin) verhandelte. Dann ging er nach Sparta, von wo er als Friedensangebot die Auslieferung der gesamten Restflotte bis auf zwölf Schiffe, die Zerstörung der Langen Mauern, die Aufgabe aller auswärtigen Besitzungen sowie die Verpflichtung zur Unterordnung unter Sparta und zur Heeresfolge mitbrachte. Sparta zeigte sich milde: Theben und Korinth hatten die völlige Zerstörung Athens und Versklavung seiner Bevölkerung gefordert. Doch das lehnte Sparta ab – weniger aus Humanität denn aus der Überlegung heraus, daß ein schwacher Satellitenstaat in Attika ihm mehr nutzen würde als ein Machtvakuum, das Theben oder Korinth füllen wollten. Die offizielle Begründung Spartas, das 431 doch als Befreierin der Griechen angetreten war, lautete freilich, man lehne ab, «eine hellenische Stadt zu versklaven, die Hellas einst in der größten Gefahr einen großen Dienst erwiesen habe» (Xen. *Hell.* 2.2.20).

Athen hatte keine Wahl, als die Bedingungen anzunehmen. So ging der 27 Jahre währende Krieg im April 404 zu Ende. An den sozialen Kosten sollte Hellas allerdings noch lange tragen: zehntausende Tote in fast allen Teilen der griechischen Welt; noch mehr Verknechtete oder Heimatlose; das – wenigstens teilweise damit zusammenhängende – Aufkommen großer Söldnerheere; schließlich die Vernichtung ungeheurer Sachwerte. Und keine zehn Jahre später begann das Ringen, in leicht veränderter Konstellation, von neuem.

IV. AGON OHNE AUSWEG

1. Spartas gescheiterte Hegemonie (404–369)

Als Lysander im Sommer 404 Athen besetzte und unter Flötenklang mit dem Einreißen des Festungswerks begann, da glaubten viele, so schreibt der Augenzeuge Xenophon, «jener Tag bedeute für Hellas den Beginn der Freiheit» (*Hellēniká* 2.2.23). Genauso hatte ja die spartanische Propaganda den Krieg gegen Athen 27 Jahre lang gerechtfertigt: Die Griechen sollten vom Joch der *pólis týrannos*, dem hegemonialen Athen, befreit werden. Tatsächlich begann Lysander, wie berichtet, gleich nach der siegreichen Schlacht bei Aigos Potamoi, noch während der Belagerung Athens, mit der Vertreibung athenischer Garnisonen und Siedler in der Ägäis und Kleinasien und rief überall die Verbannten in die Poleis zurück. Am längsten widersetzte sich Samos, dessen demokratische Führung seit der gewaltsamen Vertreibung der Oligarchen 412 auf Gedeih und Verderb an Athen gebunden und noch 405 mit der exzeptionellen Ehre des Bürgerrechts Athen verpflichtet worden war. Es kapitulierte im Sommer 404.

Die Sympathien, die dem Befreier Sparta vielerorts entgegengeschlagen sein mochten, wichen jedoch bald der Erkenntnis, daß nur ein Hegemon den anderen ersetzt hatte. Lysander installierte in allen wichtigeren Poleis eine spartanische Garnison unter einem Stadtkommandanten, dem sogenannten *harmostḗs* («Ordner»). Bald wurden Vorwürfe gegen die Harmosten wegen Bestechlichkeit und Übergriffen laut, zudem mußten die Poleis den Unterhalt der Besatzung bestreiten und möglicherweise sogar einen Tribut wie vormals an Athen entrichten. Aber nicht nur das, Lysander schaffte die demokratischen Ordnungen in den Städten des ehemaligen athenischen Reiches ab und übertrug die Macht Oligarchien, anfänglich meist mit einem Kollegium von zehn Männern an der Spitze, die ihm und Sparta ergeben waren. Der Herrschaftswechsel löste vielerorts eine neue Welle der Gewalt in den Poleis aus. Auf Samos wurden hunderte Demokraten der Stadt verwiesen, nur einen Mantel durften sie mitnehmen; ihren Besitz dürften sich die zurückgerufenen Aristokraten angeeignet haben, die fortan die Stadt beherrschten. In Milet sicherte Lysander den Führern der Demokratenpartei unter Eid Schonung zu, überließ sie aber, als sie aus ihren Verstecken hervorkamen, der Mordlust ihrer oligarchischen Feinde. Auch anderswo beglichen die neuen Herren von Spartas Gnaden nun alte Rechnungen oder bereicherten sich auf Kosten ihrer Mitbürger; in Athen entfaltete die von Sparta gestützte Oligarchie der Dreißig – von der wir später noch hören werden – ein regelrechtes Terrorregime, das Hunderte ins Exil trieb und viele um Leben und Besitz brachte. Spartas Hegemonie war durch diese Gewaltexzesse vielerorts von Anfang an mit einer schweren Hypothek belastet.

Seit Ende des Peloponnesischen Krieges war abzusehen, daß der neue Hegemon über Hellas auf kurz oder lang mit der Großmacht in Konflikt geraten mußte, die durch den Sturz des athenischen Reiches wieder ein dominanter Faktor im Ägäisraum geworden war: Persien. Der Großkönig und seine Statthalter hatten Spartas Seekrieg gegen Athen seit 412 finanziert, weil sie die kleinasiatischen Küstenstädte zurückzugewinnen hofften; nun wollten sie die Früchte ernten. Doch das konnte Sparta, was immer es einmal zugesagt haben mochte, nicht zulassen: weniger aus realpolitischen Erwägungen (Sparta hatte kein genuines Interesse an Kleinasien), sondern weil sonst die Rechtfertigung seiner Hegemonie als Schutzmacht der Hellenen in der Nachfolge Athens zusammengebrochen wäre. Der Konflikt wurde noch etwas aufgeschoben, da der Königssohn Kyros, Persiens Oberkommandierender über Kleinasien in Sardeis, beim Tod seines Vaters Dareios II. 405/4 übergangen worden war und daher gegen den neuen Großkönig Artaxerxes II. einen Aufstand plante, für den er die Flotte Spartas, seines alten Verbündeten gegen Athen, brauchte (und bekam). Nachdem er jedoch im Herbst 401 in der Entscheidungsschlacht bei Kúnaxa vor Babylon gefallen war, ging das persische Reich umgehend daran, seine Ansprüche in Kleinasien durchzusetzen.

Nun mußte Sparta reagieren, und es tat dies zunächst einmal vor allem mit Propaganda: Die ionischen Poleis (bzw. ihre Machthaber von Spartas Gnaden) durften an Sparta appellieren, «da diese die Schutzmacht von Hellas seien, ... müßten sie dafür sorgen, daß ihr Land nicht (von den Barbaren, wie eine andere Quelle ergänzt) verwüstet werde und sie die Freiheit behielten» (Xenophon, *Hell.* 3.1.3). Man bemühte also alte Perserkriegsrhetorik, um durch den Krieg Spartas Hegemonie zu rechtfertigen. Der Krieg selbst wurde von Sparta aber zunächst eher zögerlich und mit kleinem Einsatz (z.B. fast ohne spartanische Vollbürger) geführt. Zwar konnte die persische Präsenz an der kleinasiatischen Küste seit 399 zurückgedrängt, ein dauerhafter Frieden jedoch nicht erzwungen werden. Vielmehr rüstete der Großkönig eine gewaltige Flotte, um Spartas Seemacht zu brechen. Erst als die Nachricht davon 396 eintraf, ergriff Sparta energische Maßnahmen und entsandte ein großes Heer unter König Agesílaos II. und Lysander. Agesilaos inszenierte das Unternehmen noch mehr als seine Vorgänger als Freiheitskrieg, indem er vor der Überfahrt nach Kleinasien im boiotischen Aulís der Artemis opferte – wie dereinst Agamemnon seine Tochter Iphigéneia vor dem Zug gegen Troja, der ja schon lange als Folie für den Perserkrieg gedient hatte. In Kleinasien angekommen, konnte er eine erfolgreiche Schlacht gegen persische Truppen schlagen, erreichte aber im übrigen nichts weiter als Plünderungen. Spartas Kleinasienkrieg war daher noch ohne Ergebnis geblieben, als Agesilaos Anfang 394 völlig überraschend nach Europa zurückgerufen wurde: In Hellas hatte sich eine Allianz von ehemaligen Bundesgenossen und Untertanen erhoben, die Spartas Machtstellung massiv bedrohte.

Zwischen Sparta und seinen Partnern aus dem Peloponnesischen Krieg hatte es schon länger Spannungen gegeben. 404 schlug Sparta Theben und Korinth das Ansinnen ab, Athen dem Erdboden gleichzumachen, weil es deren Machtzuwachs fürchtete und einen eigenen athenischen Vasallenstaat bevorzugte. Die beiden Poleis fühlten sich seitdem um ihren Sieg betrogen und opponierten gegen Sparta bei jeder Gelegenheit. Theben gewährte den athenischen Demokraten Exil und half ihnen 403, die spartanisch gestützte Oligarchie zu vertreiben. Mehrmals verweigerten die Poleis Sparta die Heeresfolge, so etwa 396, als Agesilaos Truppen für den Kleinasienzug anforderte. Beide Städte sahen zudem mit Sorge, daß Sparta seine hegemoniale Machtpolitik auch auf das griechische Festland ausdehnte. 401/0 überzog Sparta unter Vorwänden die Polis Elis mit Krieg, die schon länger mit Sparta um Grenzgebiete stritt, in der Krise nach dem Nikias-Frieden auf seiten der peloponnesischen Sparta-Gegner gekämpft und eine regionale Vormachtstellung in der nordwestlichen Peloponnes aufgebaut hatte, die Sparta ein Dorn im Auge war. Spartas Feldzug geriet zu einem völlig unverhältnismäßigen Plünderungs- und Zerstörungswerk in dem wohlhabenden Landstrich, an dem man Beutemacher aus der ganzen Peloponnes großzügig teilhaben ließ. Elis blieb nicht die einzige Machtdemonstration dieser Art.

Eine Gelegenheit, um Spartas Macht zu brechen, schien 396 gekommen, als die Nachricht von Persiens Flottenbau eintraf und die Rhodier 395 in einem Bürgerkrieg mit Hilfe der persischen Flotte unter dem Kommando des Atheners Kónōn die dort herrschende, mit Sparta verbündete Oligarchie abschüttelten, wieder demokratisch wurden und auf die Seite Persiens wechselten. Persische Subsidienversprechen an die Sparta-Gegner in Griechenland taten dazu ein übriges. Einen (möglicherweise inszenierten) Vorwand loszuschlagen, bot dann 395 ein Grenzkonflikt zwischen Lokris und Phokis, in dem Theben auf der einen und Sparta auf der anderen Seite Bündnispflichten hatten. Die Spartaner rückten mit zwei Heeren unter Lysander und dem König Pausanias nach Boiotien vor, brachen den Zug aber ab, als Lysander bei der Belagerung des Städtchens Halíartos fiel. Nun ergriff Theben die Initiative; es gewann auf der Peloponnes Korinth und Argos, beide durch Spartas Umgang mit Elis beunruhigt – und Athen, das sich vom Krieg zu erholen begann und schon vorsichtige Versuche unternommen hatte, sich von Sparta zu emanzipieren (dazu später). Die neue Allianz gewann bald weitere Partner auf Euboia, in Westgriechenland und anderswo und richtete einen Kriegsrat in Korinth ein. Die nächste Runde im großen Ringen der Griechen, der ‹Korinthische Krieg› hatte begonnen, keine zehn Jahre nach Ende des Peloponnesischen Krieges.

Sparta erkannte den Ernst der Gefahr und handelte schnell: Ein peloponnesisches Heer siegte im Frühjahr 394 bei Neméa über eine Streitmacht der Allianz, eine weitere schlug der zurückgerufene Agesilaos im August bei Koroneia in Boiotien. Aber kurz zuvor hatte es eine Entscheidung von viel größerer Tragweite gegeben: Die neue persische Flotte unter dem Kommando Konons hatte vor der karischen Küste bei Knidos einen vernichtenden Seesieg erfochten und auf einen Schlag die spartanische Seemacht ausgelöscht. Sofort gingen Konon und sein persischer Oberbefehlshaber Pharnabazos daran, Sparta aus seinen Stellungen in der Ägäis und Kleinasien zu vertreiben; im nächsten Jahr griffen sie in peloponnesische Gewässer aus und installierten eine Basis auf der Insel Kythera, von der aus sie, gemeinsam mit der Flotte Korinths, die See um die Peloponnes kontrollierten. Konon hielt in seiner Heimatstadt Athen triumphalen Einzug und half mit persischen Subsidien, die Langen Mauern, Athens uneinnehmbare Festung, wiederaufzubauen. Außerdem gelangten jetzt die Inseln Lemnos, Imbros und Skyros wieder unter athenische Kontrolle, wichtige Häfen an der Route zum Schwarzen Meer und für Athen von hoher symbolischer Bedeutung: In Athen machte man sich schon Hoffnungen auf eine Wiederherstellung der Seemacht. Verschärft wurde die Situation für Sparta noch dadurch, daß aus internen Auseinandersetzungen in Korinth um die Fortsetzung des Krieges gegen Sparta eine *stásis* entstand, die Argos dazu nutzen konnte, dort massiv Einfluß zu nehmen und die mächtige Stadt durch eine Union zu seinem Satelliten zu machen. Damit war im Westen der Peloponnes ein gefährlicher Machtblock gegen Sparta entstanden.

Sparta sah in dieser Lage im Jahr 392 keine Alternative, als dem Großkönig in Friedensverhandlungen den Rückzug aus Kleinasien anzubieten, wenn er allen anderen Griechen, namentlich denen der Ägäis, im Gegenzug Autonomie zusichern würde. Die Alliierten bekamen allerdings Wind davon und hintertrieben die Verhandlungen: Sie fürchteten, sicherlich nicht zu Unrecht, daß Sparta auf Basis der Autonomieklausel seine Machtposition in Hellas weiter ausbauen könnte, sie selbst aber die ihre verlieren würden: Argos Korinth, Theben seine Suprematie über Boiotien und Athen seine wiedergewonnenen Inseln. Daher scheiterten auch weitere Friedensverhandlungen der Kriegsparteien in Sparta. (Begründet wurde das im entsprechenden Volksbeschluß in Athen freilich damit, man wolle nicht, daß die Griechen Kleinasiens wieder dem Großkönig anheimfielen.) So ging der Krieg weiter. In Griechenland, wo sich die Kämpfe auf Korinth und den Saronischen Golf konzentrierten, und in Kleinasien, wo Sparta noch einmal den Versuch einer Offensive gegen die Perser unternahm, verlief er ergebnislos, das Schwergewicht verlagerte sich wieder auf die See. Schon Konon hatte diplomatische Schritte unternommen, um Athens Einfluß rund um die Ägäis wiederherzustellen (und war deswegen 392 bei den Persern in Ungnade gefallen), seit 390 kamen eigenständige Flottenoperationen Athens hinzu. Dies mit Erfolg, denn zu Beginn der 380er Jahre waren zahlreiche Gemeinwesen rund um die Ägäis wieder mit Athen verbündet, darunter wichtige wie Olynth, Rhodos und der abtrünnige persische Vasallenkönig Euagóras von Salamis auf Zypern; in einigen Poleis wie Thasos, Klazomenai oder Byzantion erhob Athen sogar Zoll, übte mithin Hoheitsrechte aus. Die neue Situation alarmierte Sparta und die Perser gleichermaßen; man näherte sich wieder an und stellte 387 mit Unterstützung des mit Sparta verbundenen Tyrannen von Syrakus erneut eine überlegene Flotte auf, die Athens Getreideversorgung aus dem Schwarzmeergebiet bedrohte. Nun war Athen, wo man schon eine Hungersnot fürchtete, in der Defensive und mußte sich zu Verhandlungen über einen vom Großkönig vorgeschlagenen Frieden bereit finden. Die übrigen Alliierten folgten; zu aussichtslos schien im Augenblick eine Fortsetzung des Krieges.

Der ‹Königs-› oder, nach dem spartanischen Chefunterhändler, ‹Antalkídas-Frieden›, der daraufhin 386 geschlossen wurde, entsprach vor allem persischen und spartanischen Interessen. Die Poleis in Kleinasien, so einigte man sich, sollten dem Großkönig unterstehen; das enthob Sparta eines Krieges, den es unentschlossen geführt hatte und jetzt ohnehin nicht mehr gewinnen konnte. Des weiteren enthielt der Frieden die schön klingende Formel, «daß die übrigen griechischen Poleis, kleine und große, selbstbestimmt (*autónomos*) bleiben sollen» (Xenophon, *Hell.* 5.1.31). Faktisch bedeutete das, daß Argos aus Korinth abziehen mußte, in dem umgehend die prospartanische Oligarchie wieder an die Macht kam und die Polis zurück in den Peloponnesischen Bund führte; der Boiotische Bund wurde aufgelöst, Theben mußte die Unabhängigkeit der boiotischen Städte garantieren, und seine alten Opponenten Plataiai und Thespiai wurden wiederaufgebaut; und Athen mußte sich aus allen neuerworbenen Außenbesitzungen – mit Ausnahme von Lemnos, Imbros und Skyros, die «wie seit alters» Athen gehören sollten – zurückziehen. Sparta mußte also lediglich auf eine Großmachtrolle in der Ägäis und in Kleinasien verzichten, die es ohnehin nicht mehr wahrnehmen konnte, während es seine Ziele in Griechenland allesamt erreicht hatte. Seine Gegner dagegen hatten zehn Jahre lang umsonst Krieg geführt. Mangels Alternativen mußten sie sich dem Diktat zähneknirschend beugen, doch Grundlage für einen stabilen Frieden konnte dieses Ergebnis nicht sein.

Epochale Bedeutung hat der Königsfriede dennoch erlangt. Erstens, weil er, drei Generationen nach Ende der Perserkriege, die 412 begonnene, machtvolle Rückkehr Persiens in die griechische Welt sozusagen offiziell festschrieb: Die kleinasiatischen Griechen unterstanden nun bis zum Alexanderzug (334) wieder persischer Hoheit – auch wenn der Unterschied für die meisten nur darin bestand, daß der Tribut fortan nach Osten statt nach Westen ging, und manche die persische Herrschaft begrüßt haben mochten. Und nicht nur dem Anspruch nach – der Großkönig diktierte den Frieden mit den Worten: «König Artaxerxes hält es für gerecht, daß die Poleis in Kleinasien ihm gehören sollen» etc. – übte Persien wieder eine Suprematie als Ordnungsmacht über ganz Hellas aus, sondern auch faktisch; denn sein Drohpotential sorgte dafür, daß in der Folgezeit alle Poleis peinlich darauf bedacht waren, Persiens Interessen nicht zu verletzen. Wichtig ist der Königsfrieden zweitens, weil darin zum ersten Mal zwei Prinzipien festgeschrieben wurden, die ihn über das ganze 4. Jahrhundert hinweg zum Referenzpunkt diplomatischer Friedensinitiativen machen sollten: zum einen die Idee eines Allgemeinen Friedens *(koinḗ eirḗnē)*, dem alle Griechen, nicht nur die Hegemonialmächte, beitraten, um so Stabilität zu schaffen; zum anderen die (ursprünglich in Reaktion auf die athenische Herrschaftsbildung im Seebund aufgekommene) Formel der *autonomía*, der ‹Selbstbestimmung nach innen›: Sie sollte durch das gesamte 4. Jahrhundert hindurch, meist in der Verbindung ‹*eleuthería* und *autonomía*› (‹Freiheit von Fremdbestimmung und Selbstbestimmung im Inneren›), als diplomatische Formel in allen Friedensbemühungen einen Idealzustand freiheitlicher zwischenstaatlicher Beziehungen beschreiben. Und vor allem sollte *autonomía* zusammen mit dem alten Schlachtruf der *eleuthería* eine große Karriere als politisches Schlagwort machen, mit dem man Widerstand gegen Hegemonialbestrebungen anderer Poleis rechtfertigen konnte – aber auch die eigene Machtpolitik.

Für Sparta bedeutete die Preisgabe Kleinasiens einen empfindlichen Glaubwürdigkeitsverlust als hegemoniale Schutzmacht der Griechen. Die entsprechende Empörungsrhetorik in der griechischen Öffentlichkeit läßt sich in einem Traktat des athenischen Publizisten Isokrates aus den späten 380er Jahren greifen, der «in erster Linie den Lakedaimoniern» Vorwürfe macht, die Ionier in die «Knechtschaft (der Perser) gezwungen» zu haben, von «Schande» und «Verrat» spricht und zu einem neuen panhellenischen Perserzug aufruft, um wie dereinst im Trojanischen Krieg das Unrecht zu rächen (*Panēgyrikós*, § 175–86). Nichtsdestotrotz sahen sich die Spartaner durch den Königsfrieden in ihren hegemonialen Aspirationen zunächst einmal bestätigt; ja Xenophon (*Hell.* 5.1.36) schreibt moralisierend, aber in der Sache nicht falsch, daß sie nun «allzu ehrgeizig» wurden. Tatsächlich setzte sich in Sparta nun eine Richtung durch, die Spartas Hegemonie wenigstens in Griechenland nachdrücklich geltend machen wollte. Als Machtdemonstration gegenüber seinen peloponnesischen Verbündeten zwang Sparta 385 die Mantineer, die sich im Korinthischen Krieg als unzuverlässig erwiesen hatten, ihre Stadt aufzugeben, die Demokratie abzuschaffen und sich in Dörfern anzusiedeln. Auch in Phleiús, einem anderen alten Mitglied seines Bundes, griff Sparta gewaltsam in die Innenpolitik ein und installierte nach einer langen Belagerung dort eine genehme Oligarchie. Beides war ein offenkundiger Bruch der Autonomie-Klausel des Königsfriedens. Dagegen lieferte dieselbe Klausel 382 die Rechtfertigung für einen Krieg gegen den Bund der chalkidischen Poleis, der unter der Hegemonie des immer mächtiger werdenden Olynth in dieser Zeit aggressiv expandierte. Gesandte der chalkidischen Städte Ákanthos und Apollonía baten Sparta, ihre Autonomie zu schützen, und wiesen auf die Gefahr hin, die aus einem Bündnis der Olynther mit Theben oder Athen für Sparta erwachsen könne. Doch brauchte es das wohl gar nicht: Sparta bot sich dort eine willkommene Gelegenheit, sich als panhellenische Ordnungsmacht zu gerieren und zugleich neue Einflußgebiete zu gewinnen. So wurde ein beträchtliches Heer von 10000 peloponnesischen Bundesgenossen gen Olynth entsandt. Die Stadt mußte 379 nach wechselvollen Kämpfen ausgehungert kapitulieren, den Bund auflösen und Sparta Heeresfolge leisten.

Folgen hatte dieser Krieg außerdem wegen des Coups, der einer spartanischen Einheit auf dem Durchmarsch nach Olynth in Theben gelang: In einem Machtkampf in der thebanischen Aristokratie konnte einer der Kontrahenten, Leontiádes, den Kommandanten der vorbeiziehenden spartanischen Einheit auf seine Seite ziehen, indem er ihm die Tore der Stadt und der Burg zu öffnen versprach, wenn Sparta ihn an die Macht bringen würde. Der Anschlag gelang, die Spartaner legten eine Garnison in die Stadt und kontrollierten Theben fortan durch das Marionettenregime des Leontiades. In einem Handstreich war es damit den Spartanern gelungen, einen seiner mächtigsten Gegner kaltzustellen. Sparta sah sich, wie Xenophon (*Hell.* 5.3.27–4.1.) beschreibt, auf einem neuen Höhepunkt seiner Macht in Hellas: «Die Thebaner und anderen Boioter ganz und gar in ihrer Hand, die Korinther wieder treu ergeben, die Argeier gedemütigt ..., die Athener isoliert, die Bundesgenossen, die ihnen übel gesinnt waren, gestraft – so schien ihnen ihre Herrschaft wohleingerichtet und sicher.»

Doch für Xenophon stellt dieser Moment zugleich die Peripetie Spartas dar. Nur drei Jahre später, Ende des Jahres 379, konnten thebanische Aristokraten der Gegenpartei mit Hilfe Athens, wo sie Asyl gefunden hatten, das Regime des Leontiades in Theben stürzen und die spartanische Besatzung zum Abzug zwingen; eine Eingreiftruppe aus Sparta wurde abgewehrt. Der Erfolg ermutigte Athen und das neue Regime in Theben, schon länger gehegte Pläne umzusetzen: Theben reaktivierte den 386 aufgelösten Boiotischen

Bund, und Athen lud im Jahr 377 in einem allgemeinen Aufruf alle Hellenen zum Beitritt zu einer Allianz unter seiner Führung ein, deren Ziel war, daß «die Lakedaimonier die Hellenen in Freiheit und Autonomie ungestört sein lassen im sicheren Besitz ihres Landes». Da Spartas Machtpolitik vielerorts Ängste geweckt hatte und Athen seinen Bündnern glaubwürdige Autonomiegarantien bot, hatte der Aufruf Erfolg, und Athens neuer Bund, den wir den Zweiten Athenischen Seebund nennen, erhielt rasch Zulauf.

Spartas Antwort war ein neuer Krieg gegen Theben und Athen, keine zehn Jahre nach dem Königsfrieden. Zu Land erfolgten 378 und 377 Offensiven gegen Theben, blieben jedoch ohne nachhaltigen Erfolg; auch der nächtliche Überfall eines Harmosten von Thespiai namens Sphodrías auf den Piräus, den er im Handstreich einzunehmen hoffte, scheiterte. 376 gab ein peloponnesisches Heer schon vor den feindlich besetzten Pässen nach Boiotien auf, was die Bündner Spartas mit Verständnislosigkeit quittierten, und zur See erlitt Sparta kurz darauf eine vollständige Niederlage bei Naxos gegen die überlegene Flotte Athens. Nach einer erneuten Niederlage zur See im Sommer 375 bei Alýzeia in Akarnanien einigte man sich im Herbst 375 auf einen neuen Allgemeinen Frieden, dem auch Theben beitrat. Er hielt aber nur wenige Monate, dann brach der Seekrieg mit Athen wieder aus: Der athenische Flottenbefehlshaber Timótheos, Konons Sohn, hatte in eine *stásis* auf der Inselpolis Zákynthos vor der peloponnesischen Küste zugunsten der proathenisch-demokratischen Partei eingegriffen, was man in Sparta als Bruch der Autonomieklausel wertete und deshalb seinerseits eine *stásis* in Athens Bundesgenossenstadt Kerkyra zum Vorwand nahm, ein Flotte zu entsenden, Kerkyra zu Land und See zu zernieren und auszuhungern. In ihrer Verzweiflung trieben die Bewohner die Sklaven aus der Stadt und ließen sie vor ihren Toren verhungern. Wieder konnte eine von Athen gesandte Flotte jedoch die Oberhand gewinnen. In Boiotien ging Sparta dagegen nicht mehr in die Offensive, und Theben gelang es, die letzten spartanischen Stützpunkte und Opponenten in Boiotien zu unterwerfen: 374/3 wurde Plataiai zum zweiten Mal zerstört, die Bevölkerung fand Aufnahme in Athen. In Sparta hatte sich unterdessen eine Friedenspartei durchgesetzt; im Frühjahr 371 verhandelte man wieder über einen Allgemeinen Frieden.

Aber nun stellte das erstarkte Theben die Forderung, in ganz Boiotiens Namen zu unterzeichnen. Das zu akzeptieren hätte jedoch bedeutet, Thebens Hegemonie über die boiotischen Städte anzuerkennen. Sparta brach die Verhandlungen ab, die Volksversammlung beschloß, Thebens Aspirationen ein für alle Mal zu brechen. Kaum drei Wochen später traf ein Heer von 10000 Peloponnesiern unter König Kleómbrotos II. bei Leúktra in Boiotien auf ein zahlenmäßig deutlich unterlegenes boiotisches Heer. Dennoch griffen die Thebaner an, und zwar mit einer ‹schiefen›, d.h. besonders tief gestaffelten Schlachtordnung gegenüber jenem Flügel der Peloponnesier, auf dem die Spartaner standen; durch diese Massierung konnten sie diese zum größeren Teil aufreiben, der Rest der Peloponnesier wandte sich zur Flucht. Sparta hatte die vernichtendste Niederlage in einer Landschlacht seit Jahrzehnten erlitten und beklagte den Verlust von hunderten Vollbürgern. Schlimmer noch – angesichts dieser Katastrophe brach seine Autorität auf der Peloponnes zusammen. Vielerorts kam es zu Revolten gegen von Sparta gestützte Oligarchien, und die Spartaner konnten weder dies verhindern noch daß die 385 zwangsaufgelöste Stadt Mantineia wiederbesiedelt und demokratisch neugegründet wurde. Noch im selben Jahr (370) bildete sie mit Tegéa, wo die spartafreundlichen Oligarchen vertrieben wurden, und anderen arkadischen Städten eine antispartanische Konföderation, den Arkadischen Bund, der eine Bedrohung Spartas in seiner unmittelbaren Nachbarschaft darstellte. Im Winter 370/69 griffen sodann die Arkader, Argos und andere peloponnesische Sparta-Gegner im Bund mit Theben Lakonien und die – unbefestigte – Stadt Sparta an. Solches hatte man dort seit Jahrhunderten nicht mehr erlebt, das anrückende Heer unter dem thebanischen Feldherrn Epameinṓndas löste Panik in der Stadt aus und führte angeblich sogar zu Auflehnungen gegen die Führung; Periökenstädte fielen ab, und in der Verzweiflung bot man Heloten die Befreiung an, wenn sie Sparta verteidigen würden. Zwar fiel die Stadt nicht, doch Lakonien wurde geplündert und gebrandschatzt. Aber viel schlimmer war, daß Epameinondas' Heer nach Messenien zog und dort einen Aufstand vom Zaun brach, in dessen Folge ein neuer, unabhängiger Staat Messenien gegründet wurde. Die Spartaner konnten dies nie mehr rückgängig machen. Sie waren damit nicht nur an einer weiteren Flanke von einem feindlichen Gemeinwesen bedroht, sondern verloren mit den Heloten zudem die ökonomische Grundlage ihrer Macht. Nur über Lakonien behielt Sparta noch die Kontrolle. So war nach fast 200 Jahren die Suprematie Spartas auf der Peloponnes beendet, Sparta fortan nur mehr eine Polis unter anderen. Epameinondas feierte die Inschrift einer ihm errichteten Ehrenstatue auf der Burg von Theben mit dem alten Lied von Freiheit und Autonomie: «Durch unseren Ratschluß verlor Sparta seinen Ruhm, das heilige Messene erhielt nach langem seine Söhne zurück ... und ganz Hellas wurde autonom und frei» (Pausanias 9.15.6).

Spartas Scheitern und Zusammenbruch als Hegemon hat schon die Zeitgenossen beschäftigt. Ausführlichstes Zeugnis dafür sind die bereits erwähnten *Hellēniká*, das Geschichtswerk Xenophons, der einige Jahre als Söldnerführer für Sparta in Kleinasien verbrachte und dafür mit einem Gut auf der Peloponnes belohnt wurde, von wo aus er gute Einblicke in den spartanischen Kosmos gewann. Der zweite Teil des Werkes, der die Zeit nach dem Ende des Peloponnesischen Krieges darstellt, ist im wesentlichen eine – bei manchen Beschönigungen und Auslassungen – kritische Auseinandersetzung mit Spartas Verhalten als Hegemonialmacht, wie dies bei den zuvor gebotenen Zitaten bereits angeklungen ist. Für Xenophon scheiterte Sparta am moralischen Versagen seiner Führungsschicht, bei der immer wieder Machtstreben und Eigeninteresse anstelle der Orientierung am Gemeinwohl Spartas und seiner Untertanen durchgebrochen sei. Diese Einschätzung ist, wie wir sehen werden, nicht falsch. Die moderne Forschung hat aber zudem strukturelle Schwierigkeiten namhaft gemacht. Eine bestand in einem demographischen Problem, mit dem Sparta seit dem späteren 5. Jahrhundert zu kämpfen hatte: eine schnell schrumpfende Zahl an Vollbürgern. Für das Jahr 480 nennt Herodot die Zahl von 8000 Spartiaten, gegen Ende des Jahrhunderts lassen Heereszahlen nur noch auf etwa 4000 schließen; in der Schlacht von 371 bei Leuktra reichte der Tod von 400 – von vielleicht insgesamt noch 1200 – Vollbürgern aus, um Sparta zur Agonie zu verdammen. Nur deswegen konnte eine einzige Niederlage solche Auswirkungen haben.

Ein Faktor für diese Entwicklung dürften die Verluste während der pausenlosen Kriegführung seit 431 gewesen sein, ein anderer das Erdbeben und der Helotenaufstand der 460er Jahre. Gleichzeitig wirkten sich aber anscheinend auch soziale Veränderungen aus, nämlich eine Konzentration des Landbesitzes in den Händen immer weniger Bürger; bereits Aristoteles vertrat diese Theorie. Gerade wohlhabende Familien mochten dazu neigen, durch Erbteilungsstrategien, Heiratspolitik und Geburtenkontrolle Besitz auf einen oder wenige Erben zu konzentrieren, um das Familienvermögen zusammenzuhalten. Die hohen Kriegsverluste mögen die Tendenz zur Besitzkonzentration im 5. Jahrhundert noch beschleunigt haben, ebenso vielleicht die überproportional schnell wachsenden Vermögen einzelner in der Hegemonialzeit. Aber was auch immer der Grund war: Da das Bürgerrecht in Sparta an einen Zensus gebunden war, der sich an der Fähigkeit orientierte, zu den Gemeinschaftsmählern beitragen zu können, wurde durch die Besitzkonzentration die Zahl der Vollbürger immer kleiner. Familienpolitische Gegenmaßnahmen wie die Belohnung kinderreicher und die soziale Stigmatisierung kinderloser Männer, von denen wir hören, scheinen wirkungslos gewesen zu sein. Dagegen tauchen ab dem späteren 5. Jahrhundert in den Quellen immer häufiger verschiedene Gruppen von Minderberechtigten auf, die zwar Spartiaten waren, denen aber das volle Bürgerrecht mangels ausreichenden Besitzes fehlte. Das Problem war virulent genug, um Ängste vor sozialen Spannungen innerhalb der Herrenschicht der Spartiaten zu schüren. Um 400 soll einer jener Minderberechtigten, ein gewisser Kinádōn, eine Revolte geplant haben, weil er, wie er später im Verhör gestand, nicht mehr hinter den Vollbürgern zurückstehen wollte. Den Verräter, der die Sache aufdeckte, versuchte er zu überreden, sich zu beteiligen, indem er ihn auf der Agora die Vollbürger zählen ließ: Es waren 40 von 4000. Die Umstürzler wüßten sich, behauptete Kinadon überdies, in ihrem Haß auf die Spartiaten mit den Heloten und Periöken vereint. Letzteres ist sicher übertrieben, die ganze Erzählung legendenhaft überzeichnet; sie zeigt aber, daß man sich in Sparta des Problems bewußt war und in Sorge vor daraus resultierenden sozialen Spannungen lebte.

Der Vollbürgermangel war auch ein Hemmschuh für die Entwicklung der hegemonialen Machtpolitik Spartas. Schon in den Truppenkontingenten, die man in den Kleinasienkrieg entsandt hatte, waren keine oder nur wenige Spartiaten vertreten – ihr Leben aufs Spiel zu setzen erschien zu riskant, man brauchte sie für Führungsaufgaben als Harmosten oder Offiziere und konnte sie nicht entbehren, um zu Hause das Drohpotential gegenüber Heloten und anderen Abhängigen aufrechtzuerhalten. Die Heere und Flotten, mit denen Sparta in den drei Jahrzehnten seiner Hegemonie seine Kriege bestritt, bestanden daher überwiegend aus Spartiaten ohne Vollbürgerrechte, Söldnern, Periöken, zunehmend auch emanzipierten Heloten und vor allem aus peloponnesischen Bundesgenossen. Das erzeugte aber gerade bei letzteren erheblichen Unmut, da die Bundesgenossen den Kopf für Spartas Machtpolitik hinhalten mußten, ohne an den Gewinnen angemessen beteiligt zu werden. Solcher Unmut hatte schon die Entzweiung mit Korinth und Theben nach dem Peloponnesischen Krieg ausgelöst, und er ist auch im Korinthischen Krieg und jenem in den 370er Jahren belegt. Sparta wußte darauf keine Antwort als brutale Machtdemonstrationen wie gegenüber Mantineia 385. Solange Sparta aus sich heraus stark genug war, fügten sich die peloponnesischen Bündner; in der Schwächeperiode nach Leuktra fielen sie jedoch umgehend ab.

Ein weiteres Problem war, daß Spartas hegemoniale Machtpolitik von Anfang an von heftigen Auseinandersetzungen in seiner Elite begleitet wurde. Als Lysander im athenischen Bürgerkrieg 403 zugunsten der Oligarchen militärisch eingreifen wollte, verhinderte dies König Pausanias, indem er selbst mit Billigung von Volk, Ephoren und König Agis II. nach Athen zog und dort die Demokratie wiedereinzuführen half. (Zurück in Sparta wurde er dafür aber von denselben Ephoren und Agis vor Gericht gestellt und nur knapp freigesprochen.) Ein Konflikt Lysanders mit führenden Kreisen in Sparta dürfte einige Jahre später auch Ursache für die Absetzung der von Lysander in den Untertanenstädten eingesetzten Zehnmännerkollegien gewesen sein. Man hat den Eindruck, daß Lysander damals systematisch demontiert wurde; er ging denn auch für einige Zeit in ein freiwilliges Exil. Zu Polarisierung führte zudem der Königsfrieden, der die spartanische Führung in eine Kriegspartei um Agesilaos und eine Friedenspartei um Antalkidas spaltete. In den späten 380ern war Agesilaos Angriffen wegen seines Eingreifens in Phleius und der Besetzung Thebens ausgesetzt, die zu einer erfolgreichen Anklage gegen den kommandierenden Offizier des Coups führte. Eine heftige Auseinandersetzung löste auch der Anschlag auf den Piräus aus: Sphodrias wurde verklagt, weil er ohne Befehl der Ephoren gehandelt hatte, doch war zugleich von einer geheimen Weisung des Königs Kleombrotos an ihn die Rede; die Richter waren gespalten, aber Agesilaos soll den Prozeß schließlich so erfolgreich hintertrieben haben, daß Sphodrias, zur allgemeinen Empörung in Hellas, freigesprochen wurde.

Vordergründig ging es bei diesen Konflikten meist um Praxis und Ziele der Hegemonialherrschaft. Zugleich schwang dabei aber auch etwas anderes mit: die Konkurrenz in der spartanischen Führungsschicht um den Einfluß, die Klientele und die ungeheuren Einkommenschancen, die die Hegemonie mit sich brachte. Bezeichnend ist das Zerwürfnis zwischen Lysander und Agesilaos, zu dem es 396 auf dem kleinasiatischen Kriegsschauplatz kam, «weil sich die Menschen an ihn, zu dem sie noch keine Beziehungen hatten, nur selten wandten, dem Lysander aber infolge vielfältiger früherer Verbindungen die Türen einrannten» (Plutarch, *Lysander* 23.3). Überhaupt «fiel Lysanders Ehrgeiz den ersten im Staate und seinen peers lästig» (ebd. 19.1). In der Tat übertrafen die Ehrungen, die Lysander als Sieger über Athen von den Griechen zuteil wurden, alles bislang Dagewesene: Auf Samos widmete man ein Götterfest zu seinen Ehren um, andere Poleis errichteten Altäre und Opfer für ihn – eine Praxis, die man als Vorboten hellenistischen Herrscherkults gesehen hat. Sein Siegesdenkmal in Delphi zeigte ihn im Kreis von Göttern. All dies machte Lysander in den Augen seiner peers gefährlich, denn sein Ruhm und Einfluß in Hellas sprengten bei weitem das, was mit dem Ideal der *hómoioi*, der Gleichheit der Spartiaten, zu vereinbaren war. Es überrascht nicht, daß man ihm postum Pläne unterstellte, das Erb- durch ein Wahlkönigtum zu ersetzen, um selbst die Macht zu erlangen. Die Absetzung der aus Lysanders Leuten besetzten Zehnmännerkollegien und der Konflikt mit Pausanias um die künftige Ordnung in Athen ist wohl darauf zurückzuführen, daß Lysanders Gegner in Sparta ihn seiner auswärtigen Klientele berauben wollten.

Rivalitäten in der Elite wurden auch durch die gewaltigen Einkommenschancen der Hegemonialherrschaft befördert. Von Gylippos zum Beispiel, dem erfolgreichen Verteidiger von Syrakus 414/3 und Vertrauten Lysanders, erzählte man sich einen trickreichen Versuch, in großem Stil Beutegelder und diplomatische Geschenke zu unterschlagen, indem er Geldsäcke unten aufnähte und leerte, so daß sie unberührt aussahen. Überhaupt war der Vorwurf der Bereicherung und Bestechlichkeit gegen Führungspersönlichkeiten an der Tagesordnung, eine Folge jener Rivalität um die Ressourcen des Reiches. Die ideologische Begleitmusik dazu lieferten Dekadenzdiskurse, wie sie in einer Schrift Xenophons über den *Staat der Lakedaimonier* zu greifen sind, die das lykurgische Sparta als Idealstaat vorführt und diesen dabei vom real existierenden absetzt: Früher hätten die Spartaner lieber bescheiden gelebt, statt «Harmosten in den Städten zu sein und sich durch Schmeicheleien korrumpieren zu lassen.» Und während man sich früher im Besitz von Gold zu zeigen schämte, gebe es «heutzutage solche, die sich sogar rühmen, Gold zu besitzen» (14.2 f.). In der Tat diskutierte man im Jahr 404/3, als immenser Reichtum nach Sparta zu fließen begann, Gold und Silber ganz aus Sparta zu verbannen; am Ende beschloß man, Edelmetallgeld für Staatsgeschäfte zuzulassen, seinen privaten Besitz aber zu verbieten und nur noch das traditionelle spartanische Eisengeld zu erlauben, wie es angeblich schon zu Zeiten des Lykurg in Gebrauch gewesen sei. Offenkundig sollte damit einzelnen die Möglichkeit genommen werden, mit Hilfe des plötzlich zuströmenden Reichtums ihre peers auszustechen. Die Maßnahme war allerdings aufs Ganze gesehen wirkungslos, denn der Besitz von Gold und Silber in ungeprägter Form scheint (sofern das Gesetz in den Quellen nicht ganz falsch wiedergegeben ist) nicht verboten worden zu sein und ist auch im 4. Jahrhundert für Sparta mehrmals bezeugt. Es ist aber bezeichnend für Spartas rückwärtsgewandte politische Kultur, daß man auch in dieser Bedrohung das Heil in der Orientierung an einer angeblich lykurgischen Ordnung suchte.

Der Aufstieg zur Hegemonialmacht in Hellas hatte also in doppelter Hinsicht einen desintegrativen Effekt auf die Oberschicht Spartas: Er verschaffte einzelnen Macht- und Einkommenschancen, die sie weit über ihre peers hinaushoben. Und er führte deswegen zu scharfen Rivalitäten in Spartas Elite und einer oftmals eher an Eigeninteressen denn am Wohl der Polis oder des Reiches orientierten Politik. Auch dies trug zum Scheitern der spartanischen Hegemonie bei, denn für viele der erwähnten innerspartanischen Konflikte um die Außenpolitik und für manches konzeptlos erscheinende Verhalten Spartas dürften nicht zuletzt diese Faktoren verantwortlich gewesen sein. Sicherlich war dies 403 im Konflikt zwischen Pausanias und Lysander um Athen der Fall; vielleicht ist so aber auch die unentschlossene Kriegführung in Kleinasien in den 390er Jahren oder gegen Theben in den 370ern zu erklären. Und von Antalkidas konnte man behaupten, er habe nur deswegen seine Friedenspolitik betrieben, «weil er glaubte, daß der Krieg den Agesilaos förderte und ihm zu Ruhm und Größe verhalf» (Plutarch, *Agesilaos* 23.2). Der Konkurrenzkampf der Elite könnte weiterhin ein Grund sein, warum dem offenkundigen, nicht zuletzt im Hinblick auf das Herrschaftssystem zu Hause existenzbedrohenden Problem des Vollbürgermangels niemals abgeholfen wurde, etwa durch Umverteilung des Landbesitzes oder Neuordnung des Bürgerrechts: Nach einer plausiblen These verhinderte dies die Sorge um den Einfluß- und Machtzuwachs, den solch eine Politik einzelnen in der Führungsschicht gebracht hätte. Und derselbe Grund könnte auch erklären, warum man die Bündner nicht stärker am Profit der Expansion beteiligte.

Spartas Scheitern als Hegemonialmacht und Zusammenbruch beruhte zweifellos auf einer ganzen Reihe von Gründen: geringe Sympathien für eine Hegemonialmacht, deren Vertreter und Vasallenregimes in vielen Städten als bedrückend empfunden wurden und die spätestens mit der Preisgabe der kleinasiatischen Griechen ihre Legitimation verloren hatte; ein Mangel an Ressourcen – menschlicher ebenso wie, ab einem gewissen Zeitpunkt, finanzieller –, und die damit zusammenhängende Überbeanspruchung der Verbündeten ohne entsprechende Kompensation; schließlich die desintegrativen Konsequenzen der Macht- und Verdienstchancen einzelner. Fatal wurden diese Probleme aber, so scheint es, erst deswegen, weil die lähmende Rivalität der spartanischen Oberschicht eine konsequente Linie in der Hegemonialpolitik und notwendige Reformen verhinderten. Xenophon traf daher durchaus einen Kern des Problems, als er Spartas Scheitern in den *Hellēniká* auf das Machtstreben und die Eigeninteressen seiner Führungsschicht zurückführte.

2. Katastrophe, Konsolidierung und Wiederaufstieg: Athen (404–378)

Eine Folge und bald ein weiterer Faktor des Niedergangs der Hegemonialmacht Sparta war der erstaunliche Wiederaufstieg Athens. Am Ende des Peloponnesischen Krieges war er alles andere als absehbar: Die Polis mußte ihre verbliebene Kriegsflotte bis auf wenige Schiffe ausliefern, ihre Festungswerke wurden zerstört, die Bevölkerung war durch Krieg und Hunger stark dezimiert, Attika nach Jahren der Besatzung und Plünderung verwüstet. Zur äußeren kam eine innere Katastrophe. Die Kriegsniederlage konfrontierte viele Athener, auch überzeugte Demokraten, mit der Frage, welchen Anteil demokratische Entscheidungsmechanismen daran getragen hatten. Demokratiekritiker, darunter viele damals aus dem Exil zurückkehrende Putschisten von 411, erhielten Auftrieb, Hetairien begannen wieder zu agitieren. Im Sommer 404 nutzten Umstürzler das Drohpotential eines vorübergehenden Aufenthalts Lysanders und seiner Flotte in der Stadt, um eine eingeschüchterte Volksversammlung in Anwesenheit Lysanders und seiner Entourage ein Gremium von dreißig Männern einsetzen zu lassen, die eine an den ‹Gesetzen der Väter›, den *pátrioi nómoi*, orientierte Verfassung ausarbeiten und nach dieser dann die Polis lenken sollten. Formal blieben die Verfassungsorgane vorläufig in Kraft, die Macht lag fortan aber bei diesen Dreißig – Männern der sozialen Elite, unter denen viele auch in der Demokratie bereits Führungsaufgaben wahrgenommen hatten und nicht wenige profilierte Intellektuelle waren. Kritias etwa, ihr späterer Anführer, gehörte dem Kreis um Sokrates an, tritt in mehreren Dialogen Platons, seines Neffen, auf, und verfaßte selbst Tragödien ebenso wie eine Schrift über den Staat der Spartaner, den er bewunderte.

Nicht nur der junge Platon setzte große Erwartungen in diesen handverlesenen Kreis. Viele sympathisierten etwa mit Theramenes, einem profilierten Politiker und Unterhändler, bei der Kapitulation Anfang 404; er hatte schon 411 für eine gemäßigte Demokratie geworben, die die Partizipation an ein Mindestvermögen knüpfen wollte, den Hoplitenzensus, und fand dafür auch jetzt breite Zustimmung. Die Erwartungen wurden jedoch schnell enttäuscht: Um die Macht zu sichern, ließen die neuen Machthaber zahlreiche führende Demokraten ermorden und trieben die übrigen ins Exil; die gemäßigte Richtung um Theramenes wurde durch eine Gruppe radikaler Oligarchen um Kritias in den Hintergrund gedrängt, Theramenes selbst schließlich ebenfalls ermordet; schon zuvor hatten die Machthaber eine spartanische Besatzung herbeigerufen, ohne die sie sich nicht mehr sicher fühlten; und um deren Unterhalt zu sichern, kamen zu den politischen Säuberungen bald Morde zu dem Zweck, an das Vermögen reicher Athener und Metöken heranzukommen. Der Augenzeugenbericht des angesehenen Waffenfabrikanten Lysias, wie man ihn seines beträchtlichen Barvermögens und Hausrats beraubte und seinen Bruder umbrachte – er selbst konnte nach Megara entkommen –, liefert ein sicher nicht gänzlich verzeichnetes Bild der Willkür und Gewalt, mit der die Dreißig und ihre Schergen und Mitläufer die Stadt terrorisierten und Hunderte, wenn nicht Tausende in die Flucht trieben.

Der Terror wurde noch durch Nervosität verstärkt, als es im Winter 404/3 einigen Exilanten um den populären Politiker und Feldherrn Thrasybulos gelang, sich mit Hilfe Thebens in der attischen Grenzfestung Phylḗ festzusetzen, wo sie einem Angriff der Dreißig trotzen konnten und schnell Zulauf erhielten. Im Frühjahr konnte die schon beträchtlich gewachsene Truppe die Festung Munichía im Piräus einnehmen und die Anhänger des Regimes erneut schlagen; dabei fiel auch Kritias. Jetzt wurden die Dreißig von ihren eigenen Anhängern aus der Stadt gejagt und gingen nach Eleusis, das sie zur Festung hatten ausbauen lassen, nachdem sie zuvor alle wehrfähigen Männer dort in einem Höhepunkt ihres Terrors hatten massakrieren lassen. Die Macht in der Stadt hatten nun zehn gemäßigte Oligarchen inne, die aber mit den Exilanten im Piräus keine Einigung fanden und schließlich Sparta um Hilfe riefen. Dort setzte zunächst Lysander für sich ein Kommando durch, um die Exilanten zu vertreiben. Doch rettete diese, daß König Pausanias, wie berichtet, Lysanders Bestallung hintertrieb und sich selbst mit einer Eingreiftruppe nach Athen entsenden ließ, offenbar in der Absicht, eine Einigung durchzusetzen. Dies gelang ihm durch eine Amnestie und eine Teilung der Athener in eine demokratische Polis, der er Stadtathen übergab, und eine oligarchische mit Sitz in Eleusis, in die wer wollte innerhalb einer gewissen Frist freien Abzug erhielt.

403 lag Athen am Boden: Auf die Kriegsniederlage folgte der Terror unter den Dreißig, dessen Gewaltexzesse tiefe Gräben in die Bürgerschaft rissen, dann der Bürgerkrieg mit vielen Toten und schließlich die lähmende, von Sparta nicht ohne Hintergedanken oktroyierte Teilung der Polis in zwei tribut- und heerespflichtige Satellitenstaaten. Dennoch war Athen nur acht Jahre später in der Lage, gegen Sparta in den Korinthischen Krieg einzutreten; es war neben Persien und Sparta der einzige Gewinner des Königsfriedens, konnte 377 seinen Seebund erneuern und wurde spätestens in den 370er Jahren wieder eine führende Macht in Hellas. Wie war das möglich? Ein Grund, vielleicht der entscheidende, liegt darin, daß in Athen im Unterschied zu vielen anderen Poleis, in denen *stásis* auf *stásis* folgte, eine innere Befriedung in der Bürgerschaft gelang – obwohl hunderte Bürger umgebracht worden waren oder, wie Lysias, Familie und einen Großteil ihres Besitzes verloren hatten. Sicher begegneten viele Athener einander noch lange mit Argwohn und Rachegedanken. Doch wenigstens auf der politischen Ebene konnte der fatale Zyklus aus Rache und Gegenrache unterbrochen werden und Eintracht, *homónoia*, in die Bürgerschaft einkehren, die Athen zu einem handlungsfähigen, gefestigten Gemein-

wesen machte. Diese *homónoia* avancierte in den Jahren nach 403 zum politischen Leitbegriff in Athen, der bei jeder Gelegenheit beschworen wurde. Aber sie galt auch: In den Folgejahren gibt es keine Anzeichen einer dauerhaften Spaltung der Bürgerschaft in die Bürgerkriegsparteien oder entlang anderer Bruchlinien; Mehrheiten bildeten sich wie eh und je flexibel nach Situation um bestimmte Positionen und Politiker.

Grundlage dieses erstaunlichen Erfolges war die allgemeine Amnestie, die Pausanias durchgesetzt hatte. Der Vertrag zwischen den Bürgerkriegsparteien sah neben Bestimmungen hinsichtlich der Teilung in zwei Poleis, der Gültigkeit von Rechtsakten, die unter den Dreißig vollzogen worden waren, und dergleichen vor, daß «keiner irgendjemandem in bezug auf die Vergangenheit Böses nachtragen dürfe (*mē mnēsikakeín*)». Nur die Dreißig, die Zehn und ihre Schergen mußten Rechenschaft ablegen; einmal freigesprochen, galt diese Amnestie aber auch für sie. Das *mē mnēsikakeín* wurde erneut beeidet, als der nach Abzug vieler seiner Bürger stark geschwächte Oligarchenstaat von Eleusis 401 aufgab und sich mit Athen wiedervereinigte. Viele Details des Einigungsvertrags von 403 waren jedoch (und sind es noch heute) umstritten: Was genau umfaßte das Gebot, «kein Unrecht nachzutragen»? Nach welchen Kriterien wurde bei der Rechenschaftsablage geurteilt? Aber wahrscheinlich waren die Amnestiebestimmungen, wie für eine unter Druck und in gegenseitigem Mißtrauen verhandelte Einigung in der Bürgerkriegssituation 403 kaum anders zu erwarten, in mancher Hinsicht ohnehin bewußt vage gehalten und überließen viele Probleme späterer Klärung.

Es verwundert daher nicht, daß Athen in den Folgejahren von einer Welle von Prozessen überrollt wurde, in denen es, wie wir aus überlieferten Prozeßreden wissen, um genau diese Probleme ging. Zwar waren direkte Anklagen wegen des Verhaltens unter dem Regime durch die Amnestie ausgeschlossen. Dennoch gab es genug klärungsbedürftige Einzelfälle: Galt die Amnestie auch für einen gewissen Agorátos, der sich, um sein eigenes Leben zu retten, den späteren Dreißig kurz vor deren Installation als Ankläger von Demokraten hergab (ohne ihnen angehört oder selbst gemordet zu haben)? Sollte Eratósthenēs – einer der Dreißig, der sich der Rechenschaftsprüfung unterzog – zum Tode verurteilt werden, wie Lysias wollte, weil er dessen Bruder auf Befehl der Dreißig verhaftet und ins Gefängnis geführt hatte, wo dieser den Schierlingsbecher trinken mußte – oder konnte man zu seinen Gunsten werten, daß er im Rat der Dreißig dagegen gestimmt, zudem in Befehlsnotstand gehandelt und nicht selbst getötet hatte? Weiterhin zeigen die Reden, daß das *mē mnēsikakeín* im politischen Tagesgeschäft offenkundig ignoriert wurde: Noch dem *árchōn epṓnymos* von 382/1, Eúandros, warf man – erfolglos – bei der Eignungsprüfung für das Amt vor, daß er als Reiter unter den Dreißig gedient hatte und 404/3 unter ihnen Ratsherr gewesen war. Und in Privatprozessen war es gang und gäbe, den Gegner mit Diffamierungen über sein Verhalten unter dem Regime zu schädigen.

Um so schärfer stellt sich damit die Frage, wie unter diesen Umständen Eintracht, *homónoia*, in die Bürgerschaft einkehren konnte. Eine Rolle mochte die Drohung eines spartanischen Eingreifens gespielt haben, falls es zu Gewalt gegen die Unterstützer oder Mitläufer des Regimes gekommen wäre. Auch beschworen Reden immer wieder die Angst, daß Entscheidungen gegen die Amnestie neuen Bürgerkrieg heraufriefen. Bis 401 erinnerte der Sonderstaat von Eleusis täglich daran, daß beides möglich war. Aber die Prozeßwelle verhinderte dies nicht, und trotzdem gelang die Befriedung. Entscheidenden Anteil daran hatten wohl die spezifischen Bedingungen politischer und gerichtlicher Entscheidungsfindung in der direkten Demokratie. Denn all die Prozesse um Streitfälle der Amnestie wurden öffentlich vor vielen hundert Richtern geführt, und bei jeder öffentlichen Eignungsprüfung für ein Amt und bei jeder Debatte in der Volksversammlung konnten Fragen nach dem Verhalten des Kandidaten oder Redners unter den Dreißig aufkommen. Angesichts der intensiven Einbindung der Bürger in die Politik waren die Athener daher beständig mit dem Thema konfrontiert. Nicht nur wurden bei all diesen Gelegenheiten dauernd Amnestie und Aussöhnung als verbindliche Werte beschworen (gerade von Beklagten). Beständig mußten die Athener – und zwar beider Bürgerkriegsparteien – gemeinsam eine Entscheidung darüber treffen, was unter die Amnestie fiel, was nicht; welche Tat welche Konsequenzen nach sich ziehen mußte, und so fort. Amnestie bedeutete also unter den Bedingungen der athenischen Demokratie gerade nicht Amnesie, kollektives Vergessen oder Verschweigen, sondern im Gegenteil eine höchst konflikthafte Dauerpräsenz des Themas. Sie nötigte beständig zur Abwägung von Schuldfragen, aber auch zum Nachdenken über das eigene Tun im Bürgerkrieg – und bisweilen dazu, sich mit anderslautenden Urteilen der Mehrheit abfinden zu müssen. All dies zwang zu Reflexion und dürfte so die Befriedung befördert haben. Paradoxerweise vertiefte die Prozeßflut nach 403 demnach nicht die Gräben in der Bürgerschaft, sondern ermöglichte erst das Unwahrscheinliche, die *homónoia*. Die Vagheit der Amnestiebestimmungen von 403 und die Mißachtung des *mē mnēsikakeín* waren insofern segensreich.

Daß die Auseinandersetzung über die Vergangenheit in solchen geregelten, gewaltfreien Bahnen verlaufen konnte, setzte aber bei allen Athenern und zumal den (ehemaligen) Demokratiegegnern ein gewisses Grundvertrauen in die Polis und ihre Institutionen voraus. Erleichtert wurde dies dadurch, daß die Bürgerkriegsparteien keine politisch oder sozial geschlossenen Blöcke bildeten. Entsprechende Rhetorik gab es zwar: So führte beispielsweise eine Ehreninschrift für die demokratischen Rebellen deren Namen mit ostentativer Angabe ihrer vielfach bescheidenen Berufe auf (Krämer, Tagelöhner und dgl.), und die ‹Piräuspartei› wurde in den Folgejahren zu einer Chiffre für ‹gute Demokraten›. Doch zu Anführern und Kämpfern der demokratischen Piräuspartei gehörten auch Aristokraten und Angehörige des politischen Establishments wie Thrasybulos, Ánytos oder ein Phormísios, der 403 eine Beschränkung des Bürgerrechts auf die Haus- und Grundbesitzer vorschlug, was den Ideen eines Theramenes nicht fernestand. Obgleich der Antrag abgelehnt wurde, signalisierte er doch Kompromißbereitschaft. Außerdem beschloß man zwar für die demokratischen Kämpfer Ehrungen; doch ein Antrag des Thrasybulos, den Fremden unter ihnen das Bürgerrecht zu verleihen, wurde von seinem eigenen Parteigänger Archínos abgelehnt, wahrscheinlich um bei den ehemaligen Gegnern in Athen, Eleusis und Sparta nicht den

Eindruck demokratischer Hausmachtpolitik zu erwecken. Erst nach der Wiedereingliederung von Eleusis wurde der Antrag des Thrasybulos mit einigen Einschränkungen angenommen. Aber einen Eid des Demophantos, alle Demokratiegegner zu töten, oder ein Ehrendekret für den Mörder eines Regimeunterstützers wie nach dem Umsturz von 411/0 gab es nicht. Auch konnten ehemalige Unterstützer oder Mitläufer des oligarchischen Umsturzes, ja selbst Angehörige der Zehn schnell wieder Ämter übernehmen. All dies bot eine Basis für einen gemeinsamen Neuanfang. Die Erinnerung tat ein Übriges dazu: Aus einem Bürgerkrieg, der die ganze Polis spaltete, wurde langsam ein Regime von dreißig Tyrannen, in dem alle Opfer waren.

Vertrauen schuf auch die Wiederaufnahme der Gesetzessammlung und -aufzeichnung gleich nach 403, die schon 410 die wiedererrichtete Demokratie hatte konsolidieren sollen. Den Anlaß bot, daß die Dreißig ihrerseits in die entstehende Gesetzesaufzeichnung eingegriffen und einige Gesetze und Volksbeschlüsse getilgt hatten. Die gemeinsame Orientierung an den ‹väterlichen Gesetzen›, die eine Kommission sammelte, schlang aber zugleich ein symbolisches Band zwischen den einstigen Gegnern. Außerdem wurde die fertige Sammlung 399 öffentlich zugänglich auf der Agora publiziert, «damit jeder, der will, sie inspizieren kann», wie ein diesbezüglicher Volksbeschluß sagte. Das suggerierte Verbindlichkeit und paßte zu dem Bemühen der Amnestie, Rechtssicherheit herzustellen. (Daß die Sammlung faktisch wohl sehr lückenhaft blieb, war dabei nebensächlich.) Eine Folge dieser Gesetzesaufzeichnung war, daß man zwischen einzelfallbezogenen Entscheiden des Volkes (*psēphísmata*) und allgemeingültigen Gesetzen (*nómoi*) zu unterscheiden begann, die dauerhaft Geltung besitzen sollten und nicht durch einfachen Volksbeschluß aufgehoben werden konnten. Fortan sollten *nómoi* nur mehr in einem aufwendigen, zeitintensiven Prüfungsverfahren durch eine Kommission aus mehreren hundert erlosten *nomothétai* erlassen und revidiert werden können. Offenbar wollte man einen grundlegenden Normenbestand der Polis sichern und ihn übereilten Veränderungen durch die Volksversammlung im Tagesgeschäft entziehen. Die Demokratie gewann dadurch einen rechtsförmigeren, regelhafteren Charakter; in der Tat wurde die Herrschaft der Gesetze im 4. Jahrhundert zu einem wichtigen Thema im politischen Diskurs der Demokratie. Eine Einschränkung oder Entmachtung des *dêmos* bedeuteten die Rechtssammlung, die neue Systematik und das Nomothesieverfahren freilich nicht, denn jeder Athener konnte die Gesetze überprüfen lassen, neue beantragen und Änderungsvorschläge unterbreiten. Und im Gericht zählte am Ende nach wie vor der Mehrheitswille des Volkes. Entscheidend war aber, daß die Neuerungen Rechtssicherheit und Vertrauen förderten. Denselben Effekt hatte eine Verfeinerung des Losverfahrens für die Richter, die fortan täglich neu aus- und einzelnen Gerichtshöfen zugelost wurden, um Einflußnahme auf die Richter gänzlich auszuschließen. Gerade in der Prozeßwelle nach 403 war das psychologisch wichtig. So erzeugten die Neuerungen Akzeptanz für die Demokratie und machten sie weniger anfällig für Kritik. In der Tat blieb die athenische Demokratie bis zur gewaltsamen Aufhebung 322 durch die Makedonen stabil, eine höchst ungewöhnliche Erfolgsgeschichte im 4. Jahrhundert.

Im Zuge der Gesetzesrevision wurden auch sakralrechtliche Regelungen gesammelt und in Form eines großen Opferkalenders auf der Agora inschriftlich veröffentlicht, der alle öffentlichen Opfer der Polis Tag für Tag auflistete. Die Maßnahme steht zugleich für einen weiteren Aspekt des Neuanfangs nach 404/3: eine Rückbesinnung auf gemeinsame Traditionen, Werte und Kulte zur inneren Festigung der Polis in einer religiös offenbar hochgradig emotionalisierten Stimmung. Ein Beispiel dafür liefert ein Prozeß im Jahr 400/399 gegen den prominenten Aristokraten Andokides, der in den Hermenfrevel und die Mysterienprofanation von 415 verstrickt gewesen war. Die Anklage ging auf Leben oder Tod, sie lautete auf Religionsfrevel (*asébeia*) – weil Andokides das Heiligtum von Eleusis beim Fest der Großen Eleusinien trotz seines Frevels 415 betreten hatte (ein weiterer Vorwurf war offenkundig konstruiert und wurde fallengelassen). In seiner Verteidigungsrede – die uns überliefert ist – gab Andokides vor Gericht eine lange Apologie seines Verhaltens im Jahr 415 und argumentierte außerdem, daß seine Tat und die Verurteilung damals unter die Amnestie von 403 fiel. Implizit mitverhandelt wurde dabei, daß Andokides in den 410er Jahren bekanntermaßen oligarchische Ansichten vertreten und entsprechend publiziert hatte. Und hinter all dem stand zumindest nach Andokides in Wirklichkeit ein handfester Erbstreit, in dem ein Hintermann der Anklage ihn als Konkurrenten aus dem Weg räumen wollte. Der Prozeß bietet damit ein typisches Beispiel für die Art, wie die Amnestie nach 403 ausgehandelt wurde. Signifikant ist aber auch, daß seine Gegner den Prozeß am Vorwurf des Frevels gegen die eleusinischen Göttinnen aufhängten, denen die Athener stets eine besonders tiefe Verehrung entgegenbrachten, und daß dies in einer religiös sehr aufgeladenen Rhetorik geschah. In einer der Anklagereden heißt es, Andokides wegen, der seine frevlerischen Hände im Heiligtum in heiliges Wasser tauchte, ziehe die Stadt die Rache der Götter auf sich; sie müsse sich «durch seine Tötung … reinigen und Sühne leisten», und dies war nur eine von vielen entsprechenden Passagen (Pseudo-Lysias, Rede 6.50-3). Die Anklage ging also davon aus, mit dem hochemotionalen Appell an identitätsstiftende Kulte und Traditionen bei den Richtern punkten zu können. Das gelang nicht, Andokides wurde freigesprochen; aber für die Stimmung, die sein Prozeß bezeugt, gibt es weitere Zeugnisse. Eines ist, im selben Jahr 400/399, einer der berühmtesten Prozesse der Antike: der gegen Sokrates.

Auch bei ihm lautete die Anklage auf *asébeia*; eingereicht wurde sie von einem gewissen Mélētos, vielleicht identisch mit dem gleichnamigen Ankläger des Andokides: «Sokrates tut Unrecht, indem er nicht an die Götter glaubt, an die die Stadt glaubt, sondern andere, neue Gottheiten (*daimónia*) einführt; außerdem tut er Unrecht, indem er die Jugend verdirbt. Beantragte Strafe: der Tod» (Diogénēs Laértios 2.40). Verstreute Nachrichten und die beiden nachempfundenen Verteidigungsreden des Sokrates aus den Federn seiner Schüler Xenophon und Platon zeigen, daß die Ankläger gegen ihn noch mehr vorbrachten: Sokrates' enger Umgang mit vielen Aristokraten, die in oligarchische Umtriebe und den Umsturz von 404 verstrickt waren, darunter Kritias selbst, oder mit dem zwielichtigen Alkibiades; seine Kritik an demokratischen Verfahren wie der Ämterlosung; und schließlich, daß er unter den Dreißig in deren stark verkleinerte Bürgerschaft aufgenommen worden war und die Stadt nicht verlassen hatte. (Sokrates selbst machte in seiner Verteidigung geltend, daß er unter Lebensgefahr einen Tötungsauftrag der Dreißig ignorierte.) Anders als bei Andokides stand hinter dieser Anklage aber keine private Fehde, sondern offenbar die Absicht, ein Exempel an jemandem zu statuieren, dessen Persönlichkeit und Lehren quer zu dem restaurativen Bedürfnis zu stehen schienen, die Polisgemeinschaft durch die Rückbindung an traditionelle Werte und Kulte innerlich zu festigen: daher die Anklage, nicht an die Götter zu glauben, «an die die Polis glaubt», und die Jugend zu verderben. Das, wie wir sahen, schon im Peloponnesischen Krieg gesteigerte Bedürfnis nach Rückversicherung in Kult und Tradition und das Unbehagen gegenüber den Infragestellungen durch die Philosophen mochte diese Anliegen noch dringender erscheinen lassen. Zugleich erklärt diese Absicht, warum man gerade Sokrates herausgriff: Durch seine Dauerpräsenz auf den Straßen der Stadt, durch sein bohrendes Hinterfragen aller Gewißheiten, das sein Gegenüber allzuoft in Verunsicherung und Aporie zurückließ, durch sein nonkonformistisches Auftreten, das ihm schon Aristophanes' Komödienspott eingebracht hatte, und wegen seiner Anziehungskraft auf die Jugend war er eine stadtbekannte Figur. Dies machte einen Prozeß gegen ihn zu einer öffentlichkeitswirksamen Warnung an alle, deren Verhalten und Überzeugungen dem inneren Wiederaufbau der Polis entgegenzustehen schienen. Darin – und nicht in einer persönlichen Kränkung, wie man in der Antike unterstellte – dürfte das Motiv des prominentesten Anklägers, Anytos, zu suchen sein, eines der Väter der wiedererrichteten Demokratie. Daß die Klage Erfolg hatte und Sokrates, freilich knapp, zum Tode verurteilt wurde, zeigt, wie verbreitet die restaurative Stimmung in der Polis war – auch wenn dazu beigetragen haben mochte, daß sich der Siebzigjährige für die Volksrichter nicht verbog und in seiner Verteidigungsrede weder von seinem *daimónion* abließ noch ein flammendes Bekenntnis zum Pantheon der Polis oder zur Demokratie abgab. Zusammen mit der Amnestie bot diese restaurative Stimmung die Grundlage dafür, daß Athen wieder zu politischer Handlungsfähigkeit als Gemeinwesen fand. Aus Sicht der Polis Athen war der Sokrates-Prozeß daher Teil einer Erfolgsgeschichte, nämlich der Überwindung der Katastrophe von 404/3.

Unter diesen Voraussetzungen konnte sich in Athen offenbar schon in den frühen 390er Jahren eine breite Mehrheit für die Loslösung von Sparta entwickeln. 397 stellte man Spezialisten für den Bau der persischen Flotte unter Konon ab und trat mit dem Großkönig in Verbindung; 396 verweigerte Athen unter Vorwänden die Heeresfolge für Agesilaos' Kleinasienkrieg. Als der Athener Dēmaínetos im Frühjahr 395 eigenmächtig eine Triere ausrüstete, um als Freiwilliger zu Konon zu stoßen, kam es zu einer Kontroverse in der Volksversammlung, in der eine Minderheit bereits Krieg gegen Sparta forderte; die Mehrheit zog jedoch noch vor, Sparta durch eine Bestrafung des Demainetos Loyalität zu bekunden. Doch im Sommer 395 stimmten die Athener dann mit großer Mehrheit (angeblich einstimmig) für den Beitritt zur antispartanischen Allianz im Korinthischen Krieg; im Kreis dieser Mächte fühlte man sich offenbar sicher genug für den Aufstand gegen Sparta. Ein breiter, schichtenübergreifender Konsens dürfte auch schon bald über das Fernziel einer Wiederrichtung der Seemacht bestanden haben. Dabei mögen zunächst pragmatische Interessen im Vordergrund gestanden haben, etwa die Handelswege aus dem Schwarzmeergebiet schützen zu können, auf dessen Getreide Athen seit dem Verlust seiner Kleruchien 404 angewiesen war. Glaubt man Xenophon, dachten viele schon an mehr: «Daß ihr eure Herrschaft, wie ihr sie früher innehattet, wiedererlangen wollt, das wissen wir doch alle», legt er einem thebanischen Gesandten bereits bei den Bündnisverhandlungen 395 in den Mund (*Hell.* 3.5.10).

Solche Pläne standen 395 freilich noch nicht ernsthaft zur Debatte. Der Triumph Konons über Spartas Flotte bei Knidos 394, der Wiederaufbau der Langen Mauern und die Wiedergewinnung der Inseln Lemnos, Imbros und Skyros mögen aber diesbezügliche Ambitionen geweckt haben. Sie klingen in der 392/1 verfaßten, bereits mehrmals erwähnten Grabrede des Lysias für Gefallene des Korinthischen Krieges an. Die Rede entfaltet den gesamten Kanon der Taten und Tugenden, mit denen das hegemoniale Athen im 5. Jahrhundert seinen Führungsanspruch in Hellas begründet hatte, von den mythischen Taten zum Wohle der Griechen wie dem Schutz der Herakliden vor ihrem Verfolger über die Autochthonie bis zu den Leistungen in den Perserkriegen. Und sie verbindet dies mit einer Apologie des Seebunds, der für «Ruhe und Frieden» unter den Bündnern gesorgt habe, sie nicht geschwächt, sondern gestärkt, und sie vor Tyrannen und barbarischer Unterjochung bewahrt habe (§§ 55–7). Als Sparta im Jahr 391 ein zweites, verbessertes Friedensangebot vorlegte, das Athen den Besitz einer Flotte, der drei Inseln und seiner wiederaufgebauten Mauern zugestand, sah sich Andokides, einer der athenischen Unterhändler, bereits genötigt, in der Volksversammlung vor imperialen Träumereien zu warnen, die auf die Wiedergewinnung «der Chersones, der Kleruchien, des auswärtigen Landbesitzes und der Einkünfte» zielten. Auch erinnerte er an das Scheitern der Großmachtsträume in Sizilien und meinte vor der hegemonialen Ideologie warnen zu müssen, den «Schwachen zu helfen» und «Krieg für andere zu führen» (Rede 3.15). Im Jahr 390 ging Athen dann zum ersten Mal seit 405 wieder mit einer Flotte unter Thrasybulos in die Offensive und hatte, wie berichtet, in der Ägäis und in Kleinasien beträchtliche Erfolge, die viele Athener in ihren hegemonialen Ambitionen bestätigen mußten. Der Königsfrieden, den die zur Abwehr Athens wiedergegründete persisch-spartanische Allianz schließlich erzwang, beendete zwar Athens kurzzeitige Machtentfaltung. Er markiert aber durch die Anerkennung der Unabhängigkeit Athens von Sparta und die bereits 391 angebotenen Zugeständnisse zugleich, welch erstaunlichen Aufstieg das keine zwanzig Jahre zuvor noch am Boden liegende Athen genommen hatte.

Der Königsfriede änderte nichts daran, daß viele Athener am Fernziel der Wiedergewinnung einer Führungsrolle in Hellas festhielten. Das bestätigt der *Panēgyrikós*, die bereits erwähnte Schrift des Isokrates vom Ende der 380er Jahre. Darin lehnt dieser den Königsfrieden als Diktat und Einmischung Persiens ab und ruft die Griechen statt dessen zu Eintracht und einem neuen panhellenischen Krieg gegen Persien auf. Für Athen fordert er eine mit Sparta mindestens gleichrangige Führungsrolle in diesem Krieg und begründet dies in der Tradition der Grabreden mit dem Katalog athenischer Leistungen, einer Apologie der athenischen Hegemonie im ersten Seebund und scharfer Kritik an derjenigen Spartas. Isokrates' eigene Absichten mit dieser Schrift sind hochumstritten; Passagen wie die Apologie Athens klingen, als ob der Rhetorik- und Philosophielehrer, der um 390 eine eigene Schule in Athen eröffnet hatte und bald viele Eleven aus der athenischen Elite anzog, eher typische Argumente des politischen Diskurses in Athen vorführt, als daß er darin eigene Auffassungen und ein eigenes politisches Programm verträte. Wie dem auch sei, der nachdrücklich eingeforderte Führungsanspruch Athens dürfte in jedem Fall die Auffassung vieler Athener zu dieser Zeit spiegeln.

Faktisch agierte Athen in den kommenden Jahre allerdings außenpolitisch sehr zurückhaltend, es schloß in den 380ern lediglich Defensivbündnisse mit Chios, Byzantion, Methymna und Mytilene auf Lesbos, aber unter ostentativer Respektierung des Königsfriedens, wie etwa der inschriftlich erhaltene Vertrag mit Chios zeigt. Spartas Übergriff auf Theben und die Vertreibung der spartanischen Garnison im Jahr 379/8 gaben dann jedoch den Anlaß, den entscheidenden Schritt zu wagen und ein neues, multilaterales Verteidigungsbündnis, eine *symmachía*, zu gründen, den Zweiten Athenischen Seebund. In einem nach dem Antragsteller ‹Aristoteles-Dekret› (nicht der Philosoph) genannten Volksbeschluß wurden 377 alle Griechen außer den Untertanen des Großkönigs aufgerufen, diesem neuen Defensivbündnis, das sich, wie erwähnt, explizit gegen Sparta richtete, beizutreten. Der Aufruf – er ist als Inschrift erhalten, die man beziehungsreich neben der Stoa des Zeus Eleutherios, des ‹Befreiers› aufstellte – sicherte den zukünftigen Bündnern unter ausdrücklicher Berufung auf den Königsfrieden *eleuthería* und *autonomía*, Freiheit und (innere) Autonomie zu; jeder Bündner solle «nach der Verfassung leben, die er will, keine Besatzung aufnehmen, keinen Gouverneur dulden und keinen (sc. von Athen bestimmten) Tribut zahlen» müssen, und weder die Polis Athen noch einzelne Athener sollten Haus oder Grundbesitz in den Bündnerpoleis haben dürfen – kurz, es sollte jeder Anschein einer Neuauflage des ersten athenischen Reiches vermieden werden. Der Bund erhielt ein *synhédrion*, einen Rat aller Bündner, der Beschlüsse zur Außenpolitik der Symmachie traf, bei der Aufnahme neuer Mitglieder mitsprach, Gericht für Verstöße gegen den Bündnisvertrag war (auch für Athener), und die Höhe der ‹Beiträge› (*syntáxeis*, im Unterschied zu *phóros*, Tribut) festsetzte, die die Bündner anstelle von Truppen oder Schiffen zur Kriegsfinanzierung an Athen zahlten. All dies unterschied den neuen Seebund merklich vom alten. Athen hatte aber insofern eine Vorrangstellung, als der Hegemon des Bundes nicht wie seine Mitglieder nur eine einzige Stimme im Synhedrion hatte, sondern erst durch Zustimmung der Volksversammlung den Beschlüssen des Synhedrions Geltung verlieh. Flotte und Heer unterhielt und führte Athen selbständig.

Für viele Poleis war Athen als Schutzmacht gegen Übergriffe unter diesen Bedingungen offenkundig attraktiv; zu den Gründungsmitgliedern der Symmachie, den Bündnispartnern der 380er einschließlich Rhodos' und Thebens, kamen in den nächsten Jahren insgesamt etwa 60 bis 70 Gemeinwesen hinzu, darunter fast alle ägäischen Inseln, vorübergehend die euboiischen Poleis und der chalkidische Bund um Olynth sowie Kerkyra, Akarnanien und andere westgriechische Gemeinwesen. Spartas Versuche, Athens Ambitionen zu brechen, scheiterten in den Seeschlachten von Naxos und Alyzeia. Im Allgemeinen Frieden von 375 anerkannte Sparta stillschweigend Athens neuen Bund. 30 Jahre nach der Katastrophe von 405 bei Aigos Potamoi war Athen damit wieder eine anerkannte Führungsmacht und die stärkste Seemacht in Hellas. In Athen feierte man diesen Triumph durch die Aufstellung eines Altars der Eirene, der Friedensgöttin, der fortan jedes Jahr ein Fest dargebracht wurde. Eine Statue der Göttin, die der Bildhauer Kēphisódōtos aus diesem Anlaß schuf, trug auf ihrem Arm den Plútosknaben, Sinnbild der Erwartungen an Wohlstand und Glück, die man an die neue Zeit in Athen knüpfte.

3. Alte und neue Mächte

Theben und die Bundesstaaten

Wie Athen betrieb auch das neue Regime in Theben nach dem Sturz der spartagestützten Oligarchie des Leontiades und der Vertreibung der spartanischen Besatzung Ende 379 den Wiederaufbau seines, des Boiotischen Bundes, auf den es bis zu dessen Zerschlagung im Königsfrieden von 386 seine Vormachtstellung in Boiotien gegründet hatte. Schon Ende des 6. Jahrhunderts hatte es eine Allianz boiotischer Städte unter Führung Thebens gegeben, doch ist unklar, ob sie die Niederlage Persiens, auf dessen Seite Theben mit anderen boiotischen Poleis im Perserkrieg von 480/79 gekämpft hatte, überlebte. Sicher greifbar ist erst wieder der 447/6 nach dem Ersten Peloponnesischen Krieg gegründete Bund. Seine bis zur Zerschlagung 386 im Grundsatz stabile Struktur kennen wir recht genau: Die boiotischen Poleis (bis auf Plataiai, das sich stets an Athen anlehnte) entsandten je nach Größe alleine oder mit anderen Poleis zusammen Vertreter in einen Bundesrat, der die oberste Entscheidungsinstanz des Bundes war, außerdem je einen oder zwei sogenannte *Boiṓtarchoi* in ein anfänglich neunköpfiges Kollegium, das den Bund nach außen vertrat und die Feldherren seines Heeres stellte. Das Heer wurde ebenfalls nach Proporz besetzt. Nach innen waren die Städte Boiotiens formal autonom, hatten aber zumindest im frühen 4. Jahrhundert alle eine oligarchische Verfassung mit einem auf hohem Mindestzensus beruhenden Bürgerrecht. Dies entsprach der Sozialstruktur Boiotiens, das zwar eine hohe Dichte an Städten aufwies, aber von einer großgrundbesitzenden Aristokratie geprägt war. Theben war als bedeutendste Stadt Boiotiens stets Vormacht des Bundes; in Theben tagten die Bundesorgane, dort gab es ein Bundesgericht, lagerte die Bundeskasse und wurden die Münzen des Bundes geprägt. Ab dem späteren 5. Jahrhundert wurde der Bund ganz Instrument der Machtinteressen Thebens: Nachdem es Plataiai 427 zerstört und sich sein Gebiet einverleibt hatte, beanspruchte es, vier, später sogar sechs der damals auf elf

Repräsentanten erhöhten Boiotarchen zu stellen. Widerstand von Bündnerpoleis wie Orchomenós und Thespiai, die beiden wichtigsten Städte Boiotiens neben Theben, wurde gewaltsam gebrochen. Die Zerschlagung des Bundes im Königsfrieden von 386 war daher von vielen Boiotern zweifellos begrüßt worden.

In Theben hatte man jedoch schon im Zuge des Aufstands gegen Leontiades und die Spartaner den Bund mit der Wahl von Boiotarchen symbolisch wiedergegründet; im Kampf gegen die oben geschilderten spartanischen Interventionen trieben die Thebaner die Expansion ihres Bundes in Boiotien in den kommenden Jahren dann mit aller Kraft voran. Manche boiotischen Städte traten freiwillig bei, andere wie Thespiai oder Tanagra, in denen von Sparta gestützte Oligarchien herrschten, leisteten heftigen Widerstand und wurden dem Bund gewaltsam inkorporiert, Plataiai 374/3 und Thespiai 372/1 zerstört. Lange widersetzte sich Orchomenos, das erst 371/0 in den Bund gezwungen werden konnte; 364 wurde nach einem Aufstand gegen Theben der Großteil seiner Bevölkerung ermordet oder versklavt. Durch die Ausschaltung und Unterdrückung seiner Konkurrenten wurde Theben von Anfang an die dominante Macht in zweiten Boiotischen Bund und konnte ihn zu seinen Zwecken lenken. Formal war seine Struktur ähnlich wie vor 386: An seiner Spitze stand, neben einem eponymen *árchōn*, das Kollegium der (nun sieben) Boiotarchen, die weitreichende Kompetenzen besaßen; der Bund unterhielt ein Bundesheer, ein Bundesgericht und eine Münzstätte. Neu war, daß als höchste Entscheidungsinstanz an die Stelle des repräsentativen Bundesrates eine demokratische Volksversammlung aller Boioter trat, möglicherweise sogar ohne Zensusbeschränkung. Dieses Novum liegt darin begründet, daß der neue Bund zum einen in Gegnerschaft zu den von Sparta gestützten Oligarchien und zum andern durch Exilanten gegründet worden war, die in Athen Aufnahme gefunden hatten und bei dem Umsturz von 379 von dort Unterstützung erhielten. Das demokratische Element war aber zugleich ein Mittel, die Oligarchenfeinde in den boiotischen Städten auf die Seite Thebens zu ziehen und so breitere Schichten für seine Sache zu gewinnen. Die außerordentlichen militärischen Erfolge Thebens in den 370ern und 360ern dürften auch auf dieses Potential zurückzuführen sein. Und nicht zuletzt förderte das demokratische Element die Dominanz Thebens, denn wie alle Bundesorgane tagte die Volksversammlung dort und gab so den Thebanern ganz von selbst ein Übergewicht. Im Kollegium der Boiotarchen und in anderen hohen Führungsposten des Bundes dominierten stets thebanische Aristokraten; zwei von ihnen, Pelopídas und Epameinondas, die schon am Umsturz und der Vertreibung der Spartaner 379/8 beteiligt gewesen waren, wurden in den kommenden Jahren zu den maßgeblichen Architekten der boiotischen Machtentfaltung. Einen ersten Höhepunkt der wiedergewonnenen Macht erreichte Theben 371 in der Schlacht von Leuktra, die Spartas Zusammenbruch einleitete. In den darauffolgenden zehn Jahren (und in eingeschränktem Maß auch noch darüber hinaus) sollte Theben auf der Basis seines Bundes eine dominante Rolle in Süd- und Mittelgriechenland spielen und von der Peloponnes bis Thessalien Machtpolitik betreiben; wir werden darauf zuürckkommen. Man spricht für diese Phase von der ‹Thebanischen Hegemonie›.

Der Boiotische Bund bezeichnete sich als *koinón*, ‹Gemeinwesen›, der Boioter, im Unterschied etwa zu Athens Zweitem Seebund oder Spartas Peloponnesischem Bund, die sich einfach «Die Athener bzw. Lakedaimonier und ihre *sýmmachoi*» nannten. Solche *koiná* gewannen im 4. Jahrhundert erheblich an politischer Bedeutung, phasenweise und in bestimmten Regionen wurden sie sogar zu führenden Akteuren der Politik. Sie gehören damit zu den auffallenden Merkmalen der Geschichte des 4. Jahrhunderts. Wir waren bereits dem *koinón* der Chalkidier begegnet, gegen dessen Expansion Sparta 382 einschritt, und dem 370 nach Leuktra gegen Sparta neugegründeten *koinón* der Arkader, das für einige Jahre zu einem maßgeblichen Faktor der peloponnesischen Politik wurde. In den 350er Jahren sollte das alte *koinón* der mittelgriechischen Landschaft Phokis um Delphi für einige Jahre eine größere Rolle spielen. Eher regional bedeutsam waren das im späteren 5. Jahrhundert entstandene *koinón* der akarnanischen Poleis in Westgriechenland. Die *koiná* der Aitoler und der Achaier, die zu einem ähnlichen Zeitpunkt entstanden zu sein scheinen, wurden erst in hellenistischer Zeit (336–31) zu überregional bedeutsamen Mächten. Weitere Bünde bestanden im

4. Jahrhundert in der nordwestlichen Landschaft Epirus, wo es ein *koinón* der Molosser gab, an dessen Spitze neben den Bundesorganen ein erbliches Königtum stand, und in Thessalien, von dessen Bund wir noch hören werden.

Viele dieser Bünde hatten eine lange Geschichte als Kultverbände um regionale Zentralheiligtümer und/oder besaßen eine gemeinsame ethnische Identität, insofern sich die Bewohner einer Landschaft als ‹Stamm› eine gemeinsame Herkunft und Verwandtschaft zuschrieben; häufig bezeichnete man sie daher auch einfach mit ihrem Stammesnamen (als Boioter etc.) und sprach von den Bünden auch als *éthnos*. Im Laufe des 5. Jahrhunderts entwickelten sich darüber hinaus politische Strukturen, die im 4. Jahrhundert fast in allen *koiná* in ähnlicher Weise ausgebildet waren. Dieser Prozeß vollzog sich meist in Reaktion auf äußere Bedrohungen. So lagen die Ursprünge des Bundes von Olynth im Aufstand der chalkidischen Städte gegen Athen ab 432, als zahlreiche gegen Athen rebellierende Poleis der Region zum besseren Schutz ihre Siedlungsplätze aufgaben, nach Olynth übersiedelten und mit den Olynthern ein neues, starkes Gemeinwesen bildeten, die *Chalkideís*. Der erste Boiotische Bund wurde 447/6 nach dem Ersten Peloponnesischen Krieg wiedergegründet, um erneute Expansionsbestrebungen Athens in Mittelgriechenland zu verhindern, der zweite Bund 378 gegen Sparta. Auch die Gründung des Arkadischen Bundes 370 richtete sich gegen Sparta. Das akarnanische *koinón* scheint in den 430er Jahren entstanden zu sein, um korinthische Einflußnahme auf die Region abzuwehren; 375 trat es wie erwähnt dem Zweiten Seebund gegen Sparta bei, verfolgte aber ansonsten eine durchaus eigenständige Schaukelpolitik zwischen größeren Mächten und konnte so seine Unabhängigkeit bewahren. In all diesen Fällen war das Interesse gerade kleinerer Gemeinwesen ausschlaggebend, sich zum Schutz gegen Aggression von außen mit anderen zusammenzutun.

Die föderalen Strukturen der *koiná* bilden diese Ausgangslage ab. Ihr zentrales Merkmal war, daß die dem Bund angehörenden Gemeinwesen (meist *póleis*, bisweilen auch nichtstädtische Verbände) zwar nach innen zumindest theoretisch autonom waren, aber die Außenpolitik einschließlich der Frage von Krieg und Frieden an die übergeordnete Bundesebene delegierten, auf der für alle Mitglieder verbindliche Entschlüsse gefaßt wurden. Zu diesem Zwecke besaßen die Bünde Bundesmagistrate, Gerichte und kollektive Entscheidungsorgane in Form einer Volksversammlung oder eines repräsentativ besetzten Rates, manchmal auch beides. Neben dem Bürgerrecht in einer Mitgliedspolis ist mehrmals ein separates Bundesbürgerrecht belegt, das zum Beispiel Verbündeten verliehen wurde; nach außen trat der Bürger eines *koinón* bisweilen – Belege dafür finden sich aber erst nach dem 4. Jahrhundert in größerer Zahl – auch als «Boioter» oder «Aitoler aus der Stadt xy» auf. In einzelnen Bünden gestanden sich die Bürger der Mitgliederpoleis darüber hinaus gegenseitig bürgerliche Rechte wie das des Grunderwerbs- oder Einheiratungsrechts (*énktēsis* und *epigamía*) zu, die in der griechischen Welt sonst sehr exklusiv gehalten wurden. Angesichts dieser vergleichsweise hohen politischen Integration hat sich für die *koiná* im Deutschen die Bezeichnung ‹Bundesstaaten› eingebürgert. Der Begriff und die defensiven Anfänge vieler Bundesstaaten dürfen freilich nicht darüber hinwegtäuschen, daß es in mehreren Bünden einzelnen Poleis gelang, zu einer dominanten Stellung zu kommen und den Bund so zu einem Instrument eigener hegemonialer Machtentfaltung zu machen: Theben nach 379/8 ist dafür ein Beispiel, aber auch die Olynther scheinen im Chalkidischen Bund eine entsprechende Stellung besessen zu haben.

Die innere Kohäsion der *koiná* wurde durch gemeinsame Identitätskonstruktionen befördert. Für die Arkader führt sie Xenophon in einer Rede vor, die er dem Lykomḗdēs, einem vornehmen Mantineer und prägender Führungsgestalt des Bundes, in den Mund legt: Er füllte «die Arkader mit stolzem Selbstbewußtsein, indem er ihnen sagte, … nur sie allein hätten seit eh und je als Autochthone auf der Peloponnes gelebt, zudem sei von allen hellenischen Stämmen der arkadische der Zahl nach am stärksten und körperlich am kräftigsten» (*Hell.* 7.1.23). Indem sich das neue *koinón* auf den (an sich schon älteren) arkadischen Autochthoniemythos bezog, schrieb es sich nicht nur einen Führungsanspruch als stärkste Militärmacht in der griechischen Welt zu, sondern begründete zugleich einen Vorrang vor dem Erzfeind Sparta: Denn dessen Gründungslegende basierte auf der Vorstellung einer Landnahme durch fremde Invasoren, die Dorer. Als Autochthone dagegen konnten die Arkader ein älteres Recht auf der Peloponnes beanspruchen. Die zugehörige Genealogie seit einem eponymen Urvater Arkás präsentierte eine in den 360ern geweihte Statuengruppe in Delphi. Identität stifteten auch gemeinsame Versammlungsorte: So wurde der alte Kultbezirk des Zeus auf dem Berg Lýkaion zum Bundesheiligtum ausgebaut, und der arkadischen Athena Aléa errichtete man bei Tegea den nach Pausanias prächtigsten und größten Tempel der Peloponnes mit einer elfenbeinernen Statue der Göttin und einem Bildprogramm, das arkadische Mythen wie die Jagd auf den kalydonischen Eber zeigte. Und schließlich stampfte man eine ganz neue Hauptstadt, genannt Megalópolis (‹Große Stadt›), mit einem gewaltigen Theater und einer Halle für die Versammlungen des Bundes aus dem Boden, das ein politisches Zentrum und einen weiteren gemeinsamen Bezugspunkt aller Arkader schaffen sollte (und daher bewußt die beiden mächtigsten Bündnerpoleis Mantineia und Tegea umging).

Die Arkader waren kein Sonderfall: Auch der Boiotische Bund besaß ein Zentralheiligtum, das der Athena Itṓnia bei Koroneia, wo er jedes Jahr ein ‹Fest ganz Boiotiens›, die *Pamboiṓtia*, feierte. Nach Leuktra richtete Theben in dem altehrwürdigen Heiligtum des Zeus Trophṓnios bei Lebádeia das Fest der *Basileía* zum Gedenken an die Schlacht ein, um mit ihm einen gemeinsamen Erinnerungsort des neuen Bundes zu schaffen, der zugleich die Vorrangstellung des siegreichen Theben betonte. Später wurde das Poseidon-Heiligtum von Onchestós zum Zentralort der Boioter. Integrierend wirkte schon seit dem 6. Jahrhundert zudem die Verehrung eines eponymen Ahnherrn Boiōtós und des durch viele Sagen und Kulte mit Boiotien verbundenen Herakles (aus dessen Tempel in Theben vor Leuktra die dort aufgehängten Waffen verschwunden sein sollen, «als ob er selbst zur Schacht aufgebrochen war»: Xenophon, *Hell.* 6.4.7). Und diese Erzählungen waren wiederum Teil eines ganzen Bündels von Herkunftssagen, die ein dichtes Netz von Identitätsbezügen herstellten und die Boioter sich als ein zusammengehöriges *éthnos* wahrnehmen ließen. Vergleichbare Beispiele für identitätsstiftende Kulte, Zentralorte, Feste und Sagen lassen sich in allen *koiná* finden.

Gerade diese gemeinsamen Identitätsbezüge, aber auch die erwähnten gegenseitigen rechtlichen Zugeständnisse und vor allem der Verzicht der Gemeinwesen auf eine eigenständige Außenpolitik zugunsten der Bundesorgane verliehen den *koiná* eine deutlich höhere innere Kohäsion, als sie vorwiegend militärische Beistandsbündnisse wie Athens Zweiter Seebund besaßen. Sie war eine wichtige Voraussetzung dafür, daß die Bundesstaaten im 4. Jahrhundert eine bedeutende Rolle als politische Akteure gewinnen konnten. Ermöglicht wurde diese Rolle allerdings erst durch den Niedergang der alten Hegemonialmächte. So führte der Chalkidische Bund nach dem im Nikias-Frieden von 421 festgeschriebenen Sieg der Athener über die Aufständischen zunächst eine Schattenexistenz; sein Aufstieg begann nach dem Zusammenbruch Athens im Jahr 404, als er in das Machtvakuum, das sich in der Region auftat, vordringen konnte. Der Arkadische Bund entstand 370 aus den Trümmern der spartanischen Hegemonie, ebenso die Machtstellung des Bundes von Theben nach 371. Der Aufstieg der Bundesstaaten ist auch in dieser Hinsicht ein für das 4. Jahrhundert charakteristisches historisches Phänomen. Charakteristisch für die Zeit ist ebenfalls, daß viele dieser Bundesstaaten selbst eine expansive Hegemonialpolitik zu betreiben begannen: Dies gilt für Olynth ebensowie für Theben und den Arkadischen Bund. Die Bundesstaaten wurden so, wie wir noch sehen werden, trotz ihrer defensiven Anfänge teilweise selbst zu destabilisierenden Faktoren im innergriechischen Ringen des 4. Jahrhunderts.

Söldner und Tyrannen

Ein *koinón* im Sinne eines politischen Verbandes gab es auch in der Landschaft Thessalien. Seine Anfänge liegen bereits im 6. Jahrhundert, als die Thessaler ein überregionaler Machtfaktor in Nord- und Mittelgriechenland wurden; im 5. Jahrhundert sind dann Grundzüge einer Bundesverfassung mit einer Versammlung, einem Bundesheer und einer im einzelnen sehr umstrittenen Aufgebotsordnung erkennbar. Obwohl die Landschaft in klassischer Zeit städtereich war, wurde sie politisch von mächtigen Adelsgeschlechtern wie den Aleuaden in und um Larissa, den Echekratídai in Phársalos oder den Skopádai in Krannṓn dominiert. Sie verfügten über gewaltigen Großgrundbesitz, dessen als *penéstai* (wohl von *pénēs*, ‹arm›) bezeichnete Hintersassen in einer unklaren Form von Abhängigkeit Abgaben erwirtschafteten und zugleich ein Kriegsgefolge bildeten. Daneben gab es eine freie Bauernschaft, die Hopliten für das Bundesheer stellte, während der Adel die Reiterei bildete. Politisch blieb der Bund der Thessaler im 5. Jahrhundert allerdings schwach: Die Adelsgeschlechter betrieben Politik auf eigene Rechnung und waren untereinander durch häufige Kämpfe zerrissen. In deren Zuge gelang es einem Herrn von Pheraí im südöstlichen Thessalien namens Lykóphrōn Ende des 5. Jahrhunderts, eine überregionale Machtstellung aufzubauen und vorübergehend sogar die mächtigen Aleuaden aus Larissa zu vertreiben. Sein wohl in den 380er Jahren an die Macht gekommener Nachfolger Iásōn konnte dann bis 375 bereits die Mehrzahl der Städte Thessaliens in seine Gefolgschaft bringen, Konkurrenten wie die Herren von Pharsalos in Bündnisse zwingen und seinen Einfluß bis nach Epirus und Makedonien ausdehnen, dessen König sein Verbündeter war. Ein Hilfegesuch seiner thessalischen Gegner an Sparta um 375 scheiterte an dessen militärischer Überforderung durch den Krieg gegen Athen und Theben. Als Iason in den 370er Jahren seine Wahl zum Oberbefehlshaber des Thessalischen Bundes mit dem Titel *tagós* durchsetzen konnte und eine neue Aufgebotsordnung erließ, die ihm ein beachtliches Heer an die Hand gab, war er der mächtigste Mann in Nord- und Mittelgriechenland. Sparta appellierte nach Leuktra an ihn, einen Waffenstillstand mit Theben zu vermitteln, und man sagte ihm nach, er wolle eine Flotte größer als die Athens bauen und den Perserkönig bekriegen. Vielen erschien er jedenfalls als so gefährlich, daß die Mörder, denen er im Jahr 370 zum Opfer fiel, in zahlreichen Städten freundliche Aufnahme gefunden haben sollen, weil sie einen Tyrannen verhindert hätten. Sein Neffe Alexandros, der sich nach Machtkämpfen in der Familie 369 als Nachfolger in Pherai und *tagós* des Bundes durchsetzte, konnte Iasons Machtstellung zunächst halten. Ein Hilferuf der mit ihm verfeindeten Aleuaden an den Makedonenkönig und mehrere Interventionen des Boiotischen Bundes unter Pelopidas, der die gefährliche Machtbildung im Norden schwächen wollte, konnten ihn nur kurzfristig in Bedrängnis bringen; 368 geriet Pelopidas sogar in Alexanders Gefangenschaft und mußte von Theben ausgelöst werden. Bei einer erneuten Intervention auf Veranlassung seiner Gegner im Jahr 364 konnten die Boioter Alexander aber schließlich besiegen (allerdings fiel Pelopidas in der Schlacht); er verlor die Herrschaft über Thessalien, blieb jedoch Herr von Pherai und einigen anderen Gebieten einschließlich der Hafenstadt Pagasaí am gleichnamigen Golf, von der aus er sich auf Kaperfahrten in der Ägäis verlegte. 358 wurde er von Verschwörern aus der eigenen Familie ermordet, die sich bis 352 an der Macht halten konnten.

Der Aufstieg der Herren von Pherai zu Hegemonen über den Thessalischen Bund und weite Gebiete Mittel- und Nordgriechenlands beruhte maßgeblich auf den großen Heeren, die sie mobilisieren konnten. Sie rekrutierten sich, außer aus Verbündeten, zum einen aus dem Aufgebot des Thessalischen Bundes, über das sie als *tagós* verfügen konnten und in dessen Poleis zumindest Iason offenbar Unterstützer besaß. Dazu kam aber ein weiteres: «Du weißt», droht Iason seinem Konkurrenten Polydámas von Pharsalos bei Xenophon, «daß ich an die 6000 fremde Söldner unterhalte, mit denen, so glaube ich wenigstens, keine Bürgergemeinde leicht den Kampf aufnehmen könnte. Was die Zahl angeht, so könnten auch von anderswoher nicht weniger ausrücken. Aber die Bürgerheere bestehen teils aus Männern in vorgerücktem Alter, teils aus Jungen, die noch nicht in voller Kraft stehen, und nur wenige in den Poleis stehen im Training» (*Hell.* 6.1.5). Die Überlegenheit der Herren von Pherai beruhte demnach auf einem gewaltigen Söldnerheer. Solche Heere zu unterhalten setzte voraus, über hinreichende Mengen von Edelmetall zu verfügen, denn entlohnt wurden Söldner selten mit Land, sondern fast immer mit Geld. In dieser Hinsicht hatten Iason und Alexander einen beträchtlichen ökonomischen Vorteil gegenüber ihren Konkurrenten unter den thessalischen Großen. Denn über den Golf von Pagasai, der ihrer Herrschaft unterstand, dürften große Teile des thessalischen Handels, namentlich des Exports landwirtschaftlicher Erzeugnisse, abgewickelt worden sein, was ihnen einen regelmäßigen Bargeldzufluß aus Hafengebühren, Zöllen und dergleichen Einnahmen einbrachte. Die Tribute von Untertanen, Kriegsbeute und später die Kaperfahrten in die Ägäis trugen ein Übriges dazu bei. Mit diesen flüssigen Mitteln konnten die Herren von Pherai über Jahre ein stehendes Söldnerheer unterhalten und darauf ihre überlegene Machtstellung gründen, während ihre agrarischen Konkurrenten in Thessalien wohl vor allem auf Bürgerheere und ihre Gefolgschaften angewiesen waren.

Als Potentaten, die ihre Macht maßgeblich auf Söldner stützten, stehen die Herren von Pherai exemplarisch für ein Phänomen, das spezifisch für die griechische Geschichte des 4. Jahrhunderts ist: das wieder vermehrte Auftauchen von Alleinherrschaften; man hat es in der Forschung als die ‹Jüngere Tyrannis› bezeichnet (im Unterschied zur ‹Älteren› der archaischen Zeit). Beispiele finden sich in der ganzen griechischen Welt. Gut bezeugt ist etwa ein Fall in Sikyon am Golf von Korinth. Dort hatte lange eine prospartanische Oligarchie geherrscht, bis eines ihrer eigenen Mitglieder, Eúphrōn, Spartas Zusammenbruch nach Leuktra ausnutzte, um Anfang der 360er Jahre die Losung der ‹Freiheit von spartanischer Knechtschaft› auszugeben, sich an die Spitze einer demokratischen Bewegung in der Stadt zu setzen und sich und vier andere vom Volk zum Strategen wählen zu lassen. In dieser Stellung gelang es ihm, eine Söldnertruppe in der Stadt auf seine Seite zu ziehen und seine aristokratischen Konkurrenten zu vertreiben, deren Besitz er, wie angeblich auch Tempelschätze, konfiszierte und zur Anwerbung weiterer Söldner verwandte, bis deren Zahl schließlich das Bürgerheer übertraf und er die Stadt in der Hand hatte. Auch als ihn eine Intervention der benachbarten Arkader zugunsten der vertriebenen Aristokraten vorübergehend zur Flucht nötigte, konnte er sich mit Hilfe von Söldnern wieder an die Macht bringen. Wie lange sein Regime währte, ist umstritten; jedenfalls wurde er irgendwann 365/4 auf offener Straße in Theben, wo er zu Bündnisverhandlungen weilte, von einem seiner sikyonischen Feinde ermordet. Doch muß Euphron in der Stadt eine große Anhängerschaft besessen ha-

Die Jüngere Tyrannis
Adria
Schwarzes Meer
Hebros
Herakleia Pontika
THRAKISCHE FÜRSTENTÜMER
Bosporus
Epidamnos
Kyme
Vesuv
Sardinien
Poseidonia
Elea
Metapontion
Taras
Herakleia
MAKEDONIEN
Propontis
Thasos
Kardia
Lampsakos
Zeleia
Abydos
Sigeion
Ilion
Skepsis
Atarneus
Kebren
Antissa
Lesbos
Mytilene
Methymna
PERSERREICH
Tyrrhenisches Meer
Sybaris/Thurioi
Korkyra
MOLOSSER
Larissa
Pherai
Pagasai
Pharsalos
Histiaia/Oreos
Euboia
Chalkis
Eretria
Chios
Theben
Kroton
Hipponion
Ionisches Meer
Panormos
Segesta
Solus
Messana
Kaulonia
Lokroi
Motya
Himera
Naxos
Rhegion
Tauromenion
Selinus
Ätna
Katane
Akragas
Enna
Leontinoi
Gela
Syrakusai
Kamarina
Karthago
Kephallenia
Sikyon
Peloponnes
Korinth
Athen
Argos
Sparta
Ägäis
Ephesos
Maiandros
Karien
Halikarnassos
Naxos
Lykien
Melos
Kykladen
Kythera
Rhodos
Karpathos
Kreta
Salamis (auf Kypros/Zypern)
Kleine Syrte
Mittelmeer
Thessalien
Herrschaftsgebiet des Dionysios I.
Tyrannis-Städte
Kyrene
0 100 200 300 km

ben, denn er wurde – eine exzeptionelle Ehre – auf der Agora von Sikyon begraben und dort als Archeget der Demokratie verehrt. Ein Tyrann war er also wohl vor allem in den Augen seiner aristokratischen Konkurrenten.

Ein anderes näher bekanntes Beispiel ist die ebenfalls in den 360ern entstandene Tyrannis in Hērákleia Pontikḗ an der bithynischen Küste des Schwarzen Meers (heute Karadeniz Ereğli), der seit alters bedeutendsten Stadt der Region. Auslöser waren dort soziale Spannungen zwischen der aristokratischen Großgrundbesitzerschicht und verarmten Bauern, Handwerkern und Händlern, die den Ruf nach Bodenreform und Schuldentilgung erhoben. Die Aristokraten wandten sich um Schutz an Athen und Theben; als diese Bemühungen nichts fruchteten, riefen sie schließlich Kléarchos zu Hilfe, einen vornehmen Herakleoten, der einige Zeit zuvor aus der Stadt verbannt worden war und sich als Söldnerführer eines in der Nähe residierenden persischen Dynasten verdingt hatte. Dieser nahm das Gesuch an, besetzte im Namen seines Fürsten mit seinen Söldnern die Stadt, brach dann aber mit diesem, indem er ihn in die Stadt lockte, festsetzte und ein hohes Lösegeld erpreßte. Auch seine aristokratischen peers täuschte er, indem er sich vom Volk Vollmachten gegen sie geben ließ, viele vertrieb oder tötete und ihren Besitz an sich brachte. Mit den Geldmitteln, die er so erwarb, unterhielt er seine Söldner und warb weitere an. Auf dieser Grundlage konnte sich Klearchos trotz Opposition aus der Aristokratie und später auch dem Volk zwölf Jahre lang an der Macht halten, bis er einer Palastrevolte zum Opfer fiel; seine Nachkommen beherrschten die Stadt und ihre weitläufigen Besitzungen als Dynasten aber noch bis ins 3. Jahrhundert hinein.

Die Beispiele solcher Alleinherrschaften ließen sich fortsetzen. Ihre Entstehungsbedingungen waren sehr unterschiedlich: Innere Spannungen, die ein Großer der Stadt für sich nutzte, indem er ‹populäre› Politik gegen seine aristokratischen Konkurrenten zu betreiben vorgab, konnten sie ebenso begründen wie eine äußere Bedrohung, in der ein Truppenführer die Macht nicht mehr abgab. Warum aber gerade im 4. Jahrhundert, nach einer langen Unterbrechung, wieder so viele Tyrannen auftraten, ist damit noch nicht erklärt. Skepsis ist gegenüber einer in der älteren Forschung geläufigen Erklärung des Phänomens geboten, der zufolge im 4. Jahrhundert eine «Lockerung und zunehmende Aushöhlung der bestehenden staatlichen Ordnungen» dem Machtwillen einzelner nichts mehr habe entgegensetzen können. Von einer solchen inneren Erosion der Poleis kann jedoch, wie wir noch sehen werden, keine Rede sein. Dagegen spielte sicherlich eine Rolle, daß im Verlauf des 4. Jahrhunderts die Hegemonialmächte wegfielen, die sie bis dahin verhindert hatten und ausreichend stark oder willens gewesen wären, gegen sie vorzugehen: Unter der spartanischen Hegemonie auf der Peloponnes wäre Euphrons Putsch nicht möglich gewesen; Theben dagegen war über Jahre zu schwach, Alexander von Pherai zu stürzen; und während Athen in der Zeit der Seeherrschaft im 5. Jahrhundert keine Tyrannien in seinem Machtbereich duldete, war es jetzt teils nicht in der Lage, gegen sie vorzugehen, teils sah es im Bündnis mit zum Beispiel den Herren von Pherai oder euboiischen Potentaten seinen Vorteil. In der zweiten Jahrhunderthälfte kam dann hinzu, daß der Makedonenkönig, wie früher schon persische Satrapen und Dynasten, seine Kontrolle über die Poleis durch Vasallentyrannen absicherte.

Ein weiterer Faktor für den Erfolg eines Iason, Euphron oder Klearchos war ein für das 4. Jahrhundert spezifisches militär- und sozialgeschichtliches Phänomen: die zunehmende Bedeutung des Söldnerwesens. Sie beruhte auf mehreren Faktoren. Eine Rolle spielte sicher, daß die nahezu permanente Kriegführung in vielen Teilen der griechischen Welt seit 431 und besonders die zahlreichen Bürgerkriege viele Flüchtlinge und Exilierte hervorbrachte, denen häufig nichts anderes übrigblieb, als sich als Söldner zu verdingen. Allerdings kann dies das Phänomen alleine nicht erklären, denn viele Söldner ließen sich nachweislich aus anderen Gründen anwerben, auch solchen, die es schon früher gab: etwa Überbevölkerung und Armut in ökonomisch unterentwickelten agrarischen Gebieten wie Arkadien oder Kreta, beides wichtige Rekrutierungsbecken für Söldner in dieser Zeit. Heute erklärt man die wachsende Bedeutung der Söldnerheere seit dem späten 5. Jahrhundert daher vor allem mit der massiv erhöhten Nachfrage: Der Peloponnesische Krieg, direkt im Anschluß daran der sizilische Karthagerkrieg (von dem wir gleich hören werden) und der großangelegte Aufstand des Kyros gegen Artaxerxes II., in denen beide Seiten jeweils viele tausend Griechen anwarben, sowie die nahezu permanente Kriegführung in Hellas auch nach 404 erzeugten gewaltigen Bedarf an Söldnern. Zudem wurde im 4. Jahrhundert die hergebrachte Kriegführung mit schwerbewaffneten Bürger-Hopliten zunehmend um den Einsatz spezialisierter Kampfeinheiten wie insbesondere schnellbeweglicher Leichtbewaffneter oder Bogenschützen ergänzt, die meist Söldner waren. Auch dauerten Kriege und Belagerungen viel länger als früher, was Bürgersoldaten kaum leisten konnten. Und nicht zuletzt waren, wie Xenophon Iason sagen läßt, geübte, weil permanent kämpfende Söldner oftmals schlagkräftiger und zudem weiträumiger einsetzbar. Die innergriechischen Kriege des 4. Jahrhunderts wurden daher zu einem großen Teil von Söldnern ausgefochten. Das machte die Bürgerheere, wie wir noch sehen werden, nicht bedeutungslos, führte aber zu einer Professionalisierung der Kriegführung, die die Nachfrage nach Berufssoldaten noch zusätzlich steigerte. Diese zunehmende Bedeutung des Söldnerwesens verlieh aber auch dem Konkurrenzkampf innerhalb der Gemeinwesen eine neue Dynamik und konnte so ein Faktor für die Ausbreitung der Alleinherrschaften werden. Denn die hohe Nachfrage schuf Marktstrukturen, die die Rekrutierung von Söldnern – durch Netzwerke, feste Sammelpunkte und dergleichen – erleichterten. Und sie verschaffte demjenigen einen Vorteil, der über hinreichende Mengen von Edelmetall verfügte, um die Söldner entlohnen zu können. Darauf gründeten Iason und Alexander von Pherai ebenso ihre Macht wie Euphron oder Klearchos, die skrupellos genug waren, sich die Mittel von ihren Gegnern zu verschaffen.

Die sizilische Tyrannis

Die in ihrer Machtentfaltung erfolgreichste Tyrannis des 4. Jahrhunderts war die des Dionýsios von Syrakus und seiner Nachfolger. Sie bestätigt manche der genannten Muster, weist aber auch spezifische Eigenheiten auf. Die Polis Syrakus war seit dem Triumph über

Athen im Jahr 413 wieder die führende Macht auf Sizilien. Der Sieg war auch ein Erfolg des *dēmos*, dessen Herrschaft 412 durch die Einführung erloster Magistrate und anderer Regularien weiter gestärkt wurde. Schon 407 widerstand die Polis einem Umsturzversuch des Hermokrates, des bedeutenden Politikers und Feldherrn im Krieg gegen Athen, der 410 wegen des Verlusts syrakusanischer Schiffe in der Seeschlacht von Kyzikos von der Volksversammlung verbannt worden war und seit 409 mit einer Söldnertruppe im Rücken versuchte, seine Rückkehr nach Syrakus zu erzwingen. Doch als ihm 407 mit Hilfe von Kollaborateuren in der Stadt gelang, mit einem Söldnertrupp in die Stadt einzudringen, griffen die Bürger, die «fürchteten, er werde sich zum Tyrannen aufschwingen», wie Diodor (13.75.5) sagt, zu den Waffen und töteten ihn. Von einer Schwäche der Polis kann also keine Rede sein. Daß sich Dionysios dennoch zum Tyrannen aufschwingen konnte, hatte mit einer existentiellen Bedrohung von außen zu tun: einem neuen Krieg gegen Karthago.

Sein Auslöser war der Grenzkonflikt zwischen Syrakus' Verbündetem Selinus und Segesta im Einflußbereich Karthagos im Westen der Insel, der schon 416 Segestas Hilfsgesuch ausgelöst und damit die sizilische Expedition der Athener angestoßen hatte. Nach deren Scheitern suchte Segesta im Jahr 411 in Karthago um Hilfe nach. Obwohl Karthago sich seit seiner Niederlage bei Himera 480 konsequent aus Sizilien herausgehalten hatte, traf das Gesuch jetzt auf Unterstützung, wahrscheinlich weil man fürchtete, daß das gestärkte Syrakus nun seinen Machtbereich auf Sizilien zuungunsten des eigenen weiter ausdehnen würde. Zwar versuchten Hannibal, der von der karthagischen Führung zum Feldherrn ernannt worden war, ebenso wie Syrakus durch diplomatische Gesten vorerst eine direkte Konfrontation zu vermeiden, doch Hannibals Armee war darauf berechnet, auch gegen Syrakus bestehen zu können, als er 410 Selinus zu belagern begann. Bis Syrakus ein (kleines) Heer sandte, war Selinus, nach Syrakus die reichste und größte Stadt Siziliens, jedoch gefallen, zerstört und geplündert. Tausende sollen getötet oder versklavt worden sein; die Überlebenden wurden Karthago tributpflichtig. Hannibal zog dann quer durchs Land gegen die Stadt Himera im Norden, offenbar um die Niederlage Karthagos und seines Großvaters Hamilkar, ihres Feldherrn, bei dieser Stadt im Jahr 480 zu rächen; von seinem Vater, der in Selinus im Exil lebte, wußte er um den Platz, den die Schlacht von Himera im Gedächtnis der Sikelioten besaß. Auch Himera fiel, 3000 Männer wurden hingerichtet, angeblich an dem Ort, an dem Hamilkar getötet worden war.

Hannibal löste anschließend sein Heer auf und zog ab. Doch spätestens als der zuvor erwähnte Hermokrates sich 408/7 mit seinen Söldnern in Selinus festsetzte und durch Angriffe auf Karthagos Verbündete im Nordwesten der Insel Popularität in Syrakus zu erlangen suchte, war für Karthago ein Anlaß (oder Vorwand) gegeben, Hannibal 406 erneut gegen Sizilien zu entsenden. Nach der Größe der Streitmacht zu schließen, die aus dem ganzen Reich Karthagos zusammengezogen worden war, war in Karthago mittlerweile offenbar der Plan gereift, die ganze Insel oder doch ihren größten Teil zu erobern. Die Kämpfe konzentrierten sich zunächst auf Akragas, die zweitgrößte Stadt im Süden der Insel, um deren – durch Export ihrer landwirtschaftlichen Güter nach Karthago erworbenen – enormen Reichtum sich zahlreiche Anekdoten rankten; sie verweigerte eine freiwillige Unterwerfung, wurde aber nach monatelanger Belagerung, als die Nahrungsmittel knapp wurden, von ihren Bewohnern aufgegeben, von den Karthagern eingenommen und schließlich zerstört. Ein syrakusanisches Entsatzheer konnte nur anfänglich Erfolge verbuchen. Im Sommer 405 rückte das karthagische Heer unter Himilko – Hannibal war an einer Seuche vor Akragas gestorben – über Gela und Kamarina auf Syrakus vor. Nur die Seuche im karthagischen Heer rettete die Stadt. Himilko war aber noch stark genug, um einen Frieden zu diktieren, der die ganze Insel Karthagos direkter oder indirekter Herrschaft unterstellte und syrakusanische Außenbesitzungen für autonom erklärte. Syrakus, der alten Führungsmacht auf Sizilien, blieb nur sein Territorium.

Das erfolglose Agieren des syrakusanischen Heeres und die allgemeine Panik vor den Karthagern sorgte schon nach dem Fall von Akragas für Aufruhr in Syrakus. In der Agitation gegen die erfolglosen Feldherrn tat sich ein junger Redner hervor: Dionysios. Das

Volk wählte ihn zunächst in das Kollegium der Feldherren, dann, nachdem er seine neuen Kollegen des Hochverrats bezichtigt hatte, zum Oberbefehlshaber (*stratēgós autokrátōr*). Im Folgenden setzte Dionysios die Rückrufung von Exilanten, Solderhöhungen für Söldner und weitere Anwerbungen durch und besetzte die Kommandos mit Männern seiner Wahl – alles Maßnahmen, die der Kriegssituation angemessen waren, aber ihm zugleich auch zu einer schlagkräftigen Anhängerschaft verhalfen. Außerdem soll er einen Anschlag auf sein Leben fingiert haben, um vom Volk eine Leibwache aus Söldnern genehmigt zu bekommen, mit der er die Stadt beherrschen konnte; die Geschichte erinnert freilich allzusehr an Herodots bekannte Erzählung von der Machtergreifung des Tyrannen Peisistratos in Athen und wurde daher vielleicht von historisch bewanderten Gegnern des Dionysios fabriziert. Sie zeigt aber, worauf Dionysios später seine Herrschaft gründen sollte: Söldner. Schon Ende 405 scheint Dionysios faktisch die Macht in Syrakus in den Händen gehalten zu haben, obwohl die demokratischen Polisorgane zunächst weiterbestanden (und vielleicht auch später während Dionysios' Herrschaft nominell in Funktion blieben). Widerstand gab es freilich: Als Dionysios 405 die Stadt Gela ihrer Auffassung nach voreilig aufgab, unternahmen Angehörige der syrakusanischen Reiterei, d.h. der Oberschicht, einen Anschlag auf ihn und versuchten, ihn an der Rückkehr in die Stadt zu hindern. Die Revolte konnte niedergeschlagen werden; sie spielte Dionysios den riesigen Besitz der Rebellen in die Hände, den er an Unterstützer, Neubürger, teils angeblich aus dem Sklavenstand, und Söldner verteilte und so seine Gefolgschaft weiter festigte. Und ein Jahr später brachte ein großer Aufstand der Bürgerschaft mit Flottenunterstützung aus Messana und Rhegion die Tyrannis beinahe an ein Ende, hätten nicht herbeigerufene Söldner das Blatt wenden können. Auch später kam es noch zu Empörungen. Doch konnte Dionysios gegen all diese Widerstände seine Macht konsolidieren, er herrschte fast 40 Jahre lang bis zu seinem – natürlichen – Tod 367.

Um seine Machtstellung zu behaupten, brauchte Dionysios nach dem Schmachfrieden von 405 schnell Erfolge. Schon 403 gelang es ihm, Gebiete im Osten Siziliens um Syrakus wieder unter seine, syrakusanische Kontrolle zu bringen. Auf dieser Grundlage konnte er einen Krieg gegen Karthago ins Auge fassen, um dessen bedrohliche Übermacht auf Sizilien zu brechen und seine Reputation als Feldherr wiederherzustellen. Mehrere Jahre wurden umfangreiche Rüstungen betrieben, neuartige Belagerungsmaschinen und Kriegsschiffe gebaut und Syrakus mit einer gewaltigen Festungsanlage umgeben. Ideologisch wurde der Krieg durch die Rhetorik des Freiheits- und Barbarenkriegs vorbereitet, wie sie in Sizilien nach der Schlacht von Himera 480 in Anlehnung an die Perserkriegserinnerung entstanden war. In einer Volksversammlung in Syrakus, die einen offiziellen Kriegsbeschluß fassen durfte, beschwor Dionysios die Erbfeindschaft mit Karthago, das «den Griechen generell, besonders aber den Sikelioten überaus feindlich gesinnt» sei, und rief zur Befreiung der «von den Barbaren unterjochten Griechenstädte» auf (Diodor 14.45 f.). Die Erinnerung an Hannibals Racheakt gegen Himera im Krieg von 409 und die Greuelgeschichten, die man von Vergewaltigungen, Massentötungen, Zerstörungswut und Tempelraub durch die ‹Barbaren› bei der Einnahme von Selinus oder Akragas erzählte – in Diodors Berichten sind sie noch greifbar –, trugen ein Übriges dazu bei. Nach der Volksversammlung entlud sich der Volkszorn ‹spontan› (aber mit Dionysios' vorheriger Erlaubnis) gegen die in Syrakus ansässigen Punier. Auch anderswo auf Sizilien soll es zu Pogromen gekommen sein. Wie dereinst Gelon nach Himera ermöglichte der Karthagerkrieg dem neuen Machthaber in Syrakus, sich als *hēgemṓn*, als Anführer der Sikelioten gegen die Barbaren zu präsentieren und so seine junge Herrschaft zu legitimieren.

Im ersten Kriegsjahr 398 oder 397 erzielte Dionysios gegen die offenbar unvorbereiteten Karthager große Erfolge, viele Griechenstädte wurden ‹befreit› und selbst die punische Festung Motye ganz im Osten Siziliens eingenommen. Ein machtvoller Gegenschlag Karthagos unter Himilko im Folgejahr machte dies alles zunichte. Dionysios' Heer wurde nach Syrakus zurückgetrieben und dort zu Land und See eingeschlossen. Wieder rettete ihn eine Seuche, die das karthagische Heer so schwächte, daß seine Flotte von der des Dionysios im Hafen der Stadt geschlagen werden konnte. Himilko konnte immerhin freien Abzug für seine Karthager aushandeln. Nachdem 393 ein weiterer Angriff Karthagos im Sande verlief, gestanden die Punier Dionysios faktisch die alte Einflußsphäre auf der Insel zu und zogen sich auf den seit alters karthagischen Westen zurück.

Die Konfrontation war damit jedoch nicht zu Ende; Dionysios unternahm noch zweimal, 382 bis 374 und 367, mit großem militärischen Aufwand Versuche, Karthago ganz aus Sizilien zu verdrängen – allerdings vergeblich und teilweise auch mit Rückschlägen verbunden. Gleichzeitig griff er nach Italien aus, wo sich in der mit Karthago verbündeten, wegen ihrer Kontrolle über die Straße von Messina strategisch wichtigen Polis Rhegion ein Zentrum des Widerstands gegen ihn gebildet hatte. Italien war außerdem wichtig, um an Rohstoffe, vor allem an Edelmetall zu kommen. Rhegion wurde, ebenso wie die mit ihr verbündeten Griechenstädte des heutigen Kalabrien, in den 380er Jahren in einem langwierigen Krieg unterworfen; Dionysios ließ die Stadt völlig zerstören, die Bevölkerung in die Sklaverei verkaufen und an ihrer Stelle einen *parádeisos* nach persischem Vorbild anlegen. Durch Koloniegründungen in Illyrien und bis hinauf zum Delta des Po dehnte Dionysios seinen Einfluß in den Folgejahren auch in die Adria aus.

Dionysios war damit Herr über das größte Reich geworden, das die westgriechische Geschichte bis dahin kannte. Syrakus wurde durch Zwangsumsiedlungen eine noch volkreichere Stadt als zuvor und zog als Herrscherresidenz zusätzlichen Handel und Wohlstand an. Aus seinen Kriegszügen und Untertanenstädten bezog Dionysios Einkünfte und Machtmittel, die ihn in den Augen seiner Zeitgenossen schon in den 380er Jahren zu einem der mächtigsten Potentaten der griechischen Welt machten, umworben von Sparta ebenso wie von Athen. Zugleich war er jedoch eine der verhaßtesten Figuren der griechischen Welt. Bei der Olympiade von 384, zu der Dionysios eine prachtvolle Gesandtschaft schickte und mit mehreren Vierspännern zum Wettkampf antrat, schmähte ihn eine Rede des Lysias (die 33.) in einem Zuge mit dem Perserkönig als Ursache allen Übels für Hellas und rief zur Befreiung von dem Tyrannen auf. Die Rede löste solche Empörung aus, daß das Festzelt der Gesandtschaft von der aufgebrachten Menge geplündert wurde. Der Vorfall steht für eine unter den Zeitgenossen weitverbreitete Wahrnehmung des Dionysios als Prototyp des despotischen Gewaltherrschers. Die entsprechende Polemik wird zum Beispiel in der fiktiven Rede eines gewissen Theódōros gegen den Tyrannen während der Belagerung von Syrakus 396 greifbar, die Diodor der tyrannenfeindlichen *Sizilischen Geschichte* des Tímaios von Tauroménion (heute Taormina) entlehnt haben dürfte (14.66–9): Dionysios wird dort die «Verknechtung» der Syrakusaner und Sikelioten vorgeworfen; wer für *eleuthería* (‹Freiheit›) und *parrhēsía* (‹Redefreiheit›) eingetreten sei, den habe er getötet oder verbannt, ja noch zusätzlich entehrt, indem er seine Frau zwang, einen Sklaven zu heiraten; in seiner Habgier habe er selbst Tempel beraubt, und als Feldherr sei er nicht nur feige gewesen, sondern habe absichtlich nie einen entscheidenden Sieg gegen die Karthager errungen, weil er seine Macht nur auf die Angst des Volkes vor dem Feind gründen konnte. Viele Legenden rankten sich um den Haß, der dem Gewaltherrscher von seinen Untertanen angeblich entgegenschlug: Man fabelte, nur seinen Töchtern habe er den Hals dargeboten, um sich den Bart schneiden zu lassen, sein Bett sei von einem tiefen Graben umgeben gewesen, und Reden an das Volk habe er nur von einem unerreichbar hohen Podest gehalten. Auch über die Habgier des Tyrannen waren zahlreiche Anekdoten im Umlauf. Die Eroberung und Zerstörung vieler Poleis und die Versklavung ihrer Einwohner fügte dem Bild ein Übriges hinzu.

Es ist müßig, aus dieser Polemik, in die sich zweifellos viel konventionelle Tyrannentopik mischte, ein objektives Bild gewinnen zu wollen, welchen Charakter Dionysios' Herrschaft hatte und in welchem Maße sie bei seinen Untertanen Akzeptanz fand. Manche Aspekte seiner Herrschaft erklären sich aber aus den strukturellen Bedingungen eines Regimes, das im wesentlichen das eines auf Söldner gestützten Militärmachthabers war. Ein Merkmal dieses Regimes war das Fehlen jeder konstitutionellen Legitimation des Machthabers. Vor seinen Untertanen, aber auch vor seinen Söldnern und seinem Hof mußte Dionysios seine Machtstellung daher stets neu rechtfertigen. Wesentlichen Anteil daran hatte das Cha-

Abb.10: Syrakusanische Dekadrachme des Stempelschneiders Kimon, wohl um 400 unter Dionysios' I. geprägt

risma des erfolgreichen Heerführers. Eine Reihe von Erzählungen über Dionysios' heldenhaften Einsatz im Felde, etwa bei der Einnahme Rhegions, propagierten es, und dieselbe Assoziation mochten zwei berühmte Münzserien unter Dionysios wecken (Abbildung 10), die neben der Nymphe Aréthusa, Sinnbild von Syrakus, auf der Gegenseite das alte Motiv des von einer Siegesgöttin gekrönten Wagenlenkers zeigten, dabei aber kombiniert mit Rüstungen und Waffen. Derselbe Legitimationsbedarf erklärt auch ein auffallendes Charakteristikum der Militärherrschaft des Dionysios, die permanente Kriegführung und Expansion. Insbesondere die dreimal vom Zaun gebrochenen Karthagerkriege dienten diesem legitimatorischen Zweck: Sie erlaubten es Dionysios, seine Machtstellung durch die Rolle des sieghaften *hēgemṓn* der Sikelioten im Kampf gegen die Barbaren zu rechtfertigen.

Zu seiner intensiven Kriegführung war Dionysios aber noch aus einem anderen Grund genötigt. Der Unterhalt der Söldner, die in den (kurzen) Friedenszeiten seine Macht sicherten und den größten Teil seiner Heere im Krieg bildeten, verschlang gewaltige Geldmittel, von den Kosten für seine große Flotte und anderem zu schweigen. Den Machthaber setzte dieser Finanzbedarf unter erheblichen

Druck, wie zahlreiche Nachrichten belegen; mehrmals hatte Dionysios Schwierigkeiten, die Ansprüche seiner Söldner zu befriedigen. Die gewaltigen Summen, die er dafür benötigte, bezog er, soweit wir wissen, vor allem aus Kriegsbeute und den Tributen der unterworfenen Gemeinwesen. Der Unterhalt seiner Kriegsmacht und besonders des stehenden Söldnerheers dürfte daher ebenfalls ein Motor von Krieg und Expansion gewesen sein. Und zugleich dürften viele der Bedrückungen, die Dionysios' Herrschaft so verhaßt machten, darin ihren Grund haben: die immer wieder belegten hohen Kriegskontributionen und Lösegeldforderungen von Unterworfenen, die massenhaften Versklavungen von Kriegsgefangenen, der Raub von Tempelschätzen und manch anderer Gewaltakt. 403 zum Beispiel wurden in den unterworfenen Poleis Naxos und Katane, die Dionysios ohne ersichtlichen Grund zerstörte und deren Bevölkerung er in die Sklaverei verkaufte, Söldner angesiedelt, ebenso etwas später in Leontinoi, dessen Bevölkerung er nach Syrakus umsiedelte. Der Krieg ernährt den Krieg: Dionysios war, so scheint es, zumindest in gewissem Maße Gefangener des Systems, auf dem er seine Macht baute.

Ein weiterer Charakterzug seines Regimes war die Ausbildung von Repräsentationsformen, die man als proto-monarchisch bezeichnen kann. Dionysios vermied zwar den Königstitel, trat aber in königsgleichem Ornat mit Diadem und Purpurmantel auf. Zudem entfaltete er eine aufwendige Hofhaltung. Die Halbinsel Ortygía im Hafen von Syrakus hatte Dionysios schon zu Beginn seines Regimes zu einer stadtbeherrschenden und uneinnehmbaren, weil über die See zu versorgenden Festung ausbauen lassen. Sie beherbergte zugleich den Palast, in dem Dionysios mit einem großen Hofstaat aus Familie, seinen engsten Kollaborateuren (den ‹Freunden›, *phíloi*), Günstlingen, Leibwache und Söldnern residierte. Neben höfischer Prachtentfaltung und Geselligkeit kennzeichnete seine Hofhaltung insbesondere ein weithin ausstrahlendes kulturelles und geistiges Leben. Dionysios selbst war hochgebildet und dichtete, vor allem Tragödien, über die seine Feinde allerdings viel Spott ausgossen; nach einer maliziösen Anekdote starb er an den Folgen überzogenen Weingenusses, als er die Nachricht vom Sieg seiner Tragödie

Hektors Lösung bei den Lenäen in Athen feierte. (Der Tragödiensieg selbst war wohl ein diplomatischer Akt Athens, das kurz vorher ein Bündnis mit Dionysios geschlossen hatte.) Zur engsten Umgebung des Dionysios gehörten Intellektuelle wie sein Schwiegersohn Díōn, ein Freund und Schüler Platons, oder der syrakusanische Aristokrat Phílistos, Autor einer Geschichte Siziliens, die trotz ihrer Verherrlichung des Tyrannen wegen ihrer thukydideischen Prägnanz hohe Anerkennung genoß.

Darüber hinaus wurde der Hof von Syrakus wie schon unter Gelon und Hieron ein Magnet für Literaten und Philosophen aus ganz Hellas, die die Freigebigkeit des Tyrannen und das stimulierende Umfeld zu schätzen wußten. Der bekannteste Gast war Platon, um dessen (nicht ganz gesicherten) Umgang mit Dionysios sich zahlreiche Legenden rankten; zweimal folgte er außerdem einer Einladung von dessen Nachfolger Dionysios II., auch er offenbar ein intellektuell interessierter Mann. In seinem autobiographischen *Siebten Brief* rechtfertigte Platon (oder ein Schüler, die Authentizität ist umstritten) seinen ersten Aufenthalt am Tyrannenhof des jüngeren Dionysios mit der Absicht, diesen zum Philosophenherrscher zu erziehen. Das Experiment scheiterte jedoch schon daran, daß Platon in die Mühlen der Hofpolitik geriet, weil besagter Dion die Einladung wohl nicht zuletzt mit dem Hintergedanken vermittelt hatte, über Platon Einfluß auf den jungen Herrscher zu gewinnen, dann aber in Ungnade fiel, exiliert wurde und so auch die Mission seines Freundes desavouierte. Mit seinem zweiten Besuch wollte Platon Dions Rückberufung aus dem Exil erwirken, allerdings ohne Erfolg. Für die beiden Dionysioi diente der Umgang mit Platon und anderen Geistesgrößen nicht allein der Befriedigung persönlicher Interessen. Ihr Mäzenatentum war zugleich ein Mittel, der griechischen Öffentlichkeit ein anderes Bild als das des Gewaltherrschers und Militärmachthabers zu vermitteln. Und es war Teil einer Hofhaltung, deren Glanz den Reichtum und die Freigebigkeit des Herrschers zur Schau stellen sollte, der Öffentlichkeit seine Macht und die Begünstigung durch das Glück bewies, Gefolgsmannen anlockte und durch all das eine wichtige herrschaftsstabilisierende Funktion erfüllte. Der syrakusanische Hof verweist damit bereits auf Erscheinungsformen monarchischer Repräsentation, die dann im Hellenismus eine wichtige Rolle spielen sollten.

Als Dionysios 367 starb, übernahm Dionysios II. ohne Schwierigkeiten die Herrschaft seines Vaters. Über die ersten zehn Jahre seiner Herrschaft liegen kaum Nachrichten vor außer der üblen Nachrede seiner Gegner, er sei lax und dem Trunk ergeben gewesen. Zum Verhängnis wurde ihm der Konflikt mit Dion, den er 366 in ein ehrenvolles Exil unter Beibehaltung seiner Einkünfte geschickt hatte. In Athen und anderswo in Hellas arbeitete Dion, dem sein Reichtum Tür und Tor öffnete, an seiner Rückkehr. 357 schlug er mit anderen Exilanten und einer kleinen Söldnertruppe los, setzte nach Sizilien über und erreichte nur wenig später, als der nichtsahnende Dionysios selbst auf einem Feldzug war, die Stadt Syrakus, die ihn kampflos einließ. Dort proklamierte er, er sei gekommen, «um den Syrakusanern und den übrigen Sikelioten Freiheit von dem Tyrannen zu bringen» (Plutarch, *Dion* 29.1). Die Ortygia wurde jedoch bis etwa 355 von Dionysios' Truppen gehalten, die mehrmals vergeblich die Stadt zurückzuerobern versuchten; Dionysios selbst, der vorübergehend zurückgekehrt war, zog sich in seine unteritalischen Besitzungen nach Lokroi zurück. Im ‹befreiten› Syrakus kam es jedoch schnell zu Spannungen zwischen Dion und einem anderen prominenten Exilanten und ehemaligen Söldnerführer des Dionysios namens Herakleídēs, der ebenfalls mit Söldnern zurückkam. Die Spannungen verbanden sich mit Konflikten zwischen Demokraten und Aristokraten über die künftige Verfassung und Forderungen nach Umverteilung von Landbesitz; außerdem sorgte die Finanzierung des Unterhalts der Söldner für Unmut. Bald verdächtigte man Dion, selbst die Tyrannis anzustreben, zumal er sich weigerte, die Tyrannenburg zu schleifen, zum Unterhalt seiner Söldner die Vermögen wohlhabender Bürger konfiszierte und Anstalten zur Umwandlung der demokratischen Verfassung traf. In der Moderne hat man die faszinierende Idee entwickelt, Dions Ziel sei die Verwirklichung eines platonisch inspirierten Idealstaates gewesen. Die Idee basiert auf dem panegyrisch-apologetischen Dion-Bild der platonischen Akademie, aus deren Kreis mehrere Männer an Dions Umsturz beteiligt waren. Jenseits dieser

Tradition gibt es dafür aber keine belastbare Evidenz, manche Nachricht über Dions Politik in Syrakus spricht dagegen. Vielleicht strebte Dion wirklich die Alleinherrschaft an, vielleicht eine Oligarchie unter seiner Führung. 354 jedenfalls wurde er von seinen eigenen Gefolgsleuten ermordet.

Mit dem Verlust von Syrakus und seinem Rückzug nach Lokroi brach Dionysios' Herrschaft auf Sizilien zusammen, auf die Dauer konnte er nur wenige Plätze halten. In vielen Städten schwangen sich mit Hilfe dienstloser Söldnertruppen, die marodierend durchs Land zogen, Tyrannen auf, die sich gegenseitig bekriegten. Vielerorts wurden Bürger ins Exil getrieben, deportiert oder versklavt und an ihrer Stelle Söldner angesiedelt, häufig landfremde aus Italien. 345 operierte auch wieder ein Heer Karthagos auf der Insel, das in dem Chaos seine Chance sah. Im allgemeinen Zerfall begannen Teile der fruchtbaren Insel sogar zu veröden, behaupten die Quellen. Die Situation mag überzeichnet sein, doch ganz von der Hand zu weisen ist das Bild wahrscheinlich nicht. Syrakus selbst erlebte drei Regimes, bis Dionysios 346 Stadt und Burg noch einmal für kurze Zeit zurückerobern konnte. Seine Herrschaft über Sizilien vermochte er jedoch nicht mehr wiederzuerlangen. 343 gab er auf und ging ins Exil nach Korinth, wovon im nächsten Kapitel noch die Rede sein wird.

4. Destabilisierung in Hellas (371–355)

Thebens Suprematie und die Destabilisierung der Peloponnes

Politische Instabilität, wie sie die Sikelioten seit 357 erlebten, kennzeichnet auch die griechische Geschichte im Mutterland in den 360er und 350er Jahren. Sie war wesentlich eine Folge des Zusammenbruchs der spartanischen Hegemonie nach Leuktra. Die Konsequenzen wurden zuerst auf der Peloponnes spürbar. In einem spektakulären Coup war es dem thebanischen Feldherrn Epameinondas wie berichtet 369 nach dem Angriff auf Sparta gelungen, in Messenien eine Erhebung anzufachen. Sie blieb keine Episode, sondern führte mit Unterstützung von Argos, den Arkadern und Theben zur Gründung eines neuen Staates der Messenier, der zunächst Teile, später die ganze Landschaft Messenien einschließlich weiterer Siedlungen und ehemaliger Periökenstädte umfaßte. Sparta konnte dies nie mehr rückgängig machen. Symbolischer Gründungsakt war der Ausbau einer Siedlung am Fuß des Berges Ithome zum gleichnamigen Hauptort der Landschaft, die mit einer gewaltigen, den Berg als Akropolis einschließenden Befestigung umgeben wurde. Der Ort der neuen Hauptstadt hatte hohen Symbolgehalt. Der Berg Ithome spielte schon im Widerstand gegen Sparta bei dessen Eroberung Messeniens im 7. Jahrhundert eine Rolle und war dessen Zentrum im Großen Helotenaufstand der 460er Jahre: Dort hielten die Aufständischen über Jahre aus und erzwangen schließlich von Sparta freien Abzug, um sich, wie erwähnt, mit athenischer Hilfe in Naupaktos anzusiedeln; als die Stadt 404 an Sparta fiel, verstreuten sie sich in Hellas. Der Aufstand der 460er Jahre dürfte die Geburtsstunde der ‹Messenier› gewesen sein: Die Aufständischen begannen, sich nicht mehr als Angehörige des lakedaimonischen Staates zu definieren, gegen den sie kämpften, sondern als Verband mit eigenständiger ethnischer Identität. Als ‹Messenier› grenzten sich daher (freundschaftlich) die Vertriebenenfamilien in Naupaktos von den dortigen Altbürgern ab, als ‹Messenier› kämpften sie seit 425 bei Pylos und anderswo mit Athen gegen Sparta, als ‹Messenier› weihten sie die erwähnte Statue der Siegesgöttin in Olympia. Als ‹Messenier› dürften sich nun auch manche nach dem Aufstand in Messenien zurückgebliebene Periöken und Heloten verstanden haben, insbesondere in Periökenstädten wie Thuría, die Zentren des Aufstandes gewesen waren. Zugleich begannen damals, zum Teil möglicherweise auf Basis mündlich überlieferter Mythhistorie, Kulttraditionen und dergleichen, Erzählungen über die messenische Frühgeschichte zu entstehen, die die Idee einer Kontinuität des Stammes der Messenier seit ältester Zeit artikulierten. Voll entfaltet finden sie sich in Pausanias' Beschreibung Messeniens im 2. Jahrhundert n. Chr. Ihr Kern sind Erzählungen über die Messenischen Kriege der Archaik, in denen Sparta die Landschaft Messenien unterworfen und die Bevölkerung helotisiert hatte. Manche Legenden um diese Kriege gemahnen sehr an historische Erfahrungen des 5. und 4. Jahrhunderts: Wie im Erdbebenaufstand ist dort der Berg Ithome Zentrum des Widerstands; die Guerillataktik des messenischen Helden Aristoménēs im Zweiten Krieg erinnert an die Aufstandssituation in den 460er Jahren; am Ende beider Kriege ziehen viele Messenier aus der Heimat ins Exil.

Obwohl diese und andere Erzählungen über die Vergangenheit Messeniens in ihrer Entstehungszeit nicht genau einzuordnen und manche mit Sicherheit (deutlich) nach 369 aufgekommen sind, konnte man jedenfalls bei der Gründung des Staates Messenien im Jahr 369 an bereits vorhandene Identitätskonstrukte und die Idee einer gemeinsamen messenischen Vergangenheit und ethnischen Kontinuität anknüpfen. So ‹fanden› sich jetzt dank eines Traumgesichts vergrabene Zinnblättchen mit den Anweisungen für den Mysterien-Kult im Heiligtum der Großen Götter in Andanía, die man als «Vermächtnis des Aristomenes» deutete (Pausanias 4.26.6–8). Und die Thebaner konnten einen großen Rückkehrappell an die ‹Messenier› in ganz Hellas richten, die im Erdbebenaufstand oder gar schon in den Messenischen Kriegen vertrieben worden waren: Sie sollten mit den im Land gebliebenen Messeniern (also den Heloten und Periöken Spartas) das neue Staatsvolk bilden – auch wenn viele Heloten und Periöken, von denen einige 369 noch Sparta unterstützten, wohl erst lernen mußten, sich als ‹Messenier› zu verstehen: Einige Gebiete und Periökenstädte hielten Sparta noch über Jahre die Treue und wurden erst von den Makedonen nach 338 dem Staat der Messenier eingefügt. Eine fiktive Rede, die Isokrates dem späteren König Archidamos III. von Sparta in den 360er Jahren in den Mund legt und die aktuelle spartanische Diskurse aufzugreifen scheint, bestätigt die Bedeutung dieser Identitätskonstruktion für den neuen Staat der Messenier und zeigt zugleich die spartanische Antwort darauf. Dort begründet Archidamos mit Erzählungen aus ältester mythischer Vergangenheit, unter anderem der Herakliden-Sage, den Rechtsanspruch Spartas auf Messenien. Und er betont nachdrücklich, daß es dort gar keine ‹Messenier› gebe, sondern nur entlaufene Sklaven Spartas: Wenn die Feinde «echte Messenier zurückführten, täten sie Unrecht, aber wenigstens mit einem nachvollziehbareren Grund …; wir aber müssen auch noch zusehen, wie unsere Sklaven Herren (sc. unserer Landes) werden» (Rede 6.28).

Messenien ist das Paradebeispiel für eine scharfe Akzentuierung und teilweise auch Neuentstehung ethnischer Identitäten, die sich im 4. Jahrhundert in mehreren Regionen und Gemeinwesen der Peloponnes beobachten läßt. Das Phänomen war zugleich Folge und Motor der Abfallbewegung von Sparta, die, wie wir sahen, bereits vor Leuktra einsetzte. Ein weiteres Beispiel dafür ist uns schon begegnet: das im Jahr 370 gegründete *koinón* der Arkader. Seine Machtentfaltung im Bund mit Thebens Suprematiebestrebungen trug in den kommenden Jahren maßgeblich zur Destabilisierung der Peloponnes bei. Nach dem erfolgreichen Angriff auf Sparta im Winter 370/69 wandte sich die Koalition aus Thebanern, Arkadern, Argos und Elis gegen die Sparta verbliebenen Bundesgenossen in der Nordostpeloponnes, darunter Korinth, Pellḗnē, Sikyon und, gleich mehrmals in den Folgejahren, Phleius. Die Feldzüge verliefen wechselhaft, führten aber in vielen Poleis zu Destabilisierung: In Sikyon zum Beispiel kam es damals zu Kämpfen zwischen Parteigängern Spartas und seiner Gegner, in deren Zuge sich, wie wir sahen, Euphron zum Tyrannen aufschwingen konnte. Bürgerkriege flammten auch in Achaia auf, als Theben dort 366 mehrere Städte besetzte, demokratische Regimes installierte und die abgesetzten, Sparta-orientierten Oligarchen die Macht mit Gewalt zurückzugewinnen versuchten. Ähnliches wiederholte sich in anderen Städten. Selbst im seit alters demokratischen und spartafeindlichen Argos führte die allgemeine Unruhe auf der Peloponnes zu einer Eskalation der Gewalt unter den Bürgern: Die Denunziation einer angeblichen Verschwörung spartafreundlicher Oligarchen führte dort dazu, daß in einer hysterischen Überreaktion über tausend Bürger der Oberschicht auf bestialische Weise ermordet wurden – man zertrümmerte ihnen mit Keulenhieben den Schädel. Ein weiterer symbolischer Höhepunkt der Wirren, in die die Peloponnes in diesen Jahren gestürzt wurde, war eine Schlacht zwischen den bis dahin verbündeten Eleern und Arkadern, die im Jahr 364 während des Heiligen Friedens der 104. Olympiade im Heiligtum von Olympia stattfand. Auslöser war, daß Elis ein umstrittenes Grenzgebiet besetzt hatte, von den Arkadern aber zurückgeschlagen und in die Defensive gedrängt wurde. Auch dieser Krieg war zudem von Kämpfen zwischen Demokraten und prospartanischen Oligarchen in Elis begleitet, während auf eleischer Seite antidemokratische arkadische Emigranten kämpften. «Keine der Poleis», läßt Isokrates Archidamos in der erwähnten Rede in den 360er Jahren sagen, «ist noch unversehrt, jede von ihren Nachbarn bedroht, so daß das Land verwüstet daliegt, die Städte zerstört, die Häuser verlassen, die Verfassungen gestürzt und die Gesetze aufgelöst sind, unter denen sie einst die wohlhabendsten unter den Griechen waren. ... Dort ist alles, was es an Leid und Unglück gibt, zusammengekommen» (§ 66–68). Die Bemerkung fällt im Zusammenhang einer Rechtfertigung der alten spartanischen Hegemonie, so daß das Bild überzeichnet sein mag. Aber ganz abwegig war es wohl nicht.

Theben war offenbar nicht in der Lage oder nicht interessiert daran, dem Chaos auf der Peloponnes ein Ende zu setzen. Zudem blieb sein Streben nach Suprematie nicht auf die Peloponnes begrenzt. Mit zahlreichen mittelgriechischen Gemeinwesen – den Phokern, Lokrern, Aitolern und anderen – schloß Theben Bündnisse, in Thessalien griff es in der Folge mehrmals gegen Alexander von Pherai ein. Als die Griechen 367/6 wieder einmal vor dem persischen Großkönig über einen Allgemeinen Frieden verhandelten, gewannen die Thebaner dessen Unterstützung (indem sie ausnahmsweise ebenfalls einmal mit den Perserkriegen argumentieren konnten: daß sie nämlich auf Persiens Seite gestanden hatten) und versuchten sich mit einer 366 nach Theben einberufenen Friedenskonferenz als neue Ordnungsmacht in der Nachfolge Spartas zu gerieren. Die Griechen ratifizierten den Frieden allerdings nicht. Gleichzeitig begann Theben, mit persischem Geld eine große Flotte zu rüsten, mit der Epameinondas 364 eine Expedition in die Ägäis unternahm, um Athen zu schwächen und Seebundspoleis abspenstig zu machen. Das Experiment blieb aber erfolglos und einmalig. Es führte jedoch zum endgültigen Bruch mit Athen, mit dem Theben noch 379/8 bei der Vertreibung der Spartaner aus Theben und der Neugründung des Seebundes eng verbündet gewesen war.

Doch Thebens Machtentfaltung in Boiotien hatte bereits in den 370er Jahren zu Spannungen geführt: Als Theben das gerade erst wiedergegründete Plataiai, traditionell im Schutz Athens, 374/3 erneut zerstörte, kam es zu einem Aufschrei der Empörung in Athen, die in Isokrates' *Rede über Plataiai* greifbar ist; die Siegesmeldung von Leuktra wurde in Athen mit eisigem Schweigen quittiert. Als Theben dann um 370 Athen die euboiischen Poleis abspenstig machte, 366 bei den Verhandlungen über einen Allgemeinen Frieden unter dem Vorwand der *autonomía* von Athen faktisch die Auflösung der Flotte verlangte, aber selbst die seit alters umstrittene attisch-boiotische Grenzlandschaft Ōrōpós annektierte und schließlich 364 mit seiner neuen Flotte die Ägäispolitik Athens störte, lag die Feindschaft offen zutage. Anstelle des Bündnisses mit Theben von 378 ging Athen, um dessen Machtpolitik auf der Peloponnes zu stören, 369 auf ein Bündnisgesuch des geschwächten Sparta ein, unterstützte Phleius in seinem Widerstand und verbündete sich 366 mit den Arkadern.

Diese Gemengelage führte 362 zu einer Konfrontation aller südgriechischen Mächte, von deren Ausgang viele weitreichende Folgen erwarteten. Im Arkadischen Bund waren im Jahr 363 wahrscheinlich schon länger bestehende innere Spannungen aufgebrochen, als die Mantineier gegen den Skandal protestierten, daß die Bundesmagistrate die Tempelschätze Olympias, über die die Arkader seit dem Sieg über Elis verfügen konnten, für die Bezahlung der Söldner des Bundesheeres zweckentfremdeten. Der Streit eskalierte in einer Weise, daß sich einige Monate später im Arkadischen Bund zwei Lager feindlich gegenüberstanden, eines um Mantineia, das andere um Tegea und Megalopolis. Das *koinón* der Arkader war damit faktisch zerbrochen (eine Rumpfstruktur von unklarem Umfang bestand allerdings auch später noch). Beide Seiten appellierten nun an verbündete Mächte, Tegea und Megalopolis an Theben, Mantineia an Athen und, ausgerechnet, Sparta, dem an der Schwächung von Megalopolis gelegen war. Noch einmal rückte Epameinondas im Sommer 362 mit einem großen Heer aus Boiotern und Bundesgenossen in die Peloponnes ein, griff sogar – wieder vergeblich – Sparta an, und traf bei Mantineia auf eine

Koalition, die neben den Arkadern um Mantineia auch Athener, Eleer, Spartaner und deren Bundesgenossen aus Achaia umfaßte. Trotz der Menge der Kombattanten brachte die Schlacht von Mantineia aber kein Ergebnis – außer daß Epameinondas fiel. Beide Seiten reklamierten den Sieg für sich. Auch politisch blieb die Schlacht folgenlos. Weder bestätigte sie Theben als Hegemon über Hellas, noch beendete sie auf einen Schlag seine Machtstellung. Man einigte sich auf einen weiteren Allgemeinen Frieden, doch die zahlreichen kleinen Konflikte auf der Peloponnes setzten sich, wie anderswo in Zentralgriechenland, in den 350er und 340er Jahren fort. Allerdings scheint sich in der thebanischen Führung in den nächsten Jahren eine Richtung durchgesetzt zu haben, die überregionale Interventionen mied und sich auf den mittelgriechischen Raum konzentrierte. Das mag mit dem Tod der beiden Architekten der Expansionsphase zu tun haben – Pelopidas war bereits 364 gegen Alexander von Pherai gefallen –, vielleicht aber einfach damit, daß dem agrarischen Boiotien auf Dauer die Ressourcen für den Unterhalt einer Flotte und großer Heere fern der Heimat fehlte. Als Machtfaktor in Zentralgriechenland blieben Theben und sein Bund aber bis 335 bestehen.

Die Peripetie Athens

Als überregional wichtige Macht blieb nach 362 daher nur Athens Seebund. Zwar hatte der Seebund um 370 Verluste erlitten – so hatte er die Poleis Euboias verloren, die erst 357 wieder zurückgewonnen werden konnten –, doch konnte er anderswo expandieren: 365 hatte eine athenische Flotte unter Timotheos die von einer persischen Garnison besetzte Insel Samos erobert und legte dort, nach Vertreibung der Bürger, zum ersten Mal seit dem Ersten Seebund wieder ein Kleruchie an. Noch im selben Jahr konnten die Athener auf der Chalkidike Fuß fassen und ihre Stellung in der Gegend in den Folgejahren durch Eroberungen weiter ausbauen, unter anderem durch eine weitere Kleruchie in Poteidaia. Das Ziel dieser Offensive war die Eroberung der Städte Olynth und vor allem Amphipolis, mit denen Athen wie im Ersten Seebund die nordägäische

Küste und vor allem die Holz- und Edelmetallvorkommen dort kontrolliert hätte. Dieses Ziel wurde zwar nie erreicht, doch gerade die Wiedergewinnung von Amphipolis entwickelte sich bis in die 340er Jahre geradezu zu einer fixen Idee der Athener, für deren Verwirklichung große Ressourcen geopfert wurden. Außerdem konnte Athen seit 365 persische Städte und Festungen auf der thrakischen Chersones am Hellespont gewinnen, um die Schwarzmeerroute zu sichern. Ermöglicht wurde diese Machtentfaltung nicht zuletzt durch eine gleichzeitig auftretende innere Schwäche des Perserreiches infolge einer Serie von Revolten in den westlichen Satrapien. Sie begannen um 370 mit der Erhebung eines Satrapen in Kappadokien, der für einige Jahre eine unabhängige Herrschaft in Zentralanatolien behaupten konnte; um 367 erhob sich ein weiterer, als er seine Satrapie am Hellespont abgeben sollte (er verlor 365 die Städte auf der Chersones); 362 schließlich hören wir von Aufständen und/oder Satrapenrevolten in ganz Kleinasien, zudem von einem Angriff des Pharaos von Ägypten (das seit 404 faktisch unabhängig von Persien war) auf Phönizien. Meutereien, Seitenwechsel von Aufständischen und Bestechung durch den Großkönig beendeten aber um 360 diesen ‹Großen Satrapenaufstand›, wie er in der Forschung heißt. Daß diese Revolten koordiniert waren und gar die Stabilität des Reiches als Ganzes in Gefahr brachten, wie es die antike Überlieferung will, ist zwar unwahrscheinlich. Dennoch banden diese Unruhen Kräfte und trugen so dazu bei, daß der Großkönig und untergeordnete persische Machthaber im Westen in den 360er Jahren relativ wenig in der Ägäis intervenierten. Die Maßnahmen gegen Athens Machtentfaltung beschränkten sich auf jene Geldmittel, mit denen Epameinondas seine ergebnislose Flottenexpedition finanzieren konnte.

Dennoch konnte Athen diese Lage nicht weiter ausnutzen, im Gegenteil: Es verlor seit 363 bereits wieder die Kontrolle über den Hellespont an thrakische Fürsten und Anrainerstädte, darunter Byzantion, was mehrmals zu Krisen der Lebensmittelversorgung führte, und konnte nicht einmal die Ägäis gegen die Kaperfahrten Alexanders von Pherai schützen. Zur Blamage Athens konnten dessen Schiffe einmal sogar ungehindert bei Tage in den Piräus eindringen. Der Grund für diese eklatante Schwäche war banal. Athen war offenbar nicht in der Lage, auf Dauer die extrem hohen Kosten für den Seekrieg (Schiffe und Ausrüstung, die Bezahlung der Mannschaften) zu decken, und war deswegen in seinem Aktionsradius häufig beschränkt. Das Problem war nicht neu. Seit den 370er Jahren und besonders seit der Zeit um 360 häufen sich Nachrichten, daß athenische Kommandanten gezwungen waren, den Unterhalt ihrer Flotte durch Sonderabgaben bei Bündnern, durch Plünderungen oder auf andere irreguläre Weisen zu finanzieren. Die *triērarchía* – die auf den reichsten Athenern lastende, exorbitant kostspielige Pflicht, ein Kriegsschiff ein Jahr lang auszurüsten – wurde im 4. Jahrhundert zunehmend häufig als Syntrierarchie von zwei oder mehr Personen gemeinsam erfüllt, und um 357 reformierte man das System dahin gehend, daß eine größere Gruppe gemeinschaftlich dafür veranlagt wurde. Offenkundig waren einzelne damit zu stark belastet. Weitere Schwierigkeiten kamen hinzu: 359 klagte Apollódōros, ein wohlhabender Bankier, vor dem Volksgericht in Athen auf Schadensersatz für die ruinösen Verluste, die ihm als Trierarch 362/1 entstanden waren, als er nach Ende seines Dienstjahres nicht von seinem Nachfolger abgelöst wurde und daher noch fünf weitere Monate das Schiff finanzieren mußte: Apollodoros mußte Löhne und Verpflegung für die Mannschaft in gewaltiger Höhe vorstrekken und sich dafür verschulden, weil die staatlichen Gelder nur zum Teil flossen. Als der Lohn ausblieb, verdingten die Mannschaften sich auf Schiffen anderer Poleis, so daß Apollodoros fremde Ruderer zu höherem Tarif aus eigener Tasche anwerben mußte. Und schließlich wollte der athenische Stratege, unter dem Apollodoros diente, sein Schiff auch noch für private Zwecke nutzen. Wenn nur die Hälfte der berichteten Mißstände wahr ist, legt der Text beredtes Zeugnis von den Hemmnissen der athenischen Seekriegführung um 360 ab.

Die Rede bestätigt weiterhin, daß manche athenischen Oberschichtenangehörigen wie Apollodoros' Nachfolger die Lasten der Seekriegführung nicht mehr tragen konnten – oder wollten. Denn die Schwierigkeiten bei der Finanzierung der Flotte sind nicht auf eine ökonomische Krise zurückzuführen. Athen lag entgegen früheren Auffassungen im 4. Jahrhundert wirtschaftlich nicht danieder; Attika hatte sich von den Zerstörungen und Menschenverlusten des Peloponnesischen Krieges offenbar rasch erholt, war dicht besiedelt und wurde agrarisch intensiv genutzt. Die Ausbeutung der Silberminen in Laureion wurde ebenfalls wieder aufgenommen. Athen war bald auch wieder ein wichtiges Fabrikationszentrum für hochwertige Handwerksprodukte, der Piräus nach wie vor einer der wichtigsten Umschlagplätze der Ägäis und des Mittelmeers; im Bankgeschäft konnte der Vater des Apollodoros, Pasion, ein gewaltiges Vermögen machen. Das Problem lag also nicht in einer generellen Verarmung, sondern vielmehr darin, daß die regulären Einnahmen der Polis – vor allem Zölle des Piräus, Pachteinnahmen und die Metökensteuer (eine allgemeine Steuerpflicht gab es nicht) – trotz ihrer im Vergleich zu anderen Poleis sicher beträchtlichen Höhe zu gering waren, um neben den hohen laufenden Kosten (insbesondere für die Tagegelder der Richter, Ratsherren etc.) eine permanente Seekriegführung zu finanzieren – zumal wenn, wie in den 360er Jahren, gleichzeitig große Landheere anderswo zu unterhalten waren. Im Ersten Seebund war dieses strukturelle Defizit durch die Tribute ausgeglichen worden, die Athen seinen Bündnern abgepreßt hatte. Im Zweiten Seebund reichten die *syntáxeis*, die das Synhedrion der Bündner festsetzte, dafür aber offenbar nicht aus. Daher waren athenische Flottenbefehlshaber gezwungen, ihre Kommandos auf irreguläre Weise zu finanzieren, bisweilen zu Lasten von Verbündeten. Außerdem mußte die Polis Athen immer intensiver auf die Vermögen ihrer Oberschicht zurückgreifen, die die Trierarchie und zusätzlich noch die *eisphorá* erbringen mußten, eine im Krieg von Vermögenden erhobene Sondersteuer, die im 4. Jahrhundert aber zunehmend regelmäßig eingefordert wurde. Das brachte manchen vielleicht tatsächlich in Schwierigkeiten, und es rief vor allem Widerstand hervor. «Seht Euch diese Stadt an, Männer von Athen», sagte ein junger Politiker namens Demosthenes 354 in seiner ersten Rede vor der Volksversammlung: «In dieser Stadt ist Wohlstand, beinahe soviel wie in allen anderen Städten zusammen»; aber die Männer, in deren Händen er liegt, fährt er fort, sind nur dann bereit, das Geld zu opfern, wenn wirklich Gefahr droht: «Das Geld, sage ich, ist da, wenn es wirklich benötigt wird, aber nicht früher» (Rede 14.25 f.). Die Machtpolitik in den 360er Jahren überforderte also die Ressourcen der Polis, und ihre Elite wollte oder konnte die zusätzliche Dauerbelastung nicht mehr mittragen.

In dieser Situation traf Athen ein unerwarteter Schlag: 357 traten Chios und die rhodischen Poleis aus dem Seebund aus und schlossen sich zur Verteidigung gegen Athen mit Byzantion (vielleicht schon nicht mehr im Bund) und Kos zusammen. Unterstützt wurden sie von Maússōllos, dem persischen Vasallenherrscher über Karien, dem es durch geschicktes Taktieren gelungen war, den 377 von seinem Vater ererbten Machtbereich auf weite Teile der kleinasiatischen Süd- und Westküste und ihr Hinterland zu erweitern; sein pompöses Grabmal in seiner Residenzstadt Halikarnassos, das Maussṓlleion, wegen seiner gigantischen Größe und neuartigen Architektur in der Antike als eines der sieben Weltwunder gepriesen und namengebend für eine ganze Architekturgattung, zeugt von seinem (oder seiner Witwe) Selbstbewußtsein und Reichtum ebenso wie von der griechisch-karischen Kulturblüte, die er in seinem Herrschaftsgebiet beförderte. 357 ging es ihm darum, die vorgelagerten Inseln Chios, Kos und Rhodos zu gewinnen (was ihm auch gelang). Die Koalition aus drei der stärksten Ägäisstädte – davon zwei, Byzantion und Rhodos, mit beherrschender Lage an den wichtigsten athenischen Handelsrouten – und dem karischen Krösus bedeutete eine existentielle Bedrohung für Athens Vormachtstellung in der Ägäis, ja sie stellte den Seebund als Ganzes in Frage. Die Athener entschlossen sich daher, die Städte mit Gewalt in den Seebund zurückzuzwingen. Doch Athens Flottenoperationen in diesem sogenannten ‹Bundesgenossenkrieg› hatten keinen Erfolg; die entscheidende Seeschlacht bei Émbata in der Nähe von Erythrai in Kleinasien endete mit hohen Verlusten für Athen. Aus Geldmangel mußte sich der athenische Feldherr Chárēs mit seinen Söldnern einem aufständischen Satrapen in Kleinasien andienen, worauf der Großkönig Athen mit einer Flottenintervention drohte und so 355 zwang, den Krieg aufzugeben und die Sezession anzuerkennen. Bald darauf traten auch Kerkyra sowie die Poleis auf Lesbos aus;

weitere Bündner verlor Athen in den kommenden Jahren an feindliche Mächte.

Den Bundesgenossenkrieg deutete man lange als Auflehnung der Bündner gegen ein Athen, das den Bund immer mehr wie sein Untertanengebiet behandelt und zu seinen machtpolitischen Zwecken instrumentalisiert habe, also sozusagen in die imperialistischen Verhaltensmuster des 5. Jahrhunderts zurückgefallen sei. Die Forschung hat diese Deutung jedoch mittlerweile in Zweifel gezogen: Wir hören weder von athenischem Mißbrauch der *syntáxeis* noch von einer Einschränkung der Rechte des Synhedrions der Bündner, noch von nicht einvernehmlich entsandten Garnisonen. Eingriffe in die Rechtshoheit sind nur in einem einzigen Sonderfall belegt, Kleruchien wurden nur in Neueroberungen angelegt, athenische Landnahme ist sonst nirgends bezeugt. Es gibt demnach keine Evidenz, daß Athen ab einem bestimmten Zeitpunkt seine Bündner wieder zu unterdrücken begonnen hätte. Die Austritte, die zum Bundesgenossenkrieg führten, sind daher wohl nicht als Aufstand der Unterdrückten zu verstehen. Sicherlich mochte die oben skizzierte neue Machtpolitik Athens in den 360er Jahren, die erneute Entsendung von Kleruchien (nicht jedoch in Bündnerstädte) und die irregulären Requisitionen athenischer Truppenkommandanten Mißtrauen und Unwillen geweckt haben. Zudem mögen manche Bündner ein athenisches Eingreifen zugunsten der ihr zuneigenden Seite einer *stásis* auf der Bündner-Insel Keos um das Jahr 363 als Verletzung der Autonomie-Klausel gewertet haben, und Empörung soll auch das Verhalten des Chares auf Kerkyra ausgelöst haben, der dort einen oligarchischen Umsturz unterstützte oder wenigstens tolerierte (Sachverhalt und Datierung sind allerdings umstritten). Und nicht zuletzt legten zwei athenische Publizisten in den 350er Jahren den Athenern ein Umdenken hinsichtlich ihrer Hegemonialpolitik nahe (darauf wird gleich noch zurückzukommen sein) – auch das vielleicht ein Hinweis auf neue hegemoniale Ambitionen. Doch die Mehrzahl der Bündner, freilich meist kleinere Poleis, standen im Bundesgenossenkrieg und danach treu zu Athen; gerade der Schutz, den Athen in der Ägäis gegen Piraterie bot, machte den Seebund für sie nach wie vor attraktiv. Es ist demnach zwar nicht auszuschließen, daß Athens Machtpolitik seit 366 die Austrittswilligkeit der Poleis im Jahr 357 befördert hatte; aber aus einer Bedrückung heraus handelten sie nicht, sondern wahrscheinlich einfach weil sie sich von der Allianz mit Maussollos größeren Vorteil versprachen als von jener mit Athen. Wie dem auch sei, für Athen hatte der Bundesgenossenkrieg gravierende Folgen: Der Zweite Seebund verlor seine potentesten Mitglieder und blieb fortan weitgehend bedeutungslos. Als letzte unter den ehemaligen Hegemonialmächten hatte damit auch Athen seine Rolle als Großmacht ausgespielt.

5. Auf der Suche nach dem Ausweg: Praxis und Theorie der Politik im 4. Jahrhundert

Um die Mitte der 350er Jahre präsentierte sich die politische Landkarte des griechischen Mutterlandes (und Siziliens) als Mosaik politisch instabiler, schwacher, in diverse Kleinkriege verwickelter Kleinstaaten. Am Ende des gut hundertjährigen Ringens der Griechen untereinander, das mit dem athenisch-spartanischen Dualismus in den 460er Jahren begonnen hatte, waren die überregional ausgreifenden Hegemonialmächte heillos geschwächt und ehemaligen Machtblöcke zerbrochen. In Hellas hatte über Jahrzehnte ein nur von kürzeren Friedensphasen unterbrochener Dauerkrieg geherrscht, der erhebliche soziale Kosten verursachte: Fast alle Landschaften und gerade die kleineren Poleis hatten irgendwann Krieg und Zerstörung erlebt; Bürgerkriege, die meist aus außenpolitischen Richtungskämpfen zwischen Anhängern der einen oder der anderen Großmacht hervorgingen (verfassungspolitische Gegensätze waren meist sekundär, soziale Spannungen entgegen älteren Auffassungen selten der Anlaß), verschärften diese Situation noch, vernichteten zahllose Existenzen und trieben Tausende als Flüchtlinge ins Elend. Ein Ende dieses selbstzerstörerischen Ringens war mit dem Zusammenbruch der Hegemonialmächte nicht in Sicht, im Gegenteil. Xenophon, der seine Anfang der 350er Jahre fertiggestellte Geschichte Griechenlands nicht zufällig mit der ergebnislosen Schlacht von Mantineia 362 enden läßt, schließt sein Werk mit der resignativen Feststellung: «Mit dem Ende der Schlacht war genau das Gegenteil erfolgt von dem, was alle Welt erwartet hatte. ... Indem beide Seiten behaupteten, gesiegt zu haben, besaß doch offenkundig keine mehr an Land, Städten oder Herrschaft als vor der Schlacht. Aber Unordnung und Verwirrung in Hellas wurden nach der Schlacht noch viel größer als vorher» (*Hell.* 7.5.36 f.). Das hier deutlich zum Ausdruck kommende Krisenempfinden ist schon in der bereits erwähnten Prunkrede des Lysias bei der Olympiade von 384 zu greifen, der beklagt, daß es «als Folge von *stáseis*, inneren Kriegen und gegenseitiger Rivalität so weit gekommen ist», daß «Griechenland in Flammen steht» (Rede 33.4 und 7). Auch der *Panēgyrikós* des Isokrates perhorresziert wenig später die Kriege der Poleis untereinander, die *stáseis*, die Vertreibungen etc., um dann die Griechen, wie erwähnt, zu Eintracht in der Gegnerschaft zu Persien aufzurufen.

Solche Aussagen sind mit Vorsicht zu lesen; sie haben ein bis in die Gegenwart wirksames Geschichtsbild befördert, in dem das 4. Jahrhundert ausschließlich als Phase allgemeinen Niedergangs gesehen wurde. Das aber wäre zu einfach: Einige Gegenden wie das persische Kleinasien blieben nach dem persisch-spartanischen Krieg weitgehend verschont und sahen teilweise beträchtlichen Wohlstand, andere erholten sich von den Kriegen relativ schnell – Athen ist nicht das einzige Beispiel –, manche wie Messenien oder Arkadien erlebten eine Blüte. Gleichwohl bleiben die politische Instabilität und die daraus resultierenden ökonomischen und sozialen Folgen zumindest für bestimmte Phasen und Regionen im 4. Jahrhundert ein Merkmal der Zeit. Lysias' und Isokrates' Äußerungen mögen in generalisierter Form daher rhetorisch überzeichnet sein, zielten aber auf entsprechende Wahrnehmungen und Erfahrungen der Zeitgenossen ab und sind als Ausdruck eines Krisenempfindens daher ebenso ernst zu nehmen wie die Ausführungen Xenophons. Wie ist die politische Instabilität des 4. Jahrhunderts zu erklären? Das Machtstreben der größeren Poleis und ihrer Eliten, ihre alten und neuen Rivalitäten, die niedrige Hemmschwelle, Krieg zu eröffnen und sich am Besitz gegnerischer Poleis zu vergreifen, und dergleichen Konstanten der griechischen Geschichte reichen als Antwort alleine nicht aus. Es kamen vielmehr zeitspezifische Faktoren zum Tragen. Einer, der nicht unterschätzt werden sollte, waren Ideologien und Ideale. Wir sahen bereits, daß der Korinthische Krieg in Athen von einer restaurativen Stimmung getragen war, in der Texte wie Lysias' *Epitáphios* oder Isokrates' *Panēgyrikós* wieder die Geschichtserzählungen und Selbstbilder propagierten, mit denen das hegemoniale Athen im 5. Jahrhundert seinen Anspruch auf die Rolle einer Führungs- und Ordnungsmacht in Hellas gerechtfertigt hatte. Diese ideologische Rhetorik zieht sich in Athen durch das gesamte 4. Jahrhundert und trug dazu bei, das Fernziel der Wiedererlangung einer Führungsrolle in Hellas, den «Ghost of Empire», wie man es genannt hat, stets präsent zu halten. Das heißt nicht, daß die Außen- und Machtpolitik der Athener nicht pragmatischen Interessen wie der Sorge um die Lebensmittelversorgung aus dem Schwarzen Meer folgte, und nach dem Königsfrieden zum Beispiel agierte die Polis lange Zeit sehr vorsichtig. Doch dürfte der ‹Ghost of Empire› in einer Polis, die einen Anspruch auf eine Hegemonialstellung zu haben glaubte, die ihr durch ein widriges Schicksal geraubt worden war, zumindest in bestimmtem Maße und bestimmten Situationen eine Rolle gespielt haben: Isokrates zum Beispiel übt um 355, wohl mit Blick auf die Machtpolitik in der Ägäis in den 360er Jahren, Kritik an Demagogen, «die behaupten, wir müßten unseren Vorfahren nacheifern und dürften nicht mitansehen, wie wir selbst zum Gespött würden, wenn andere, die uns keinen Tribut mehr entrichten wollten, das Meer befahren» (Rede 8.36).

Hinweise auf diese ideologische Komponente im Ringen der griechischen Staaten finden sich aber auch außerhalb Athens. Nicht zufällig leitet Xenophon seinen Bericht über die Machtentfaltung des Arkadischen Bundes mit der Rede des Lykomedes ein, die den Führungsanspruch und die militärische Stärke mit der Autochthonie der Arkader begründet – und sie so «mächtig aufgeblasen» machte (*Hell.* 7.1.24). Gerade unter den Bedingungen demokratischer Entscheidungsprozesse wie in Athen oder bei den Arkadern ist solche ideologische Rhetorik als Faktor ernst zu nehmen. Dies gilt in womöglich noch höherem Maße für die Ideale von *eleuthería* und *autonomía*, die im politischen Diskurs der Zeit, wie wir sahen, omnipräsent waren. Als Epameinondas 369 Spartas Herrschaft auf der Peloponnes zerschlug, geschah dies nach der erwähnten Ehreninschrift im Zeichen der *eleuthería* und *autonomía*. Aus Sicht der thebanischen Führung waren diese Schlagwörter kaum mehr als ein Etikett für ihre eigenen machtpolitischen Ziele. Doch Wirkung entfalteten sie, weil sie für viele der peloponnesischen Gemeinwesen, die sich nach Leuktra gegen Sparta erhoben, sicherlich mehr als eine Parole waren. Die Folgen waren Jahre blutiger Wirren auf der Peloponnes.

Dauer und Ergebnislosigkeit des Ringens sind allein damit allerdings nicht zu erklären. Entscheidend dafür waren die strukturellen Schwächen der großen Mächte im griechischen Mutterland (die Misere Siziliens in den 350 und 40er Jahren hatte, wie berichtet, eigene Ursachen). Sparta war aus den dargelegten inneren Gründen nicht in der Lage, seine (nur durch massive persische Unterstützung im Peloponnesischen Krieg erlangte) Hegemonialstellung langfristig auf stabile Grundlagen zu stellen. Die seit den 370er Jahren wieder aufrückenden Mächte Theben und Athen hingegen verfügten nicht über hinreichende Ressourcen, um aus eigener Kraft eine dauerhafte Großmachtstellung aufzubauen. Das verhinderte, daß sich eine Hegemonialmacht etablieren konnte, führte aber in den 370er und vor allem den 360er Jahren zu einer nahezu permanenten Kriegführung im Ringen um kleine Gewinne. Auf der anderen Seite bemühten sich wechselnde Allianzen, den jeweils zu mächtig werdenden Spieler frühzeitig zu stoppen. Dieser ‹Agon ohne Ausweg› hatte gerade in Süd- und Zentralgriechenland destabilisierende Folgen und erschöpfte auf Dauer die Kräfte aller. Im Zuge oder im Schatten dieser Auseinandersetzungen konnten zudem kleinere Spieler wie der Arkadische Bund oder die Herren von Pherai eine aggressive Machtpolitik betreiben und überdies mancher zuvor niedergehaltene Konflikt (etwa zwischen Elis und den Arkadern) aufbrechen. Beides trug weiter zur Destabilisierung bei.

Die Zeitgenossen haben intensiv nach Lösungsansätzen für diese Krise gesucht. Der Zweite Seebund und die Bundesstaaten, soweit nicht nur Anhängsel einer Hegemonialmacht, waren Versuche, sich durch gemeinsame Verteidigung gegen Machtbestrebungen Dritter abzusichern, und sie trugen zudem durch Befriedung der Mitgliedsstaaten nach innen zur Stabilisierung bei. Allerdings hegten viele von ihnen, wie wir sahen, ab einem gewissen Zeitpunkt selbst hegemoniale Aspirationen und wurden so zu Unruhefaktoren. Ein diplomatischer Lösungsansatz war die Idee der *koinḗ eirḗnē*, des alle Griechen bindenden Allgemeinen Friedens; doch auch diese Friedensschlüsse waren von Anfang an, bereits 386 im Königsfrieden, ein Vehikel für machtpolitische Interessen und blieben deswegen ohne Wirkung. Einzelnen Gemeinwesen gelang es, eine defensive Nichteinmischungspolitik durchzuhalten. Dies war etwa im kleinen Megara der Fall, das, bis auf einen gescheiterten Umsturzversuch nach Leuktra, innere Stabilität und sprichwörtliche Prosperität genoß, die offenbar maßgeblich auf einer entwickelten Wollindustrie beruhte: Obwohl es in der Megaris nichts als Fels gebe, sagt Isokrates (Rede 8.117), hätten sie wegen ihrer Friedenspolitik «die größten Anwesen unter den Griechen».

Diese praktischen Lösungsansätze wurden von einer intensiven politischen Publizistik begleitet. Wir waren in Isokrates' *Panēgyrikós* und Lysias' *Olympischer Rede* bereits dem Panhellenismus begegnet – einer im 4. Jahrhundert weitverbreiteten Bewegung, deren Vertreter, in Anknüpfung an die Perserkriegserinnerung und Griechen-Barbaren-Antithese des 5. Jahrhunderts, die Lösung der internen Konflikte in einer Besinnung der Griechen auf ihre gemeinsamen Wurzeln und einem erneuten Zusammenschluß gegen das persische Reich sahen. Isokrates selbst trug die Idee eines panhellenischen Perserkrieges mehrmals griechischen Potentaten an, zuletzt 346 König Phílippos von Makedonien (Rede 5). Die Bewegung fand jedoch nicht nur unter Intellektuellen Anhänger: Mit panhellenischen Parolen hatte Sparta Anfang der 390er Jahre für seinen Kleinasienkrieg geworben, in den 330er Jahren sollten Philipp und Alexander von Makedonien mit dieser Idee ihren Perserfeldzug propagieren. Diese propagandistische Vereinnahmung zeigt jedoch zugleich die Schwäche der panhellenischen Idee als Lösung für den Agon ohne Ausweg: In der politischen Praxis war sie vor allem ein Vehikel zur Rechtfertigung von Machtpolitik. Auch

Isokrates' *Panēgyrikós* setzt bezeichnenderweise einen Hegemon voraus, in diesem Fall Athen. Zur Stabilisierung der griechischen Welt trug der Panhellenismus damit nicht bei.

Einen anderen Lösungsansatz trug Isokrates am Ende des Bundesgenossenkrieges in dem Traktat *Über den Frieden* (Rede 8) vor: Athen solle von despotischer Machtpolitik Abstand nehmen (die er dem Ersten und Zweiten Seebund vorwirft) und die Autonomieforderung des Königsfriedens zu seiner Richtschnur machen, selbst wenn es andere nicht tun; dann werde, weil die permanenten Kriegskosten wegfallen, der private und öffentliche Wohlstand anwachsen, ohne daß man andere unterwerfen und ausbeuten müsse, und «alle, die in Angst und Not sind, ‹werden› bei uns Zuflucht suchen» und von sich aus «uns die Hegemonie übertragen» (§ 138). Die außenpolitische Doktrin Athens müsse also eine «gerechte», auf freiwilliger Gefolgschaft der Griechen beruhende, defensive Hegemonie sein, die ihre Aufgabe in der Bewahrung einer freiheitlichen Friedensordnung sieht. Isokrates stand mit diesem Programm nicht allein. Ein ähnliches Konzept vertritt zur selben Zeit auch Xenophons Traktat *Póroi* (‹Mittel und Wege›). Die Schrift gibt sich als Memorandum, wie Athen seine Staatseinkünfte steigern könne; sie empfiehlt dazu Maßnahmen, um die Attraktivität der Stadt für gewerbetreibende Metöken (die Kopfsteuer zahlten) und auswärtige Händler (wegen der Zölle) zu steigern, und stellt insbesondere ein Programm vor, wie man durch staatliche Massensklavenhaltung die Erträge aus den Silberbergwerken von Laureion vervielfachen könne. Manches davon, gerade die Massensklavenhaltung, klingt unrealistisch, manches trägt utopische Züge: Gleich am Anfang etwa wird Attika mit klassischen Motiven der Utopie als Insel mit idealem Klima im Mittelpunkt der bewohnten Welt beschrieben, am Ende ein Glückszustand imaginiert, in dem die Einnahmen aus dem Silberbergbau allen Athenern die Existenz sichern und so dauerhaften sozialen Frieden bringen. Die *Póroi* sind daher wohl nicht als wirtschaftspolitische Handreichung zu lesen. Ihr eigentliches Thema war ein anderes: Gegen die Auffassung, daß «Krieg der Stadt mehr Einkünfte bringt als Frieden» (5.11), wollte der Traktat ein Bewußtsein dafür schaffen, daß die Athener «ohne

Unrecht gegenüber anderen Städten ... ihren Lebensunterhalt selbst erwirtschaften können» (1.1). Dann würden die Griechen Athen wieder von selbst eine Rolle als Friedensmacht, als Hegemon, zugestehen. In diesem Punkt trifft sich Xenophon mit Isokrates. Offen muß freilich bleiben, ob das Konzept einer defensiven Hegemonie tatsächlich stabilisierend gewirkt hätte – wie es politisch konkret umzusetzen wäre, lassen beide Schriften im unklaren.

Beide Traktate stehen zudem für einen Gegenstand des politischen Denkens, der im 4. Jahrhundert große Bedeutung gewann und zweifellos auch eine Antwort auf die politische Instabilität der Zeit war: die Frage nach dem Wesen guter politischer Führerschaft. Isokrates legte mehrere Schriften vor, darin er Charakter, Tugenden und Erziehung idealer Führungspersönlichkeiten am Beispiel von Dynasten wie Euagoras und Nikoklḗs von Salamis oder wie erwähnt Philipps von Makedonien beschrieb; Xenophon tat dasselbe am Beispiel des Tyrannen Hieron von Syrakus oder des Königs Agesilaos von Sparta. Auch von Aristoteles sind einschlägige Schriften, deren Adressat Alexander war, bezeugt. Die langfristig wirkmächtigste unter diesen Schriften war Xenophons *Erziehung des Kyros*, eine Art historischer Roman, der am Beispiel des persischen Reichsgründers ein Bild idealen Herrschertums entwirft. Man hat den Aufschwung dieser Literatur als Zeugnis einer neuen Faszination für das Monarchische verstanden, von dem viele Zeitgenossen als einem Ausweg aus den Wirren der Zeit angezogen worden seien. Der Umgang vieler Intellektueller mit Männern wie Dionysios von Syrakus, Euagoras von Salamis und anderen Tyrannen scheint dies zu bestätigen. Dagegen lassen sich aber nicht nur die explizite Kritik eines Isokrates oder Aristoteles an der Alleinherrschaft und klare Bekenntnisse zur Polis als der besten Staatsform anführen. Im Proöm der *Erziehung des Kyros* formulierte Xenophon als Leitfrage des Werkes das Problem, warum in Monarchien, Oligarchien und Demokratien gleichermaßen, ja in einzelnen Häusern, manche erfolgreich herrschen, so daß die Menschen freiwillig folgen und eine stabile Ordnung zum Wohle aller begründen, andere aber zu Fall kommen. Sein Interesse an der Frage, wie Führung oder Herrschaft gelingen können, war also ein grundsätzliches, das Königtum des Kyros nur ein Beispiel. In der Tat hat Xenophon dem Problem in ganz unterschiedlichen Bereichen nachgespürt: in der Verwaltung des (aristokratischen) Haushaltes und seines Personals im *Oikonomikós* (dem ‹Haushaltsvorstand›) ebenso wie in bezug auf die Menschenführung des Feldherrn (im *Reiterführer*), beides Felder, die er als Schule des Staatsmannes in der Polis verstand; und auf einer höheren Ebene in der Geschichte der spartanischen Hegemonie und ihres Scheiterns in den *Hellēniká*. Die Beschäftigung mit der Monarchie bildete zumindest bei Xenophon also nur den Hintergrund für sein Nachdenken über das Wesen guter Herrschaft, das ganz in der Polis verankert war: Es ging eigentlich um die Frage, wie ein Staatsmann die Polis und wie eine hegemoniale Polis andere Poleis gut führen konnten. Sie war gerade in der politisch instabilen Zeit des 4. Jahrhunderts von hoher Aktualität. Die Frage von Xenophons *Póroi* und Isokrates' *Über den Frieden*, wie Athen eine Hegemonie gelingen könne, der die Griechen freiwillig folgen, ordnet sich in diesen Debattenkontext ein.

Isokrates gibt die Schuld an der verfehlten Machtpolitik der Athener in der Rede *Über den Frieden* den Schwächen des demokratischen Systems, in dem gekaufte Demagogen den *dḗmos* zu ihren Zwecken lenkten. Eine etwa zeitgleich entstandene Schrift, seine *Areopag-Rede*, zieht daraus die Konsequenzen und fordert innere Reformen, nämlich die Wahl der Magistrate statt Losung, um den «Besten» und «Geeignetsten» die Leitung der Polis in die Hand zu geben, sowie die Aufwertung des Areopag, der die «gute Ordnung» schützen, also offenbar eine allgemeine Kontrolle über die Polis ausüben soll. Wie andere Demokratiekritiker seiner Zeit behauptet Isokrates, auf diese Weise die «Verfassung der Vorfahren», die Solon und Kleisthenes eingerichtet hätten (auch Theseus wird bemüht), wiederherstellen zu wollen; in dieser Staatsform hätten die Athener ihre größten Taten vollbracht «und erhielten infolgedessen die Hegemonie über die Griechen von diesen aus freien Stücken angeboten» (Rede 7.17). Isokrates' Reformvorschläge waren Teil einer im 4. Jahrhundert generell intensiv geführten Debatte, nämlich der Frage nach der besten Polisverfassung. Das Problem an sich ist alt, seine Geschichte reicht mindestens bis zu den Gesetzgebungen der Archaik zurück. Im 5. Jahrhundert sehen wir im attischen Drama, im Denken der Sophisten oder im Werk des Thukydides ein eingehendes Nachdenken über Grundbegriffe der Verfassungstheorie wie Gleichheit, Recht und Gerechtigkeit, Macht und Herrschaft; Euripides' *Hiketiden* oder Herodots Verfassungsdebatte lassen erstmals systematische Kategorisierungen von Verfassungstypen erkennen. Systematische Staatsentwürfe legten Hippodamos von Milet, Phaléas von Kalchedon (Datierung allerdings umstritten) oder Protagoras von Abdera (für die panhellenische Kolonie Thurioi) vor – letzterer der erste bekannte Theoretiker der Demokratie, der in einem Kulturentstehungsmythos in Platons nach ihm benannten Dialog die prinzipiell gleiche Begabung aller Menschen mit sozialen Tugenden vertrat und daraus ein Mitspracherecht für alle folgerte. Staatsentwürfe wurden auch unter oligarchischen Reformern im Athen des Peloponnesischen Krieges diskutiert, in deren Tradition Gedankengut und Diktion der *Areopag-Rede* des Isokrates stehen. Im 4. Jahrhundert setzte sich die Diskussion um den besten Staat fort, zum Beispiel in der Geschichtsschreibung wie bei dem attischen Lokalhistoriker und Politiker Androtíon oder in der aristotelischen *Athēnaíōn Politeía*; oder in Traktaten über die spartanische Verfassung wie Xenophons *Staat der Lakedaimonier* oder den nur dem Namen nach bekannten Schriften des Kritias, des spartanischen Königs Pausanias gegen das Ephorat oder des Feldherrn Thíbrōn über die Gesetze Lykurgs. Das Nachdenken über die beste Polis war präsent genug, daß Aristophanes 392 in den *Ekklesiazúsai*, den ‹Frauen in der Volksversammlung›, eine Satire auf politische Utopien auf die Bühne brachte: Im Verdruß über Krieg und Mißwirtschaft der Männer führen dort die Frauen einen Umsturz herbei, in dessen Folge Privatbesitz abgeschafft, der Lebensunterhalt der Bürger öffentlich bestritten und sexuelle Freiheit eingeführt wird; das Stück karikiert dann die praktischen Probleme solcher Utopien.

Um die Mitte des 4. Jahrhunderts erreichte dieses Nachdenken einen Höhepunkt an systematischer Durchdringung in den staatstheoretischen Schriften Platons und Aristoteles'. Ihr historischer

Ort ist kein Zufall. Auch wenn sie an eine lange Tradition anknüpften, steht doch außer Zweifel, daß die krisenhafte Erfahrung der inneren und äußeren Instabilität der griechischen Gemeinwesen seit dem Peloponnesischen Krieg die Suche nach Lösungen bzw. Ursachen des Problems nachdrücklich stimuliert hat. Platon etwa, 428/7 in eine altadlige Familie in Athen geboren, hatte seine Jugend im Peloponnesischen Krieg verbracht und erlebte in Athen zweimal Umsturz und Bürgerkrieg, wobei die Gewalt der Dreißig (unter Führung seiner Onkel Kritias und Charmides) für ihn nach dem autobiographischen *Siebten Brief*, wenn authentisch, ein schockierendes Erlebnis war. Von der Demokratie durch das Todesurteil an Sokrates, seinem Lehrer, ebenfalls desillusioniert, sah er seine Aufgabe nicht in der Politik, sondern in der Erziehung. Er kam ihr seit den 390er Jahren literarisch durch stilisierte sokratische Dialoge nach und praktisch, indem er 387 eine Schule gründete, genannt Akadḗmeia nach einem dem Heros Akádēmos geweihten Park und Gymnasion in einer Vorstadt Athens, wo er in einem von ihm gegründeten Heiligtum der Musen (dem *Museíon*) unterrichtete. Sie zog schnell Schüler und Gelehrte aus der ganzen griechischen Welt an. Gegenstand von Unterricht und Forschung waren alle Wissensgebiete; die Politik war eines davon und zugleich ein Querschnittsthema, das sich durch Probleme der Ethik, Rhetorik und andere von Platon behandelte Fragen zog, insofern diese das Gemeinschaftsleben in der Polis betrafen.

Platons erstes politisches Hauptwerk war die *Politeía* (‹Der Staat›), entstanden irgendwann zwischen den 380er und den 360er Jahren. Ihr Thema ist die Frage, was Gerechtigkeit ausmache und wie sie zu erlangen sei, was eine individualethische ebenso wie eine politische Dimension besitzt, denn der Mensch ist, wie im 2. Buch festgestellt wird, von Natur aus auf ein Leben in arbeitsteiliger Gesellschaft angewiesen. Polis und Seele können daher in Analogie behandelt werden, und diese Verschränkung der Ebenen durchzieht den ganzen Dialog. Die Frage ist nicht nur eine theoretische, sondern zugleich ganz von den Erfahrungen der Gegenwart Platons geprägt: Ungerechtigkeit führe dazu, stellt Sokrates gleich zu Beginn fest, daß eine Stadt andere widerrechtlich unterwerfe, aber auch im Inneren in *stásis*, Zwietracht und Kämpfe versinke und so schwach und handlungsunfähig werde. Poleis neigten dazu, ihren selbstgenügsamen Urzustand aufzugeben, um Wohlstand, Macht und Herrschaft zu mehren, und so entstehe Krieg gegen andere; in den späteren, vielleicht in den 350er Jahren entstandenen Dialogen *Kritias* und *Timaios* hat Platon dies in der berühmten Erzählung vom sagenhaften Inselstaat Atlantís illustriert, der im Streben nach Reichtum und Macht immer weiter expandiert, bis er am Widerstand Ur-Athens und dem Zorn der Götter zugrunde geht – die Parabel war mit Sicherheit mit Blick auf das imperiale Athen komponiert worden und mag vielleicht sogar als Kommentar zur Politik Athens um 360 zu lesen sein. Es ist aber bezeichnend für Platons Denken, daß in seinem Zentrum das allgegenwärtige Problem der *stásis* steht, des ebenfalls aus Streben nach Macht und Reichtum entstehenden inneren Krieges, den er in der *Politeía* auf Schritt und Tritt perhorresziert: «Gibt es denn», heißt es an einer Stelle, «ein größeres Übel für die Polis als das, was sie zerreißt und zu vielen macht anstatt zu einem? Oder ein größeres Gut als das, was sie zusammenbindet und zu einem macht?» (5.462 a-b).

Damit ist bereits Platons Ziel bezeichnet: Es ist die vollkommene Eintracht der Polis (und analog der Seele), die zugleich vollkommene Gerechtigkeit und das höchste Glück (*eudaimonía*) bedeutet. Daher entwirft er in der *Politeía* einen Staat, der diese vollkommene Einigkeit herstellt. Dieser Staat hat drei Stände, der drei Seelenteile des Menschen entsprechen: erstens Bauern, Handwerker, Erwerbstätige (in der Seele die Begierden), zweitens die Krieger (Mut/Eifer), drittens die Regenten, die den ersten Stand mit Hilfe des zweiten im Sinne des Gemeinwohls lenken (Vernunft). Gerechtigkeit besteht, wenn jeder dieser Stände bzw. Seelenteile in harmonischem Zusammenspiel das tut, was ihm von Natur aus zukommt. So kann keine Begehrlichkeit, Rivalität und Zwietracht entstehen. Aus demselben Grund herrscht in Platons Idealstaat eine Art ‹Kommunismus›: Die «Wächter» (Regenten und Krieger) haben keinen Privatbesitz, sie leben gemeinschaftlich. Ja zum Zwecke der Einheit werden noch die letzten sozialen Grenzen niedergerissen: Die Familie wird abgeschafft, es herrscht Frauen- und Kindergemeinschaft, Ehen werden nicht nach individueller Wahl geschlossen, sondern von den Regenten nach eugenischen Gesichtspunkten gestiftet, um die Besten zu züchten (Minderwertige werden getötet), Kinder noch als Säuglinge ihren Müttern genommen und gemeinschaftlich aufgezogen. Aus Erziehung und kulturellem Leben der Stadt verbannt Platon alles, was dem Ziel zuwiderhandelt, Tugend zu züchten: zum Beispiel Dichtung, die zu starke Emotionen erzeugt oder moralisch fragwürdiges Verhalten von Göttern und Heroen zum Gegenstand hat – die Tragödie trifft dieses Verdikt ebenso wie Homer. Schließlich werden selbst die Geschlechtergrenzen aufgehoben, Frauen genießen dieselbe Erziehung wie Männer und übernehmen dieselben Funktionen im Staat, einschließlich des Krieger- und des Regentenamtes. Voraussetzung, daß all das nicht scheitert, ist jedoch, daß «entweder die Philosophen Könige sein müssen oder die jetzt so genannten Könige oder Dynasten wahrhaft und gründlich philosophieren» und «politische Gewalt und Philosophie zusammenfallen» (5.473 c-d). Das heißt, daß nur Regent sein kann (über andere, aber analog auf der individualethischen Ebene auch über sich selbst), wer vollkommenes Wissen besitzt, nämlich die höchste und letzte Wahrheit, die Idee des Guten erkannt hat; wie dieser Erkenntnisweg beschaffen ist, erläutert eine Reihe berühmter Parabeln, darunter das Höhlengleichnis. Im Besitz dieser höchsten Erkenntnis können die Philosophenkönige dann den Staat gemäß der einmal erkannten, guten Ordnung lenken, der deswegen notwendig hierarchisch und undemokratisch ist und ohne weitere Institutionen auskommt; dafür verwirklicht er die absolute Einigkeit, ist vollkommen gerecht und stellt *eudaimonía* her. Allen anderen Regierungsformen, die Platon in einer Staatsformenlehre ab dem 8. Buch entfaltet, seien demgegenüber Verfallsformen. Die Demokratie ist darin die vorletzte, nur noch von der Tyrannis übertroffene Stufe der Depravation: denn ihr Wesenszug sei die Anarchie.

Was Platon in der *Politeía* fordert, ist eine extreme Provokation: Sein Idealstaat, in dem jeder Bürgerkrieg und Krieg, jeder Konflikt, ja jeder Dissens ausgeschlossen ist und jeder sich darauf beschränkt, das Seinige nach einer metaphysisch begründeten ewigen Ordnung zu vollziehen, zielt auf nichts Geringeres als auf das Ende jeglicher Politik. Er ist die totale Negation der politischen Verantwortung und Entscheidungsmacht des Polisbürgers. Die Radikalität dieses Ansatzes mag ein weiteres Zeugnis dafür sein, wie krisenhaft Platon seine Gegenwart wahrgenommen hat. Zugleich wirft sie die Frage auf, ob Platon an die Realisierbarkeit dieses Staatsentwurfs glaubte oder diesen nur als Gedankenexperiment verstanden wissen wollte. Die Aussagen im Werk dazu sind nicht eindeutig. Später, wohl in den 350er Jahren, hat Platon in dem Dialog *Nómoi* (‹Gesetze›) allerdings noch einen zweiten Idealstaat konzipiert, der der Lebenswelt viel näher ist. Ausgangspunkt ist, daß selbst ein Philosophenkönig im Vollbesitz des Wissens stets den Versuchungen der Macht ausgesetzt sei. Daher gründet Platon seinen «zweitbesten Staat» auf schriftlich fixierte Gesetze, auch wenn diese wegen ihrer Inflexibilität nur ein Notbehelf seien. Wie eine solche ‹Gesetzesherrschaft› aussehen könnte, legen die *Nómoi* exemplarisch dar, indem sie Institutionen, Verfahren und Gesetze für eine fiktive Koloniegründung auf Kreta handbuchartig teilweise bis ins kleinste beschreiben. Das Ausgangsproblem ist dabei dasselbe wie in der *Politeía*: Der Dialog beginnt mit einer Kritik an der Ausrichtung der real existierenden Staaten auf den Krieg, «den beständig alle gegen alle» führen (1.625 e), und den Bürgerkrieg; Ziel des Gesetzgebers müsse der Frieden sein: «Das Beste aber ist nicht Krieg und *stásis*, sondern Friede und Freundschaft» (1.628 c). Auch in den *Nómoi* ist das höchste Ziel des Staates also die Eintracht: Garantieren soll sie eine Mischverfassung aus demokratischen und aristokratischen Elementen, wie sie der Dialog dann entwirft, außerdem eine weitgehende Autarkie und die Lage der Stadt in sicherem Abstand vom Meer, von dem, über Handel und Geldgeschäfte, «Mißtrauen und Zwist» kommen (4.705 a). Auch die *Nómoi* reagierten mithin auf Probleme, die Platon schon in der *Politeía* an seiner Gegenwart diagnostizierte. Im Unterschied zu dieser ist der Staat der *Nómoi* aber auf Anschlußfähigkeit in der Realität hin komponiert: Philosophenkönige gibt es nicht mehr, eine Remineszenz an die *Politeía* sind lediglich 37 gewählte «Gesetzeswächter», die Leitungsaufgaben innehaben und denen die Gesamtaufsicht über den Staat obliegt.

Auch die rigide Ständetrennung der *Politeía* fällt weg; es gibt Privateigentum, wenn auch mit einer Höchstbesitzgrenze und Veräußerungsbeschränkungen an den einmal vergebenen Landlosen; aufgegeben ist die Frauen- und Kindergemeinschaft, doch bleiben Frauen im Notfall zum Kriegsdienst verpflichtet und nehmen an der (kollektiven) Erziehung teil, deren Ausgestaltung erneut besondere Aufmerksamkeit zuteil wird. Die Eugenik fehlt ebenfalls. Nicht gesagt ist damit, daß Platon mit der Schrift ein Handbuch zum konkreten Gebrauch vorlegen wollte; manches, etwa die Autarkie-Forderung oder die Minimierung des Handels und Geldverkehrs, trägt utopische Züge. Auch bei den *Nómoi* dürfte es sich eher um ein Gedankenexperiment handeln, freilich nahe an der Realität seiner Gegenwart.

Anders an die Thematik herangegangen ist Platons Schüler Aristoteles aus Stágiros auf der Chalkidike, der Anfang der 360er Jahre als junger Mann in die Akademie eintrat. 347 verließ er Athen für einige Jahre und lebte an verschiedenen Orten, darunter ab 343 am makedonischen Hof, wo schon sein Vater Leibarzt gewesen war und Aristoteles nach der (fragwürdigen) Tradition eine Rolle als Erzieher des Prinzen Alexander übernommen haben soll. Ab 335 wieder in Athen nahm er eine von der Akademie unabhängige Lehrtätigkeit in einem anderen Vorstadt-Gymnasion, dem Lýkeion, auf. Das Œuvre des Aristoteles deckt thematisch die ganze Breite des Wissen seiner Zeit ab, von Naturwissenschaft über Logik, Poetik und Rhetorik bis zur Ethik, zu der als Teilgebiet die Politik gehört. Diese Schriften sind nur teilweise von Aristoteles selbst veröffentlicht worden, die meisten heute bekannten sind postum aus verschiedenen, oftmals unveröffentlichten Abhandlungen zusammengefügt worden. Ein solches Konvolut, stellenweise lückenhaft und mit unklarer Struktur, ist auch Aristoteles' politiktheoretisches Hauptwerk *Ta Politiká*, ‹Was die Polis betrifft›, entstanden vermutlich zwischen den 340er und den 320er Jahren. Von Platons Ansatz unterscheidet es sich nicht nur in der Form als Traktat ohne Dialogstruktur. Zwar gibt es in den letzten beiden Büchern Ansätze zur Darstellung eines Idealstaatsentwurfs, der sich – bei manchen Unterschieden im konkreten Staatsaufbau – wie diejenigen Platons das

Ziel setzt, das höchste Glück herzustellen. Und auch Aristoteles' Untersuchung des besten Staates beginnt mit einer Beweisführung, daß die Ausrichtung der Staaten auf Krieg und Herrschaft über andere abzulehnen sei und gerade nicht das Glück der Polis begründe; dieses liege in einer guten inneren Ordnung, wie er sie dann darzustellen sich anschickt. Aristoteles' vornehmliches Interesse gilt aber praktischen Fragen, die von der Empirie, das heißt von konkreten Gemeinwesen ausgehen: welche Verfassungsformen bzw. -entwürfe es gibt, wie sie mit der Sozialstruktur, den unterschiedlichen Interessen und Machtverhältnissen in einem Gemeinwesen zusammenhängen, welche Verfassung und welche Elemente darin unter welchen Umständen die besten sind. Für die empirische Grundlage all dessen haben Aristoteles und seine Schüler über 150 existierende Polisverfassungen gesammelt und beschrieben. Fast alle sind verloren, nur die *Verfassung der Athener* (*Athēnaíōn Politeía*) wurde 1890 auf einem ägyptischen Papyrus wiedergefunden; wir sind ihr schon mehrmals begegnet. Ein zentrales Problem dabei ist die an zahlreichen Fallbeispielen behandelte Frage, wie es in den Poleis zu Umstürzen und *stáseis* kommt bzw. umgekehrt, was sie stabil macht. Dies ist zugleich die Frage nach der besten Verfassung. Die Demokratie ist es für Aristoteles nicht (obwohl er in der sogenannten Summierungstheorie dem Urteil der vielen durchaus Wert zutraut), sondern eine einfach als *politeía*, ‹Politie›, bezeichnete Mischverfassung: Sie ist auf eine breite Mittelschicht gestützt und berücksichtigt zugleich die Ansprüche aller Klassen, indem sie demokratische Elemente (Volksversammlung, Diäten oder ähnliches) mit Elementen wie Wahlämtern mischt, die wenigen vorbehalten sind. Sie soll auf diese Weise das Gemeinwohl garantieren und ist deswegen für Aristoteles auch diejenige Verfassung, die am wenigsten zu *stásis* neige.

Auch für Aristoteles' staatstheoretisches Denken spielten die Probleme seiner Zeit also eine wichtige Rolle. Hatten seine und Platons Staatstheorie aber irgendeine Bedeutung für die Praxis der Politik? Boten Platon und Aristoteles Lösungsansätze für die politische Instabilität ihrer Zeit – und wollten sie sie bieten? Platons Reisen an den Hof Dionysios' II. von Syrakus scheinen durchaus auf das Selbstverständnis hinzudeuten, als Berater der Politik zu wirken – was auch immer Platons Absichten in Syrakus waren. Zahlreiche Nachrichten über Platon-Schüler, die in ihren Poleis politische Leitungsfunktionen wahrnahmen, haben überdies das Bild entstehen lassen, daß die Akademie als Schule angehender Staatsmänner gewaltigen Einfluß auf die Politik der Zeit gewann. Man hat allerdings gezeigt, daß das politische Wirken der Platon-Schüler, von denen viele auf ihren Bildungsreisen ohnehin nur kurze Aufenthalte in Athen hatten, weder auf platonisches Gedankengut noch überhaupt auf eine einheitliche Linie zurückzuführen ist – in bezug auf Verfassungspräferenzen ebensowenig wie auf anderen Politikfeldern: Zum Schülerkreis Platons gehörten demokratische Politiker wie Lykúrgos von Athen (von dem wir später noch mehr erfahren werden) ebenso wie der Tyrann Klearchos von Herakleia Pontike und schillernde Figuren wie Dion von Syrakus und Hermías von Atarneús, die ihre Gegner der Tyrannis ziehen, ihre Apologeten aber als Philosophenherrscher rühmten. Für Platons Gedankenexperimente in der *Politeía* und selbst in den *Nómoi* ist es zudem wie gesagt von vorneherein eher unwahrscheinlich, daß sie überhaupt konkrete politische Handlungsanweisungen bieten wollten. Fragen kann man weiterhin, inwieweit Platons und Aristoteles' staatstheoretische Überlegungen überhaupt als Antwort auf die politische Instabilität des 4. Jahrhunderts geeignet waren. Bei beiden tauchen die Kriege zwischen den Staaten zwar als Übel auf, ihr Hauptaugenmerk gilt aber den inneren Kriegen und Verhältnissen, eine Folge der typisch griechischen poliszentrierten Sichtweise. Dazu kommen politische Vorannahmen wie die (mit Isokrates und vielen anderen Intellektuellen seit dem 5. Jahrhundert geteilte) antidemokratische Einstellung, obwohl gerade die vielgeschmähte athenische Demokratie im 4. Jahrhundert außerordentlich stabil und erfolgreich war. Auch Aristoteles' Insistieren auf einem Gegensatz zwischen arm und reich als Motor innenpolitischer Konflikte wäre hier zu nennen (auch das ein verbreiteter Topos unter den Zeitgenossen), während das für die *stáseis* tatsächlich viel bedeutendere Moment der außenpolitischen Richtungskämpfe zwischen Anhängern der einen oder der anderen Großmacht, die sich häufig in verfassungspolitischen

Gegensätzen artikulierten, nur am Rande erwähnt wird. Solche Vorannahmen erwuchsen eher aus ideologischer Voreingenommenheit denn aus den Realitäten des 4. Jahrhunderts und limitierten auch die konkrete Lösungskompetenz der Entwürfe. So hat das hundertjährige Ringen der Griechen die Staatstheorie Platons und Aristoteles' also mit Sicherheit geprägt; ihre Wirkung in der Zeit aber war wohl vor allem eine theoretische.

V. RENAISSANCE IM SCHATTEN MAKEDONIENS

1. Der Aufstieg Makedoniens

Um das Jahr 345 verfaßte der mittlerweile neunzigjährige Isokrates eine Schrift, die sich als offener Brief an König Philipp II. von Makedonien gibt und zum letzten Mal ein Thema zum Gegenstand hat, das, wie wir sahen, das Werk des Autors durchzog: einen panhellenischen Feldzug gegen die Perser. Philipp sollte ihn führen. Denn «wie kein anderer unter den Griechen verfügst Du über Macht und Reichtum» (Rede 5.15); wer, wenn nicht «du, der du über eine so hervorragende Abstammung verfügst, König über die Makedonen bist und Herrscher über so viele Menschen», könnte das zustande bringen? (67) «Eine Schande wäre es, hinter dem Schicksal, das in eine so günstige Richtung weist, zurückzubleiben» (152). Und dies – hier kommt Isokrates' eigentliches Anliegen zum Vorschein – «zu erlangen ist aber weit besser, als viele Poleis der Griechen gewaltsam zu erobern» (68). Wer auch immer Publikum und und was auch immer Zweck dieser Schrift war – das Schreiben illustriert eine grundstürzende Verschiebung der politischen Landschaft in Hellas, die noch wenige Jahre zuvor niemand geahnt hatte. Im Jahr 359, als Philipp zum König der Makedonen ausgerufen wurde, wäre die Schrift der griechischen Öffentlichkeit ebenso wie dem jungen König (wenn er sie gelesen hätte) als völlig absurd erschienen: Das Land, dessen König Philipp sein sollte, war rückständig, arm und instabil und kämpfte an allen äußeren Fronten um seine Existenz; er selbst mußte damit rechnen, wie viele seiner Vorgänger in nicht allzu weiter Zukunft einem Mordkomplott seiner Rivalen aus dem Adel zum Opfer zu fallen. Um 345 hingegen konnte man ihm einen Krieg gegen das Weltreich zutrauen – und spätestens ab 338 liefen konkrete Planungen dafür, die Philipps Sohn Alexander III., der Große, dann umsetzen sollte.

Vor Philipp lag Makedonien am Rande der griechischen Welt,

geographisch ebenso wie politisch und kulturell. Sein Kernland war die weite Küstenebene um die Flüsse Áxios (heute auch Vardar) und Haliákmōn im Norden und Westen des Thermaischen Golfes bis hinab zum nördlichen Fuß des Olymp; wohl Anfang des 5. Jahrhunderts waren die Landschaften im Norden der Chalkidike bis zum Fluß Strymon und, wenigstens nominell, das Bergland im Westen, das sogenannte Obermakedonien, hinzugekommen. Selbstverwaltete Poleis und urbane Zentren gab es in diesem Raum lange nur an der Ägäisküste, der weitaus größte Teil der *Makedónes* lebte als Bauern in agrarisch geprägten Siedlungsformen neben oder in Abhängigkeit großgrundbesitzender Adelsgeschlechter unter der Hoheit des Makedonenkönigs. Einen ‹Staat› Makedonien mit übergreifenden Institutionen gab es bis ins spätere 5. Jahrhundert nicht, verbindende politische Klammer war vor allem das Königtum. Von der Archaik bis Anfang des 3. Jahrhunderts war es in der Dynastie der Argeádai erblich. Wie es zu deren Vorrangstellung kam und wie ihre Herrschaft praktisch aussah, ist sehr umstritten, da es aus Makedonien vor der spätklassischen Zeit kaum Schriftzeugnisse gibt und die griechische Geschichtsschreibung das Land bis dahin nur sehr sporadisch berührt. Obwohl der König theoretisch unbeschränkte Macht genoß, war die herrschaftliche Durchdringung des Landes faktisch wohl eher gering. Eine zentralisierte Verwaltung gab es allenfalls in rudimentärer Form, und der Adel hatte offenbar eine starke Stellung; vor allem in Obermakedonien walteten die lokalen Herren in ihren ‹Baronien› offenbar weitgehend unabhängig. In welchem Maße ein Argeadenkönig seinen Führungsanspruch nach innen durchsetzen konnte, hing letztlich von persönlichen Beziehungen und Bindungen ab; polygame Heiratspolitik spielte dabei eine wichtige Rolle. Aber immer wieder kam es zu blutigen Machtkämpfen mit Opponenten aus dem Adel, häufig verbunden mit Konkurrenz um das Königsamt aus der weitläufigen Argeaden-Sippe. Nur wenige makedonische Könige starben an Altersschwäche.

Die nichtstädtische Lebensweise der Makedonen, das Wohlstandsgefälle zwischen den griechischen Poleis und dem bäuerlichen Makedonien, das archaisch wirkende Königtum mit seinen

Kriegersitten und der Polygamie und schließlich der derbe makedonische Dialekt – ein Griechisch mit Anleihen aus den Sprachen der nichtgriechischen Nachbarstämme – ließen die Makedonen den Polisgriechen als kulturell rückständig und fremd erscheinen. Zwar anerkannte man den Anspruch der Königssippe, über den argeischen Urkönig Tḗmenos von Herakles abzustammen (daher ihre Bezeichnung als ‹Argeadai› oder ‹Tēmenídai›), und ließ deswegen schon König Alexandros I. im früheren 5. Jahrhundert zu den Olympischen Spielen zu. Doch konnte man, wenn es politisch opportun erschien, leicht Ressentiments gegen die barbarischen Makedonen schüren: «Sollen wir Archélaos als Sklaven dienen, Griechen einem Barbaren?» ereiferte sich der Sophist Thrasymachos (Frg. B2 Diels/Kranz), als besagter Makedonenkönig (der im übrigen ein großer Mäzen griechischer Künstler war) um 400 kurzzeitig Larissa in Thessalien besetzte. Und der athenische Redner Demosthenes konnte 343 gegen König Philipp (der in seiner Jugend als Geisel in Theben für mehrere Jahre die Erziehung eines griechischen Aristokraten in einer der besten Familien Boiotiens genossen hatte) poltern, daß dieser «nicht nur kein Grieche ist» und «nicht einmal ein Barbar aus einem Land, das man mit Ehren nennen kann», sondern ein «Schurke aus Makedonien, woher man früher nicht einmal brauchbare Sklaven kaufen konnte» (*3. Philippika*, 31).

Historisch faßbar werden Makedonien und seine Könige erstmals um 500 im Zuge der persischen Expansion, als diese sich dem Großkönig als Vasallen unterstellten. Später im 5. Jahrhundert verbündeten sich die Großmächte Athen und Sparta mit ihnen, wenn man sie, wie im Peloponnesischen Krieg, für Aktivitäten in der nördlichen Ägäis brauchte oder um Holz und andere Rohstoffe von ihnen zu beziehen. Ein gewichtiger Machtfaktor waren die Makedonen nicht; die politisch relevanten Akteure und ökonomischen Schwergewichte im nordgriechischen Raum waren neben Athen mächtige Poleis wie Olynth. Aus deren Sicht waren die Argeadenkönige nicht wichtiger als thrakische oder andere nicht-griechische Fürsten im Raum. Ansätze zu einer Veränderung zeichneten sich erstmals unter König Archelaos (413–399) ab, der in der Spätphase des Peloponnesischen Krieges Land und Königtum durch Straßen- und Festungsbau und Verbesserungen der Heeresorganisation militärisch zu stärken suchte. Außerdem verlegte Archelaos seine Hauptresidenz vom alten Aigaí (heute Vergina) – das aber, wie die dort vor nicht allzu langer Zeit gefundenen, eindrucksvollen Palast- und Grabanlagen zeigen, stets Nebensitz und Grablege der Könige blieb – in den strategisch und kommunikationstechnisch günstiger gelegenen Hafenort Pélla an der Nordseite des Thermaischen Golfes, wo er eine moderne Stadt nach griechischem Muster anlegen ließ und eine aufwendige Hofhaltung entfaltete: Unter anderen sollen gefeierte Dichter wie Euripides von Athen und Timotheos von Milet, von denen wir schon gehört haben, seinem Ruf gefolgt sein. Zeúxis, einer der berühmtesten bildenden Künstler der Zeit, malte den Palast aus und begründete eine Tradition, die Makedonien im 4. Jahrhundert zu einem führenden Zentrum der griechischen Malerei machte. Das Zeusheiligtum von Díon am Fuß des Olymp ließ Archelaos prächtig ausbauen und stiftete dort Festspiele nach dem Vorbild Olympias. Solche Maßnahmen sollten Zugehörigkeit zur griechischen Welt untermauern und zugleich das Königtum stärken, indem sie Macht und Reichtum des Königs demonstrierten, Bezugspunkte einer gemeinsamen makedonischen Identität schufen und durch Institutionen wie Spiele und Hof den Adel an das Königtum banden.

399 fiel Archelaos jedoch einem Mordanschlag makedonischer Adliger zum Opfer. Aus mehrjährigen Thronwirren ging 394 als Sieger Amýntas III. hervor, der allerdings schon kurz darauf in massive Bedrängnis geriet, als ein illyrischer Fürst namens Bárdylis Makedonien überrennen und plündern konnte. Der König selbst floh vorübergehend aus dem Land, bekam es mit einem Ursurpator zu tun und mußte im Gegenzug für Unterstützung dem Olynthischen Bund Gebiete abtreten. Als er um 383 diese Gebiete zurückforderte, schlug Olynth so heftig zurück, daß nur Spartas Zerschlagung des Olynthischen Bundes Amyntas rettete. Erst danach konnte er Makedonien und seine Herrschaft längerfristig stabilisieren. Doch als er 369 starb, brach die Stabilität erneut zusammen: Zwei Könige wurden ermordet, bis 365 mit Amyntas' zweitem Sohn Perdikkas II. (dem Mörder seines Vorgängers) etwas Ruhe einkehrte. Dieser

hatte jedoch nicht nur gegen Athens wiederaufgenommene Expansionspolitik in der Nordägäis zu kämpfen, die ihm den Verlust der Küstenstädte Methone und Pýdna an Athen und einen mühevollen Krieg um Amphipolis bescherte. Aus dem Bergland um das Axios-Tal fielen wieder einmal die Paíones ein, ein aggressiver Stamm, mit dem Makedonien immer schon zu kämpfen hatte. Existenzbedrohend wurde schließlich, daß Bardylis wieder angriff; im Kampf gegen dessen Illyrer fiel Perdikkas 359 zusammen mit tausenden Makedonen.

In dieser Situation rechnete niemand damit, daß sich der dreiundzwanzigjährige Amyntas-Sohn Philipp lange würde halten können, als er 359 anstelle von Perdikkas' Sohn, einem Kind, die Nachfolge antrat und sich sofort drei weiteren Thronprätendenten gegenübersah. Doch es kam anders. Die Paionen an der Nordgrenze und einen Thrakerfürst, der einen der Thronkonkurrenten stützte, konnte Philipp mit Stillhaltezahlungen von weiteren Aggressionen abbringen, Putschversuche der anderen Prätendenten scheiterten. Zur allgemeinen Überraschung ging Philipp dann schon 358 mit einem neuaufgestellten makedonischen Heer in die Offensive, konnte die überrumpelten Illyrer nach einer vernichtenden Schlacht zum Abzug aus Obermakedonien zwingen und die Autorität der Argeadenkönige dort eindrucksvoll wiederherstellen, auch gegenüber den Baronen. Weitere Feldzüge in den nächsten Jahren, Grenzfestungen und Ansiedlungen sicherten das Gebiet und dehnten die makedonische Hoheit weiter ins illyrische Bergland aus. Außerdem heiratete Philipp zur Absicherung seiner Herrschaft im westlichen Grenzgebiet 358 eine Verwandte des geschlagenen Illyrerkönigs und eine obermakedonische Fürstentochter sowie 357 Olympias, eine Tochter des Molosserkönigs, des mächtigsten Potentaten im benachbarten Epirus, das einen Puffer zu Illyrien bildete; sie sollte Philipp Alexander den Großen gebären. Später kamen noch weitere Ehebündnisse hinzu.

Hauptgegner im Osten war zunächst Athen, das nach wie vor Amphipolis zu gewinnen suchte. 359 hatte Philipp, um Athen in der Nachfolgefrage auf seine Seite zu bringen, die makedonische Besatzung dort abgezogen, Athen konnte die selbstbewußte Stadt aber selbst nicht bezwingen. Als Athens Kräfte dann ab 357 durch den Bundesgenossenkrieg gebunden waren, ignorierte Philipp die Absprachen mit Athen, belagerte und eroberte Amphipolis, anschließend Athens Besitzungen Poteidaia (das er Olynth übergab) und Pydna, 355/4 schließlich nach langer Belagerung, bei der Philipp durch einen Pfeilschuß ein Auge verlor, Athens letzten Stützpunkt am Thermaischen Golf, Methone. Athen, wiewohl seit Amphipolis offiziell im Krieg mit Philipp, konnte nichts dagegen tun. Ein Hilferuf der thasischen Goldgräbersiedlung Krenídes gegen einen thrakischen Fürsten lieferte Philipp 356 den Vorwand, auch diese Stadt einzunehmen, die er als Phílippoi mit makedonischen Siedlern neu gründete, und einen Teil Thrakiens zu unterwerfen. Die zwei anderen thrakischen Teilreiche konnte Philipp noch in den 350ern in Abhängigkeit bringen und mehrere griechische Städte an der thrakischen Küste unterwerfen oder zu Verbündeten machen. In den 340er Jahren wurde Thrakien dann sukzessive direkter Kontrolle unterstellt, tributpflichtig gemacht und das makedonische Herrschaftsgebiet nach Norden bis an den Haímos (das Balkangebirge im heutigen Bulgarien) ausgedehnt. Als sich Philipp 352 an die Spitze des thessalischen Bundes setzen konnte sowie 349 das mächtige Olynth einnahm und die Chalkidike unterwarf, umfaßte sein Herrschaftsgebiet fast das ganze nördliche Hellas und die angrenzenden Balkangebiete.

Als Philipp «die Regierung bei Euch übernahm» – so läßt der kaiserzeitliche Alexanderhistoriker Arrianós von Nikomēdeia Alexander einmal rebellische Soldaten zur Disziplin rufen –, «lebtet Ihr noch in Armut ohne festen Wohnsitz, die meisten von euch haben … auf den Bergen Schafe gehütet und um sie eher schlecht als recht gegen Illyrer und Thraker gekämpft. … Er war es, der euch zu Bewohnern von Städten machte …, und über die gleichen Barbaren, die zuvor Euch und Eurem Besitz nachstellten und ihn raubten, machte er Euch, ihre vormaligen Knechte und Untertanen, zu Herren» (*Anábasis* 7.9.2 f.). Das Bild ist stark überzeichnet, trifft aber die erstaunliche Tatsache richtig, daß aus dem um das Überleben seines Landes und Königtums ringenden Dynasten am Rande der Welt in nicht einmal zehn Jahren die stärkste Macht im gesamten südlichen

Balkanraum einschließlich Hellas' geworden war. Dafür gab es kontingente Gründe – das Kriegsglück gegen den Illyrerkönig und andere, die Lähmung Athens in den entscheidenden Jahren 357 bis 355 durch den Bundesgenossenkrieg und die Zersplitterung des einstmals mächtigen thrakischen Königreichs. Philipp war überdies ein geschickter Diplomat, der nicht nur zu Beginn seiner Regierungszeit Geld, taktische Zugeständnisse und diplomatische Finten virtuos einzusetzen wußte.

Dazu kamen strukturelle Maßnahmen. Um die Wehrkraft seines bedrohten Landes zu stärken, investierte Philipp von Beginn seiner Herrschaft an massiv in das Heerwesen. Bauern und Hirten, die bisher die makedonische Infanterie bildeten, ließ er von Staats wegen ausrüsten, besolden und regelmäßig exerzieren. Taktisch-militärtechnische Innovationen trugen in den kommenden Jahren zur Steigerung der Schlagkraft des Heeres bei; die spektakulärste war die Einführung einer neuartigen, übergroßen Lanze (der *sárissa*) von ca. fünf Metern Länge, mit der eine mit konventionellen, nicht einmal halb so langen Lanzen ausgerüstete gegnerische Phalanx getroffen werden konnte, bevor diese selbst traf. Die übrige Ausrüstung der Infanteristen dagegen war leicht und erlaubte schnelle Bewegungen; die makedonische Phalanx verband so die Vorteile der Kriegführung mit Hopliten und der mit Leichtbewaffneten. Dies und der dauernde Kriegseinsatz formte sie bald zu einem der schlagkräftigsten Heere der griechischen Welt. Das zweite Problem, dem Philipp begegnen mußte, war die Loyalität der makedonischen Großen, insbesondere der unzuverlässigen obermakedonischen Barone. Der König band sie an sich, indem er ihnen an der Seite ihrer niedermakedonischen peers hohe Militärposten gab, sie in seine direkte Umgebung holte oder sie in die stark vergrößerte aristokratische Reiterei eingliederte, deren Elite als *hetaíroi*, Gefährten des Königs, eine besondere Nahbeziehung zu ihm unterhielten. Die adelige Jugend lockte Philipp mit einem Pagenkorps, das ihnen eine höfische Sozialisation bot und sie zugleich an den Dienst für den König heranführte – und dem König Geiseln verschaffte, die für das Wohlverhalten ihrer Väter sorgten. Vor allem aber erkaufte der König die Loyalität des Adels durch großzügige Geschenke in Form von Geld oder Land. Gleichzeitig begann er mit einer Urbanisierungspolitik in Makedonien und eroberten Gebieten, um durch Städte mit einer begrenzten Autonomie ein Gegengewicht zur Adelsherrschaft auf dem Land zu schaffen und zugleich wirtschaftliche Impulse zu geben, die dem Fiskus zugute kamen.

Voraussetzung für all dies bildeten jedoch Krieg und Expansion. Die Bewährung als Krieger war für das makedonische Königtum stets ein wichtiges Legitimationsmoment gewesen: Der König selbst führte das Heer in die Schlacht, und der Habitus des Kriegers, der volksnah auftrat, mit seinen Soldaten leutselig und mit seinen Großen kameradschaftlich als Primus inter pares verkehrte (und bisweilen bei Symposien heftig trank), blieb für Philipp stets verbindlich. Zudem schwor das Charisma des vom Glück begnadeten, sieghaften Herrschers das Heer auf den König ein und sicherte ihn auf diese Weise auch gegen die Konkurrenz adliger Konkurrenten; Beute, großzügig verteilte Belohnungen und der gemeinsame Erfolg trugen ein Übriges dazu bei. Kriege banden zugleich das Wehrpotential unterworfener Verbände und Poleis, die dem König fortan Heeresfolge schuldeten. Vor allem aber verschaffte allein der Krieg Philipp die ungeheuren Mittel, die er für Unterhalt und Ausrüstung seines Heeres, für Diplomatie und (anfänglich) Stillhaltezahlungen an auswärtige Mächte, für Hofhaltung sowie für die Wohltaten an Untergebene und den Adel brauchte. Zwar kontrollierte der König offenbar schon im 5. Jahrhundert den Export von Schiffsbauholz und den Edelmetallbergbau, zwei wichtige Einnahmequellen. Ob es schon damals eine allgemeine Erntesteuer gab, ist unklar. Doch die geringe Menge und der niedrige Feingehalt makedonischer Silbermünzen im 4. Jahrhundert deuten darauf hin, daß der finanzielle Spielraum der Könige sehr begrenzt war. Das änderte sich, als Philipp mit Amphipolis und Krenides-Philippoi die Kontrolle über die Edelmetallvorkommen des Pangaion-Gebirges gewann, die reiche Einnahmen abwarfen. Einnahmen kamen auch aus den eroberten Hafenstädten. Dennoch soll Alexander bei Philipps Tod im Staatsschatz nur 60 Talente und im übrigen einen gewaltigen Schuldenberg vorgefunden haben. Der Historiker Theopomp sagt von Philipp, er sei verschwenderisch und ein «schlechter Haushalter» gewesen – weil er «als Soldat aus Zeitmangel nicht dazu kam, Einnahmen und Ausgaben nachzurechnen; hinzu kam, daß seine *hetaíroi* (Gefährten) von überall her zu ihm geströmt waren» (*Philippiká*, Frg. 224 Jacoby). Beute, Tribut und Land, das sich an Getreue verschenken ließ – letzteres zum Beispiel nach der Eroberung Methones oder Olynths –, bleiben daher zeitlebens wichtige Motivationen für Krieg und Expansion. Umgekehrt generierte aber auch jeder neue Feldzug gewaltige Kosten, und so entstand ein nicht leicht zu stoppender Kreislauf, immer neue Kriege führen zu müssen. Philipps rastlose Expansion ist daher nicht auf einen maßlosen Machtwillen zurückzuführen, wie seine griechischen Gegner behaupteten, und auch nicht allein mit Sicherheitsinteressen zu erklären, gerade in Thrakien oder im Donauraum. Ein wichtiger Motor dürften vielmehr die Zwänge eines Königtums gewesen sein, das seine Autorität wesentlich auf den Krieg und seine Erträge gründete.

Hellas und Philipp 353–346

Für die Machtentfaltung in Hellas gilt das allerdings nur in eingeschränktem Maße. Zwar arbeitete Philipp in den Augen seiner südgriechischen Feinde, die die Überlieferung dominieren und daher bis heute Geschichtsbilder prägen, schon seit den späteren 350er Jahren daran, Hellas als Ganzes zu beherrschen, indem er geschickt jede sich bietende Möglichkeit nutzte, seine Macht auf die griechischen Gemeinwesen auszudehnen. Philipp «kann sich nicht mit dem begnügen, was er in seine Gewalt gebracht hat, sondern er reißt immer noch mehr an sich und sucht uns ... ringsum von allen Seiten zu umzingeln. ... Wenn wir nicht dort (in Makedonien) gegen ihn Krieg führen wollen, dann werden wir vielleicht hier (in Attika) dazu gezwungen werden», konnte man in Athen schon im Jahr 351 hören (Demosthenes, *1. Philippika*, §§ 9 und 50). Philipps erste Involvierung in griechische Angelegenheiten südlich des Olymp ging allerdings nicht auf seine Initiative zurück. Um 356 begann eine weitere, die letzte Runde im großen Ringen der südgriechischen Poleis, der sogenannte ‹Dritte Heilige Krieg› (die ersten beiden datieren in die Archaik und ins 5. Jahrhundert). Ihr Auslöser war ein marginaler Kleinkonflikt zwischen Delphi und phokischen Nachbarn um die Bewirtschaftung der Ebene von Krísa, die das Heiligtum als ‹heiliges Land› für sich beanspruchte. Delphi brachte die Sache 357 vor den Rat der *amphiktýones* (der ‹Umwohner›), in dem sich alle wichtigen süd- und mittelgriechischen Gemeinwesen zusammengetan hatten, um das Heiligtum gemeinsam zu verwalten und zu schützen – nach außen, aber vor allem voreinander, damit keine Macht alleine über das politisch eminent bedeutsame Heiligtum, seine Schätze und sein Orakel verfügen konnte. Der Rat verhängte eine unverhältnismäßig hohe Strafe über die Phoker, die diese nur ablehnen konnten. Was dahintersteckte, ist sehr umstritten. Möglicherweise war es Theben, das nach der Schlacht von Mantineia 362 zwar auf überregionale Machtpolitik verzichtete, aber an seinen hegemonialen Ambitionen in Mittelgriechenland festhielt und aufgrund seiner Machtstellung dort die Mehrzahl der Stimmen im Amphiktyonenrat kontrollierte. Für Thebens regionale Vormachtstellung scheint der Bundesstaat der Phoker ein Störfaktor gewesen zu sein, Boiotiens Nachbar im Westen, der nach Leuktra in Thebens Bund gezwungen, aber der Schlacht von Mantineia ferngeblieben war und sich auch sonst unzuverlässig gezeigt hatte. So mochte Theben 357 einen Kriegsgrund gesucht haben oder wollte die Phoker wenigstens aus der Amphiktyonie drängen und unterstützte deswegen Delphi. Dasselbe Ziel verfolgte Theben wohl, als es bei dieser Gelegenheit die Amphiktyonen auch gleich eine ebenso absurd hohe Strafe von Sparta für den Überfall auf Theben 382 (25 Jahre zuvor!) fordern ließ. Der Augenblick war günstig, auf diese Weise seine Macht über Delphi weiter auszudehnen, denn Athen war im Bundesgenossenkrieg gebunden.

Als sich die Phoker weigerten, die Strafe zu akzeptieren, erklärte der Amphiktyonenrat ihnen im Namen Delphis den ‹Heiligen Krieg›. Doch hatten die Phoker bereits entschlossen gehandelt, Delphi besetzt und seine Schätze zum Aufbau einer großen Söldnerarmee genutzt – als Darlehen, wie sie selbst versicherten, als Tempelräuber, wie ihre Feinde behaupteten. Bis 353 verlief der Krieg der Phoker gegen Theben und seine Bundesgenossen wechselhaft. Er weitete sich massiv aus, als Lykophron, ein Nachfolger Alexanders als Tyrann von Pherai, mit Deckung der Phoker gegen den mit Theben verbündeten Thessalischen Bund vorzugehen begann – was diesen nutzte und ihm die Hegemonie über Thessalien zurückgewinnen sollte. In dieser Situation wandten sich die Aleuaden von Larissa 353 wie schon mehrmals zuvor an Makedonien um Hilfe. Und Philipp kam. Weitergehende Pläne muß er dabei nicht verfolgt haben; er handelte als alter Partner der Aleuaden, wie er ihnen schon 358 und 355 einmal gegen Pherai geholfen hatte. Doch 353 entwickelte sich die Lage ganz anders, weil jetzt die Phoker Lykophron mit Macht zu Hilfe eilten: Zweimal konnten sie Philipp schlagen, einmal so vernichtend, daß Philipp «in höchste Gefahr geriet, seine Soldaten aus Mutlosigkeit zu desertieren begannen und ... er nur mit Mühe seine Autorität wiederherstellen konnte» (Diodor 16.35.2). Es war die erste große Niederlage Philipps; die Episode wirft ein bezeichnendes Licht auf die Instabilität eines Heerkönigtums und Reiches, das ganz auf die Erfolge schneller Eroberungen gegründet war. Um die Schmach vergessen zu machen, kehrte Philipp 352 mit großer Macht zurück – jetzt als Kombattant des Heiligen Krieges, denn seine Truppen zogen mit dem Lorbeer des Apoll, des Gottes von Delphi, bekränzt in die Schlacht gegen die Phoker. Sie fand in der Ebene von Pagasai (dem sogenannten ‹Krokosfeld›) statt. Diesmal siegte Philipp vernichtend; Onómarchos, der phokische Oberkommandierende, fiel mit Tausenden seiner Männer, ihre Leichen wurden als Tempelschänder nicht beerdigt, sondern ins Meer geworfen. Lykophron kapitulierte gegen freien Abzug aus Pherai.

Das dadurch entstandene Machtvakuum in Thessalien konnte nur Philipp füllen; er wurde noch im Sommer 352 zum *árchōn* des Thessalischen Bundes auf Lebenszeit gewählt. Er nutzte das Amt dazu, Thessalien einer indirekten Herrschaft zu unterstellen, die formal die Autonomie der Poleis und die Bundesstrukturen respektierte, aber faktisch ganz Philipps Interessen gehorchte (was in den 340ern nach verstreuten Hinweisen auch zu Unruhen in Thessalien führte): Die thessalische Reiterei wurde zum integralen und wichtigen Bestandteil seines Heeres, und mit den Städten am Golf von Pagasai gewann Philipp wichtige Flottenbasen, mit denen sich leicht Mittelgriechenland kontrollieren ließ, und zugleich reiche Zolleinnahmen. An eine Fortführung des Heiligen Krieges – der keineswegs zu Ende war, denn die Phoker bauten rasch ein neues Heer auf und führten in den nächsten Jahren einen zähen Krieg mit Theben in Mittelgriechenland – dachte Philipp allerdings vorerst nicht. Das lag nicht nur daran, daß Athen und Sparta im Sommer 352 die Thermopylen, den Weg nach Phokis, gesperrt hatten. Philipp hatte offenbar zu diesem Zeitpunkt kein Interesse an einer Ausdehnung seiner Macht nach Südgriechenland, auch wenn in Athen, wie die zu Beginn des Abschnitts zitierte Rede zeigt, bereits entsprechende Ängste geschürt wurden. Den Heiligen Krieg brachte Philipp erst 346 zu Ende, nach einem Hilferuf des von den Phokern stark bedrängten Theben. Wichtiger waren für Philipp 352/1 andere Belange.

Mit der Sperrung der Thermopylen 352 war auch Athen, vielleicht unter dem Eindruck des phokischen Sieges von 353 über Philipp, aus der Reserve gekommen. Gleichzeitig sollte eine athenische Flotte Pagasai sichern, traf aber zu spät ein. Schon 353 hatte Athens Feldherr Chares die thrakische Chersones an der Kornroute ins Schwarze Meer wiedergewonnen, indem er die beherrschende Stadtfeste Sestos eroberte (wieder einmal wurden alle Männer getötet, Frauen und Kinder in die Sklaverei verkauft). Außerdem verband sich Athen mit dem Thrakerkönig Kersebléptēs, der gegen Philipps thrakische Besitzungen vorging. Als sich dann noch Olynth, Makedoniens lange übermächtiger Nachbar, seinem alten Konkurrenten Athen annäherte, drohte Philipp eine gefährliche Allianz von Feinden zu erwachsen. Im Sommer 349 ergriff er daher die Initiative, rückte in die Chalkidike ein und begann Stadt für Stadt zu erobern. Olynth appellierte an Athen, wo eine heftige Debatte zwischen Gegnern und Befürwortern eines militärischen Eingreifens aufflammte. Unter diesen stach der Jungpolitiker Demosthenes hervor, der, nach Anfängen als Prozeßredenschreiber, in den späteren 350er Jahren sich als Politiker zu betätigen begann, zunächst noch mit unklarem Profil. 352/1 hatte er zum ersten Mal

Philipp zum Gegenstand einer Einlassung vor der Volksversammlung zur Außenpolitik gemacht und einen Präventivangriff gegen das makedonische Kernland gefordert, ein Thema, mit dem er in der patriotischen Begeisterung nach der erfolgreichen Sperrung der Thermopylen 352 Sympathien sammeln konnte. In den Debatten über Olynth warb er dann in drei großen Reden für die Entsendung eines Heeres zur Unterstützung Olynths, indem er die Gefahr eines bevorstehenden Angriffs der Makedonen auf Attika an die Wand malte und Athens große Zeiten als Schutzmacht der Griechen beschwor. Olynth brachte Demosthenes den Durchbruch; er war nun ein führender Antimakedone und hatte seine künftige Rolle als weitsichtiger Warner und patriotischer Befürworter präventiver Kriegführung gegen Philipp gefunden. Ob aufgrund von Demosthenes' Agitation oder aus anderen Gründen – das Volk entsandte eine nicht unbeträchtliche Streitmacht, der noch zweimal Verstärkung folgte. Die letzte kam allerdings zu spät: Im Sommer 348 eroberte Philipp Olynth und statuierte ein brutales Exempel, indem er die gesamte Bevölkerung, die das Massaker bei der Einnahme überlebt hatte, versklavte und die Stadt dem Erdboden gleichmachte. Sie wurde nie mehr wiederbesiedelt.

Philipp nahm Athens Beteiligung jedoch nicht zum Anlaß, den Krieg nach Süden zu tragen. Im Gegenteil, er übermittelte ein Angebot, über Frieden zu verhandeln. Vielleicht ging es ihm darum, freie Hand gegen die Phoker zu gewinnen, die sich mit Athen verbündet hatten, vielleicht auch darum, in Athen ein Gegengewicht gegen Theben zu haben, den südlichen Nachbarn seines neuen Besitzes Thessalien. Die Athener waren mißtrauisch und sondierten zweimal – ergebnislos – bei anderen südgriechischen Staaten wegen eines Militärbündnisses. Die Sorge um athenische Kriegsgefangene aus Olynth und die Hoffnung, einen Einmarsch Philipps in Phokis verhindern zu können, führten dann Anfang 346 doch zu Verhandlungen. Wie sie verliefen und schließlich zum Frieden des Philokrátēs, benannt nach dem athenischen Chefunterhändler, führten, ist hinter einem Dickicht aus Desinformation, Unterstellungen und Lügen verborgen, das hier nicht aufgelöst werden kann: Unsere Hauptquellen sind je zwei Prozeßreden des Demosthenes und des Aischínēs, beide Gesandte Athens bei den Friedensverhandlungen, die 343 und 330 in zwei großen Prozessen miteinander um ihre Version der Ereignisse rangen, um den Gegner zu überführen, er habe gegen Athens Interessen gehandelt. Im Sommer 346 jedenfalls beschworen Philipp und Athen einen Frieden unter wechselseitiger Anerkennung der Besitzstände. Für Athen hieß das Verzicht auf Amphipolis und die verlorenen nördlichen Besitzungen. Über die Phoker sagte der Frieden aber nichts, und noch während die athenischen Gesandten in Athen über seine Beeidigung berichteten, rückte Philipp in Gewaltmärschen in Phokis ein; der phokische Truppenführer Phálaikos, Sohn des Onomarchos, der die Thermopylen hielt, hatte die Stellung gegen die Zusage freien Abzugs vor Philipp geräumt, sei es wegen Konflikten mit anderen phokischen Anführern, die er seit 347 hatte, sei es weil er erfuhr, daß Athen die verbündeten Phoker praktisch aufgegeben hatte. Diese kapitulierten vor der Übermacht Philipps. Den Amphiktyonenrat, in dem Philipp dank der thessalischen und jetzt auch der phokischen Stimmen die Mehrheit besaß, ließ er ungeheure Reparationen, die Entwaffnung der Phoker und die Auflösung ihrer Städte in Dörfer beschließen. In ihr Land legte er makedonische Besatzungen. So fand der Dritte Heilige Krieg im Sommer 346 ein Ende.

Die Nachricht, daß Philipp südlich der Thermopylen sei, löste in Athen, wie auch in Theben, Panik aus – ein Angriff schien bevorzustehen. Philipp zog aber ab, er wollte offenkundig keinen Krieg in Südgriechenland. Dennoch drehte sich nun die Stimmung in Theben und Athen, da sich beide Poleis von ihm betrogen fühlten: Theben um die Früchte des Krieges gegen die Phoker, deren Land und Amphiktyonenratsstimmen Philipp okkupiert hatte; Athen um sein Ziel, Philipp jenseits der Thermopylen zu halten, und um manch andere Zugeständnisse, die Philipp in den Friedensverhandlungen angedeutet hatte. Demosthenes hatte sich schon aus den letzten Akten der Friedensverhandlungen herausgehalten und sollte später behaupten, Philipps Schliche in bezug auf die Phoker schon früh erkannt zu haben. Jetzt stellte er sich an die Spitze der wachsenden antimakedonischen Bewegung in Athen und begann Athens Außenpolitik auf Krieg zuzusteuern.

Ein neuer Freiheitskrieg der Griechen

Schon in einer Rede vom Herbst 346 erklärte Demosthenes, daß Athen zwar im Augenblick den Frieden halten müsse, weil es zu schwach sei, ein Krieg mit Philipp aber unzweifelhaft kommen werde. Wenig später begannen er und seine Mitstreiter, die Architekten des Friedens von 346 – den Demosthenes selbst anfänglich unterstützt hatte – mit Prozessen zu überziehen. So wurde Philokrates selbst vor Gericht gezogen und verurteilt, ebenso weitere Gesandte, die an den Friedensverhandlungen beteiligt gewesen waren. Den dramatischen Höhepunkt dieses Prozeßkrieges bildete die im Jahr 343 verhandelte Klage des Demosthenes gegen Aischines, einen weiteren Mitgesandten und nicht minder wortgewaltigen Redner, der nach 346 zum Sprachrohr einer Ausgleichspolitik mit Philipp wurde. Die Anklage lautete auf Untreue bei Durchführung der Gesandtschaft; daher die geläufige Bezeichnung ‹(Trug-)Gesandtschaftsprozeß›. Der Hauptvorwurf lautete, wie auch gegen die anderen Gesandten, Aischines habe sich von Philipp bestechen lassen, das Volk über die wahren Absichten des Königs gegen die Phoker zu täuschen und den Friedensschluß so lange hinauszuzögern, bis Philipp vollendete Tatsachen geschaffen hatte. Um das zu belegen, präsentierte Demosthenes in der Anklagerede seine Version der Friedensverhandlungen, garniert mit patriotischer Rhetorik und, wie in athenischen Prozessen üblich, scharfen Angriffen auf Aischines' moralische Integrität, den Demosthenes als politischen Wendehals und geldgierigen Emporkömmling aus zweifelhaften familiären Verhältnissen diffamierte. Demosthenes' aufgeregte Rhetorik (die in auffallendem Gegensatz zu Aischines' kühler Sachlichkeit in der Verteidigung steht) läßt klar erkennen, daß Demosthenes nichts Belastbares in der Hand hatte. Dennoch, und obwohl Aischines prominente Fürsprecher hatte, wurde er nur mit hauchdünner Mehrheit freigesprochen. Das bedeutete einen Sieg für Demosthenes. Denn in dem Verfahren ging es längst nicht mehr um die Ereignisse von 346, sondern, wie beide Reden klar zeigen, um einen politischen Richtungsentscheid in der Makedonienpolitik. Indem das Richtervolk in so hoher Zahl Demosthenes unterstützte, votierte es für seine Konfrontations- und Kriegspolitik und gegen die

Ausgleichspolitik der Leute um und hinter Aischines. Daß dies im Medium eines Prozesses vor dem Volksgericht geschah, war in der Demokratie des 4. Jahrhunderts nicht ungewöhnlich. In den bei politischen Prozessen üblichen tausend oder mehr Richtern sah man das Volk angemessen repräsentiert, und gegenüber einem Beschluß der Volksversammlung hatten Urteile des Volksgerichts den Vorzug, nicht revidierbar zu sein. Außerdem bewirkte eine Verurteilung – ebenso wie eine gescheiterte Anklage, die nicht, wie die des Demosthenes, ein gewissen Quorum erreichte –, daß der Proponent der jeweiligen Richtung politisch eindeutig geschwächt war, je nach Strafe sogar von der Bildfläche verschwand. Prozesse sorgten so für klare politische Vorgaben.

Etwa gleichzeitig ging Athen unter dem Einfluß des Demosthenes und seiner Mitstreiter außenpolitisch auf Konfrontationskurs. So hatte Philipp, dem der Stimmungsumschwung in Athen nicht entgangen war, wohl Ende 344 angeboten, den Philokratesfrieden nachzuverhandeln; Athen schlug daraufhin auf Anraten des Hēgḗsippos, eines Mitstreiters des Demosthenes, einen Allgemeinen Frieden mit einer Autonomieklausel vor, die auch auf von Philipp eroberte Städte hätte angewandt werden können. Das mußte dieser natürlich ablehnen. Neben weiteren diplomatischen Scharmützeln kam es zu ersten militärischen Spannungen: Einen Angriff Philipps auf Ambrakía konterte Athen mit einer Eingreiftruppe (Philipp zog sich zurück); von der thrakischen Chersones aus störten athenische Truppen seit 342 Philipps Feldzüge zur endgültigen Unterwerfung Thrakiens (Philipp beschränkte sich auf eine Protestnote), und 341/40 unterstützte Athen diplomatisch und militärisch die Gründung eines Bundes der euboiischen Städte, der sich gegen makedonische Einflußnahme auf der Insel richtete. All dies ging einher mit intensiver Stimmungsmache. Nicht nur beschwor Demosthenes beständig die unmittelbare Bedrohung Athens; die – offenbar immer noch zahlreichen – Verfechter eines Ausgleichs in Athen wurden eingeschüchtert, indem man sie pauschal bezichtigte, sie hätten sich in hochverräterischer Weise von Philipp bestechen lassen. Außerdem wurde der Konflikt ideologisch hoch aufgeladen. «Wenn auch alle anderen sich damit abfinden, in Knechtschaft zu leben, so müssen wenigsten wir für die Freiheit kämpfen!», appellierte Demosthenes 341 in der *Dritten Philippika* (Rede 9.70–4) an das Volk; die Athener müßten nun die Griechen «zur Rettung von Hellas» vereinen und sich an ihre Spitze stellen. Davor hatte er in derselben Rede Philipp, wie oben zitiert, als Barbaren geschmäht. Der Konflikt wurde so zu einem neuen Freiheitskrieg der Griechen, und Athen sollte dabei, wie in den Perserkriegen, die Führung zufallen. Diese Aufladung zog sich durch bis in die Gefallenenrede des Demosthenes auf die Toten des Krieges, der dann kommen sollte: «Die Freiheit von ganz Hellas fand ihre Rettung im Leben dieser Männer; ... wahr wäre es zu sagen, daß die Tapferkeit jener Männer das Leben von Hellas war» (Rede 60.23). Demosthenes griff damit freilich nur eine weitverbreitete Freiheits- und Perserkriegsrhetorik auf: Auch ein Aischines hatte vor dem Philokratesfrieden – vergeblich – für einen panhellenischen Freiheitskrieg gegen Philipp in Hellas geworben, die Zeiten eines Miltiades und Themistokles beschworen, Philipp einen Barbaren geschmäht und Schreckensbilder versklavter olynthischer Frauen und Kinder verbreitet, ein beliebtes Motiv antimakedonischer Propaganda in diesen Jahren. Und in den Debatten der Volksversammlung über den Frieden von 346 war viel von Marathon, Salamis und Plataiai die Rede. 330 konnte ein athenischer Redner ganz selbstverständlich sagen, daß die Athener 338 «für die Freiheit der Hellenen» kämpften und das «von ihrem Leib und Leben allein die Freiheit von Hellas abhing» (Lykurg, *Gegen Leokrates* 47 und 50).

Es blieb nicht bei Worten: Im Frühjahr 340 konstituierten die Athener, nach intensiver Reisediplomatie des Demosthenes und seiner Mitstreiter, eine Symmachie gegen Philipp mit den wichtigsten Poleis und Bundestaaten der Peloponnes (freilich ohne Sparta), Euboias sowie Lokris'; später kamen die ionischen Inseln und Theben hinzu. Die Bezeichnung der Symmachie als Hellenenbund ist nicht explizit belegt, aber nicht unwahrscheinlich. Den casus belli gab dann im Sommer 340 Athens Flottenunterstützung für Byzantion, das von Philipp belagert wurde; dieser marschierte daraufhin in die thrakische Chersones ein und kaperte einen athenischen Getreidekonvoi. Jetzt erklärten die Athener offiziell den Krieg, die –

immer noch zahlreichen – Kriegsgegner in der Stadt wurden überstimmt. Die Kampfhandlungen begannen im Herbst 339, als Philipp überraschend, unter Umgehung der von Theben gesicherten Thermopylen, in Phokis einrückte und die Festung Eláteia nahe der boiotischen Grenze besetzen konnte. Der Schock führte die alten Rivalen Theben und Athen unter Vermittlung des Demosthenes zusammen. Philipp war sich seiner Sache offenbar keineswegs sicher und bot Verhandlungen an, die jedoch ausgeschlagen wurden. Nach zunächst ergebnislosen Angriffen konnte er schließlich aufgrund eines Versäumnisses der Hellenenbundsfeldherren die Front bis auf die Höhe der boiotischen Stadt Chaironeia vorschieben. Dort kam es im August 338 zur Schlacht zwischen Philipp und seinen Bundesgenossen gegen Thebaner, Athener, Korinther, Achaier und andere Alliierte. Sie wurde angeblich durch eine Attacke der makedonischen Reiterei unter dem jungen Prinzen Alexander entschieden. Den höchsten Blutzoll leisteten die Thebaner, deren Heilige Schar, eine Elitetruppe, bis zuletzt gekämpft haben soll, als die Athener schon flohen. Der neue Freiheitskrieg der Hellenen war zu Ende.

Die Niederlage war total. In Athen, Theben und anderswo rechnete man mit dem Schlimmsten. Aber es blieb aus: Thebens Macht im Boiotischen Bund wurde beschnitten, ansonsten stationierte Philipp lediglich eine makedonische Besatzung und brachte Vertrauensleute an die Macht. Dasselbe geschah in den Städten Euboias und anderswo. Von Tributen oder Reparationen hören wir nichts. Athen bekam ein mehr als generöses Friedensangebot: Es mußte auf die thrakische Chersones verzichten, die Reste des Seebundes auflösen und in ein Bündnis mit Philipp einwilligen; seine Flotte durfte Athen aber behalten, ebenso die altangestammten Inseln einschließlich Samos. Das Volk, soeben noch in Panik vor einem Angriff Philipps auf Athen, akzeptierte die Konditionen. Philipps Großzügigkeit hatte freilich Gründe. Der König hatte wahrscheinlich nie ein Interesse an einer Unterdrückung der Südgriechen gehabt, die nur Unruhen nach sich gezogen hätte. Vor allem aber brauchte er Athen und seine Flotte. Denn Philipp hatte große Pläne: einen Angriff auf das persische Kleinasien. Der Großkönig hatte Philipps Expansion in Thrakien und an den Meerengen aufmerksam registriert und ging schon in den späten 440ern prophylaktisch gegen Makedonenfreunde in Kleinasien vor, die sich ihm gegenüber unzuverlässig gezeigt hatten; dem fiel etwa der erwähnte ‹Philosophenkönig› Hermias von Atarneus zum Opfer. Sicherheitsinteressen mochten also für einen Präventivschlag Philipps sprechen. Doch wichtiger dürften für Philipp andere Motive gewesen sein: Im persischen Kleinasien winkten Beute und Kriegsruhm, mit denen Philipp sein Heer und seine makedonischen Großen zufriedenstellen konnte, zumal nachdem er Hellas 338 von Tributzahlungen, Plünderungen etc. verschonte. Außerdem bot ein Perserkrieg, das alte Projekt des Panhellenismus, zugleich einen Vorwand, die Griechen als Hegemon gegen den Erbfeind hinter sich zu vereinen. Daher gab Philipp nach Chaironeia die Parole aus, «Rache zu nehmen für die Entweihung der Heiligtümer» in den Perserkriegen (die immerhin 150 Jahre zurücklagen). Und als ein gutes Jahr später erste Vorauskommandos nach Kleinasien übersetzten, hatten sie offiziell den Auftrag, «die Griechenstädte zu befreien» (Diodor 16.89.2 und 90.2).

Den propagierten Zielen des Perserfeldzuges entsprachen Philipps Friedensbedingungen und die neue Herrschaftsordnung in Hellas. Ohne Athens Flotte – die makedonische war immer noch unterentwickelt – war ein Angriff auf das Perserreich kaum zu bewerkstelligen; außerdem hätte Philipps Legitimation Schaden gelitten, wäre Athen als Vorkämpferin gegen die Perser unterjocht worden. Daher die generöse Behandlung Athens, das nicht einmal Demosthenes und seine Mitstreiter ausliefern mußte, und die milden Bedingungen anderswo: Philipp konnte keine Märtyrer für die Freiheit brauchen, wenn er selbst auf die Freiheitsparole setzte. Und daher auch die Form, die Philipp seiner Herrschaft in Hellas gab: 338/7 ‹lud› er zu einem allgemeinen Kongreß nach Korinth, auf dem die mutterländischen Griechen untereinander einen ‹Allgemeinen Frieden› schlossen, sich Frieden und Autonomie zusicherten sowie einen Hegemon benannten, der den Frieden gegen Störer durchsetzen sollte: Philipp. Sodann ließ sich Philipp von den ‹Partnern› des neukonstituierten Bundes mit dem Krieg gegen Persien beauftragen. So wurde der Schein der Freiheit gewahrt und aus dem avisierten Perserkrieg Philipps ein panhellenisches Unternehmen. Daß die Gründungsversammlung des Bundes in Korinth tagte und dort auch ein Bundesrat seinen Sitz haben sollte, war Programm: Am selben Ort hatte dereinst 481 der Bund gegen Xerxes seinen Sitz gehabt. Auf den wiederbelebten Hellenenbund des Demosthenes folgte Philipps wiederbelebter Korinthischer Bund gegen Persien, ein Freiheitskrieg auf den anderen.

2. Die Hellenische Renaissance

Die Schlacht von Chaironeia hat epochale Bedeutung: Sie markiert das Ende der Poleis als maßgebliche politische Akteure in der griechischen Welt – fortan waren dies die Könige großer Territorialreiche. Auch Athens Zeiten als Führungsmacht in Hellas waren endgültig vorüber, Athen war nun, wie die anderen griechischen Gemeinwesen, ein Satellitenstaat Makedoniens. Viele historische Darstellungen lassen die Klassische Zeit der griechischen Geschichte daher mit Chaironeia enden. Die Debatte, wie es zu dieser Katastrophe kommen konnte, begann gleich nach dem Friedensschluß. In Athen nutzte Demosthenes schon die erwähnte Gefallenenrede im Jahr 338 dazu, seine Sicht auf das Ereignis unters Volk zu bringen: Als durch Philipp «Gefahr für Hellas als Ganzes entstand, da sahen sie – die Gefallenen – es als erste voraus und riefen alle Griechen auf, (sc. Hellas) zu retten. … Obwohl bei den Griechen Unvernunft – und auch böser Wille – manches nicht voraussah, manches willentlich ignorierte, als es zu verhindern noch möglich war, … da traten sie vor, stellten alles zur Verfügung, ihre Leiber, ihr Vermögen und ihre Bundesgenossen, und schritten zum Kampf.» Wegen dieser Gesinnung sei der Freiheitskampf richtig gewesen, auch wenn das Schicksal und die Unfähigkeit der thebanischen Heeresführung Athen um den Sieg gebracht habe (Rede 60.18–24). Demosthenes nimmt damit die Gefallenen für seine eigene Politik in Anspruch: Philipp wollte Hellas unterjochen, und politische Weitsicht verlangte, dies mit Krieg zu verhindern – selbst wenn er am Ende verlorenging. Für Demosthenes' Gegner stellte sich der Fall aber ganz anders dar. So behauptete Aischines im ‹Kranzprozeß› des Jahres 330, in dem er gegen eine ehrende Kranzverleihung an seinen alten Feind Demosthenes vorging und dies zu einer Generalabrechnung mit dessen Politik machte, Demosthenes habe seine antimakedonische Politik seit 346 nur betrieben, um sich von der Verstrickung in den Philokrates-Frieden reinzuwaschen; später habe er alle Friedensbemühungen Philipps systematisch hintertrieben, «und zerstörte (sc. so) den Frieden und bereitete dem Unglück des Krieges den Weg» (Rede 3.79–83).

Die Pole der Debatte sind bis heute dieselben. Auf der einen Seite steht ein Bild Philipps, der durch Gewalt, Täuschung und Bestechung auf die stetige Erweiterung seiner Macht bis zur Unterwerfung ganz Griechenlands hinarbeitete. Demosthenes erscheint dann – ganz wie er es in seinen Reden suggeriert – als weitsichtiger Politiker, der frühzeitig die Gefahr erkannte, die von Philipp ausging, und konsequent das Ziel verfolgte, Athen und Hellas die Unabhängigkeit zu bewahren: «Ein Leben für die Freiheit», wie eine neuere Biographie titelt. Andere sehen wie Aischines in Demosthenes einen opportunistischen Karrieristen, der Ende der 350er Jahre und in der Olynth-Krise durch antimakedonische Kriegsrhetorik politisches Profil suchte; der dann aber, als es ihm opportun erschien, die Friedensbemühungen des Philokrates unterstützte, und schließlich 346, als sich die Stimmung in Athen drehte, zum Verfechter eines Konfrontationskurses wurde und den Krieg betrieb oder vielleicht sogar betreiben mußte, um seine Glaubwürdigkeit nicht zu verlieren. Auch Philipp hat man anders beurteilt: Seine Expansion im Norden habe Sicherheitsinteressen verfolgt, gerade auch gegen griechische Gemeinwesen wie den Olynthischen Bund, der Makedonien in der Vergangenheit stets unter Druck gesetzt hatte; in die südgriechischen Konflikte sei er von Griechen selbst hineingezogen worden; einen Krieg gegen Athen habe er bis Ende der 340er Jahre zu verhindern versucht.

Die Wahrheit dürfte irgendwo dazwischen liegen. Einerseits unterlag Philipps Handeln wie erwähnt phasenweise sicherlich strukturellen Zwängen zu Krieg und Expansion; andererseits agierte er gegenüber den Phokern lange zurückhaltend und wollte den Krieg von 339/8 vielleicht wirklich vermeiden, aus ideologischen wie aus praktischen Gründen – nicht alle diplomatischen Bemühungen nach 346 müssen Finten gewesen sein. Und obwohl Demosthenes' Makedonienpolitik in diesen Jahren sicherlich auch von innenpolitischer Taktik bestimmt war (für die Zeit vor 346 ist dies ohnehin anzunehmen), dürften viele Athener – vielleicht auch Demosthenes selbst – tatsächlich Mißtrauen und Angst vor Philipp gehegt haben und deswegen seinen Konfrontationskurs unterstützt haben.

Neben solchen personalisierenden Erklärungen für den Verlust der Freiheit an Makedonien haben bereits die Zeitgenossen strukturelle Gründe dafür namhaft gemacht, nämlich die Erschöpfung der griechischen Gemeinwesen im jahrzehntelangen, vergeblichen inneren Ringen um die Hegemonie. In der Tat wäre die makedonische Expansion ohne Athens Schwäche in den 350er Jahren viel schwieriger oder unmöglich gewesen. Selbstverständlich war Makedoniens Erfolg freilich nicht; immerhin scheint Philipp vor Chaironeia lange die Entscheidungsschlacht gescheut zu haben. Schon in der Antike hat man mit der militärischen Schwäche der griechischen Gemeinwesen überdies eine Dekadenzerzählung verbunden, die bis ins spätere 20. Jahrhundert starken Nachhall gefunden hat: Zur gegenseitigen Schwächung der Poleis sei eine innere Abwendung der Bürger von der Polis, ein Verlust des Gemeinsinns gekommen, der die Bereitschaft, Geld und Leben für die Freiheit der Poleis einzusetzen, schwinden ließ. «Der Individualismus aber will die Staatsidee überhaupt aufheben, sei es, daß er den konkreten Staat seinen egoistischen Zwecken zu unterwerfen strebt, sei es, daß er sich ganz von ihm zurückzieht und fordert, daß er ihn unbehelligt seine Wege gehen lasse. Mit der inneren Zersetzung verbindet sich die äußere Krisis, welche nicht wenige Staaten verschlingt und die übrigen fast alle zur Ohnmacht und Abhängigkeit von fremder Gewalt verurteilt» – so Eduard Meyer 1902. Dieses Bild speiste sich aus diversen Quellen: etwa der Idee einer ökonomischen Krise, die den Interessenkonsens zwischen arm und reich aufgehoben und letztere zum Rückzug aus der Politik getrieben habe; dem Wiederaufkommen der Tyrannis; der Zunahme des Söldnerwesens; und der Polemik eines Demosthenes, der in den 340er Jahren den Athenern gebetsmühlenartig vorwarf, nicht mehr selbst ins Feld rücken zu wollen. Das meiste davon ist mittlerweile sehr fraglich geworden: etwa, wie wir bereits gesehen haben, das Bild einer umfassenden ökonomischen Depression; die (antidemokratischer Polemik entspringende) These sozialer Gegensätze als Konstante der Politik; aber auch die, daß das Ideal des Bürgerkriegers verlorengegangen sei: An den Thermopylen 352 und bei Chaironeia 338 standen jedenfalls tausende Bürgersoldaten – selbst wenn ihre Bedeutung in der Schlacht gegenüber professionellen Soldaten geringer als früher war. Vor allem aber liefert gerade die Zeit nach 338 einen starken Beweis gegen die These von der ‹Apolitie› (Jacob Burckhardt), vom inneren Zerfall der Poleis. In Athen und vielen anderen griechischen Poleis läßt sich damals eine große Renaissance bürgerstaatlichen Bewußtseins beobachten. Sie war mehr als ein oberflächliches Zurschaustellen vergangener Größe, denn sie motivierte zu mehreren ernsten Aufständen gegen die makedonische Suprematie. Eine Geschichte der klassischen Zeit kann daher nicht ohne diese Renaissance auskommen.

Restauration in Athen

Demosthenes' Deutung der Katastrophe von Chaironeia in der Gefallenenrede setzte sich durch. Denn sie verlieh der Niederlage Sinn und erlaubte den Athenern, ihr stolzes Selbstbild zu bewahren: Die Gefallenen war nicht vergeblich gestorben, sondern in politischer Weitsicht «im Einsatz für eine gute Sache, um so wie auch früher die Freiheit der Griechen zu sichern» (Hypereídēs, *Gegen Diondas* 3). Auf dieser Grundlage war ein moralischer Wiederaufbau möglich. Greifbar ist er etwa in einer Rede aus dem Jahr 330, in der Lykurgos, nach 338 einer der führenden Politiker Athens, einen ansonsten unbekannten Privatmann namens Leokrátēs des Landesverrats anklagte wegen Fahnenflucht in der Generalmobilmachung zur Landesverteidigung, als man nach der Schlacht von Chaironeia Philipps Angriff auf Athen erwartete. Lykurg machte den Fall zu einer Grundsatzangelegenheit. Während Leokrates floh, so erzählt er, stellten sich seine Mitbürger zum Kampf «für die Freiheit der Hellenen. … Sie gaben ihr Land nicht den Feinden zur Verwüstung preis … und schämten sich zuzusehen, wie das Land, das sie genährt hatte, verwüstet wurde» (§ 47); denn zu ihrer Heimat Attika empfanden sie eine Bindung, wie sie nur «echtbürtige» Kinder ihrem Vaterland entgegenbringen. Leokrates wurde bei Lykurg also zum Verräter an allen Werten der Polis: ihrer Wehrhaftigkeit, der Freiheitsliebe und dem Adel der Autochthonen. Diese Werte illustrierte dann ein wahres Feuerwerk an Exempla. Lykurg erzählte vom mythischen König Kódros, der sich für die Verteidigung Attikas gegen die Peloponnesier selbst opferte; er zitierte den altehrwürdigen Hopliteneid der Athener, «für die Heiligtümer und alles Heilige des Landes» zu kämpfen, «das Vaterland nicht geringer zu hinterlassen», den «Satzungen» zu gehorchen und «die Heiligtümer der Heimat» zu ehren (§ 77); die Marathonkämpfer durften nicht fehlen; Lykurg zitierte Homer, Tyrtaios, das Thermopylen- und ein Marathon-Epigramm sowie einen langen Abschnitt aus dem *Erechtheus* des Euripides, in dem dessen Gattin rechtfertigt, warum sie ihre Tochter den Göttern opfern muß, um dadurch die Athener vor einem Aggressor zu retten: Ihre autochthone Abkunft verpflichte sie dazu. So nachdrücklich wie wenige andere Texte der klassischen Zeit entfaltete die Rede die gesamte athenische Polisideologie und schwor ihr Publikum auf ihre verpflichtenden Werte ein. Sie steht damit exemplarisch für eine politische Kultur in Athen nach 338, die von einer intensiven Restauration, der Rückbesinnung auf die Geschichte, Traditionen und Werte der Polis geprägt war. Lykurg, nach seiner Abkunft aus dem uralten Geschlecht der Eteobutádai, in dem die ehrwürdigsten Priesterämter der Stadt erblich waren, geradezu prädestiniert dazu, wurde namensgebend für diese Restaurationsbewegung.

Ihre Anfänge liegen freilich bereits in den 340er Jahren, sie waren nicht nur eine Reaktion auf Chaironeia. Damals begann in Athen ein beispielloses Bau- und Investitionsprogramm, das in seinem Umfang an die Hochphase unter Perikles heranreichte und eng mit dem restaurativen Bemühen verbunden war, die Traditionen, Werte und Selbstbilder der Polis zu stärken. Voraussetzung dafür war, daß Athens öffentliche Finanzen eine rasante Erholung erlebten, die schon in den 340er Jahren begann und mit dem Namen des Politikers Eúbulos verbunden ist. Als langjähriger, weil gewählter Verwalter der *theōriká* (der Tagegelder für den Besuch der Dionysien und anderer Feste) gelang es ihm, dieses Amt zu einer Schlüsselstellung in der Finanzverwaltung der Polis auszubauen, die Ausgabenpolitik zu steuern und die Einnahmen zu steigern, angeblich um 300 Prozent seit 355. Ein Teil dieses Erfolgs beruhte auf Einsparungen durch militärische Zurückhaltung; in den Debatten über Olynth und in den späten 340er Jahren gehörten Eubulos und seine Unterstützer daher zu den Hauptgegnern der Gruppe um Demosthenes. Seine Schlüsselposition in der Finanzverwaltung übernahm nach 338 Lykurg. Die Einnahmen der Stadt aus Steuern, Zöllen des florierenden Piräushandels, Pachterträgen aus Silberminen und öffentlichem Land und privaten Stiftungen sollen unter seiner Verwaltung das Niveau der Zeit des Ersten Seebunds erreicht oder übertroffen haben. Jedenfalls bildeten die überschüssigen Mittel den Grundstein für das schon zu Zeiten des Eubulos begonnene Restaurationsprogramm.

Unter den Denkmälern und Bauten dieser Zeit ragt eine imposante Umgestaltung der Pnyx hervor, des Tagungsortes der Volksversammlung. Ihr Fassungsvermögen für Teilnehmer wurde verdoppelt, aufwendige Stützmauern, eine Treppenanlage und (allerdings wohl nicht fertiggestellte) repräsentative Säulenhallen gaben dem Ort, wo der souveräne *dḗmos* entschied, ein monumentales Gepräge. Kleiner, aber ideologisch ebenso bedeutungsvoll war die Neuerrichtung des Monuments für die eponymen Heroen der zehn Phylen an zentraler Stelle auf der Agora. In den Phylenheroen repräsentierte sich das souveräne Volk von Athen als Bürgerverband – daher war das Monument auch der Ort für die Publikation von Volksdekreten und öffentlichen Bekanntmachungen aller Art; aber nicht nur das, sie verkörperten und gemahnten zugleich an Tugenden und Werte der Polis. In der Gefallenenrede von 338 etwa war Demosthenes sie der Reihe nach durchgegangen: Erechtheus, der «von Unsterblichen abstammend, alles zur Befreiung seiner Heimat unternahm» und zur Verteidigung Attikas seine Töchter hingab, den Athenern der Phyle Erechthēḯs zum Vorbild, oder Kekrops, der die Phyle der Kekropídai zu Taten anstachelte, die seiner und ihrer autochthonen Abstammung würdig waren, und so fort (Rede 60.27ff.). Symbolisch nicht minder aufgeladen war ein unweit dieses Monuments wiedererrichteter Tempel und Altar des Apollon, der dort als Patrṓos, verehrt wurde. Der Beiname verwies auf Apoll ‹als Ahnherrn› der Ionier, deren Mutterstadt zu sein Athen sich rühmte, und damit auf den Vormachtsanspruch Athens in der Ägäis; über den Stammvater Ion, aber auch auf die Autochthonensage und damit auf den Exklusivitätsanspruch des athenischen Bürgerverbandes, in dessen Phratrien und Geschlechterverbänden der Kult des Apollon Patroos gepflegt wurde. Zentrale Konstituanten der bürgerschaftlichen Identität wurden so monumental im Stadtbild verortet. Das geschah aber nicht nur durch Staatsdenkmäler. Im attischen Dorf Acharnai etwa ließ ein Priester, offenbar aus eigener Initiative, den auch in der Leokrates-Rede zitierten Hopliteneid inschriftlich aufzeichnen, außerdem den Eid, «den die Athener schworen, als sie gegen die Barbaren kämpften» – bei Marathon oder Plataiai. Auch diese Inschrift war ein kleines Denkmal athenischer Polisidentität, eines unter vielen.

Dieser Selbstvergewisserung der Bürgerschaft dienten auch Investitionen in die großen Heiligtümer, in deren Kulten und Festen sich die Bürgerschaft vereinte und konstituierte. Prominente Maßnahmen waren zum Beispiel die Wiederaufstellung goldener Niken (Statuen der Siegesgöttin) auf der Akropolis, die Ende des Peloponnesischen Krieges eingeschmolzen worden waren, oder Verschönerungsarbeiten in Eleusis und in seinem städtischen Filialheiligtum. Für die Wettkämpfe bei den Großen Panathenäen, dem alle vier Jahre besonders aufwendig gefeierten Hauptfest Athens, wurde ein prachtvolles Stadion vor den Toren der Stadt errichtet; ein Gesetz und Volksbeschluß regelte Finanzierung und Opfer anläßlich der jährlich stattfindenden Kleinen Panathenäen. Ein weiterer Schwerpunkt waren die Dionysien: Das Theater des Dionysos-Heiligtums wurde erweitert und durch steinerne (anstelle der bisherigen hölzernen) Sitzstufen monumentalisiert und möglicherweise schon damals um Säulenhallen, einen kleinen Tempel und Bühnenaufbauten ergänzt. Außerdem stellte man eine staatlich autorisierte Ausgabe der drei großen Tragödiendichter Aischylos, Sophokles und Euripides her, deren Stücke man im 4. Jahrhundert regelmäßig aufzuführen begann und als so wichtig für die Polis betrachtete, daß man sie vor Eingriffen durch Bearbeiter schützen wollte.

In der Kanonisierung der Tragikertexte wird zugleich ein erzieherischer Anspruch deutlich, der für politische Denker der Zeit wie Platon und Isokrates – bei beiden soll Lykurg gehört haben – eine zentrale Aufgabe der Polis darstellte. Dieser Gedanke war auch handlungsleitend für eine der prominentesten Maßnahmen der lykurgischen Zeit: die Aufwertung der *ephēbeía*. Im Korps der *éphēboi*, der Jungmannschaft des athenischen Bürgerheeres, erhielt der junge Athener eine militärische Grundausbildung und versah Wachdienst in den attischen Grenz- und Landfestungen. Das Programm sah außerdem Besuche der Epheben in den Heiligtümern Attikas und die Teilnahme an allen wichtigen Festen und Kulten der Polis Athen vor. Die Ephebie diente so einer umfassenden staatsbürgerlichen Erziehung, die auf die militärischen Pflichten des Bürgers ebenso vorbereitete, wie sie ihm die kultischen und kulturellen Elemente athenischer Polisbürger-Identität vermittelte. Die Institution an sich war alt, der Aspekt der staatsbürgerlichen Erziehung dürfte aber unter Lykurg erheblich aufgewertet worden sein, und mit Sicherheit wurde der Ephebie damals gesteigerte öffentliche Wertschätzung zuteil. Dies zeigt eine dichte Serie von Ehreninschriften von und für Epheben ebenso wie die aufwendige Ausschmückung des Lykeions, des Epheben-Gymnasiums, für das wahrscheinlich Praxitélēs, einer der gefeiertsten Bildhauer der Zeit, die Statue des Apollon Lýkeios schuf, die den Gott als jugendlichen Epheben zeigt. Offenkundig maß man der Ephebie jetzt besondere Bedeutung für die Polis zu. In ihr sind die wesentlichen Anliegen der Restaurationsbewegung emblematisch verdichtet: eine verpflichtende Rückbesinnung auf (kultische) Traditionen, Werte und Selbstbilder der Bürgerschaft, die Orientierung an der großen Vergangenheit, und nicht zuletzt neben der ideologischen auch die kriegerische Stärkung der Bürgerschaft.

Die große Wirkung jener Restaurationsbewegung, die mit den Namen des Eubulos und Lykurgs verbunden ist, beruhte nicht zuletzt darauf, daß sie die Unterstützung der vermögenden Oberschicht Athens genoß. Das Panathenäenstadion wurde mit privater Unterstützung auf von privater Seite geschenktem Grund errichtet, für die Renovierung der athenischen Mauern spendeten Demosthenes und viele andere Persönlichkeiten des öffentlichen Lebens im Jahr 337 hohe Summen, den Goldschmuck des Altars für Apollon Patroos stiftete ein Privatmann, der erwähnte Priester aus Acharnai oder die Stifter der Ephebeninschriften errichteten auf eigene Kosten Denkmäler, die zentralen Anliegen der lykurgischen Renaissance gewidmet waren. Die Reihe ließe sich verlängern. Sie alle zeigten sich durch ihr Engagement mit jener Restaurationsbewegung eng verbunden – nicht zuletzt ein Beweis gegen die These vom Verlust der Polisbindung. Nun hatte es private Stifter und Wohltäter immer gegeben; in der Ausstattung von Festchören, Dramenaufführungen oder Gymnasien, bisweilen auch mit Getreidespenden wetteiferte die vermögende Oberschicht seit alters um Ansehen in der Polis. Zu den Charakteristika der politischen Kultur im spätklassischen Athen gehört aber, daß solche Ehrungen immer häufiger werden und den Stiftern als Anreiz gestattet wurde, ihr Engagement durch aufwendige Denkmäler zu kommemorieren. Ein bekanntes, noch heute nahezu vollständig erhaltenes Beispiel dafür ist ein prächtiges Monument, mit dem ein Lysikrátēs ausweislich der Inschrift an den Sieg eines von ihm finanzierten Knabenchores bei den Dionysien von 335/4 erinnerte. Solche Choregenmonumente waren früher sehr viel bescheidener ausgefallen.

Diese öffentliche Zurschaustellung von privatem Euergetismus (Wohltätertum), die im Übrigen nicht auf Athen beschränkt ist, war ein neues Phänomen und verweist bereits auf die städtische Kultur des Hellenismus. Man hat es als Indiz eines Verfalls egalitärer Ideale gewertet und mit anderen Phänomenen in Verbindung gebracht, die man als Schwächung der Volksherrschaft deutete. So tritt seit den 340er Jahren der Areopag, seit den Reformen des Ephialtes bedeutungslos, wieder verstärkt als politischer Akteur in der Stadt auf, er scheint erweiterte Rechtsprechungskompetenzen

Abb. 11: Stele mit dem von Eukrates beantragten athenischen Gesetz über den Areopag und einem Relief, auf dem Demokratia den Demos krönt. Athen, Agora-Museum

besessen zu haben und erhielt das Recht, zu aktuellen Fragen sogar auf eigene Initiative Stellungnahmen abzugeben. Seine Mitglieder waren aber keiner Rechenschaftspflicht unterworfen und amtierten lebenslang. Auch den Einfluß von Wahlämtern, wie sie Eubulos oder Lykurg zugestanden wurden, hat man als Schwächung des *dḗmos* gedeutet, zumal die Baupolitik oder die Verwaltung der *theōriká* ihre persönliche Popularität fördern mochten. Mutierte die Demokratie also zu einer Honoratiorenherrschaft? Allerdings scheint der Areopag, soweit wir sehen, stets in Übereinstimmung mit der Volksversammlung agiert zu haben. Auch die Wahlämter waren nach wie vor dem *dḗmos* rechenschaftspflichtig und damit der Konkurrenz durch rivalisierende Politiker ausgesetzt. Es handelt sich bei all dem, wie bei der stärkeren Verrechtlichung zu Beginn des 4. Jahrhunderts oder bei der zunehmenden Rolle der Gerichte, um institutionelle Anpassungen, die keine Schwächung des *dḗmos* bedeuteten. Außerdem bezeugt nicht nur die monumentale Erweiterung der Pnyx dessen Selbstbewußtsein. 333/2 stiftete man eine Statue der Demokratía, der Magistrate zu opfern hatten. 337/6 erließen die Nomotheten, der gesetzgebende Ausschuß des Volkes, auf Antrag eines

Eukrátēs ein Gesetz, nach dem nicht als befleckt gelten solle, wer einen Hochverräter tötet, der «sich gegen das Volk erhebt mit dem Ziel der Tyrannis ... oder die Demokratie in Athen stürzt»; falls es doch dazu kommen sollte, wird Areopagiten bei scharfen Strafen ausdrücklich untersagt, ihr Amt auszuüben. Das Gesetz wurde auf Stelen aufgezeichnet, die man auf Areopag und Pnyx aufstellte; geziert waren sie durch ein Relief, auf dem die personifizierte Demokratia einen thronenden Demos krönt. Der konkrete Anlaß dieses Gesetzes liegt im dunkeln und ist hochumstritten; es ist auch nicht klar, ob es sich gegen den Areopag richtete oder im Gegenteil nur dessen neue Rolle widerspiegelt. Vielleicht diente es lediglich der symbolischen Selbstvergewisserung nach 338. Auf jeden Fall aber betonte der *dḗmos* hier nachdrücklich seine Autorität. Von einem schleichenden Verfall der Demokratie kann insofern nicht die Rede sein. Es ist daher auch davon auszugehen, daß die restaurative politische Kultur der Zeit vor und nach 338 von breiten Bevölkerungsschichten in Athen getragen wurde, nicht nur von einer konservativen Honoratiorenschicht.

Renaissancen außerhalb Athens

Die (erzwungene) Friedenszeit nach 338 brachte für viele Gemeinwesen des griechischen Mutterlands eine finanzielle und ökonomische Erholung. Selbst im gestraften Phokis begann der Wiederaufbau der Städte. Wenigstens punktuell können wir darüber hinaus auch außerhalb Athens, wenn auch aufgrund der Quellenlage nirgendwo so dicht belegt wie dort, ein restauratives Anknüpfen an die Vergangenheit, eine ideologische Renaissance feststellen. Ein Beispiel ist Theben. Im Sommer 336 war Philipp II. bei den Hochzeitsfeierlichkeiten seiner Tochter mit einem Molosserkönig, die als Auftakt zum Perserkrieg inszeniert wurden, bei einer Festprozession im Theater seiner Residenz Aigai vor den Augen ganz Makedoniens und Hellas' von einem Leibwächter ermordet worden. Nach der Version des Hofes handelte dieser aus verletzter Ehre, nach anderen als Instrument von Verschwörern, hinter denen manche sogar Alexander und Olympias vermuteten, denn Philipps Heirat mit der

Angehörigen einer mächtigen makedonischen Adelssippe im Jahr 337 hatte gerade erst massive Spannungen zwischen ihnen und Philipp um die Thronfolgefrage ausgelöst. In Theben, Athen und anderswo in Hellas löste die Nachricht von dem Geschehen Freudenbekundungen aus; vielerorts wurden makedonische Garnisonen und Parteigänger vertrieben, die Thessalier besetzten den Témpē-Paß nach Makedonien. Doch der zwanzigjährige Alexander, der sich noch am Ort des Mordes zum neuen König hatte ausrufen lassen, handelte schnell: Ein Blutbad in der Familie und im makedonischen Adel erstickte jeden Widerstand zu Hause; die Thessaler wurden durch Versprechungen und Drohung zur Räson gebracht, und als Alexander noch 336 mit einem Heer in Boiotien erschien, gaben die Griechen klein bei, auch die Thebaner und Athener. Der Korinthische Bund wurde mit Alexander als Hegemon erneuert, wie sein Vater erhielt dieser den Auftrag, «Rache für die persischen Verbrechen an den Griechen zu nehmen» (Diodor 17.4.9).

Doch die Unruhen waren nicht vorbei. Als einige Monate später, im Jahr 335, Gerüchte aufkamen, daß Alexander, der seine Autorität als König auf Feldzügen in Thrakien und in Illyricum beweisen mußte, getötet worden sei, brach in Theben eine *stásis* aus, in deren Folge die von Makedonien gestützten Machthaber vertrieben wurden; die aufständischen Thebaner schlossen die makedonische Besatzung auf der Burg ein und proklamierten die Freiheit. Der Aufstand scheint ebenfalls von einer restaurativen Stimmung getragen gewesen zu sein, in der man alte Größe beschwor und von der Revision des demütigenden Verlusts der alten Machtstellung träumte: Die Thebaner ließen sich «von ihrer Begeisterung fortreißen; sie erinnerten einander an den Sieg von Leuktra und an die anderen Schlachten, in denen sie dank ihrer Mannestugend unverhoffte Siege errungen hatten.» Und an die Griechen erging der Aufruf, mit ihnen «die Griechen zu befreien und den Tyrannen über Hellas zu stürzen» (Diodor 17.10.6 und 9.5). Tatsächlich sollen sich auch andere Gemeinwesen gegen Makedonien erhoben haben. Alexander erschien aber in kürzester Zeit sehr lebendig vor Theben, das nun von anderen Poleis keine Hilfe mehr erhielt. Er unterwarf die Stadt in einem fürchterlichen Blutbad, Zehntausende wurden in die

Sklaverei verkauft. Der Amphiktyonenrat durfte beschließen, daß Theben, eine der größten, bevölkerungsreichsten und schönsten Städte in Hellas, vollständig dem Erdboden gleichgemacht wurde; gerechtfertigt wurde das unter anderem mit Thebens Unterstützung der Perser im Jahr 480. Nur das Haus des Dichters Pindar ließ der kunstsinnige junge König verschonen. Alexander hatte dem entsetzten Hellas nachdrücklich bewiesen, wozu er fähig war.

Größere Kreise zog einige Jahre später ein Aufstand, der von Sparta ausging. Den Zusammenbruch ihrer Herrschaft auf der Peloponnes nach 371 hatte die Polis nie verwunden; mehrere Anläufe, sie wiederzuerlangen, scheiterten, zuletzt während des Dritten Heiligen Krieges in den 350er Jahren. Falls die bereits erwähnte, um 360 entstandene *Archidamos*-Rede des Isokrates einen authentischen Eindruck von der Stimmung in Sparta im späteren 4. Jahrhundert gibt, so ging dort ein verbissenes Festhalten am Ziel einer Wiedererlangung Messeniens und der alten Machtstellung mit einer noch stärkeren Rückwärtsorientierung einher, als sie die politische Kultur Spartas ohnehin stets bestimmt hatte. Das verpflichtende Vorbild der siegreichen Ahnen, von den ältesten Sagen über die Perserkriege bis zum Peloponnesischen Krieg und danach, durchzieht den Text; auffallend präsent ist das Motiv der Schande einer Lage, die Spartas unwürdig sei. Es könnte diese Gemengelage gewesen sein, die 338, in völliger Verkennung der realen Machtverhältnisse, zu Spartas Weigerung führte, Philipps Korinthischem Bund beizutreten – worauf dieser das zu keiner Gegenwehr fähige Sparta territorial noch weiter beschränkte, indem er so gut wie alle Restbesitzungen außerhalb des Eurotas-Tales anderen Gemeinwesen zuschlug. Die Unabhängigkeit beließ Philipp Sparta aber – die Vergewaltigung der Heimat des Leonidas hätte schlecht in seine Perserkriegspropaganda gepaßt. Die neuerliche Demütigung dürfte die Stimmung in Sparta weiter radikalisiert haben; als Alexander die Aufforderung wiederholte, dem Korinthischen Bund beizutreten, antwortete man trotzig, die Lakedaimonier seien von ihren Vätern her nicht gewohnt zu folgen, sondern zu befehlen (Arrian, *Anábasis* 1.1.2). Spätestens ab 333, als Alexander seinen Perserkrieg begonnen und auf weiteres (oder vielleicht nie mehr, wie man hoffte) nicht selbst in Hellas eingreifen konnte, plante König Agis III. Krieg; er baute Kontakte zu den Persern auf und konnte offenbar persische Subsidien gewinnen, mit denen er ein großes Söldnerheer anwarb. 331 schlug er los, als Alexanders Stellvertreter in Europa Antípatros durch einen Aufstand in Thrakien gebunden war. Nachdem eine erste makedonische Eingreiftruppe geschlagen war, schlossen sich schnell weite Teile der Peloponnes an. Spartas Aufstand wurde so zu einem Aufstand der Griechen. Wieder erklang der Ruf, «sich für die Freiheit zusammenzutun» (Diodor 17.62.6). Athen verweigerte sich aber: Weil sich viele in Athen mit Alexander arrangiert hatten, aber auch, weil man um die Getreideversorgung durch die nunmehr makedonischen Meerengen fürchtete und Alexander immer noch athenische Truppenkontingente als Geiseln in seinem Heer hielt. Während Alexander, im Begriff, Asien zu erobern, den Aufstand als «Mäusekrieg» abtat, nahm Antipatros die Bedrohung ernst und stellte ein großes Heer auf. Zur Schlacht kam es bei Megalopolis auf der Peloponnes, in der Agis fiel. Der Aufstand brach zusammen. Trotz seines Scheiterns zeigt der Agis-Krieg aber, ebenso wie Thebens Aufstand, die nachhaltige Wirkmacht altüberkommener Ideale und Ideologien in den griechischen Poleis. Von einem inneren Zerfall kann mithin nicht die Rede sein.

Ein historischer Zufall wollte es, daß auch die Westgriechen etwa zur selben Zeit einen Freiheitskrieg und noch einmal eine Renaissance ihrer Poliskultur erlebten, auf die hier abschließend ein kurzer Blick geworfen werden soll. Auch Sizilien war, wie wir gesehen haben, nach der Zerstörung der Territorialherrschaft des Dionysios II. durch Dion in den 350er Jahren in eine Fülle kleiner, sich gegenseitig bekriegender söldnergestützter Stadtherrschaften zerfallen, lag ökonomisch danieder und drohte, leichte Beute für Karthago zu werden, das 345 einen Eroberungsfeldzug auf der Insel begonnen hatte. Eine Änderung der Verhältnisse trat völlig überraschend ein. Als Dionysios 346, wie berichtet, die Burg Ortygia im Hafen von Syrakus zurückerobern konnte, baten seine flüchtigen Gegner Syrakus' Mutterstadt Korinth, eine Eingreiftruppe gegen ihn zu entsenden. Korinth selbst war militärisch schwach, rüstete aber 345 immerhin eine Flottille von zehn Schiffen und einigen hundert Söldnern unter einem Anführer aus der korinthischen Oberschicht namens Timoléōn aus; später schickte man noch ein Geschwader hinterher. Möglicherweise ging die korinthische Führung auf das Ansinnen ein, um mit Syrakus einen seiner wichtigsten Handelspartner zu stabilisieren; Korinth war im 4. Jahrhundert nach wie vor einer der bedeutendsten Häfen in Griechenland für den Handel mit dem westlichen Mittelmeer. Das Kalkül scheint in der Tat aufgegangen zu sein, denn im späteren 4. Jahrhundert belegt eine totale Dominanz korinthischer Münzen auf Sizilien die engen Handelsverflechtungen mit Korinth. Über Timoleons Karriere ist bis dahin kaum etwas bekannt, außer daß er zwanzig Jahre zuvor an der Ermordung seines eigenen Bruders beteiligt war, als dieser in Korinth eine Tyrannis zu errichten versuchte. Vielleicht schien er als ‹Tyrannenmörder› die richtige Wahl für dieses Unternehmen. Er muß zudem über militärische Erfahrungen verfügt haben. Denn das Unternehmen entwickelte sich zu einem ungeahnten Erfolg.

Mit Hilfe verbündeter sizilischer Stadtherren, denen Timoleons Söldnerhaufe zunächst für ihre eigenen Ziele nützlich schien, konnte er auf Sizilien Fuß fassen und schon 344 Teile von Syrakus gewinnen. Allerdings war der Hafen der Stadt noch von einer karthagischen Flotte blockiert, die Festung Ortygia wurde von Dionysios gehalten und andere Stadtteile waren von Hikétas besetzt, einem syrakusanischen Adligen, Tyrannen von Leontinoi und mächtigem Kriegsherrn dieser Jahre auf Sizilien. Ein Glücksfall für Timoleon war, daß der in der Ortygia eingesperrte Dionysios in realistischer Einschätzung seiner unter diesen Umständen aussichtslosen Lage gegen Zusage freien Geleits und eines ehrenvollen Exils in Korinth die Burg räumte. 343 konnte Timoleon dann die Kontrolle über ganz Syrakus erlangen, nachdem die karthagische Flotte ihre Blockade des Hafens aufgegeben hatte und Hiketas abziehen mußte. Der Krieg gegen Karthago war aber nicht beendet. 341 erfocht ein griechisches Heer unter Timoleon am Fluß Krimisós bei Segesta einen vernichtenden Sieg über ein weit überlegenes karthagisches Invasionsheer, das, von einem heftigen Wolkenbruch überrascht, im sumpfigen Gelände kampfunfähig geworden war. Karthago gab seine Pläne auf Sizilien mit dieser Niederlage zwar noch nicht gleich auf, aber nach weiteren Kämpfen in den Folgejahren einigte man sich Anfang der 330er Jahre auf einen Frieden, der die Einflußzonen entsprechend den Grenzen absteckte, die schon unter Dionysios I. bestanden hatten. Zugleich gelang Timoleon die Unterwerfung der verbliebenen Stadtherren und Söldnertrupps. Ihr Ende inszenierte man zur Abschreckung als exemplarisch grausame Strafgerichte: Den Tyrannen Híppōn von Messana etwa folterte man unter den Augen der Bürgerschaft im Theater zu Tode.

Timoleon ist in der antiken Tradition, wie sie am vollständigsten in Plutarchs Lebensbeschreibung zu greifen ist, eine leuchtende Gestalt, der Retter Siziliens und uneigennütziger Kämpfer für die Freiheit der Sikelioten. In der Tat lief seine Kampagne von Anfang an unter dieser Parole. Syrakusanische Goldmünzen aus seiner Zeit zeigten Zeus Eleutherios, der seit dem frühen 5. Jahrhundert als Befreier von der Tyrannis und, seit den Perserkriegen, von den Barbaren – diesmal den Karthagern – verehrt wurde. Geweihte Beutestücke des Siegs über das karthagische Invasionsheer 341 trugen die Aufschrift «Die Korinther und ihr Feldherr Timoleon nach der Befreiung der griechischen Einwohner Siziliens von den Karthagern», und eine 343 in die griechischen Heiligtümer und Poleis gesandte Proklamation verkündete aller Welt die Befreiung von der Tyrannis und lud zur Wiederbesiedelung des entvölkerten Syrakus unter Zusicherung von *eleuthería* und *autonomía* ein, den Schlagwörtern des 4. Jahrhunderts (Plutarch, *Timoleon* 29.2 f. und 23.1 f.). Es ist allerdings bezeichnend, daß die leidgeprüften Sikelioten diesen Parolen bei der Ankunft Timoleons zunächst mit gesunder Skepsis entgegentraten. Nach Plutarch waren sie «voll bitteren Ingrimms gegen alle Führer bewaffneter Scharen, ... die unter dem Vorwand kamen, der Insel die Freiheit zu bringen und die Tyrannen zu stürzen, aber sich so benahmen, daß diejenigen, die noch in der Knechtschaft gestorben waren, glücklicher waren als diejenigen, die diese ‹Freiheit› erlebten» (11.4). In der Tat hatten auch Dion und selbst ein Hiketas von Leontinoi diese Parolen im Mund geführt, neben vielen anderen. Und Timoleon mußte den Sikelioten zunächst nur als

Abb.12: Syrakusanische Goldmünze mit Zeus Eleutherios, unter Timoleon geprägt

ein weiterer Söldnerführer erscheinen. Anders als seine Vorgänger griff Timoleon aber tatsächlich nicht selbst zur Alleinherrschaft, sondern schleifte die Festung Ortygia und richtete in Syrakus eine bei Diodor als Demokratie bezeichnete Verfassung ein (über deren Einzelheiten uns die Überlieferung aber im unklaren läßt). Und bis auf die seit alters von Syrakus abhängigen Städte im Osten der Insel genossen die griechischen Poleis – Akragas, Gela, Kamarina und andere – in Timoleons Neuordnung offenbar uneingeschränkte Autonomie. Die hagiographische Tradition über Timoleon mag manchen Aspekt seines Regiments beschönigen, doch starb er 336 als Privatmann, hochgeehrt von seinen Mitbürgern in Syrakus, die ihm als Neugründer der Stadt ein Heroengrab auf der Agora errichteten.

Für viele Griechenstädte Siziliens, die sich schon von den Karthagerkriegen um 400 nie erholt hatten und unter den Umsiedlungen Dionysios' I., seinen endlosen weiteren Kriegen und den Wirren nach Dions Umsturz noch mehr litten und angeblich sogar verödeten, läutete die innere und äußere Friedenszeit seit etwa 340 eine Phase der Erholung ein: Man rief zehntausende Rückkehrer und Neusiedler aus ganz Hellas nach Sizilien; die Landwirtschaft erholte sich schnell, so daß Sizilien schon in den 320er Jahren wieder ein bedeutender Getreideexporteur war. Archäologische und literarische Zeugnisse belegen seit dem späteren 4. Jahrhundert eine rege öffentliche und private Bautätigkeit in den Städten Siziliens, und die Münzprägung wurde ebenfalls wieder aufgenommen. Die ökonomische Prosperität sollte Sizilien über Generationen hinweg erhalten bleiben, auch wenn die politischen Kämpfe in den Poleis schon bald wieder ausbrachen. Am Ende des bewegten 4. Jahrhunderts stand damit auch für die Sikelioten eine Renaissance, und darin spielte das Ideal der Freiheit ebenfalls noch einmal eine zentrale Rolle.

Der letzte Freiheitskrieg der Hellenen

In Athen dominierte nach 338 eine auf Ausgleich mit Makedonien bedachte Einstellung, deren prominente Führungsfiguren die Politiker Dēmádēs und Phōkíōn waren. Zwar gaben die Nachrichten vom Mord an Philipp und das Gerücht vom Tod Alexanders den Makedonenfeinden kurzzeitig Auftrieb; Demosthenes entfaltete diplomatische Aktivitäten, um einen panhellenischen Aufstand anzuzetteln, organisierte 335 persisches Geld zur Unterstützung der Thebaner und konnte die Volksversammlung zu einer Freiheitsproklamation bewegen. Als Alexander 336 und erneut 335 in Boiotien erschien, setzte sich jedoch umgehend wieder die Ausgleichspolitik durch. Obwohl die Debatten anhielten, wie Reden und Prozesse der späteren 330er Jahre zeigen, fand eine Unterstützung des Agis-Aufstands 331 aus den oben genannten Gründen ebenfalls keine Mehrheit. Allerdings achtete das Volk von Athen strikt auf die Erhaltung seiner formalen Unabhängigkeit. Alexanders Forderung im Jahr 335, Demosthenes und andere Makedonengegner auszuliefern, entsprach das Volk nicht (Demades gelang es, Alexanders Zorn zu besänftigen). Und es verleugnete auch nicht seine frühere Politik: Aischines schätzte die Stimmung in der Stadt offenbar falsch ein, als er 330 – wie es schien zu einem günstigen Zeitpunkt: Alexander war nach dem Sieg über den Großkönig Herr der Welt, der Agis-Aufstand gescheitert, antimakedonischer Politik jede Chance genommen – in dem bereits erwähnten ‹Kranzprozeß› die Abrechnung mit Demosthenes suchte; seine Klage wurde mit so hohem Quorum abgelehnt, daß er die Stadt verließ und ins Exil nach Rhodos ging. Mit der ideologischen Selbstvergewisserung dieser Jahre ging zudem eine massive Aufrüstung einher, um die Unabhängigkeit Athens auch militärisch zu wahren. Die Aufwertung der Ephebie spielte dabei eine Rolle, vor allem aber hatte man schon seit den 340er Jahren unter Eubulos massive Investitionen in die Flotte in

Angriff genommen, neue Schiffshäuser und ein großes Zeughaus zu errichten und die Flotte auszubauen begonnen; bis 330 besaß Athen eine Seestreitmacht von knapp 400 Trieren und anderen Kriegsschiffen, soviel wie seit der Hochphase des Ersten Seebundes nicht mehr.

Dies war die Ausgangslage, als es Ende der 320er Jahre doch zu einem Krieg Athens gegen Makedonien kam. Anlaß dafür war ein im Frühjahr 324 erlassenes Dekret Alexanders, mit dem er den griechischen Poleis befahl, ihre verbannten Bürger wiederaufzunehmen und in ihre Rechte einzusetzen. Was human klingt, hatte gewaltige politische Sprengkraft. Das Problem der Exilanten hatte in den innen- und außenpolitischen Wirren des 4. Jahrhunderts, wie wir sahen, beträchtliche Ausmaße angenommen – angeblich sollen allein bei der offiziellen Verkündung bei den Olympischen Spielen im Sommer des Jahres 324 nicht weniger als 20000 Exilierte zugegen gewesen sein. Tausende Exilierte zurückzuführen hätte, schon wegen der Frage der Besitzverhältnisse, gravierende politische Instabilität und ökonomische Unsicherheit in den Städten zur Folge gehabt. Alexander mußte das wissen. Selbst wenn es ihm in erster Linie um die Söldner und Exilierten in seinem Heer gegangen sein sollte, die jetzt, nach der Rückkehr vom Orientfeldzug, entlassen wurden, dürfte er daher wenigstens als Nebeneffekt einkalkuliert haben, die widerständigen Griechenpoleis im Inneren zu schwächen und in den Rückkehrern loyale Parteigänger zu haben, wenn in den nächsten Jahren die Neuordnung des Westens anstünde. Auch mochte er die Folgen für das unzuverlässige Athen gern in Kauf genommen haben: Dort bedeutete das Dekret nämlich die Räumung der Insel Samos von den 365 angesiedelten athenischen Kleruchen, was Tausende Athener um ihren Besitz gebracht und den Ausfall einer Getreidequelle für das überbevölkerte Attika bedeutet hätte – ganz abgesehen von der Demütigung. Wie anderswo schlugen in Athen daher die Wellen hoch. Die Erregung steigerte noch, daß zur selben Zeit die Frage debattiert wurde, ob Alexander Ehrungen «wie ein Gott» erhalten solle. Nicht nur widerstrebten vielen solche Ehrungen, die in Hellas bislang nur sehr vereinzelt vorgekommen waren; sie hätten Alexander eine Position zugestanden, die, wie schon das Verbanntendekret, die formale Unabhängigkeit der Polis in Frage stellten. Lykurg opponierte dagegen; Ausgleichspolitiker, allen voran Demades, später wohl auch Demosthenes befürworteten sie in der Hoffnung, dadurch Zugeständnisse im Samos-Konflikt zu erlangen.

Zur Polarisierung in der Makedonienpolitik trug schließlich ein politischer Skandal mit weitreichenden Folgen bei, der die Polis bis ins Mark erschüttern sollte. Eines Tages im selben Frühjahr oder Sommer 324 lief eine Flottille des Hárpalos in den Piräus ein, eines Vertrauten Alexanders, der so etwas wie dessen General-Schatzmeister in Babylon gewesen war. Dieser hatte sich während Alexanders Zug in den Iran und nach Indien Selbstherrlichkeiten und Unterschlagungen so großen Stils erlaubt, daß er sich zur Flucht genötigt sah, als Alexander wider Erwarten lebend aus dem Osten zurückkehrte und mit seinen untreuen Statthaltern abrechnete. Harpalos wandte sich nach Athen um Asyl; dort war er Ehrenbürger, nachdem er der Polis einige Jahre zuvor in einer Versorgungskrise mit Getreidelieferungen geholfen hatte. Athen brachte das in eine heikle Lage gegenüber Alexander. So verweigerte man zunächst das Asyl, dann fand man die Lösung, Harpalos in Ehrenhaft zu nehmen, bis Direktiven Alexanders einträfen. Doch ließ man Harpalos schließlich aus der Haft entkommen, ein eleganter Ausweg, hätte nicht nach Harpalos' Verschwinden auch die Hälfte der phantastischen Summe von 700 Talenten Edelmetall gefehlt, die er angeblich mitgebracht hatte – und die Alexander gehörten. Das fehlende Geld war nicht nur ein innenpolitischer Skandal, sondern auch außenpolitisch bedrohlich, weil es so aussehen mußte, als hätte sich die Polis an Alexanders Besitz vergangen. Damit war ein casus belli gegeben, und der Ausgang eines solchen Krieges war abzusehen. Athen war unversehens in eine existenzbedrohende Krise geraten. Die Sache war so explosiv, daß die Volksversammlung die Voruntersuchung dem nichtöffentlich tagenden Areopag übergab, und nach monatelangem Warten (und, wie man vermuten darf, Intrigieren) bezichtigte dieser im Frühjahr 323 zahlreiche führende Politiker zu Recht oder Unrecht der Unterschlagung. Darunter war auch Demosthenes, der in einem spektakulären Prozeß zu einer ruinösen

Geldstrafe verurteilt wurde, die er nicht entrichten konnte. Man ließ ihn ins Exil entkommen. Ob er der Unterschlagung schuldig war oder nicht, wird sich nie klären lassen, aber das Urteil war ohnehin ein politisches: Der Areopag und die Volksrichter versuchten, mit dem Bauernopfer eines prominenten Antimakedonen und Feindes Alexanders dessen Zorn zu besänftigen; oder es handelte sich im Gegenteil dabei um ein Mittel, einen in letzter Zeit auf Ausgleich bedachten Politiker unschädlich zu machen.

Denn spätestens im Sommer 323 nahm die antimakedonische Stimmung überhand: Alexander hatte mitteilen lassen, er lasse über Samos nicht mit sich reden; erste Exilsamier waren bereits auf die Insel zurückgekehrt. Und dann geschah das gänzlich Unerwartete: Die Nachricht traf ein, Alexander sei im Juni 323 knapp 33jährig gestorben. Seine Nachfolge war mangels eines herrschaftsfähigen Familienmitglieds offen, so daß die einmalige Chance gekommen zu sein schien, die makedonische Suprematie abzuschütteln. Zudem brachen auf Rhodos und anderswo im Alexanderreich Aufstände aus. Auch im griechischen Mutterland gärte es. Athen sondierte Bündnisse; am wichtigsten sollte dasjenige mit dem militärisch potenten, aufstrebenden Bund der Aitoler in Mittelgriechenland werden, der ebenfalls wegen des Verbanntendekrets in Konflikt mit Alexander geraten war, das dem Bund die nicht lange zuvor eroberte Stadt Oiniádai in Akarnanien genommen hätte. In den nächsten Wochen und Monaten traten Phoker und viele andere Mittelgriechen sowie einige westgriechische und peloponnesische Gemeinwesen dem Bündnis bei (nicht jedoch Sparta), später auch die Thessaler. (Dagegen leisteten die Boioter aktiv Widerstand gegen die sich formende Allianz: Ihre Eliten fürchteten, daß im Falle eines Sieges Theben restituiert werden würde und sie den aus seinem Untergang erworbenen Landbesitz verlieren würden.)

So begann der Lamische Krieg, wie ihn spätere Quellen und die Moderne meist bezeichnen. Für die Zeitgenossen hieß er freilich der «Hellenische Krieg», wie ihn schon ein athenisches Ehrendekret aus der Nachkriegszeit (IG II² 448, Z. 43–44) nennt. Der Name war Programm: In Athen proklamierte das Volk – freilich gegen beträchtlichen inneren Widerstand – «die allen gemeinsame

Freiheit der Griechen» und warb um Verbündete mit dem Aufruf, daß das Volk der Athener, «das früher schon Hellas als das gemeinsame Vaterland der Griechen betrachtet hat und daher die Barbaren, die es der Knechtschaft unterwerfen wollten, zu Lande und zur See abwehrte, auch jetzt Leben, Geld und Schiffe für die gemeinsame Rettung der Hellenen wagen will» (Diodor 18.10.2 f.). Man beschwor also Perserkriegssemantiken. Besonders deutlich wird diese Aufladung in der Gefallenenrede, die Hypereídēs – seit den späten 340er Jahren ein führender antimakedonischer Politiker neben Demosthenes und Wortführer der Kriegspolitik im Jahr 323 – auf die Toten der für Athen sehr erfolgreichen ersten Kriegsmonate im Winter 323/2 hielt. Es war dies die letzte dieser traditionsreichen Reden in klassischer Zeit, und noch einmal wurden darin altbekannte Ideale beschworen: Die Toten «gaben ihr Leben für die Freiheit der Griechen» (§ 16 u.ö.); sie taten dies im Bewußtsein ihres «Adels» als Autochthone (§ 7) und der angestammten Rolle Athens als Ordnungsmacht in Hellas, die «stets die Übeltäter straft, den Gerechten hilft … und allen Griechen auf eigene Gefahr und mit eigenen Mitteln Schutz gewährt» (§ 5). Die Schlacht von Lamia lokalisiert Hypereides «bei den Thermopylen» (§ 18), und die Gefallenen übertrafen noch die Männer des Miltiades und Themistokles, ja sie stellten Harmodios und Aristogeiton in den Schatten, «indem sie Tyrannen von ganz Hellas vernichteten» (§ 38 f.). Am Ende der Klassischen Zeit stand so eine letzte Blüte jener Selbstbilder und Ideen, die sich zu ihrem Beginn in den Perserkriegen formiert hatten: das Ideal der Freiheit; die Vereinigung der Griechen gegen barbarische Tyrannei; die Perserkriege als zentraler Bezugspunkt der historischen Erinnerung – und Athens Führungsanspruch in der griechischen Welt.

Nicht nur die innere Wiederaufrüstung der letzten Jahre trug jetzt Früchte. Athen stellte 200 Kriegsschiffe bereit und mobilisierte das Bürgerheer, das um Tausende entlassene Söldner des Alexanderheeres ergänzt wurde. Unter dem athenischen Oberbefehlshaber Leōsthénēs schlug das Hellenenheer erfolgreich eine Schlacht gegen die Boioter, die sich ihm entgegenstellten, gewann die Thermopylen und konnte den aus Makedonien heranrückenden Antipatros nach einer siegreichen Schlacht mit seinen verbliebenen Truppen in der thessalischen Stadt Lamía (daher der Name des Krieges) einschließen. Nach monatelanger Belagerung hatte man Antipatros' Heer beinahe ausgehungert; die Griechen standen kurz vor dem Sieg. Doch dann starb Leosthenes während der Belagerung, und die griechische Front begann zu bröckeln, als die Aitoler abzogen. Die Entscheidung fiel dann zu See, wo die endlich mobilisierte Reichsflotte Alexanders die athenische im Juli 322 erst am Hellespont und noch einmal bei Amorgós vernichtend schlug; kurz darauf erfochten die Makedonen in einer Schlacht beim thessalischen Krannon auch einen vernichtenden Sieg zu Lande. Nun mußten die Griechen kapitulieren. Anders als 338 wurde Athen nicht mehr geschont. Die Festung Munichia im Piräus erhielt eine makedonische Besatzung, Samos wurde Athen genommen, die Demokratie wurde faktisch (wenn auch nicht formell) durch Einführung eines hohen Mindestzensus abgeschafft. Die Makedonengegner wurden zum Tode verurteilt und in ganz Griechenland gejagt – Hypereides wurde gestellt und grausam getötet, indem man ihm die Zunge herausschnitt, Demosthenes, der sich in das Poseidon-Heiligtum auf der Insel Kalaúreia geflüchtet hatte, kam seinen Häschern zuvor und tötete sich selbst. So endete der letzte griechische Freiheitskrieg unserer Epoche.

EPILOG: WAS BLEIBT VON DER ‹KLASSIK›?

Die Klassische Zeit Griechenlands stellt sich bis heute als zweigeteilte Epoche dar. Während das 5. Jahrhundert als eine Phase glanzvoller kultureller Entfaltung und politischer Errungenschaften gilt, die man als das «griechische Wunder» bezeichnet hat, gesteht man dem 4. Jahrhundert allzu häufig nur die Rolle eines Anhangs und Abgesangs zu. Aus dieser Perspektive strebt das 4. Jahrhundert teleologisch dem Ende der politischen Selbständigkeit der Poleis zu und wird zu einer Phase langer Agonie, gekennzeichnet von materiellem Niedergang und soziopolitischer Dauerkrise. Dieses Geschichtsbild ist mittlerweile in mehrerlei Hinsicht fragwürdig geworden. So haben wir in den letzten Kapiteln gesehen, daß dieses Bild zu revidieren ist: Es gibt keinen Anhaltspunkt dafür, das 4. Jahrhundert als Zeit eines generellen ökonomischen Niedergangs zu bewerten, vielmehr zeigt sich teilweise eine erstaunlich schnelle Erholung von den Folgen der Kriegswirren. Auch die Betonung sozialer Spannungen als Wesensmerkmale der Zeit und als Erklärung für die innere und äußere Instabilität der Poliswelt hat daher an Überzeugungskraft verloren. Und erst recht in kultureller Hinsicht war das 4. mindestens so produktiv wie das 5. Jahrhundert: Mit der Blüte der politischen Philosophie haben wir uns exemplarisch näher beschäftigt, doch zeugt bereits das Œuvre des Aristoteles, das Physik, Biologie, Rhetorik, Poetik, Logik und Metaphysik umspannt, ebenso wie die Fachliteratur in verschiedenen Wissensgebieten, von der Astronomie bis zum Militärwesen, von der hohen geistigen Schöpferkraft der Zeit. Die Tragödien- und Komödiendichtung entwickelte sich ungebrochen weiter, auch wenn infolge späterer Kanonisierungsprozesse nur kleine Fragmente überliefert sind; einen Eindruck von ihrem Niveau geben die subtilen Charakter- und Milieustudien im Werk des seit den späten 320er Jahren in Athen wirkenden Ménandros, dem einzigen in etwas größeren Partien erhaltenen Komödienautor. Die Geschichtsschreibung florierte; ihren wichtigsten Vertretern – Xenophon, Theopomp, dem Verfasser der *Hellēniká* von Oxyrhynchos, Ephoros von Kyme – sind wir in diesem Buch begegnet. In der bildenden Kunst stellte das 4. Jahrhundert eine Blütezeit dar, von deren Meisterwerken wir exemplarisch die Eirene mit dem Plutosknaben des Kephisodot oder den Apollon Lykeios erwähnt haben. Die Vasenmalerei wurde besonders in Unteritalien auf hohem Niveau fortgeführt; einen besonderen Aufschwung nahm die Wandmalerei, gerade in Makedonien, und in der Architektur setzte man mit Bauwerken wie dem Maussolleion in Halikarnassos oder dem Philipps-Palast in Aigai neue Maßstäbe. Von einem Niedergang kann also keine Rede sein. Das gilt auch und gerade für das Politische: Trotz Erschöpfung und Überdruß am dauernden Krieg ist, wie wir sahen, von einem Verlust an Gemeinsinn und Polisidentität nichts zu spüren. Die ungebrochene Kraft des Freiheitsideals, das gerade in den Aufständen gegen die Makedonenherrschaft weit mehr war als bloße Propaganda, ist ein deutlicher Beweis dafür.

Gewandelt hat sich das Bild der Epoche aber auch insofern, als das Attribut ‹klassisch› und das dieser Etikettierung inhärente Werturteil fragwürdig geworden sind. Im Begriff des ‹Klassischen› steckt stets eine normative Aussage, die die Vollkommenheit und zeitlos gültige Vorbildhaftigkeit ihres Gegenstandes suggeriert. Dieses Urteil haben Kunst und Literatur der Epoche, zumal des 5. Jahrhunderts, früh auf sich gezogen, seine Wurzeln liegen bereits in ihr selbst: So zum Beispiel, wenn die drei ‹klassischen› Tragödiendichter bereits in Aristophanes' *Fröschen* von 405 ihre zahlreichen Kollegen bei weitem überragen, 386 dann die Wiederaufführung alter Stücke, denen man bleibenden Wert zumaß, erlaubt und schließlich unter Lykurg von Staats wegen kanonische Textausgaben der drei ‹klassischen› Tragiker hergestellt wurden; oder wenn im 4. Jahrhundert gleich mehrere Historiker daran gingen, einen ‹klassischen› Text (der sich selbst schon als «Besitz für immer» bezeichnete), nämlich das Werk des Thukydides, zu vollenden. Seitdem kam die normative Orientierung an den künstlerischen Errungenschaften jener Epoche, der Klassizismus, in unterschiedlicher Ausprägung regelmäßig wieder – in Architektur und bildender

Kunst des augusteischen Rom, in der kulturellen Restaurationsbewegung der sogenannten Zweiten Sophistik im Griechenland während der Hohen Kaiserzeit und zuletzt in der Griechenbegeisterung der westlichen Hemisphäre in der Zeit vom 18. bis weit ins 20. Jahrhundert, als Kunst und Literatur des 5. und 4. vorchristlichen Jahrhunderts als ein Höhepunkt künstlerischen Schaffens galten und deswegen mit dem Prädikat ‹klassisch› geadelt wurden. Von dort wanderte der Begriff dann in die Geschichtsbücher als Bezeichnung der ganzen Epoche, in denen noch lange die entsprechende Wertung mit dargeboten wurde.

Heute ist dieses Bild fragwürdig geworden. Man relativiert die Originalität vieler geistiger und künstlerischer Errungenschaften jener Epoche, betont die wechselseitig befruchtenden Wirkungen der Kulturkontakte im ostmediterranen Raum und nimmt von dem durch die Griechen selbst beförderten hellenozentrischen Weltbild Abstand. Nachdrücklich rückt man zudem auch die weniger glanzvollen, «unheimlichen», fremden Seiten der Epoche ins Bewußtsein: Bereits Jacob Burckhardt wies auf ungezügelte Triebe und Ängste als Charaktermerkmale der Griechen hin. Heute wird das Augenmerk auf die allgegenwärtige, bisweilen exzessive Gewalt der Griechen untereinander, gegen Nichtgriechen und Gewaltunterworfene, namentlich die Unfreien gelenkt, ferner auf den stellenweise geradezu grotesken Chauvinismus gegenüber ‹Orientalen›, verfeindeten Poleis oder Sklaven. Der «Krieg» im Titel dieses Buches verweist auf diese ‹andere Seite› der Klassik. Und niemand würde heute mehr per se einen Vorrang der Beschäftigung mit der Klassischen Zeit (oder gar enger noch mit dem 5. Jahrhundert) gegenüber anderen Epochen reklamieren.

Wenn wir aber nun die Klassische Zeit entzaubert und ‹normalisiert› haben, sie nicht mehr als einzigartig und vollkommen betrachten, was bleibt dann von der ‹Klassik›? Nur mehr eine eingeführte Epochenbezeichnung? Ganz so weit muß man nicht gehen. Denn ‹Klassisches› kann man in der Epoche finden, auch ohne ihr das Postulat der Vervollkommnung und Vorbildhaftigkeit aufzubürden. Die Klassische Zeit bleibt eine Epoche, in der wir vieles zum ersten Mal greifen können, dem heute noch, zu Recht oder Unrecht und mit welchen Agenden auch immer, besondere Relevanz für unsere Gegenwart zugesprochen wird: die Entstehung einer freiheitlichen Staatsordnung und politischen Kultur; die Ausdifferenzierung des politischen Denkens und die Entstehung einer kritischen Geschichtsschreibung; überhaupt die geistige Aufklärung der Zeit – um nur einige exemplarische Felder zu nennen. Es bleibt sachlich und methodisch faszinierend, über die sozialen, kulturellen und politischen Entstehungsbedingungen, über kontingente und strukturelle Faktoren und Kausalitäten dieser Entwicklungen nachzudenken, zumal wir dies auf einer vergleichsweise breiten Basis historischer Daten, Texte und Quellen aller Art tun können. Nun gibt es Anknüpfungspunkte zur historischen Reflexion der Gegenwart natürlich in allen Epochen. Doch zwingt gerade die Entzauberung der Klassischen Zeit, manchen auf den ersten Blick allzu vertraut wirkenden Phänomenen und Geschichtsbildern ohne vorschnelle Identifikation zu begegnen. Wir haben die Problematik zum Beispiel an der Frage nach den Grenzen und sozialen Kosten der Demokratie gesehen oder an der Entstehung des dichotomischen Weltbildes, das einen Gegensatz zwischen der ‹freiheitlichen Kultur› der Griechen bzw. Europas und dem ‹Orient› postulierte. Die Beschäftigung mit der griechischen Geschichte in klassischer Zeit zeichnet sich heute demnach durch eine eigentümliche Spannung aus: Auf der einen Seite steht eine nach wie vor empfundene kulturelle Nähe und Gegenwartsrelevanz, bisweilen noch immer verbunden mit Residuen einer identifikatorischen Lesart; auf der anderen Seite deren radikale und notwendige Infragestellung. Vielleicht ist es zum einen diese Spannung und die mit ihr einhergehende historische Sensibilisierung, zum anderen die Tatsache, daß diese Spannung für keine frühere historische Epoche und Kultur in dieser Schärfe besteht, sich also für die Klassische Zeit zum ersten Mal mit Nachdruck stellt; vielleicht auch der Umstand, daß eine dichte Überlieferung intensive Reflexion über dieses Problem erlaubt – vielleicht ist es also diese ganz besondere Konstellation, die dem Attribut ‹klassisch› für die griechische Geschichte des 5. und 4. Jahrhunderts auch heute noch einen akzeptablen Sinn verleihen kann.

LITERATURBERICHT

Die folgenden ausgewählten Angaben dienen nur der ersten Orientierung. Aufgenommen wurde bis Anfang 2015 erschienene Literatur.

Abkürzungen:
CAH = The Cambridge Ancient History, Second Edition; CQ = Classical Quarterly; GRBS = Greek, Roman and Byzantine Studies; HGIÜ = Histor. griech. Inschriften in Übers.; HZ = Histor. Zeitschr.; IG = Inscriptiones Graecae; JHS = Journal of Hellenic Studies; ZPE = Zeitschr. f. Papyrol. u. Epigraphik.

A. Allgemeines

Gesamtdarstellungen: noch heute einflußreich Meyer (1901–2) und Beloch (1914–22), gegenwärtig sind Rhodes (2010), Hornblower (2011) und Welwei (2011) grundlegend; stark kulturgeschichtlich Davies (1983); vertiefende Überblicke in CAH IV–VI (1988–1994), *Le monde grec* (2001/4) und Kinzl (2006). Zu Athen und Sparta s. Schulz (2011), Welwei (1999) und (2004), zu weiteren Gemeinwesen überblicksweise Gehrke (1986) und Hansen/Nielsen (2004). Religionsgeschichte: Bremmer (1996) und Burkert (2011); Sozialgeschichte: Schmitz (2014). Wirtschaftgeschichte: R. Descat in *Le monde grec* I und II; J. G. Oliver in Kinzl (2006), Kap. 14; Eich (2006). Literaturgeschichte: Zimmermann (2011/14). Kunst und Architektur: Osborne (1998) und Heilmeyer (2002).

Beloch, K.J. (1914–22): Griech. Geschichte, 2. Aufl., Bd II. und III. Straßburg/Berlin; Bremmer, J. (1996): Götter, Mythen und Heiligtümer im antiken Griechenland. Darmstadt (engl. 1994). Burkert, W. (2011): Griech. Religion der archaischen und klass. Epoche. 2. Aufl. Stuttgart; Davies, J.K. (1983): Das klass. Griechenland und die Demokratie. München; Eich, A. (2006): Die politische Ökonomie des antiken Griechenland (6.–3. Jh. v. Chr.). Köln/Wien; Gehrke, H.-J. (1986): Jenseits von Athen und Sparta: das dritte Griechenland und seine Staatenwelt. München; Hansen, M.H./Nielsen, Th. H. (Hgg.) (2004): An Inventory of Archaic and Classical Poleis. Oxford; Heilmeyer, W.-D. (Hg.) (2002): Die griech. Klassik – Idee oder Wirklichkeit. Mainz; Hornblower, S. (2011): The Greek World 479–323 BC, 4. Aufl. London; Le monde grec aux temps classiques (2001/4), Bd. 1. hg. von P. Briant u.a. (2. Aufl.), Bd. 2 von P. Brulé u.a. Paris; Kinzl, K.H. (Hg.) (2006): A Companion to the Classical Greek World. Malden, Mass; Meyer, E. (1901–2): Geschichte des Altertums, Bd. 4 und 5., 4./5. Aufl. hrsg. v. H.E. Stier, Stuttgart 1939/54–8; Osborne, R. (1998): Archaic and Classical Greek Art. Oxford; Rhodes, P. (2010): A History of the Classical Greek World: 478–323 BC, 2. Aufl. Malden, Mass; Schmitz, W. (2014): Die griech. Gesellschaft: eine Sozialgeschichte der archaischen und klassischen Zeit. Heidelberg; Schulz, R. (2011): Athen und Sparta, 4. Aufl. Darmstadt; Welwei, K.-W. (1999): Das klass. Athen. Demokratie und Machtpolitik im 5. und 4. Jahrhundert. Darmstadt; Ders. (2004): Sparta. Aufstieg und Niedergang einer antiken Großmacht. Stuttgart; Ders. (2011): Griech. Geschichte von den Anfängen bis zum Beginn des Hellenismus. Paderborn; Zimmermann, B. (Hg.) (2011/14): Handbuch der griech. Literatur der Antike, Bd. 1–2. München.

B. Einleitung

Lysias' *Epitáphios* (Rede 2) (alle Übers. im folgenden nach I. Huber, Darmstadt 2004): zur Ideologie dieser Reden Loraux (1981). **Bedeutung des Krieges** für die Epoche: allg. C. Meier, HZ 251 (1990), 555–605; zu Kriegstechniken und soziokultureller Einbettung zsfsd. Ducrey (1985) und Van Wees (2004). Bürgerkriegerideal: K. Raaflaub in ders./Rosenstein (1999), Kap. 6. *Stásis*: Gehrke (1985). Gewalt als Signum der Epoche: Bernand (1999), Fischer/Moraw (2005) und Muth (2008). **Freiheit**: Die Genese der Idee schildert Raaflaub (1985), die lange Debatte um ihren Gehalt Nippel (2008), 201 ff. und 333 ff.; wichtige neuere Beiträge dazu bei M. I. Finley (1981), Kap. 5; Ober/Hedrick (1996); M. H. Hansen, GRBS 50 (2010), 1–27 (u. ö.) und Liddel (2007). **«Intentionale Geschichte»**: Begriffsprägend Gehrke (2014) (u. ö.) mit weiterer Lit.; vgl. auch Kap. I.4. **«Jenseits von Athen und Sparta»**: Gehrke (1986) (s. A).

Bernand, A. (1999): Guerre et violence dans la Grèce antique. Paris; Ducrey, P. (1985): Guerre et guerriers dans la Grece antique. Freiburg i. Ü.; Finley, M. I. (1981): Economy and Society, hg. von B. Shaw/R. Saller. London; Fischer, G./Moraw, S. (Hgg.) (2005): Die andere Seite der Klassik: Gewalt im 5. und 4. Jahrhundert v. Chr. Stuttgart; Gehrke, H.-J. (1985): Stasis: Untersuchungen zu den inneren Kriegen in den griech. Staaten des 5. und 4. Jh. v. Chr. München; Ders. (2014): Geschichte als Element antiker Kultur. Die Griechen und ihre Geschichte(n). Berlin; Liddel, P. (2007): Civic Obligation and Individual Liberty in Classical Athens. Oxford; Loraux, N. (1981): L'invention d'Athènes: histoire de l'oraison funèbre dans la ‹cité classique›. Paris (engl. 1986); Muth, S. (2008): Gewalt im Bild. Das Phänomen der medialen Gewalt im Athen des 6. und 5. Jahrhunderts v. Chr. Berlin; Nippel, W. (2008): Antike oder moderne Freiheit? Die Begründung der Demokratie in Athen und in der Neuzeit. Frankfurt; Ober, J./Hedrick, Ch. (Hgg.) (1996): Demokratia: a Conversation on Democracies, Ancient and Modern. Princeton; Raaflaub, K. (1985): Die Entdeckung der Freiheit. München (2. Aufl. engl. 2004: Chicago.); Ders./Rosenstein, N. (Hgg.) (1999): War and Society in the Ancient and Medieval World. Cambridge, Mass; Van Wees, H. (2004): Greek Warfare: Myths and Realities. London.

I. Die Perserkriege

Persisches Reich: maßgebl. Gesamtdarst. bei Briant (1996); knapper Wiesehöfer (1993) und Waters (2014), kommentierte Quellensammlung bei Kuhrt (2007). Zum Phantom des Mederreichs und Herodots' Deiokes-Episode einführend Meier (2004). Elamischer Kontext: W. Henkelman in Rollinger (2011), 577–634. Für die persische Königs- und Reichsideologie s. neben den genannten Gesamtdarstellungen zsfsd. Root (1979) und Lincoln (2007); zu Herodots Bild davon B. Jacobs/K. Trampedach in Zenzen (2013), 60–92. Die Übers. der Königsinschriften aus Schmitt (2009), 100–104 und 127–134. Die Schreibweise altpersischer Namen folgt der *Encyclopaedia Iranica*, http://www.iranicaonline.org). **Herodot:** einführend Bichler/Rollinger (2011) und A. Rengakos in Zimmermann (2011) (s. A.), 338–380; zu den Anfängen der Geschichtsschreibung, dem geistesgeschichtlichen Umfeld und Herodots Bild des Orients weiterführend die Beiträge in Bakker (2002), Dewald/Marincola (2006) und Munson (2013). Übers. nach der von J. Feix, München 1963 (u. ö.). Zu Ktesias umfassend Wiesehöfer (2011), zu Xenophon s. Kap. IV.

Bakker, E. u. a. (Hg.) (2002): Brill's Companion to Herodotus. Leiden; Bichler, R./Rollinger, R. (2011): Herodot. 3. Aufl. Hildesheim/Zürich; Bleckmann, B. (Hg.) (2007), Herodot und die Epoche der Perserkriege: Realitäten und Fiktionen. Köln; Briant, P. (1996): Histoire de l'Empire perse: de Cyrus à Alexandre. Paris (engl. 2002); Dewald, C./Marincola, J. (Hgg.) (2006): The Cambridge Companion to Herodotus, Cambridge; Kuhrt, A. (2007): The Persian Empire. 2 Bd. London; Lincoln, B. (2007): Religion, Empire, and Torture: the Case of Achaemenian Persia. Chicago; Meier, M. u.a. (2004): Deiokes, König der Meder: eine Herodot-Episode in ihren Kontexten. Stuttgart; Munson, R.V. (Hg.) (2013): Herodotus. 2 Bd. Oxford; Rollinger, R. u.a. (Hgg.) (2011): Herodot und das Persische Weltreich. Wiesbaden; Root, M. (1979): The King and Kingship in Achaemenid Art: Leiden; Schmitt, R. (2009): Die altpersischen Inschriften der Achaimeniden: editio minor mit deutscher Übers. Wiesbaden; Waters, M. (2014): Ancient Persia. A Concise History of the Achaemenid Empire, 550–330 BCE. Cambridge. Wiesehöfer, J. (1993): Das antike Persien: von 550 v. Chr. bis 650 n. Chr. Zürich; Ders. u. a. (Hgg.) (2011): Ktesias' Welt. Wiesbaden.

Perserkriege: Vertiefende Gesamtdarst. bei Burn (1984), Lazenby (1993) und Green (1996); aus persischer Sicht Balcer (1995) und Cawkwell (2005). **Ionischer Aufstand**: allg. Tozzi (1978) und CAH IV, 461–90; zu Herodots Darstellung U. Walter, Historia 42 (1993), 257–278. Persische Herrschaft in Ionien: Balcer (1995), Kap 3, zum Gadatas-Brief (Übers. in HGIÜ I, Nr. 22) und seiner Authentizität C. Tuplin in Mitchell/Rubinstein (2009), 155–184. Athenische Interessen in der Nordägäis: L. Kallet, JHS 133 (2013), 43–60 sowie Sears (2013). Eretria: Walker (2004), Kap. 9. Ausmaß der Zerstörungen: relativierend Balcer (1995), Kap. 8, sowie N. Erhardt in Schwertheim/Winter (2003), 1–19. **Marathon:** Zum Verlauf s. nur Krentz (2010). **Xerxes-Zug:** Zum Hellenenbund D. Kienast, Chiron 33 (2003), 43–77, und D. Yates, Historia 64 (2015) 1–25. Athens Flottenbau: früherer zeitl. Ansatz bei Blösel (2004), Kap. I, noch früher van Wees (2013), zur Triere allg. Morrison (1990). Thermopylen: zu Verlauf und moderner Rezeption Albertz (2006). Salamis: zu Verlauf und Geheimbotschaft Lazenby (1993), Kap. 7; Blösel (2004), 204–36.

Albertz, A. (2006): Exemplarisches Heldentum: die Rezeptionsgeschichte der Schlacht an den Thermopylen von der Antike bis zur Gegenwart. München; Balcer, J. M. (1995): The Persian Conquest of the Greeks 545 – 450 BC. Konstanz; Blösel, W. (2004): Themistokles bei Herodot: Spiegel Athens im fünften Jh. Stuttgart; Burn, A. (1984): Persia and the Greeks: The Defense of the West c. 546–478 B. C. 2. Aufl. Stanford; Cawkwell, G. (2005): The Greek Wars: the Failure of Persia. Oxford; Green, P. (1996): The Greco-Persian Wars. 2. Aufl. Berkeley; Krentz, P. (2010): The Battle of Marathon. New Haven; Luther, A. u.a. (Hgg.) (2006): Das frühe Sparta. Stuttgart; Mitchell, L./Rubinstein, L. (Hgg.) (2009): Greek History and Epigraphy. Essays in Honour of P.J. Rhodes. Swansea; Morrison, J. u.a. (1990): Die athenische Triere. Mainz; Schwertheim, E./Winter, E. (2003): Stadt und Stadtentwicklung in Kleinasien. Bonn; Sears, M. A. (2013): Athens, Thrace, and the Shaping of Athenian Leadership. Cambridge; Tozzi, P. (1978): La Rivolta Ionica. Pisa; Van Wees, H. (2013): Ships and Silver Taxes and Tribute: A Fiscal History of Archaic Athens. London/New York; Walker, K. G. (2004): Archaic Eretria: A Political and Social History. London; Zenzen, N. u.a. (Hgg.) (2013): Aneignung und Abgrenzung: wechselnde Perspektiven auf die Antithese von Ost und West in der griechischen Antike. Heidelberg.

Perserkriegserinnerung: Welthistorische Bedeutung: Die Zitate bei Bengtson (1977), 181; Hegel (1970), 314 (zuerst 1840); Mill (1978), 273 (zuerst 1846); Billows (2010) und Strauss (2004); Weiteres bei W. Nippel in Harrison (2002), 304–10, dems. in Zenzen (2013), 465–81, sowie Bridges (2007). Erinnerung in Klassischer Zeit: Jung (2006) (Marathon und Plataiai), K. Ruffing, Grazer Beitr. zur Philol. 25 (2006), 1–32 (Salamis); Bilddenkmäler: Gauer (1968) und Castriota (1992); Perserkriegs-Epigramme: Petrovic (2007). Die Plataiai-Elegie des Simonides (die Zitate v. 29ff.) bei Boedeker/Sider (2001). ‹Eid von Plataiai›: zur Authentizitätsdebatte jüngst H. van Wees in Luther (2006), 125–64, und P. Krentz, Hesperia 76 (2007), 731–742 (der ihn aber auf Marathon bezieht). Die Perserkriege und die «Entdeckung der Freiheit»: Raaflaub (1985) (s. B.). **Perser- und Orient-Bilder:** Hall (1989), Hutzfeld (1999),

Harrison (2002), und Zenzen (2013); bildliche Darstellungen: Raeck (1981) sowie M. Miller in Rollinger (2011), 123–58. Perserkriege und hellen. Identität: Hall (2002) Kap. 6. Klimatheorie: (Ps.-)Hippokrates, *Über die Umwelt* § 12 f., 16, 23 mit Thomas (2000), 86–98. Proto-Rassismus: Isaac (2004), Kap. 4. Zu Isokrates' *Panēgyrikós* vgl. u. Kap. IV (alle Isokrates-Übers. nach C. Ley-Hutton, Stuttgart 1993–7). Orientalismus: St. Hauser, in: Der Neue Pauly Bd. 15/1, Stuttgart/Weimar 2001, 1233–43. Nicht nur Alterität und Abgrenzung: Miller (1997) (zur Persermode) und allg. Gruen (2011), Kap. 1–2; Herodot *philobárbaros* (Plutarch, *Moralia* 857 a): zu seinem Perserbild M. Flower in Dewald/Marincola (2006), Kap. 18; Herodot und Athen: s. nur H. Strasburger, Historia 4 (1955), 1–25, und Blösel (2004).

Bengtson, H. (1977): Griech. Geschichte von den Anfängen bis in die römische Kaiserzeit. 5. Aufl. München; Billows, R. A. (2010): Marathon. How one battle changed western civilization. New York/London; Boedeker, D./Sider, D. (Hgg.) (2001): The New Simonides. Oxford; Bridges, E. u. a. (Hgg.) (2007): Cultural Responses to the Persian Wars. Oxford; Castriota, D. (1992): Myth, Ethos and Actuality: Official Art in Fifth-Century B. C. Athens. Madison; Gauer, W (1968): Weihgeschenke aus den Perserkriegen. Tübingen; Gruen, E. S. (2011): Rethinking the Other in Antiquity. Princeton; Hall, E. (1989): Inventing the Barbarian. Greek self-definition through tragedy. Oxford; Hall, J. (2002): Hellenicity between Ethnicity and Culture. Chicago; Harrison, Th. (Hg.) (2002): Greeks and Barbarians. New York; Hegel, G. W. F. (1970): Werke 12: Vorlesungen über die Philosophie der Geschichte, hg. v. E. Moldenhauer/K. M. Michel. Frankfurt a. M; Hutzfeldt, B. (1999): Das Bild der Perser in der griech. Dichtung des 5. vorchristl. Jh.s Wiesbaden; Isaac, B. (2004): The Invention of Racism in Classical Antiquity. Princeton; Jung, M. (2006): Marathon und Plataiai: zwei Perserschlachten als lieux de mémoire im antiken Griechenland. Göttingen; Mill, J. S. (1987): Collected Works of John Stuart Mill, Vol. IX, hg. von J. M. Robson/F. E. Sparshott. Toronto; Miller, M. C. (1997): Athens and Persia in the Fifth Century BC: a study in cultural receptivity. Cambridge; Petrovic, A. (2007): Kommentar zu den simonideischen Versinschriften. Leiden; Raeck, W. (1981): Zum Barbarenbild in der Kunst Athens im 6. und 5. Jh. v. Chr. Bonn: Habelt; Strauss, B. (2004): The Battle of Salamis: the naval encounter that saved Greece – and western civilization. New York; Thomas, R. (2000): Herodotus in Context: ethnography, science, and the art of persuasion. Cambridge.

Sizilien: Geschichte bis Himera: Finley (1979), Kap. 1–4, und CAH IV, 739–780. Tyrannen: Berve (1967), Kap. I.6, und Luraghi (1994). Karthago: klassisch Huß (1985); ergänzend Ameling (1993) und Hoyos (2010); für die griechisch-punischen Beziehungen auf der Insel außerdem Hans (1983). Himera als Erinnerungsort: Ameling (1993), Kap. I; M. Zahrnt, Chiron 23 (1993), 353–390.

Ameling, W.: Karthago: Studien zu Militär, Staat und Gesellschaft. München. (1993); Berve, H. (1967): Die Tyrannis bei den Griechen. 2 Bd. München; Finley, M. I. (1979): Das antike Sizilien von der Vorgeschichte bis zur arabischen Eroberung. München; Hans, L.-M. (1983): Karthago und Sizilien (VI. – III. Jh. v. Chr.). Hildesheim; Hoyos, D. (2010): The Carthaginians. London; Huß, W. (1995): Geschichte der Karthager. München; Luraghi, N. (1994): Tirannidi arcaiche in Sicilia e Magna Grecia. Florenz.

II. Neue Ordnungen

Seebund: Grundlegend Meiggs (1972), wichtige Einzelbeiträge bei Low (2008); Lebenswelt im Seebund: Constantakopoulou (2007) sowie Ma in dems. (2009) zur Karpathos-Episode. Propaganda und Symbolpolitik: K. Raaflaub, Chiron 9 (1979), 1–22 und Smarczyk (1990); zum Parthenon zfsd. Hurwit (1999), 161–188 und 222–228, weiterhin Castriota (2002) (s. I) und jüngst Connelly (2014). Zur Debatte um den

Kallias-Frieden zuletzt G. Cawkwell, Phoenix 51 (1997), 115–130 (ebd. 126–129 zur Authentizität des Kongreßdekretes). Vom Bund zum Reich: klassisch Meiggs (1972), Kap. 9–13 und 18; Chronologie und Buchstabenformen: revolutionär Mattingly (1996), Stand der Debatte bei P. Rhodes, CQ 58 (2008), 500–6, und N. Papazarkades in Ma (2009), Kap. 3. Kleruchien: A. Moreno in Ma (2009), Kap. 9, und ders. (2007) zur Bedeutung für die Getreideversorgung Athens im 5. Jh. Für den Aufruf zum Zweiten Seebund s. Kap. IV. Eingriffe in Bündnerstädte: J. Balcer, Historia 25 (1976), 257–287; H. Leppin, Historia 41 (1992), 257–271; R. Brock in Ma (2009), Kap. 6. Athens Einnahmen: zsfsd. C. Pébarthe, ZPE 129 (2000), 47 ff.; zu Zöllen A. Rubel, Klio 83 (2001), 39–51, zu den Dekreten des Kleinias u. a. Kallet-Marx (1993), 164–70, zum Münzdekret einführend J. Kroll in Ma (2009), Kap. 8; vertiefend Figueira (1998) und Kallet (2001), 195–226 (Datierung auf 414). Vorbild des persischen Reiches: K. Raaflaub in Ma (2009), Kap. 4. Bewertung des Seebundes: Debatte bei Meiggs (1972), Kap. 21–23; Schuller (1974); Finley (1980) (s. B.), Kap. 3; R. Osborne und G. E. M. Ste. Croix in Low (2008) sowie Th. Harrison in Goff (2005), Kap. 1 (mit der postkolonialen Perspektive). Zum *Alten Oligarchen* vgl. die Einführung in G. Weber, Darmstadt 2010 (dem die hier gegebene Übers. folgt).

Connelly, J. B. (2014): The Parthenon Enigma. New York; Constantakopoulou, C. (2007): The Dance of the Islands: insularity, networks, the Athenian empire and the Aegean world. Oxford; Figueria, Th. (1998): The Power of Money: Coinage and Politics in the Athenian Empire. Philadelphia; Goff, B. (Hg.) (2005): Classics and Colonialism. London; Hurwit, J. M. (1999): The Athenian Acropolis. Cambridge; Kallet-Marx, L. (1993): Money, Expense, and Naval Power in Thucydides' History 1–5.24. Berkeley; Dies. (2001): Money and the Corrosion of Power in Thucydides: the Sicilian expedition and its aftermath. Berkeley; Low, P. (Hg.) (2008): The Athenian Empire. Edinburgh; Ma, J. (Hg.) (2009): Interpreting the Athenian Empire. London; Mattingly, H. B. (1996): The Athenian Empire Restored: epigraphic and historical studies. Ann Arbor; Meiggs, R. (1972): The Athenian Empire. Oxford; Moreno, A. (2007): Feeding the Democracy: The Athenian Grain Supply in the Fifth and Fourth Centuries BC. Oxford; Schuller, W. (1974): Die Herrschaft der Athener im Ersten Attischen Seebund. Berlin; Slawisch, A. (Hg) (2013): Handels- und Finanzgebaren in der Ägäis im 5. Jh. v. Chr. Istanbul; Smarczyk, B. (1990): Untersuchungen zur Religionspolitik und politischen Propaganda Athens im Delisch-Attischen Seebund. München.

Demokratien außerhalb Athens: Zsfsd. Robinson (2011). In **Athen:** Einführend Stahl (2003); Gesamtdarstellungen bei Bleicken (1995) und Hansen (1995) (für das 4. Jh.), wichtige Einzelbeiträge bei Kinzl (1995) und Rhodes (2004). Entstehung und Vorgeschichte: allg. Raaflaub (2007); zu *isonomía* und *démokratía* Chr. Meier in Kinzl (1995), 248–301, zur politischen Kultur seit Kleisthenes Rausch (1999); zum Motor der Entwicklung seit 508/7 vgl. J. Ober in Raaflaub/Wallace (2007), Kap. 4 (revolutionärer Volkswille) vs. J. Martin, Chiron 4 (1974), 5–42 (inneraristokratische Kämpfe); für die Effekte des Seebundes zuletzt K. Raaflaub in dems. (2007), 117–138; gegen Ruderer-Theten als Motor P. Ceccarelli, Historia 42, 1993, 444–70, und H. van Wees in Powell (1995), Kap. 7. Zur Mehrheitsentscheidung Flaig (2013), zum Rechtswesen Cohen (1995). «Könnens-Bewußtsein»: Meier (1980). Zu den Grenzen der Freiheit s. die Lit. unter B. Zur **Sozialgeschichte Athens:** Frauen, Metöken, Sklaven – zsfsd. Schmitz (2014) (s. A.), Kap. 5; zur Sklaverei in klass. Zeit generell Klees (1998). Perikles' Bürgerrechtsgesetz: J. Blok, Historia 58 (2009), 141–170, und A. Coşkun, HZ 299 (2014), 1–35 (mit neuer Datierung). Demokratie und Sklaverei: klassisch M. Finley (1981) (s. B), Kap. 6; vgl. R. Osborne in Powell (1995), bes. 37–9. **Masse und Elite:** Finley (1980), 7–42, Ober (1989), Mann (2007); zu Perikles Lehmann (2008). Plutarch-Übers. im ganzen Band nach K. Ziegler, Zürich 1954 ff. (u. ö.). **Werte, Bil-**

der, Reflexion: Zu den Tyrannenmördern Azoulay (2014) und E. Flaig, HZ 279 (2004), 35–61; das Harmodios-Lied bei Rausch (1999), 50ff., zu Theseus R. von den Hoff in Stein-Hölkeskamp (2010), 300–315; generell zur Bedeutung von Bildwerken und Monumenten T. Hölscher in Boedeker/Raaflaub (1998), 153–183. Autochthonie: Loraux (1981); A. Shapiro in Boedeker/Raaflaub (1998), 127–151; J. Blok in Dill/Walde (2009), 251–275. Zum attischen Drama allg. Zimmermann (2011) (s. A), Kap. IX; zur politischen Funktion S. Goldhill, JHS 107 (1987), 58–76, Meier (1988) und Carter (2007); dort einführend zu *Eumeniden* und *Antigone*, zu Euripides' *Hiketiden* Grethlein (2003). Aristophanes: Möllendorff (2002); zur Debatte um seine politische Tendenz wichtige Beiträge in Segal (1996). Übers. aus Aischylos nach O. Werner (zuerst München 1959), aus Euripides nach D. Ebener (zuerst Berlin 1966), aus Aristophanes nach L. Seeger (zahlreiche Aufl.).

Azoulay, V. (2014): Les Tyrannicides d'Athènes: vie et mort de deux statues. Paris; Bleicken, J. (1995): Die athenische Demokratie. 4. Aufl. Paderborn; Boedeker, D./Raaflaub, K. (Hgg.) (1998): Democracy, Empire and the Arts in Fifth-Century Athens. Cambridge (Mass.); Carter, D. M. (2007): The Politics of Greek Tragedy. Bristol; Dill, U./Walde, Chr. (Hgg.) (2009): Antike Mythen: Medien, Transformationen und Konstruktionen. Berlin; Finley, M. I. (1980): Antike und moderne Demokratie. Stuttgart; Flaig, E. (2013): Die Mehrheitsentscheidung: Entstehung und kulturelle Dynamik. Paderborn; Grethlein, J. (2003): Asyl und Athen: die Konstruktion kollektiver Identität in der griech. Tragödie. Stuttgart; Hansen, M. H. (1995): Die athenische Demokratie im Zeitalter des Demosthenes. Berlin; Kinzl, K. (Hg.) (1995): Demokratia: der Weg zur Demokratie bei den Griechen. Darmstadt; Klees, H. (1998): Sklavenleben im klass. Griechenland. Stuttgart; Loraux, N. (1981): Les enfants d'Athéna, 2. Aufl. Paris (engl. 1993); Lehmann, G. A. (2008): Perikles: Staatsmann und Stratege im klassischen Athen. München; Mann, Chr. (2007): Die Demagogen und das Volk: zur politischen Kommunikation im Athen des 5. Jh. v. Chr. Berlin; Meier, Chr. (1980): Die Entstehung des Politischen bei den Griechen. Frankfurt; Ders. (1988): Die politische Kunst der griech. Tragödie. München; Möllendorff, P. von (2002): Aristophanes. Hildesheim; Ober, J. (1989): Mass and Elite in Democratic Athens. Princeton; Powell, A. (Hg.) (1995): The Greek World. London; Raaflaub, K. u. a. (2007): Origins of Democracy in Ancient Greece. Berkeley; Rausch, M. (1999): Isonomia in Athen. Frankurt a. M; Rhodes, P. (Hg.) (2004): The Athenian Democracy. Edinburgh; Robinson, E. W. (2011): Democracy beyond Athens: popular government in the Greek classical age. Cambridge; Segal, R. (1996): Oxford Readings in Aristophanes. Oxford; Stahl, M. (2003): Gesellschaft und Staat bei den Griechen: Klass. Zeit. Paderborn; Stein-Hölkeskamp, E./ Hölkeskamp, K.-J. (Hgg.) (2010): Erinnerungsorte der Antike: Die griechische Welt. München.

Zur Verfassungs- und Sozialgeschichte **Spartas** allg. Link (1994), Cartledge (2002) und Thommen (2003). Heloten: Ducat (1990); Hodkinson (2002), Kap. 4; Luraghi/Alcock (2003) und Luraghi (2008), Kap. 4f.; zum Erdbebenaufstand ebd. Kap. 7. Den Egalisierungsdruck als Produkt des 5. Jh.s beschreibt – durchaus unorthodox – Thommen (1996), 112ff.; die *hómoioi*-Ideologie ist aber älter: M. Meier in Luther (2006) (s. I), 113–24. Zur Kunstproduktion St. Hodkinson in Fisher/van Wees (1998), 93–117, und Förtsch (2001); zur *krypteía* zuletzt S. Link, Klio 88 (2006), 34–43 (der allerdings einen späteren Entstehungskontext vermutet). Lykurg-Tradition: K.-J. Hölkeskamp in Stein-Hölkeskamp (2010), 316–35.

Cartledge, P. (2002): Sparta and Lakonia: a Regional History 1300–362 BC, 2. Aufl. London; Ducat, J. (1990): Les hilotes. Athen; Fisher, N./van Wees, H. (Hgg.) (1998): Archaic Greece: New Approaches and New Evidence. London; Förtsch, R. (2000): Kunstverwendung und Kunstlegitimation im archaischen und frühklassischen Sparta. Mainz; Hodkinson, St. (2002): Property and Wealth in Classical Sparta. London; Link, St. (1994): Der Kosmos Sparta: Recht und Sitte in klass. Zeit. Darmstadt; Ders./Alcock, S. (Hgg.) (2003): Helots and their Masters in Laconia and Messenia. Washington; Thommen, L. (1996): Lakedaimonion politeia: die Entstehung der spartanischen Verfassung. Stuttgart; Ders. (2003): Sparta: Verfassungs- und Sozialgeschichte einer griech. Polis. Stuttgart.

III. Der Peloponnesische Krieg

Monumentale Gesamtdarstellung bei Kagan (1969–1987), knappere bei Lazenby (2004) und Tritle (2010); zum Archidamischen Krieg Lendon (2010), zur Zeit nach 411 Bleckmann (1998). **Thukydides** (in enger Auswahl): einführend Hornblower (1994), Sonnabend (2004) sowie Rusten (2009); Überblick über die aktuelle Forschung bei Rengakos/Tsakmakis (2006), Nachleben bei Meister (2013). Übers. nach G.P. Landmann (zuerst Zürich 1960). Quellen für die Zeit nach 411: Bleckmann (1998), 17–40. **Ursachen des Krieges und Kriegsschuld:** Forschungsbericht bei E.A. Meyer in Hamilton/Krentz (1997), Kap. 2, seitdem u.a. Cawkwell (1997), Kap. 2, Lendon (2010), 86–105 (zentral der Konflikt um Vorrang) und M. Zahrnt, HZ 291 (2010), 593–624, zum Megarischen Psephisma; für dessen Gründe s. Legon (1981), Kap. 9. Korinths Machtpolitik: Salmon (1984), Kap. XX, und Stickler (2010), Kap. VII. Zur Kriegsstrategie der Parteien zuletzt P. Krentz in Hamilton/Krentz (1997), Kap. 3; Ch. Schubert/D. Laspe, Historia 58 (2009), 373–94 (kein defensiver Kriegsplan des Perikles); Lendon (2010) (Kriegführung v.a. symbolisch). **Kriegskosten:** Kagan (1974), 38–40; Kallet-Marx (1993) (s. II); das Thudippos-Dekret (‹Kleon-Schatzung›) in IG I³ 71 = dt. HGIÜ I, 113. **Wende von Pylos:** zum Nike-Tempel Hurwit (1999) (s. II), 209–15, und zuletzt P. Schultz in Palagia (2009), 128–167, mit Verweisen. **Thuk. 2.65 und die Demagogen:** gegen Connors (1971) «new politicians» Mann (2007) (s. II); zu Thuk.' Perikles-Bild zuletzt M. Meier, Tyche 21 (2006), und Foster (2010). Differenzierte Einzelstudien zu Nikias und Kleon bei Geske (2005) und Lafargue (2013).

Bleckmann, B. (1998): Athens Weg in die Niederlage: die letzten Jahre des Peloponn. Kriegs. Stuttgart/Leipzig; Cawkwell, G. (1997): Thucydides and the Peloponnesian War, London; Connor, W.R. (1971): The New Politicians of Fifth-Century Athens. Princeton; Foster, E. (2010): Thucydides, Pericles, and Periclean Imperialism. Cambridge; Geske, N. (2005): Nikias und das Volk von Athen im Archidamischen Krieg. Stuttgart; Hamilton, Ch.D./Krentz, P. (Hgg.) (1997): Polis and Polemos. Claremont (CA); Hornblower, S. (1987): Thucydides. London; Kagan, D. (1969–87): The Outbreak of the Peloponn. War (1969); The Archidamian War (1974); The Peace of Nicias and the Sicilian Expedition (1981); The Fall of the Athenian Empire (1987), alle Ithaca (NY). Kurzfassung: The Peloponn. War, New York 2004; Lafargue, Ph. (2013): Cléon: le guerrier d'Athéna. Paris; Lazenby, J.F. (2004): The Peloponn. War: a Military Study; Legon, R.P. (1981): Megara: The Political History of a Greek City-State to 336 B.C.: Ithaca; Lendon, J.E. (2010): Song of Wrath: The Peloponn. War Begins. New York; Meister, K. (2013): Thukydides als Vorbild der Historiker. Paderborn; Palagia, O. (Hg.) (2009): Art in Athens During the Peloponn. War. Cambridge; Rengakos A./Tsamakdis, V. (Hgg.) (2006): Brill's Companion to Thucydides. Leiden; Rusten J. (Hg.) (2009): Thucydides. Oxford Readings in Classical Studies; Salmon, J.B. (1984): Wealthy Corinth: a history of the city to 338 B.C. Oxford; Sonnabend, H. (2004): Thukydides. Hildesheim; Stickler, T. (2010): Korinth und seine Kolonien: die Stadt am Isthmus im Mächtegefüge des klass. Griechenland. Berlin; Tritle, L. (2010): A New History of the Peloponn. War.

Die größte Erschütterung: Zum *stásis*-Exkurs in Thuk. 3.82 f. Price (2001). Sophistik: allg. G. Kerferd/H. Flashar in dems. (1998), Kap. 1, und Meister (2010); als Bedrohung Scholten (2003); Übers. nach Diels/Kranz, Frg. der Vorsokratiker Bd. 2, 6. Aufl. Berlin 1952. Zu den *Wolken* Möllendorff (2002) (s. II), 131–42; die Kritik des Melier-Dialogs relativiert A.B. Bosworth, JHS 113 (1993), 30–4. Zur Religionsgeschichte Athens im Peloponn. Krieg, den Asebieprozessen, den Kultbauten und der Debatte um eine Krise der alten Kulte umfassend Rubel (2000). **Sizilien:** Geschichte seit 466 in CAH V, Kap. 7; Finley (1979) (s. I), Kap. 5; zu Athens Absichten Kagan (1981), Kap. 7, und Cawkwell (1997), Kap. 5 und S. 12 f. (zur Datierung des Segesta-Dekrets). Hermenfrevel: Die Deutungsansätze referiert Mann loc. cit., 244–61. Alkibiades: allg. Heftner (2011); zum Auftreten Mann (2007) (s. II.), 199–229 und H. A. Shapiro in Palagia (2009), Kap. 10. **Umsturz von 411:** Verlauf bei Heftner (2001); zur Krise der Polis Ostwald (1986), Kap. 4–7; Lehmann, ZPE 69 (1987), 33–73; K. Raaflaub, HZ 255 (1992), 1–60; zum Drama der letzten Kriegsjahre generell Hose (1995). Restauration nach 410: Shear (2011), Kap. 2–5; die jüngst bestrittene Authentizität des Demophantos-Dekrets verteidigt A. H. Sommerstein, CQ 64 (2014), 49–57. Zum **Arginusenprozeß** Bleckmann (1998), 509–71, A. Giovannini, Chiron 32 (2002), 15–50, sowie E. Flaig, HZ 297 (2013), 27–63.

Flashar, H. (Hg.) (1998): Grundriß der Geschichte der Philosophie: Die Philosophie der Antike, Bd. 2/1. Basel; Heftner, H. (2001): Der oligarchische Umsturz des Jahres 411 v. Chr. Frankfurt u. a; Ders. (2011): Alkibiades. Staatsmann und Feldherr. Darmstadt; Hose, M. (1995): Drama und Gesellschaft: Studien zur dramatischen Produktion in Athen am Ende des 5. Jh.; Meister, K. (2010): «Aller Dinge Maß ist der Mensch»: die Lehren der Sophisten. München/Paderborn; Ostwald, M. (1986): From Popular Sovereignty to the Sovereignty of Law: law, society, and politics in fifth-century Athens. Berkeley; Price, J. (2001): Thucydides and Internal War. Cambridge; Rubel, A. (2000): Stadt in Angst: Religion und Politik in Athen während des Peloponn. Krieges. Darmstadt; Scholten, H. (2003): Die Sophistik: eine Bedrohung für die Religion und Politik der Polis? Berlin; Shear, J.: (2011) Polis and Revolution: Responding to Oligarchy in Classical Athens. Cambridge.

IV. Agon ohne Ausweg

Spartas Hegemonie und Korinth. Krieg: Cartledge (1987); Urban (1991); Jehne (1994); Buckler (2003). Soziale Probleme Spartas: Cartledge (1987), Kap. 21; Hodkinson (2000) (s. II), bes. Kap. 4, 5 und 13; St. Link, Laverna 10 (1999), 17–37 (Reformunfähigkeit infolge der Elitenkonkurrenz). Zu Xenophons *Staat der Lakedaimonier* s. einführend die (hier benutzte) Übers. v. St. Rebenich (Darmstadt 1998). Zu Xenophons *Hellēniká* Tuplin (1993) und Dillery (1995); Übers. folgen der von G. Strasburger (München 1970). **Athen im 4. Jh. allg.:** Welwei (1999) (s. A), Kap. IV; teilw. überholt Mossé (1979). Regime der Dreißig: Krentz (1982); Wolpert (2002), Kap. 1–2; der Bericht des Lysias in Rede 12. Amnestie: Loening (1987), Wolpert (2002) (zu den Personen), Carawan (2013). Symbolische Maßnahmen nach 403: zsfsd. Shear (2001) (s. III), Kap. 7–11; zur Gesetzesaufzeichnung außerdem M. Canevaro/E. Harris, CQ 62 (2012), 110–119 (nach denen das zitierte Dekret des Teisamenos bei Andokides, Rede 1. 83 eine Fälschung ist). Institutionelle Reformen: überblicksweise Hansen (1995) (s. II), Kap. 7–8; Herrschaft der Gesetze: Ostwald (1986) (s. II), Kap. 10, und Cohen (1995) (s. II), Kap. 3. Zum Prozeß des Andokides Furley (1996), zum Sokrates-Prozeß einführend P. Scholz in Burckhardt/Ungern-Sternberg (2000), 157–173; weiterhin Rubel (2000) (s. III), Kap. 9. Zu den außenpolit. Debatten nach 403 Funke (1980), Strauss (1986) und Schmitz (1988); zu Isokrates' *Panēgyrikós* zuletzt Blank (2014), 157–241. Nach E. Harris in Flensted-Jensen (2000), 479–505 ist Andokides' Friedens-Rede unecht; die These ist umstritten.

Blank, Th. (2014): Logos und Praxis: Sparta als politisches Exemplum in den Schriften des Isokrates. Berlin; Buckler, J. (2003): Aegean Greece in the Fourth Century BC. Leiden; Burckhardt, L./von Ungern-Sternberg, J. (Hgg.) (2000): Große Prozesse im antiken Athen. München; Cartledge, P. (1987): Agesilaos and the Crisis of Sparta. Baltimore; Carawan, E. (2013): The Athenian Amnesty and Reconstructing the Law. Oxford; Cargill, J. (1981): The Second Athenian League: Empire or Free Alliance? Berkeley; Dillery, J. (1995): Xenophon and the History of his Times. London; Funke, P. (1980): Homónoia und Arché: Athen und die griech. Staatenwelt 404/3 – 387/6 v. Chr. Wiesbaden; Flensted-Jensen, P. (2000): Polis & Politics: studies presented to M. H. Hansen. Kopenhagen; Furley, W. (1996): Andokides and the Herms. As Study of Crisis in fifth-century Athenian Religion. London; Jehne, M. (1994): Koine eirene: Untersuchungen zu den Befriedungs- und Stabilisierungsbemühungen in der griech. Poliswelt des 4. Jh.s v. Chr. Stuttgart; Krentz, P. (1982): The Thirty at Athens. Ithaca/London; Loening, Th.C. (1987): The Reconciliation Agreement of 403, 402 B. C. in Athens. Stuttgart; Mossé, C. (1979): Der Zerfall der athen. Demokratie: (404–86 v. Chr.). Zürich; Schmitz, W. (1988): Wirtschaftliche Prosperität, soziale Integration und die Seebundpolitik Athens. München; Strauss, B. (1986): Athens after the Peloponn. War: Class, Faction and Policy 403–386 BC. London; Wolpert, A. (2002): Remembering Defeat: Civil War and Civic Memory in Ancient Athens. Baltimore; Tuplin, C. (1993): The Failings of Empire: a Reading of Xenophon Hellenica 2.3.11.–7.5.27. Stuttgart; Urban, R. (1991): Der Königsfrieden von 387/86 v. Chr. Stuttgart.

Bundesstaaten: Allg. Funke/Beck (2015); zum 4. Jh. Beck (1997); ergänzend zum Böotischen Bund Buck (1994), Buckler (1980) sowie Kühr (2006) und Mackil (2013) zur Identitätsstiftung in Sagen und Kult; zum Arkadischen Bund Nielsen (2002) und M. Pretzler in Funke/Luraghi (2009), 86–109; zum Olynthischen Zahrnt (1971), zum Thessalischen Helly (1995) (mit umstrittenen Thesen) und Sprawski (1999). **Jüngere Tyrannis:** Allg. Berve (1967) (s. I), 221–385, dort S. 219 das Zitat; zu den Tyrannen von Pherai Sprawski (1999) und ders. in Lewis (2006), 135–47; zu Dionysios I. Stroheker (1958) sowie E. Frolov, Klio 57 (1975), 103–22 und 58 (1976), 377–404, zu Dion Berve (1956); vgl. aber Trampedach (1994), 102–124 und 255–77. **Sizilien im 4. Jh.:** Finley (1979) (s. I), 74–93, sowie CAH VI, 120–155 und 693–722; für die karthagische Perspektive ebd. 361–80 und Huß (1985) (s. I), Kap. XII–XVI. Die erwähnten Münzen Dionysios' I. deuten Jenkins/Küthmann (1972), 192 f. Zum Söldnerwesen van Wees (2004) (s. B), 61–76, und Trundle (2004). Ethnische Identitäten auf der **Peloponnes im 4. Jh. allg.:** Funke/Luraghi (2009); Messenien: Luraghi (2008) (s. II); J. Hall in Luraghi/Alcock 2003 (s. II), 142–68. Zu Isokrates' *Archidamos*-Rede zuletzt Blank (2014) 287–378. **Zweiter Seebund:** Zur Flottenfinanzierung Gabrielsen (1994), zu den Schwierigkeiten um 360 Schmitz (1988), 276–97; Apollodoros: (Pseudo-)Demosthenes, Rede 50. Zum Satrapenaufstand Briant (1996) (s. I), 675–94, zu Mausollos Hornblower (1982). Kein Imperialismus im Zweiten Seebund: Cargill (1981); nuanciert dazu Dreher (1995), 281–7; das Aristoteles-Dekret in IG II² 43 = HGIÜ II, 215. «Ghost of Empire»: E. Badian in Eder (1995), 79–106; dagegen Ph. Harding, Klio 77 (1995), 105–25 (defensiver Pragmatismus). Zur Wirtschaft Athens im 4. Jh. A. French, Greece & Rome 38 (1991), 24–40, sowie H. Lohmann in Eder (1995), 515–48; zum Vgl. Legon 1981 (s. III), Kap. 11, zu Megara.

Beck, H. (1997): Polis und Koinon: Untersuchungen zur Geschichte und Struktur der griech. Bundesstaaten im 4. Jh. v. Chr. Stuttgart; Beck, H./Funke, P. (Hgg.) (2015): Federalism in Greek Antiquity. Cambridge; Berve, H. (1956): Dion. Wiesbaden; Buck, R.J (1994): Boiotia and the Boiotian League: 432–371 B. C. Edmonton; Buckler, J. (1980): The Theban Hegemony 371–362 BC. Cambridge, Mass; Cargill, J. (1981): The Second Athenian League: Empire or Free Alliance? Berkeley; Dreher, M. (1995): Hegemon und Symmachoi: Untersuchungen zum Zweiten Athen. Seebund. Berlin; Eder, W. (Hg.) (1995): Die athen. Demokratie im 4. Jh. v. Chr. Stuttgart; Funke, P./Luraghi, N. (Hgg.) (2009): The Politics of Ethnicity and the Crisis of the Pelopon. League. Cambridge, Mass; Gabrielsen, V. (1994): Financing the Athenian Fleet: Public Taxation and Social Relations. Baltimore; Helly, B. (1995): L'État thessalien: Aleuas le Roux, les tétrades et les «tagoi». Lyon;

Hodkinson, St. (Hg.) (1999): Sparta: New Perspectives: London; Hornblower, S. (1982): Mausolus. Oxford; Jenkins, G. K./Küthmann, H. (1972): Münzen der Griechen. München; Kühr, A. (2006): Als Kadmos nach Boiotien kam: Polis und Ethnos im Spiegel thebanischer Gründungsmythen. Stuttgart; Lewis, S. (Hg.) (2006): Ancient Tyranny. Edinburgh; Luraghi, N. (2008): The Ancient Messenians. Cambridge; Mackil, E. (2013): Creating a Common Polity: Religion, Economy, and Politics in the Making of the Greek koinon. Berkeley; Nielsen, Th.H. (2002): Arkadia and its Poleis in the Archaic and Classical Periods. Göttingen; Sprawski, S. (1999): Jason of Pherae: a Study of History of Thessaly in Years 431–370 BC. Krakau; Stroheker, K. (1958): Dionysios I.: Gestalt und Geschichte des Tyrannen von Syrakus. Wiesbaden; Trampedach, K. (1994): Platon, die Akademie und die zeitgenössische Politik. Stuttgart; Trundle, M. (2004): Greek Mercenaries: from the late archaic period to Alexander. London; Zahrnt, M. (1971): Olynth und die Chalkidier. München.

Suche nach dem Ausweg. Zur *koinḗ eirḗnē* Jehne (1994), zur *autonomía* Raaflaub (1985) (s. B), 189–207 (Bedeutung); A. B. Bosworth, Studi Ital. di Filol. Class. 85 (1992), 122–52 (im 4. Jh.). **Panhellenismus:** Dobesch (1968); S. Perlman, Historia 25 (1976), 1–30. Zu Isokrates' *Friedensrede* (or. 8) s. Bringmann (1965) sowie R. A. Moysey, American Journal of Ancient History 7 (1982), 118–27 (nur ein rhetorisches Schaustück?). Zu Xenophons *Póroi* statt aller S. Schorn, Historia 60 (2011), 65–93. Faszination für die Monarchie im 4. Jh.: W. Eder in dems. (1995), 153–73; Xenophon über gute Herrschaft: zsfsd. Gray (2011). **Zum politischen Denken** überblicksweise Fetscher/Münkler (1988) und Ottmann (2001). Zu Platons *Politeía* zur Einführung ergänzend Höffe (2011); zu den *Nómoi* den Kommentar von K. Schöpsdau, Göttingen 1994–2011; zum Atlantis-Mythos K. Morgan, JHS 118 (1998), 101–18. «Ende der Politik»: Trampedach (1994) 177–254, und E. Flaig, Saeculum 45 (1994), 34–70. Zur *Politik* des Aristoteles einführend Höffe 2001 sowie Einl. und Komm. der (hier benutzten) Übers. von E. Schütrumpf, Darmstadt 1991–2005 und Nippel (1980), 98–123 zur Frage des Realitätsbezugs. Politische Rolle der Akademie: Trampedach (1994).

Bringmann, K. (1965): Studien zu den politischen Ideen des Isokrates. Göttingen; Dobesch, G. (1968): Der panhellenische Gedanke im 4. Jh. v. Chr. Wien; Fetscher, I./Münkler, H. (Hgg.) (1988): Pipers Handbuch der politischen Ideen, Bd. 1. München; Gray, V. (2011): Xenophon's Mirror of Princes. Reading the Reflections. Oxford; Höffe, O. (Hg.) (2001): Aristoteles: Politik. Berlin; Ders. (Hg.) (2011): Platon: Politeia, 2. Aufl. Berlin; Nippel, W. (1980): Mischverfassungstheorie und Verfassungsrealität in Antike und früher Neuzeit. Stuttgart; Ottmann, H. (2001): Geschichte des politischen Denkens, Bd. 1 (2 Teilbd.). Stuttgart.

V. Renaissance im Schatten Makedoniens

Geschichte Makedoniens in klass. Zeit: Errington (1986), Borza (1990) und Hammond (1972–88), Bd. 2; den aktuellen Forschungsstand dokumentieren Roisman/Worthington (2010) und Lane Fox (2011). Staatswesen: Hammond (1989) und Hatzopoulos (1996); ergänzend die einschlägigen Beiträge in Roisman/Worthington (2010). Die Arrian-Übers. nach G. Wirth, (München 1985), Diodor nach O. Veh, (Stuttgart 1988 ff.), Theopomp nach B. Gauger, (Stuttgart 2010). Philipp: neueste Gesamtdarstellungen bei Worthington (2008) und Fündling (2014). Zum 3. Hl. Krieg Buckler (1989); für seine Ursachen vgl. aber auch Hornblower (2001) (s. A), 275 f. und Worthington (2008), 54 f. Zum Korinthischen Bund s. nur Jehne (1994) (s. IV), Kap. III. **Demosthenes:** zuletzt zsfsd. Lehmann (2004), Will (2013) – mit extrem divergierenden Bewertungen – sowie Worthington (2013). Zitate aus Demosth. Reden 1–10 nach W. Unte, Stuttgart 1985 (u. ö.). **Verlust bürgerstaatlichen Bewußtseins:** das Zitat bei Meyer (1901–2) (s. A), Bd. 5, 355 f.; «Apolitie»: Burckhardt (1898–1902)

(s. VI), Bd. 4, 331 f.; dagegen J. Davies und L. Burckhardt in Eder (1995) (s. IV) sowie Burckhardt (1996). Zum **Alexanderzug** (hier nicht behandelt) einführend Wiemer (2015). **Athen nach Chaironeia:** überblicksweise die o. g. Demosth.-Biographien sowie Engels (1993) und Hintzen-Bohlen (1997) zur lykurgischen Renaissance. Diondas-Rede: Horváth (2014); Lykurgs Leokrates-Rede: Übers. J. Engels, Darmstadt 2008. Zur Ephebie einführend Burckhardt (1996), Kap. 2, zum Eid von Plataiai s. Kap. I. Niedergang der Demokratie?: Zur Debatte allg. Eder (1995), 14–28 und P. Rhodes ebd., 303–19; J. Bleicken, Hermes 115 (1987), 257–83; zum Areopag und dem Eukrates-Gesetz (IG II³ 320 = HGIÜ II, 258) nur J. Engels, ZPE 74 (1988), 181–209. Agis-Aufstand: grundlegend E. Badian, Hermes 95 (1967), 170–92. **Timoleon:** wichtig Smarczyk (2003) und Talbert (1974). Zum **Lamischen Krieg** neben den o. g. Demosth.-Biographien Schmitt (1992); zu Intentionen und Wirkungen des Verbanntendekrets jüngst M. Zahrnt, Hermes 131 (2003), 407–432.

Borza, E. (1990): In the Shadow of Olympus: the Emergence of Macedon. Princeton; Buckler, J. (1989): Philip II and the Sacred War. Leiden; Burckhardt, L. A. (1996): Bürger und Soldaten: Aspekte der politischen und militärischen Rolle athen. Bürger im Kriegswesen des 4. Jh.s v. Chr. Stuttgart; Engels, J. (1993): Studien zur politischen Biographie des Hypereides, 2. Aufl. München; Errington, M. (1986): Geschichte Makedoniens: von den Anfängen bis zum Untergang des Königreiches. München; Fündling, J. (2014): Philipp II. von Makedonien. Darmstadt; Hammond, N. (1972–88): A History of Macedonia. 3 Bd. Oxford; Ders. (1989): The Macedonian State: Origins, Institutions, and History. Oxford; Hatzopoulos, M. B. (1996): Macedonian Institutions under the Kings. Athen/Paris; Hintzen-Bohlen, B. (1997): Die Kulturpolitik des Eubulos und des Lykurg. Berlin; Horváth, L. (2014): Der neue Hypereides. Berlin; Lane Fox, R. J. (Hg.) (2011): Brill's Companion to Ancient Macedon. Leiden; Lehmann, G. A. (2004): Demosthenes von Athen: ein Leben für die Freiheit. München; Roisman, J./Worthington, I. (Hgg.) (2010): A Companion to Ancient Macedonia. Chichester; Schmitt, O. (1992): Der Lamische Krieg. Bonn; Smarczyk, B. (2003): Timoleon und die Neugründung von Syrakus. Göttingen; Talbert, R. J. A. (1974): Timoleon and the Revival of Greek Sicily. Cambridge; Wiemer, H.-U. (2015): Alexander der Große. 2. Aufl. München; Will, W. (2013): Demosthenes. Darmstadt; Worthington, I. (2008): Philip II of Macedonia. New Haven, Conn; Ders., I. (2013): Demosthenes of Athens and the Fall of Classical Greece. Oxford.

Epilog

Aufwertung des 4. Jh.s: Eder (1995) (s. IV); vgl. schon Davies (1983) (s. A), bes. Kap. 9. Zum **Problem der Klassik als Epochenbegriff** U. Walter in Kinzl (2006) (s. A), Kap. 1. Aus der Diskussion über ‹Klassik› und ‹Klassizismus› in Archäologie und Philologie s. nur Voßkamp 1993; Heilmeyer (2002) (s. B.); Porter 2006 (mit ausgezeichnetem Debattenüberblick); Klassizismus bereits als Phänomen der Klassik: H.-J. Gehrke in Stein-Hölkeskamp (2010) (S. II), 584–600; für die bildende Kunst A. Borbein in Voßkamp (1990), 281–316. Die «**andere, unheimliche Seite der Klassik**»: so T. Hölscher in Flashar (1990), 235–276 und Fischer/Moraw (2002) (s. B); vgl. schon J. Burckhardt (1898–1902) mit L. Burckhardt in Aurnhammer/Pittrof (2002), 113–34.

Aurnhammer, A./Pittrof, Th. (Hgg.) (2002): «Mehr Dionysos als Apoll»: antiklassizistische Antike-Rezeption um 1900. Frankfurt; Burckhardt, J. (1898–1902): Griechische Culturgeschichte, hg. von L. Burckhardt u. a., Basel/München 2002–12; Flashar, H. (Hg.) (1990): Auseinandersetzungen mit der Antike. Bamberg; Porter, J. I. (Hg.) (2006): Classical Pasts. The Classical Traditions of Greece and Rome. Princeton; Voßkamp, W. (Hg.) (1993): Klassik im Vergleich: Normativität und Historizität europäischer Klassiken. Stuttgart.

REGISTER (IN AUSWAHL)